Sébastien L'haire

Traitement automatique et apprentissage des langues par ordinateur

Sébastien L'haire

Traitement automatique et apprentissage des langues par ordinateur

bilan, résultats et perspectives

Presses Académiques Francophones

Impressum / Mentions légales
Bibliografische Information der Deutschen Nationalbibliothek: Die Deutsche Nationalbibliothek verzeichnet diese Publikation in der Deutschen Nationalbibliografie; detaillierte bibliografische Daten sind im Internet über http://dnb.d-nb.de abrufbar.
Alle in diesem Buch genannten Marken und Produktnamen unterliegen warenzeichen-, marken- oder patentrechtlichem Schutz bzw. sind Warenzeichen oder eingetragene Warenzeichen der jeweiligen Inhaber. Die Wiedergabe von Marken, Produktnamen, Gebrauchsnamen, Handelsnamen, Warenbezeichnungen u.s.w. in diesem Werk berechtigt auch ohne besondere Kennzeichnung nicht zu der Annahme, dass solche Namen im Sinne der Warenzeichen- und Markenschutzgesetzgebung als frei zu betrachten wären und daher von jedermann benutzt werden dürften.

Information bibliographique publiée par la Deutsche Nationalbibliothek: La Deutsche Nationalbibliothek inscrit cette publication à la Deutsche Nationalbibliografie; des données bibliographiques détaillées sont disponibles sur internet à l'adresse http://dnb.d-nb.de.
Toutes marques et noms de produits mentionnés dans ce livre demeurent sous la protection des marques, des marques déposées et des brevets, et sont des marques ou des marques déposées de leurs détenteurs respectifs. L'utilisation des marques, noms de produits, noms communs, noms commerciaux, descriptions de produits, etc, même sans qu'ils soient mentionnés de façon particulière dans ce livre ne signifie en aucune façon que ces noms peuvent être utilisés sans restriction à l'égard de la législation pour la protection des marques et des marques déposées et pourraient donc être utilisés par quiconque.

Coverbild / Photo de couverture: www.ingimage.com

Verlag / Editeur:
Presses Académiques Francophones
ist ein Imprint der / est une marque déposée de
AV Akademikerverlag GmbH & Co. KG
Heinrich-Böcking-Str. 6-8, 66121 Saarbrücken, Deutschland / Allemagne
Email: info@presses-academiques.com

Herstellung: siehe letzte Seite /
Impression: voir la dernière page
ISBN: 978-3-8381-7067-1

Copyright / Droit d'auteur © 2012 AV Akademikerverlag GmbH & Co. KG
Alle Rechte vorbehalten. / Tous droits réservés. Saarbrücken 2012

AVANT-PROPOS

Cet ouvrage est une légère adaptation de ma thèse de doctorat soutenue le 15 juin 2011 à l'Université de Genève (L'haire, 2011). J'ai procédé à quelques modifications stylistiques ainsi qu'à un élagage de certaines annexes ou certains détails superflus.

Je tiens à remercier mon directeur de thèse Eric Wehrli qui a accepté de nombreuses relectures des brouillons de ma thèse et a patiemment attendu l'aboutissement de mes travaux. Je remercie également le président du jury Jacques Moeschler pour son soutien. Ma gratitude va aussi vers les membres du jury, Paola Merlo, Thierry Chanier et Georges Antoniadis.

Je n'oublie naturellement pas les membres de l'équipe **FreeText** avec qui j'ai eu de nombreux échanges. Mes nombreuses années d'assistanat au Laboratoire d'Analyse et de Technologie du Langage de l'Université de Genève ont également énormément compté dans ma formation technique et théorique, dans un cadre agréable et stimulant.

Enfin, merci également aux enseignants qui m'ont fourni les textes bruts de leurs apprenants afin que je puisse disposer d'un corpus de taille acceptable.

CHAPITRE 1

INTRODUCTION

Apprendre une langue étrangère est aujourd'hui devenu courant. Pour un nombre croissant de professions, la connaissance plus ou moins approfondie d'une ou plusieurs langues étrangères est carrément indispensable. S'il existe plusieurs milliers de langues parlées dans le monde, certaines langues dominent comme l'anglais, l'arabe, l'espagnol, le russe, le portugais, le mandarin, le français, etc., que ce soit comme langue maternelle, comme langue officielle ou comme langue véhiculaire. Dans le monde de la communication d'aujourd'hui, apprendre une ou plusieurs langues facilite les échanges.

Autrefois, dans les pays occidentaux, l'apprentissage des langues se limitait souvent aux langues anciennes (latin et, dans une moindre mesure, grec et hébreu), dans le but de lire les textes religieux, scientifiques et philosophiques dans le texte. L'apprentissage d'une langue était fortement axé sur la grammaire et les exercices de traduction, principalement la version, de la langue ancienne vers la langue vivante [1]. Les langues étrangères vivantes étaient essentiellement ap-

---

[1]. Pour ces langues dites mortes, l'enseignement reste encore de nos jours très

1. Introduction

prises dans deux buts : tout d'abord, les élites européennes maîtrisaient la langue française, langue diplomatique, ou le latin, langue de la religion et de la science ; d'autre part, pour le commerce, il était indispensable de disposer d'une langue commune dans les comptoirs, lieux de contact et d'échanges commerciaux entre différentes cultures.

Aujourd'hui, apprendre une langue étrangère est tantôt un plaisir, pour les voyages et les loisirs, tantôt une nécessité, pour exercer un métier ou pour migrer. Les méthodes d'apprentissage sont maintenant axées vers la capacité à communiquer et moins vers la grammaire. L'axe est davantage porté vers le fond plutôt que vers la forme, même s'il est nécessaire de maîtriser l'essentiel des règles afin d'être compris par son interlocuteur. La forme reste toutefois très importante pour l'écrit (Loritz, 1987; Kempen, 1999; Chapelle, 2001; Defays & Deltour, 2003).

Cet ouvrage est une adaptation de notre thèse de doctorat (L'haire, 2011)[2] et a pour sujet les outils de traitement automatique des langues appliqués à l'apprentissage des langues assisté par ordinateur, leurs acquis et les perspectives d'avenir. Il est centré sur les travaux que nous avons eu l'occasion de réaliser au cours de notre parcours académique. Dans cette introduction, nous évoquons d'abord la problématique et les enjeux de cet ouvrage (§1.1). Puis nous passons aux objectifs et au plan (§1.2).

---

traditionnel. Tout au plus a-t-on renoncé aux exercices de thème, qui consistaient à traduire des textes littéraires ou oratoires d'une langue vivante vers la langue morte.
2. http://archive-ouverte.unige.ch/unige:16552, dernier accès le 8.6.2012.

1.1 Problématique et enjeux

Utiliser un ordinateur pour apprendre est devenu aujourd'hui banal. Dans la plupart des cas, loin d'être un remplaçant des enseignants, l'ordinateur doit être considéré comme un complément utile et une aide à l'apprentissage. On trouve des programmes pour enseigner des compétences variées, de qualité et de prix très variables. L'essor de ce type de logiciel a été facilité par la démocratisation de l'informatique, alors qu'il est courant de nos jours de disposer d'au moins un ordinateur dans les ménages. Un ordinateur a l'avantage de pouvoir présenter les notions à acquérir à travers diverses formes, notamment du texte, des animations et même des jeux ; par ailleurs, l'ordinateur est plus disponible qu'un enseignant et peut corriger de manière fiable certaines erreurs commises lors d'évaluations. Les élèves peuvent progresser à leur propre rythme et répéter les exercices à l'envi ; ils sont moins inhibés face à une machine que face à une classe et un enseignant chargé de les évaluer (Garrett, 1995; Levy, 1997; Nerbonne, 2003; Hubbard & Levy, 2006).

La convivialité et la simplicité d'utilisation des ordinateurs facilite l'emploi de didacticiels dans de multiples circonstances, que ce soit dans un cadre institutionnel (école, université, ...), professionnel ou privé. Les élèves travaillent tantôt seuls, tantôt à plusieurs, parfois en classe, parfois dans d'autres lieux (centres de documentation, salles d'informatique, en déplacement, à domicile etc.), tantôt en complément de l'enseignement classique en classe (*blended learning*), tantôt comme principal outil d'apprentissage. Les concepts enseignés sont très variés, que ce soit la géographie, la mécanique, la finance, la biologie, etc. Les niveaux sont aussi disparates, selon les publics cible, allant de l'introduction au contenu extrêmement spécialisé et pointu.

Les institutions tirent également profit de l'utilisation de tels logiciels, tant des didacticiels commerciaux prévus pour une utilisation autonome privée que des produits spécialement conçus pour une salle d'ordinateurs ou pour l'enseignement à distance. Par ailleurs, les enseignants utilisent les produits tels quels ou les adaptent à leurs propres besoins. Ils disposent parfois d'outils très utiles pour suivre le travail des élèves : résultats des tests, traces, parcours dans le logiciel etc. Ainsi, ils peuvent se consacrer à d'autres aspects de leur travail en se débarrassant de tâches répétitives (Bailin & Levin, 1989).

La suite de cette section est organisée comme suit. Dans un premier temps, nous abordons l'apprentissage des langues assisté par ordinateur (§1.1.1). Puis nous nous penchons sur le traitement des langues par ordinateur (§1.1.2).

1.1.1 Apprentissage des langues assisté par ordinateur

L'Apprentissage des Langues Assisté par Ordinateur (ALAO) [3] est un domaine très prolifique de l'utilisation de l'ordinateur pour la didactique. Pour souligner le rôle plus actif des élèves et le rôle central qu'ils ont dans le processus d'apprentissage, on utilisera dorénavant le terme d'*apprenant* [4].

La didactique des langues est un domaine en constante évolution, à l'intersection de la linguistique, de la psychopédagogie et de la sociolo-

---

3. Autrefois, le sigle d'EAO (Enseignement Assisté par Ordinateur) était très populaire. Nous choisissons le terme d'*apprentissage* plutôt que d'*enseignement*, pour souligner le rôle plus actif des élèves. En anglais, le terme le plus répandu actuellement est *Computer-Assisted Language Learning* (CALL). On trouve aussi TELL (*Technology-Enhanced Language Learning*), qui inclut les autres technologies que l'ordinateur, CBI (*Computer Based Instruction*), CAI (*Computer-Assisted* ou *Computer-Aided Instruction*), ITS (*Intelligent Tutoring System*), CALLLT (*CALL using Language Technologies*) et NBLT (*Network-based language teaching*).
4. En anglais, *learner*.

gie ; l'apprentissage des langues, lui, se situe au carrefour de la langue, de la culture et de la communication (Defays & Deltour, 2003). Les apprenants doivent apprendre à utiliser la langue, à travers de structures de plus en plus complexes et variées et à l'aide d'un vocabulaire de plus en plus riche, dès le niveau débutant, à l'oral comme à l'écrit. La majeure partie des logiciels traitent des langues dominantes et peu sont consacrés à des langues minoritaires.

Il y a trois types d'utilisation de l'ALAO, selon Nerbonne (2003): (i) académique et scolaire, avec manque de moyens en matériel et logiciels et enseignants parfois réticents ; (ii) industrie, avec beaucoup de moyens, pour un enseignement spécialisé ; (iii) les autodidactes qui apprennent sans aide, un marché en expansion parfois qualifié d'*edutainment*. Sur le plan du niveau de la langue, plus le public-cible est avancé, plus la question de l'évaluation automatique se pose, comme nous aurons largement l'occasion de l'aborder dans cet ouvrage.

Apprendre une langue est surtout apprendre à communiquer, c'est-à-dire transmettre un contenu porteur de sens à un destinataire. Le but de ces actes de langage est d'agir sur l'environnement du locuteur à travers des mots ; ces buts peuvent être d'informer, d'affirmer, d'inciter, de convaincre, de promettre, etc. (Austin, 1962; Searle, 1969).

La communication est toutefois sujette à des erreurs. Comme tout signal, le langage peut être perturbé par du bruit (bruit sonore, illisibilité de l'écriture, etc.), mais surtout, les langues sont extraordinairement ambiguës : les mots ont souvent plusieurs significations, que nous distinguons généralement sans problème grâce au contexte de l'énoncé et à notre connaissance générale du monde, très souvent de manière immédiate, inconsciente et sans difficulté. En général, lorsqu'ils communiquent, les êtres humains négocient sans cesse le sens, par exemple grâce à des précisions durant la conversation. Les appre-

1. Introduction

nants d'une langue étrangère sont souvent handicapés par des lacunes en vocabulaire et en syntaxe, qui nécessitent l'emploi de stratégies de substitution comme l'emploi de périphrases. De plus, ils commettent de nombreuses fautes lexicales, orthographiques, morphologiques, syntaxiques, etc.

Pour apprendre, il est indispensable que les apprenants manipulent la langue. Il existe des exercices traditionnels comme les textes à trous, les questionnaires à choix multiples, les exercices d'appariement de mots, de remise en ordre de mots etc. Ces exercices sont facilement corrigés par l'ordinateur. Ces exercices sont également utiles pour vérifier la bonne compréhension d'un texte par les apprenants. Toutefois, très tôt, il est nécessaire que les apprenants produisent des phrases complètes, dont la complexité va croissant au fil de leur progression. Des techniques basiques peuvent corriger des fautes simples, comme la comparaison de chaînes et la reconnaissance de patrons, mais la complexité et la variété des erreurs commises nécessitent un traitement plus intelligent.

1.1.2 Traitement automatique des langues

Le Traitement Automatique des Langues (TAL) [5] est un domaine de l'Intelligence Artificielle (IA) qui traite divers aspects de la langue et du discours, à tous les niveaux, lexical, morphologique, syntaxique, sémantique ou pragmatique. Parmi les applications du TAL, le grand public connaît essentiellement la correction orthographique et syntaxique, la reconnaissance de la parole et la synthèse vocale. Pour identifier les erreurs des apprenants, en poser le diagnostic et proposer une correction ou une stratégie de remédiation, le TAL fournit une

---

5. On trouvera aussi le terme de TALN (Traitement Automatique du Langage Naturel). En anglais, le terme le plus répandu est NLP (*Natural Language Processing*).

1.1. Problématique et enjeux

aide précieuse et indispensable.

Par contre, le TAL est lui-même très sensible aux erreurs, du fait qu'une application attend en principe une entrée sans erreurs pour lui appliquer un traitement. Une application *robuste* est capable de fournir un résultat au moins partiel, même en cas d'entrées incorrectes ou inconnues [6] (Vandeventer Faltin, 2003). Le second problème rencontré avec les applications de TAL est la *surgénération* des propositions – avant tout, des structures syntaxiques – qu'il faut trier pour en sélectionner les meilleures. Enfin, le troisième problème est posé par la *surdétection des erreurs* et les *erreurs de diagnostic*, comme les apprenants n'ont pas un jugement aussi affuté que les locuteurs natifs et se méfient moins des erreurs. Tout au long de cet ouvrage, nous décrirons abondamment les possibilités d'application du TAL à l'ALAO. Pour souligner l'emploi des techniques intelligentes du TAL, on parle alors d'Apprentissage *Intelligemment* Assisté par Ordinateur (ALIAO).

Levin & Evans (1995, p. 90) constatent que grâce aux outils de TAL, les concepteurs d'exercices peuvent se concentrer sur le contenu, sans avoir à anticiper chaque erreur potentielle des apprenants. Les techniques de TAL sont pourtant loin d'êtres parfaites. A tous les niveaux, les ambiguïtés de la phrase sont nombreuses (Bouillon *et al.*, 1998). Souvent, un mot peut avoir plusieurs catégories syntaxiques, ce que l'on nomme *ambiguïté lexicale* : en anglais, un mot peut souvent être un verbe (*man*, homme ; *to man* équiper [un navire]) ; en français, *belle* est un nom et un adjectif, *voile* est un verbe conjugué ou un nom, etc. L'*ambiguïté sémantique* réside dans l'homonymie et la poly-

---

6. Il existe de nombreux mots inconnus, qui sont souvent correctement orthographiés et employés dans une phrase, mais ne sont pas listés dans le lexique de l'application informatique. Une application robuste cherchera alors à pallier ces lacunes, comme nous le verrons au chapitre 3. Dans le domaine syntaxique, un analyseur robuste devinera la catégorie lexicale d'un mot et cherchera à fournir des morceaux d'analyses quand il ne peut donner une analyse complète. Pour la synthèse vocale, les mots dont on n'a pas la prononciation devront être phonétisés par le système grâce à des règles.

1. Introduction

sémie : *lentille* peut signifier un objet d'optique, une espèce de plante ou la partie comestible de celle-ci. On rencontre également les *ambiguïtés syntaxiques* : certains éléments de la phrase peuvent être liés à plusieurs autres éléments, ce qui implique des changements d'interprétation [7]. Examinons les phrases suivantes :

(1) a. Jean regarde l'homme sur la colline avec ses jumelles.
 b. La soupe de légumes du restaurant.

En (1a), nous avons deux syntagmes prépositionnels *sur la colline* et *avec ses jumelles*. Ces syntagmes peuvent tous deux être rattachés soit au syntagme nominal *l'homme*, soit au syntagme verbal *regarde l'homme* et donc se rapporter au sujet *Jean*. Le syntagme *avec ses jumelles* peut même être attaché à *colline* ; cet attachement est difficilement interprétable au niveau sémantique, mais tout à fait valable du point de vue syntaxique. En outre, *jumelles* dénote soit deux individus de sexe féminin, soit un instrument d'optique. Le pronom possessif *ses* peut se rapporter à *Jean*, à *l'homme* ou à un tiers mentionné auparavant dans le discours. Ainsi, avec dix mots seulement, on atteint déjà un nombre important d'interprétations possibles. De même, en (1b), les deux groupes prépositionnels *de légumes* et *du restaurant* doivent être rattachés à *soupe* comme complément du nom. Cependant, avec la même préposition *de*, *légumes* désigne le type de soupe et est un complément du nom de matière tandis que *restaurant* est un complément du nom possessif [8].

Les ordinateurs ne sont capables de comprendre qu'une fraction du langage et les résultats de leur traitement ne sont pas parfaits. Traiter

---

[7]. On trouve également des ambiguïtés sémantiques et pragmatiques (Sabah, 2000), qui varient fortement selon les langues et les cultures (Warga, 2007).

[8]. On peut pronominaliser ce complément par *sa soupe de légumes*, quand *leur soupe du restaurant* ne permet pas de relier *leur* à *légumes*. L'autre indice est qu'on ne peut dire *soupe du restaurant de légumes*. Ce test fonctionne aussi pour *étudiant en linguistique*, *verre à vin*, etc.

1.1. Problématique et enjeux

la langue automatiquement par ordinateur est un processus difficile qui, à vrai dire, est loin d'être résolu pour une couverture large de la langue. La difficulté de la tâche d'analyse est considérable. Au niveau syntaxique, une phrase peut avoir un grand nombre de structures correctes [9].

Lorsque le but d'un logiciel d'ALAO est un apprentissage en autonomie – c'est-à-dire sans supervision d'un enseignant – de nombreuses erreurs doivent être détectées, correctement marquées et, si possible, des explications de remédiation – voire une correction – fournies. Les attentes vis-à-vis des ordinateurs sont immenses et la déception face à des résultats mitigés – voire médiocres – est à la mesure de la tâche qui reste à accomplir. Les apprenants commettent de nombreuses erreurs, qu'il est parfois difficile à anticiper, d'autant plus lorsque les productions de l'apprenant sont libres, sans restrictions de structures ni de vocabulaire.

L'intégration du TAL dans l'ALAO n'est pas encore très répandue. Kraif et al. (2004) voient trois raisons pour expliquer ce phénomène : (i) ces techniques manquent encore de fiabilité ; (ii) ces ressources sont difficiles et chères à développer ; (iii) les utilisateurs (éditeurs, apprenants, enseignants, concepteurs...) sont peu au courant des possibilités offertes par ces techniques. Jager (2001, p. 103) fait en revanche preuve d'un optimisme prudent, en considérant les technologies du TAL comme suffisamment avancées, du moins pour les apprenants qui ont un niveau suffisamment élevé pour juger de la qualité des diagnostics. Borin (2002), quant à lui, suggère que les enseignants utilisent les applications de TAL pour corriger les textes et réponses à des exercices. Les erreurs seraient alors mises en évidences et les enseignants

---

[9]. Plus une grammaire prend en compte des structures complexes, plus l'analyseur produit de structures possibles pour une même phrase. Cependant, de nombreuses structures correctes n'ont aucune plausibilité linguistique ni sémantique et leurs interprétations seraient rejetées par des humains. Il existe diverses méthodes de filtrage des analyses, notamment au moyens d'heuristiques ou de méthodes statistiques.

1. Introduction

pourraient formuler leur propre rétroaction. Cette manière de faire éviterait les problèmes dus aux feedbacks erronés. Les locuteurs natifs bénéficient du soulignement d'erreurs potentielles mais restent libres de prendre en compte ou non les suggestions de correction, alors que les apprenants n'ont pas encore cette intuition de la langue.

1.2 Structure et objectifs

Cet ouvrage vise trois objectifs, par ordre d'importance croissant :

  i. effectuer un survol du domaine de l'ALAO, de ses domaines d'application et de ses enjeux ;
  ii. décrire les applications du traitement automatique des langues dans le domaine de l'ALAO ;
  iii. présenter trois applications particulières que nous avons réalisées au cours de notre parcours académique, dans le domaine de la correction orthographique et du diagnostic d'erreurs syntaxiques et "sémantiques" de bas niveau.

Dans la plupart des écrits scientifiques, un état de l'art plus ou moins étendu offre un historique général du domaine et survole les techniques appliquées dans le domaine précis des travaux présentés, dans le but d'en souligner l'apport scientifique. Nous avons également cette préoccupation mais nos deux premiers objectifs vont plus loin.

Au chapitre 2, notre état de l'art de l'ALAO survole l'histoire de ce domaine. Il traite des enjeux pédagogiques et didactiques. Nous décrivons également diverses techniques d'évaluation des connaissances des apprenants. Nous terminons par une description des divers types d'ALAO.

1.2. Structure et objectifs

Le second état de l'art, au chapitre 3, traite en détail des divers domaines du TAL et de leur application à l'ALAO. Une première section survole les différents domaines du TAL et en décrit les applications. Puis nous consacrons des sections spécifiques à la correction orthographique, à l'analyse syntaxique et détection d'erreurs grammaticales et à divers formalismes sémantiques et lexicaux. Tout au long de ce chapitre, nous décrivons l'état des applications et leur évolution prévisible.

Venons-en maintenant aux applications que nous avons réalisées ou contribué à réaliser. Au chapitre 4, nous décrivons le projet de recherche européen **FreeText** qui visait à développer un logiciel d'ALIAO pour apprenants du français de niveau moyen, auquel nous avons participé. Nous décrivons le contenu général et l'architecture du logiciel et nous nous livrons à un bilan du projet.

Au chapitre 5, nous décrivons l'outil de TAL principal de **FreeText**, le système d'analyse syntaxique et de diagnostic d'erreurs. Comme le diagnostic d'erreurs a déjà fait l'objet de la thèse de notre ancienne collègue Anne Vandeventer Faltin (2003), nous ne faisons qu'en survoler les techniques. Par contre, nous nous penchons sur les outils d'aide à l'apprentissage qui ont constitué l'essentiel de notre contribution à ce projet : la grammaire en couleurs, l'affichage du diagnostic d'erreurs et l'arbre syntaxique. Une discussion de bilan clôt ce chapitre.

Ensuite, le chapitre 6 présente le correcteur orthographique *FipsOrtho*. Au sein du projet **FreeText**, le correcteur orthographique était à la charge d'un autre partenaire, mais deux collègues, Anne Vandeventer Faltin et Mar Ndiaye, ont commencé à développer un prototype de correcteur. Quelques temps après la fin du projet, nous en avons repris le code en en améliorant le fonctionnement et en ajoutant des méthodes de correction. Dans un premier temps, nous avons soumis notre correcteur à un premier test en lui soumettant une liste de mots

1. Introduction

erronés. Ce premier test, que nous décrivons en détail, a permis d'améliorer les performances de notre système en nous permettant d'ajuster certains paramètres. Un second test a consisté à soumettre un grand nombre de phrases – la plupart provenant d'apprenants – à notre correcteur et à les annoter dans un corpus de 14 494 mots, afin d'étudier les erreurs commises par les apprenants. Nous terminons ce chapitre par une discussion de bilan.

Enfin, le chapitre 7 porte sur deux outils "sémantiques" plus expérimentaux et moins aboutis. Le premier outil est la comparaison *sémantique* de phrases. Pour évaluer une phrase, la syntaxe ne suffit pas toujours. Une phrase syntaxiquement correcte peut ne pas convenir comme réponse à un exercice. Le projet **FreeText** incluait un outil de comparaison sémantique de phrases. Cette technique consiste à comparer la réponse de l'apprenant à une réponse stockée dans le système par le concepteur de l'exercice, au moyen de *structures pseudo-sémantiques*. Il s'agit de structures représentant le sens profond d'une phrase, qui mêlent informations lexicales et caractéristiques abstraites. Au moment du projet, nous avons ébauché un prototype d'outil, mais, pour des raisons que nous exposerons plus loin, le consortium du projet a décidé d'en arrêter le développement. Bien après la fin du projet, nous avons largement modifié les algorithmes de cet outil et sommes arrivés à des résultats encourageants. Nous illustrons simplement le potentiel de l'outil en montrant son fonctionnement dans divers cas de figure. Le second outil "sémantique" est la reformulation de phrases, où un apprenant pourrait manipuler les phrases à l'aide de leurs représentations sémantiques simplifiées. Nous nous bornons à esquisser théoriquement ce que pourrait être un tel système et son apport potentiel pour les apprenants.

Nous concluons cet ouvrage (§8) en reprenant les principales constatations de cet ouvrage, en faisant le bilan des apports du TAL à l'ALAO et en esquissant quelques perspectives de recherche.

CHAPITRE 2

ÉTAT DE L'ART DE L'APPRENTISSAGE DES LANGUES PAR ORDINATEUR

Dans ce chapitre, nous exposons l'état de l'art de l'Apprentissage des Langues Assisté par Ordinateur (ALAO). Dans un premier temps, nous esquissons une brève histoire de l'ALAO (§2.1). Nous poursuivons par un rapide survol de la notion de feedback (§2.2). Puis nous parlons des méthodes d'évaluation automatique des connaissances des apprenants (§2.3) et des différents types d'ALAO (§2.4). Enfin, nous terminons le chapitre par une discussion (§2.5) [1].

2.1 Histoire de l'ALAO

L'histoire de l'ALAO est souvent décrite en partant d'un découpage historique lié aux théories pédagogiques, comme on le trouve chez

---

[1]. Le lecteur trouvera des fiches de description des logiciels présentés dans ce chapitre chez L'haire (2011).

2. Etat de l'art de l'ALAO

Warschauer (1996), qui distingue trois phases dans l'histoire du développement de logiciels d'ALAO :

- L'*approche béhavioriste* (années 1970-80) : l'ordinateur était vu comme un moyen d'apporter du contenu à l'apprenant et d'exercer ses connaissances par des exercices de drill répétitif (Skinner, 1954) ;
- L'*approche communicative* (de 1980 à nos jours) : l'ordinateur aide les apprenants à utiliser leurs compétences communicatives dans des tâches authentiques [2]. L'accent est mis sur l'utilisation des formes et sur le sens plutôt que sur la forme elle-même. Il est incité à produire du langage plutôt que de le manipuler. La grammaire est enseignée de manière implicite. L'apprenant a un grand degré de contrôle sur le rythme d'apprentissage et sur l'interaction. Il peut former des hypothèses sur la langue et les confirmer ou les infirmer par la suite ;
- L'*approche intégrative* : grâce au multimédia et à *Internet*, l'écriture, la lecture, la compréhension et la production peuvent être combinée dans une seule activité. Les apprenants doivent accomplir une tâche communicative et disposent d'aides variées à l'apprentissage, variés comme des glossaires, des aides grammaticales, etc. Les ressources sont liées entre elles et l'apprenant a une grande autonomie dans son chemin d'apprentissage. Des outils de communication synchrone et asynchrone permettent aux apprenants d'échanger avec leurs pairs ou avec des locuteurs natifs de la langue qu'ils apprennent.

On trouvera de nombreux ouvrages présentant une histoire de l'ALAO comme Levy (1997) ou Davies (2003, 2006). Pour notre part, nous

---

2. Garrett (1995) définit un document authentique comme du matériel conçu à l'intention de locuteurs natifs dans un pays où la langue cible est parlée. Cette définition contraste avec un document produit pour un but pédagogique.

2.1. Histoire de l'ALAO

avons choisi une approche différente liée à l'histoire de l'informatique.

2.1.1 Les débuts

L'informatique est née dans les années 1930 avec les premiers calculateurs électromécaniques (Zanella & Ligier, 1989). Cependant, l'informatique n'a pris son essor que grâce aux transistors (1947) et aux circuits intégrés (1963). Grâce à cette dernière invention, la taille des machines s'est sensiblement réduite et les coûts ont également baissé, même si les ordinateurs restaient rares et coûteux. C'est pourquoi dans le monde académique, ces outils n'étaient accessibles qu'aux universités disposant de moyens conséquents. L'accès aux ordinateurs était plutôt réservé aux applications de calcul scientifique. Cependant, des projets pédagogiques sont nés relativement tôt dans l'histoire de l'informatique.

PLATO (acronyme de *Programmed Logic for Automatic Teaching Operations*, Clancy, 1973; Hart, 1995) est un projet qui s'est étendu du début des années 1960 à la fin des années 1970 à l'Université de l'Illinois. Tournant sur un gros ordinateur et des terminaux, il était destiné à fournir un apprentissage individualisé aux apprenants dans divers domaines, dont l'enseignement des langues. *PLATO* permettait de gérer les parcours des apprenants et bénéficiait des avancées technologiques de l'époque, dont la synthèse vocale (§3.1.4), mais la correction des exercices était rudimentaire, par reconnaissance de patrons (§3.1.1.1).

TICCIT (*Time-Shared, Interactive, Computer-Controlled Information Television*, Hendricks et al., 1983; Jones, 1995) a été développé dès 1971 à l'Université Brigham Young. Le projet était surtout basé sur de la vidéo interactive. Enfin *CALIS* (*Computer Assisted Language Instruction System*, Borchardt, 1995) est né à la fin des années 1970 à l'Université Duke. C'est le premier logiciel doté d'un langage auteur

2. Etat de l'art de l'ALAO

(§2.4.2), qui permettait de créer facilement des exercices.

On peut constater que cette période a été peu prolifique, du fait que les logiciels nécessitaient des ordinateurs coûteux. De plus, les enseignants et pédagogues n'avaient que peu de marge de manœuvre dans la conception de type d'exercices et pour la création de nouveaux exercices. Les interfaces étaient limitées par une résolution faible des écrans et des possibilités limitées – voire inexistantes – de présenter les informations de manière graphique. Enfin, les apprenants n'étaient pas autant à l'aise dans l'utilisation des ordinateurs.

2.1.2 La révolution microinformatique

En 1971, la firme *Intel* lance le premier microprocesseur, qui regroupe les circuits sur une seule puce et permet donc un gain de place et un coût de production moins élevé. Dorénavant, de nombreux constructeurs se sont mis à produire des machines à faible coût, branchables sur un écran de télévision. En 1981, *IBM* sort le premier *Personal Computer* (PC) qui tournait sous le système d'exploitation en ligne de commande *MsDos*. En 1984, *Apple* produit l'ordinateur *MacIntosh*, dont la facilité d'utilisation et l'interface graphique ont connu un franc succès. D'autres systèmes concurrents existent mais disparaissent progressivement. Parmi les avancées technologiques notables, mentionnons encore le *modem*, qui permet de faire communiquer des ordinateurs à travers une ligne téléphonique. Enfin, en 1991, *Microsoft* sort *Windows 3.1*, la première véritable interface graphique dans le monde PC.

C'est dans cette période qu'ont véritablement eu lieu les débuts de l'ALAO. En effet, les langages-auteur (§2.4.2) ou des langages de programmation tels que *BASIC* (§2.4.1) permettaient le développement de nombreux tutoriels et autres logiciels (Levy, 1997, p. 1). Les enseignants disposaient aussi d'un nombreux choix d'ordinateurs, dont certains, comme le *Commodore Amiga*, étaient dotés d'une synthèse vocale (§3.1.4). Ce grand choix s'est aussi mué en handicap, par manque de standards : un logiciel développé pour un ordinateur particulier n'était plus utilisable après la fin de production de l'appareil.

Les appareils de télématique de loisir (*Minitel* ou *VideoText*) ou les serveurs à distance de type *Compuserve* (§2.4.5) ont permis de développer des systèmes d'ALAO plus interactifs, malgré les coûts relativement élevés de communication et d'utilisation et les obstacles techniques à une utilisation en classe.

Comme exemples de logiciels de l'époque, mentionnons Helm & McIver (1974), *BASIC Parser* (Cook, 1988), *Herr Komissar* (DeSmedt, 1995) ou les systèmes de Kempen (1992). Enfin, signalons encore que, témoins du dynamisme et de l'essor de la branche de l'ALAO, les associations professionnelles CALICO (1983) en Amérique du nord, et EUROCALL (1987) en Europe, naissent à cette période.

2.1.3 La révolution du multimédia, de l'hypertexte et de l'*Internet*

Vers la fin des années 1980, les ordinateurs personnels haut-de-gamme commencent à être équipés de lecteurs de CD-ROM, qui permettent d'installer des programmes plus gourmands en espace disque bien plus facilement qu'avec des disquettes. Les premières cartes son et les normes de compression audio et vidéo font également leur apparition. La qualité des cartes graphiques et des écrans augmente. Enfin, la vitesse des processeurs et la capacité de mémoire des ordinateurs augmente fortement en parallèle avec une baisse des coûts. Les ordinateurs peuvent désormais combiner facilement audio, texte et vidéos. Ils deviennent alors *multimédias* [3]. En parallèle, en 1989, naît le *World Wide Web* sur le réseau *Internet* (§2.4.5) qui va révolutionner le monde de l'enseignement, de l'information et de la communication. Divers progrès techniques diminuent fortement les coûts de connexion au réseau et augmentent la vitesse de transmission entre ordinateurs, permettant désormais un visionnement confortable de vidéos.

Pour l'ALAO, le multimédia offre la possibilité de disposer de documents variés, permettant d'exercer tous les aspects de la communication (compréhension, écriture, lecture, production). Quant à *Internet*, il offre une immense variété de documentation et permet aux apprenants de communiquer ou d'accéder beaucoup plus facilement à la langue qu'ils étudient. De plus, les logiciels d'ALAO peuvent être diffusés très facilement à travers *Internet*. Enfin, dans les pays développés, l'immense majorité des apprenants dispose d'ordinateurs personnels, souvent portables, et d'une connexion *Internet* permanente et performante à domicile.

2.1.4 Perspectives

Dans le domaine de l'informatique – et à plus forte raison de l'ALAO – il est hasardeux, voire risqué, de se lancer dans des prévisions. Nous voyons tout de même trois champs de développement.

Tout d'abord, l'accès au réseau *Internet* est appelé à se développer encore plus. Il est à prévoir que le débit des connexions *Internet* augmente fortement, avec l'arrivée de la technologie de la fibre optique jusque dans les domiciles privés. Ainsi, la diffusion de vidéos volumineuses sera grandement facilitée. Certains obstacles à la formation à distance seront alors abolis.

---

[3]. En 1995 sort le système d'exploitation *Windows* 95, qui est le premier système d'exploitation multimédia pour PC.

En second lieu, les téléphones mobiles deviennent des ordinateurs de plus en plus puissants. Il existe déjà de nombreuses applications pour ces appareils (Daniels, 2006; Chinnery, 2006), notamment en utilisant le *podcasting*. Nous reviendrons sur ce sujet au paragraphe 2.4.5.

Enfin, les ordinateurs deviennent de plus en plus puissants et la capacité des disques, des mémoires et des processeurs sont phénoménales. Ceci lève désormais de nombreux obstacles pour une utilisation plus intensive de l'intelligence artificielle (§2.4.4) et en particulier du traitement automatique des langues (§3).

2.2 Feedback

La rétroaction (ou *feedback*) est un mécanisme qui traite une entrée et effectue une action ou apporte une réponse en sortie (Heift & Schulze, 2007). Dans le domaine de l'ALAO, il s'agit de traiter une réponse de l'apprenant et de l'évaluer de manière adéquate afin de faciliter la remédiation et le processus d'apprentissage. Selon les théories socio-constructivistes (Vygotsky, 1962), l'apprenant doit être actif dans le processus de remédiation (Chapelle, 1998) et il ne faut pas immédiatement donner la solution correcte [4]. Le feedback doit être adapté au niveau de l'apprenant et ne doit pas l'induire en erreur [5].

Le feedback le plus basique consiste à signaler simplement si le résultat

---

4. Cependant, Allen (1997) prône que les erreurs sans importance soient corrigées automatiquement et ne donnent pas lieu à des pénalités. Les signes de ponctuation manquants ou superflus ou les majuscules manquantes non significatives entrent dans cette catégorie.

5. Demaizière & Dubuisson (1992) soulignent qu'il peut être perturbant pour un apprenant de voir un message du type "je ne comprends pas votre réponse" car il peut induire l'illusion que la machine est intelligente, alors que la plupart du temps, elle signifie que le concepteur du programme ou de l'exercice n'a pas anticipé ou pris en compte la réponse de l'apprenant. Cette illusion peut être accentuée par l'emploi de personnages animés dans les logiciels qui semblent dialoguer avec l'apprenant.

est juste ou faux. On distingue généralement une rétroaction *intrinsèque*, inhérente à la tâche, et la rétroaction *extrinsèque*, qui apporte des informations additionnelles. On distingue de nombreuses variantes de feedback :

- reformulation : le système énonce la phrase correcte, par exemple dans un dialogue, en accentuant le point où l'erreur a été commise ;
- feedback direct ou indirect, où l'apprenant est invité à vérifier certains points ou certaines règles, ou doit faire des exercices de remédiation ;
- feedback écrit, oral ou visuel ;
- feedback progressif : partant du général, on précise de plus en plus le feedback si l'apprenant ne trouve pas ;
- feedback immédiat ou retardé ;
- feedback contrôlé par le système ou déclenché par l'apprenant ;
- toutes les erreurs en même temps ou une erreur à la fois ;
- toutes les erreurs sont signalées ou seulement la ou les plus importantes d'après le niveau de l'apprenant.

Lister & Ranta (1997) proposent les types de feedback suivants, dans le cadre de l'enseignement oral par des êtres humains :

i. correction explicite : l'erreur est signalée et corrigée ;
ii. reformulation : la phrase est reformulée sans erreur ;
iii. demandes de clarification : un signe de mécompréhension (*pardon ?*) ou une question (*que voulez-vous dire par ... ?*) ;
iv. feedback métalinguistique : commentaires, questions ou indication d'une erreur sans donner de correction (*il y a une erreur, pouvez-vous découvrir votre erreur?, X est au masculin*, etc.) ;

v. incitation (*elicitation*) : l'apprenant doit compléter la phrase (*c'est un...*), ou répondre à une question (*comment ça s'appelle?, how do we say X in French?*, etc.) ;

vi. répétition : la phrase est répétée en accentuant le lieu de l'erreur ;

Parfois les enseignants combinent ces différentes stratégies. La reformulation n'est pas efficace car elle n'incite pas l'apprenant à s'autocorriger, ni la correction explicite. Les autres stratégies sont bien plus efficaces et favorisent l'assimilation (Lister & Ranta, 1997). Heift & Schulze (2007) soulignent qu'il est important de prendre en compte le facteur temps. Une erreur déjà commise dans une session bien antérieure pourrait avoir moins de poids qu'une erreur commise dans la même séance.

2.3 Méthodes d'évaluation automatique des connaissances

Dans cette section, nous commençons par les Questionnaires à Choix Multiples (§2.3.1). Nous poursuivons avec d'autres méthodes courantes d'évaluation automatique (§2.3.2) et terminons par une discussion de conclusion (§2.3.3).

2.3.1 Questionnaires à Choix Multiples

Les *Questionnaires à Choix Multiples* (QCM) sont la méthode la plus courante pour tester automatiquement les connaissances des apprenants par ordinateur. Pour chaque question, plusieurs réponses possibles sont listées. Une ou plusieurs réponses sont correctes. En général, pour obtenir le maximum de points, toutes les réponses correctes doivent être données et aucune réponse incorrecte ne doit être sélectionnée.

Cette méthode est facilement implémentable, d'où sa popularité. Les candidats sont évalués pour leurs connaissances et non pas pour leur capacité de s'exprimer par écrit. Mais d'un autre côté, les QCM ont une valeur pédagogique limitée car les apprenants ne doivent pas justifier leur réponse, sauf rares exceptions. Ils peuvent donc cocher une réponse (ou plusieurs) au hasard. S'il est permis de faire plusieurs tentatives et/ou de revenir en arrière, ils peuvent facilement améliorer leur score. De plus, si les apprenants ont une connaissance partielle du sujet, ils n'auront aucun point, alors qu'une réponse en texte libre peut être corrigée de manière nuancée et certains éléments de réponse peuvent être trouvés et compter comme une réponse partielle.

Plusieurs solutions existent pour éviter ces pièges :

- le retour en arrière est bloqué, le résultat de la réponse n'est disponible qu'à la fin du questionnaire, voire après la validation des résultats par l'enseignant ;
- plusieurs questions abordent le même sujet ou un sujet similaire. Cela diminue le facteur chance car celui qui répond au hasard aura moins de chances de cocher deux fois la bonne réponse ;
- on introduit des réponses inexactes mais proches de la solution, appelées *distracteurs* ;
- le nombre de réponses par question est varié, les réponses correctes n'apparaissent pas toujours dans la même position.

Dans le domaine de l'enseignement des langues, l'intérêt des QCM est relatif. Ils permettent de tester les connaissances de vocabulaire et la capacité à distinguer les formes conjuguées ou déclinées. Des questions de compréhension d'un texte ou d'une séquence audio ou vidéo sont une autre application. Mais ils ne permettent pas de tester les capacités productives, qui sont essentielles dans ce domaine.

Keller (2000, ch. 5) liste quelques problèmes que l'on peut rencontrer avec un test sur le *web*. Les conditions de l'expérimentation peuvent varier au niveau de l'environnement (bruit et autres types de distraction pouvant déconcentrer le sujet) et au niveau de la saisie des données. Il est important d'empêcher l'apprenant de revenir en arrière, de relire les données une fois la réponse donnée. Il est aussi important que les réponses ne puissent être données qu'une seule fois. Une mesure du temps de réponse est important afin d'éliminer les réponses trop rapides qui indiquent alors un manque de soin.

2.3.2 Autres méthodes d'évaluation automatique

Pour l'enseignement des langues, le texte à trous est un outil très répandu. Des mots sont retirés d'un texte et remplacés par une ligne ; l'apprenant doit les restituer. Plusieurs variantes sont possibles :

- les mots manquants sont listés et l'apprenant doit les mettre au bon endroit ;
- les mots manquants sont listés et mis dans une forme canonique. L'apprenant doit alors placer au bon endroit le verbe, nom etc. et le conjuguer ou l'accorder correctement ;
- l'apprenant doit taper la phrase au clavier ou glisser-déplacer des boîtes étiquetées avec les mots ou segments manquants.

On peut aussi utiliser des exercices d'appariement entre une liste de phrases ou segments de phrases et une autre liste de phrases ou de segments de phrases. Par exemple, une des listes peut contenir des propositions subordonnées et l'autre des phrases principales. Il est possible aussi de créer des exercices de compréhension, avec un texte d'un côté et des images correspondantes de l'autre. On peut corser la difficulté de l'exercice en n'ayant pas le même nombre d'éléments dans les deux listes, afin d'éviter les effets du hasard.

2.3.3 Discussion

La plupart des logiciels d'apprentissage de langues se basent uniquement sur des techniques d'évaluation de base, bien que leurs fonctionnalités soient limitées. Les réponses fermées ont une application restreinte aux exercices de vocabulaire, de compréhension ou aux exercices de morphologie (déclinaison, conjugaison etc.). Les réponses ouvertes ne peuvent être évaluées que grossièrement par reconnaissance de patrons (§3.1.1.1) et la rétroaction ne permettra pas à l'apprenant de déterminer la cause de son erreur. Il est donc préférable d'utiliser des méthodes de traitement automatique des langues (TAL), qui examinent les productions des apprenants avec plus de finesse, ce qui permet un diagnostic plus détaillé et plus fiable. Nous évoquerons au chapitre 3 des techniques permettant d'évaluer la réponse de l'apprenant sur le plan syntaxique et même sémantique.

2.4 Types d'ALAO et outils

Mendelsohn & Jermann (1997) proposent la typologie suivante pour l'Enseignement par Ordinateur.

- *didacticiels* : l'apprenant doit résoudre un problème de manière plus ou moins active, à travers des activités plus ou moins fermées ;
- *progiciels* : logiciels d'utilisation standard comme les traitements de textes, tableurs, palettes graphiques, etc., réutilisés pour des activités pédagogiques ;
- *tutoriels* : présentation des matières à enseigner et guidage de l'apprenant afin de l'aider à résoudre les problèmes ;
- *environnements d'apprentissage intelligents* : tutoriels dotés d'intelligence artificielle (§2.4.4) afin de guider le processus d'apprentissage, aider l'apprenant à résoudre les problèmes et poser un diagnostic sur ses erreurs ;
- *micromondes* : environnement généralement graphique simulant une situation réelle où l'apprenant interagit avec des agents artificiels pour accomplir une tâche.

Marquet (2004) propose la typologie suivante :

i. tutoriels : apprentissage cognitiviste, connaissances présentées de manière ordonnées, l'apprenant doit lire ;
ii. exerciseurs : approche béhavioriste, dispense les exercices ;
iii. jeux éducatifs : même principe, mais on capte l'attention par le jeu ;
iv. tuteurs intelligents : représentation des connaissances, l'apprenant doit assimiler la matière ;

2. Etat de l'art de l'ALAO

v. hypermédias : cognitivistes et constructivistes, la connaissance est en accès libre et l'apprenant explore ;

vi. micromondes et simulateurs : constructivistes, la connaissance est modélisée ou matérialisées, l'apprenant construit, manipule ou observe ;

vii. logiciels d'apprentissage collaboratif : la connaissance est construite entre apprenants.

Dans la suite de cette section, nous évoquons successivement les techniques de base (§2.4.1), les logiciels-auteur (§2.4.2), les micromondes (§2.4.3), les systèmes intelligents (§2.4.4) et l'utilisation des réseaux d'ordinateurs comme *Internet* (§2.4.5).

2.4.1 Techniques de bases

Aux débuts de la microinformatique et de l'ALAO, les applications étaient toutes relativement limitée par les interfaces rudimentaires et le manque de mémoire et de puissance. De nombreux constructeurs de micro-ordinateurs (Commodore, Apple, Atari, Sinclair, BBC, etc.) intégraient directement un interpréteur du langage *BASIC* (*Beginners All-purposes Symbolic Instruction Code*) qui avait l'avantage de la simplicité. Il n'est donc pas étonnant que de nombreux logiciels d'ALAO datant de cette époque aient été programmés en *BASIC*. On peut citer *CALIS* (Borchardt, 1995), *BASIC Parser* (Cook, 1988), *Generate* (Hackenberg, 1985), etc. Farrington (1982) utilise le langage *Fortran* pour des exercices de français.

D'autres préfèrent réutiliser des programmes courants comme les logiciels de traitement de texte, les tableurs et les outils de base de données pour créer leurs propres logiciels (Demaizière & Dubuisson, 1992; Mendelsohn & Jermann, 1997), notamment en utilisant le langage de

2.4. Types d'ALAO et outils

macrocommandes intégré dans ces produits pour créer des exercices simples. Ariew (1982) utilise un logiciel de traitement de textes associé à un système de fichiers pour générer des tests de langue et en recueillir les résultats imprimés. Desmarais & Bisaillon (1998) décrivent l'utilisation du correcteur orthographique d'un traitement de textes à des fins didactiques. Certains outils de traitement de texte ont été spécialement dotés d'outils d'aide à l'écriture et à la révision dans un but pédagogique. C'est par exemple le cas de *HBJ Writer* (D'Aoust, 1990), aussi connu sous son ancien nom de *WANDAH*. Burston (1993) ou Phinney (1996) décrivent l'utilisation de programmes de base à des fins pédagogiques. Les logiciels de traitement de texte peuvent être utilisés pour des exercices de vocabulaire, de transformation de phrases, d'exercices à trou etc. Pour les apprenants de niveau moyen, les traitements de textes peuvent fournir des exercices de post-édition de textes (tâche plus facile que la création de textes) ou la rédaction de petits textes. L'utilisation des dictionnaires de synonymes et des vérificateurs orthographiques est bénéfique. D'autres fonctions sont utiles, comme l'insertion de commentaire ou de marque de révision, dont sont dotées la plupart des logiciels de traitement de textes, que ce soit pour les apprenants dans une tâche collaborative (Dillenbourg, 1994; Chapelle, 2003) ou pour les enseignants.

Enfin Glencross (1995) décrit les utilisations possibles du dictionnaire *Robert Electronique* sur CD-ROM. Outre les exercices d'orthographe, on peut créer des exercices sémantiques sur les relations des mots (synonymes, antonymes, etc.). Les citations permettent également de repérer les différents contextes d'emploi des mots. L'utilisation de caractères de remplacement permet de faire des recherches morphologiques sur les suffixes comme *-ment*, *-tion* etc. Les relations de synonymie permettent de traiter des phénomènes de registre, puisque *argent* mène aux mots argotiques *grisbi, fric, pèze* etc.

2.4.2 Logiciels-auteur

Murray (1999) définit un logiciel-auteur comme un outil qui doit permettre à des non-programmeurs de réaliser un logiciel sans connaissances en programmation, ni pour la présentation du contenu et des exercices, ni pour les connaissances du système expert ; en outre, le système doit aider l'enseignant à construire le logiciel selon des principes de bonne conception. Parmi les logiciels commerciaux, citons *Auhtorware*, *Director* et *Storyboard*[6].

Par ailleurs, des projets scientifiques ont développé leur propre logiciel-auteur. *Fun With Texts* (Glencross, 1993) est un logiciel qui utilise un texte annoté manuellement avec des fonctions grammaticales. Les apprenants doivent reconstruire le texte en retrouvant les mots manquants, ou replacer des mots d'une liste dans un texte à trous. Demaizière (1982) présente *Ordinateurs Pour Etudiants* (*OPE*), un système d'enseignement développé dès 1969, doté notamment d'un module de grammaire anglaise, où les apprenants doivent traduire des phrases simples en français. *OPE* fonctionne grâce à deux langages-auteur, l'un pour l'analyse des réponse des apprenants, l'autre pour gérer les exercices. *MALTED*[7] (Bangs & Shield, 1999, *Multimedia Authoring programme for Language Tutors and Educational Development,*) est une série d'outils de création d'exercices à l'aide de ressources multimédia réutilisables stockés dans une base de données. Toole & Heift (2002) ont développé *Tutor Assistant*, un logiciel-auteur qui permet d'adapter les contenus et les exercices du logiciel intelligent *ESL Tutor* ou de créer de nouveaux contenus. *IDIOMA-TIC* (Desmet & Héroguel, 2005) est un logiciel-auteur qui sert au développement d'exercices de langue sur le *web*, principalement axé sur des questions semi-ouvertes, tels que des exercices de traduction, de correction, de reformulation,

---
6. Nous parlerons du logiciel *HotPotatoes* au §2.4.5.
7. http://www.malted.com/, consulté le 27 août 2006.

de dictée pour étudiants avancés. Grâce à une technique de reconnaissance de patrons (§3.1.1.1), les exercices sont corrigés et reçoivent une rétroaction appropriée. Les rétroactions possibles sont de type général (renvoi à la règle), ciblé (focalisé sur des éléments de l'exercice) ou focalisé sur l'erreur commise. Le système est doté d'un système de traçage des performances des apprenants.

2.4.3 Micromondes

Les micromondes sont des environnements, généralement graphiques, dans lesquels les apprenants doivent effectuer des actions et résoudre des problèmes. Le logiciel de micromonde le plus connu est *LOGO* (Papert, 1970; Harvey, 1986; Wenger, 1987, p. 124 s.) et est destiné d'une part à faire découvrir les notions de géométrie et d'orientation sur un plan, et d'autre part à apprendre aux apprenants à subdiviser des tâches pour atteindre un but final. A l'aide d'un langage de commande très simple, l'apprenant faisait se déplacer un curseur en forme de tortue. En se déplaçant, la tortue pouvait tracer des traits ou ne pas laisser de trace. Des procédures pouvaient être écrites pour les tâches répétitives. Les apprenants pouvaient utiliser des boucles d'itération et des instructions conditionnelles [8].

Selon Danna (1997, p. 10), les micromondes transmettent les notions à acquérir par des actions et facilitent la transmission des connaissances par "*l'immersion de l'utilisateur dans un contexte qui facilite la compréhension et la mémorisation de données relatives à ces actions.*"

Les micromondes permettent parfois à l'apprenant d'interagir avec des

---

[8]. Sous *Windows*, le logiciel *MSWLogo* est un émulateur *LOGO* qui permet non seulement la réalisation de petits programmes graphiques mais aussi de programmes complexes. Le logiciel d'apprentissage d'orthographe et de grammaire *L'Orthophile* (http://jeannoel.saillet.free.fr/Orthophile/Orthophile.htm, dernier accès le 10 mars 2007) fonctionne sous cet environnement.

agents virtuels, humains ou non, en deux ou trois dimensions. Morton & Jack (2005) décrivent les interactions possibles avec l'apprenant :

- montrer à l'apprenant comment réaliser une tâche ;
- guides de navigation dans un environnement complet ;
- attirer l'attention de l'apprenant sur des éléments de la scène qui donnent des informations ou indices, par le regard ou par des gestes ;
- donner un *feedback*, verbal ou non verbal, par rapport aux actions ou productions de l'apprenant ;
- émettre les signaux conversationnels habituels dans une interaction d'humain à humain, comme la prise de parole, l'expression d'une opinion personnelle ou la réaction à l'avis de l'apprenant ;
- expression de l'émotion et suscitation de l'émotion de l'apprenant, comme moyen d'accentuer la motivation à apprendre ;
- simulation d'une situation d'apprentissage en groupe, soit en tant que membre du groupe, soit comme substitut de l'enseignant.

2.4.4 Systèmes intelligents

L'*Intelligence Artificielle* (IA) désigne les techniques qui simulent le comportement humain pour résoudre des problèmes et/ou acquérir de nouvelles connaissances à partir de nouvelles données ou de nouvelles situations. On appelle *systèmes intelligents* les logiciels dotés d'intelligence artificielle. Les connaissances nécessaires doivent être représentées de manière adéquate afin de permettre à l'ordinateur de les manipuler.

Dans le domaine de l'ALAO, les systèmes intelligents sont capables de guider un apprenant dans un parcours pédagogique approprié, d'iden-

2.4. Types d'ALAO et outils

tifier ses erreurs et d'y apporter une remédiation afin d'améliorer ses connaissances [9]. En somme, ils regroupent les connaissances d'un expert tant sur le plan du domaine lui-même que sur le plan pédagogique (Wenger, 1987; Matthews, 1992).

Ces systèmes intelligents d'apprentissage des langues sont dotés de plusieurs modules qui interagissent et communiquent entre eux, comme pour tout logiciel doté d'intelligence artificielle, qui sont dans la plupart des cas les modules suivants :

- Module expert ;
- Module de l'apprenant ;
- Module pédagogique ;
- Module de communication.

Nous décrivons à présent les différents modules dont sont en général dotés les systèmes intelligents.

2.4.4.1 Module expert

Le module expert comporte la connaissance du domaine à enseigner et doit être capable de résoudre les problèmes posés à l'apprenant, de manière psychologiquement et cognitivement plausible. Il peut être à la fois la *source de la connaissance à enseigner* et une *base de règles pour évaluer les connaissances* des apprenants et pour *résoudre les problèmes posés* (Wenger, 1987, p. 14). La tâche de modélisation de l'intelligence humaine demande des efforts conséquents, même pour un domaine limité (Bailin, 1995, p. 327).

---

9. On parle alors d'ALIAO (*Apprentissage des Langues Intelligemment Assisté par Ordinateur*), en anglais ICALL (*Intellligent Computer-Assisted Language Learning*).

2. Etat de l'art de l'ALAO

Il existe plusieurs manières de représenter des connaissances pour un système expert. D'après Demaizière & Dubuisson (1992), le système comprend généralement des connaissances *descriptives* ou *conceptuelles* (bases de *faits*), des connaissances *opératoires* (bases de *règles*) et de connaissances *stratégiques* (*heuristiques* ou *métarègles* qui dirigent la résolution du problème en orientant le choix des règles prioritaires). Les connaissances peuvent être représentées de manière *procédurale* ou *déclarative* (Danna, 1997, pp. 20-21) : les connaissances *déclaratives* sont un ensemble de déclarations, qui peuvent être ensuite soumises à un mécanisme de raisonnement, appelé généralement *moteur d'inférences*, qui manipule les déclarations pour inférer de nouvelles connaissances. Par contre, si l'on veut plutôt s'attacher à l'ordre d'application des déclarations, alors une modélisation procédurale est plus adéquate ; elle consiste à décrire les procédures et l'enchaînement de celles-ci pour arriver à un résultat.

Le module expert doit être capable d'identifier les erreurs commises et de montrer le ou les raisonnements qui l'amènent à la solution (Wenger, 1987; Dillenbourg, 1994; Dillenbourg & Schneider, 1995). Certains systèmes ne montrent que la meilleure solution possible, d'autres listent toutes les solutions. Certains affichent toutes les étapes de raisonnement alors que d'autres ne donnent que le résultat. Dans l'idéal, les stratégies utilisées devraient uniquement utiliser des règles et stratégies déjà connues par l'apprenant, qui sont un sous-ensemble des connaissances du système expert (Danna, 1997).

Dans le cas de l'ALIAO, les connaissances du système expert sont par exemple les règles de grammaire, un lexique et une liste des erreurs potentielles des apprenants. Le chapitre 3 traitera en détail des techniques utilisées pour analyser la langue, en particulier dans un contexte d'apprentissage.

2.4.4.2 Module de l'apprenant

Le module de l'apprenant contient des informations sur l'apprenant, son parcours à travers le logiciel, son niveau de connaissance et les stratégies d'apprentissage et de remédiation qu'il met en œuvre (Wenger, 1987; Dillenbourg, 1989; Chanier *et al.*, 1992; Danna, 1997; Hamburger *et al.*, 1999; Kang & Maciejewski, 2000; Heift & Schulze, 2007). La représentation des connaissances et des erreurs des apprenants est généralement similaire à celles des règles du système expert. Elle peut être constituée de règle d'erreurs, qui représentent les erreurs fréquemment observées chez les apprenants. Le modèle de l'apprenant est souvent constitué grâce à un prétest, passé avant l'utilisation du logiciel proprement dit. Dans l'idéal, ce modèle est actualisé en permanence.

2.4.4.3 Module pédagogique

Le module pédagogique est aussi appelé module d'enseignement, module de diagnostic ou module tuteur. Il gère le parcours et les objectifs pédagogiques en proposant les exercices en fonction des difficultés, des points traités et des besoins de l'apprenant, de sorte à lui faire acquérir les connaissances nécessaires pour résoudre un problème. "*Il doit décider du prochain exercice à soumettre à l'élève (contenu, difficulté, etc.), des conseils à lui fournir, du moment où ses interventions seront les plus pertinentes pour l'apprenant, etc. Pour prendre de telles décisions, il s'appuie entre autres sur des connaissances décrivant le comportement d'un tuteur humain en terme de tactiques pédagogiques.*" (Danna, 1997, p. 16). Outre la séquence des explications et des exercices, le module pédagogique gère parfois le diagnostic des erreurs de l'apprenant.

Dans le cas de l'ALIAO, les capacités à acquérir sont de communiquer,

2. Etat de l'art de l'ALAO

oralement ou par écrit, et de comprendre un énoncé oral ou écrit. Selon le concept pédagogique sous-jacent, la réaction du système en cas de problème sera immédiate ou différée ; le parcours pédagogique peut être opportuniste (selon les difficultés rencontrées ou les besoins) et ne pas prévoir d'action à long terme (Danna, 1997). Au contraire, le parcours peut être planifié ou dirigé et prévoir un plan d'interactions successives, qui peuvent être révisées en fonction des difficultés rencontrées par l'apprenant. Enfin, on trouve aussi des solutions intermédiaires entre les deux.

2.4.4.4 Module d'interface

Le module d'interface ou de communication gère le dialogue entre l'apprenant et le logiciel et la manière dont les informations sont présentées. L'acceptation du logiciel par les apprenants dépend aussi de la qualité du module d'interface (Wenger, 1987).

Ce module est souvent intégré dans le module pédagogique. Il est essentiel de représenter les connaissances de l'apprenant ou du système de manière compréhensible par l'autre partie (Danna, 1997, p. 17). L'ergonomie du logiciel et la qualité des dialogues et de l'interaction doivent être par conséquent soignés. Le style peut être sous forme de dialogue ou plus sous forme de guide plus ou moins dirigiste.

Le module d'interface doit parfois être doté de capacités conversationnelles (Wenger, 1987). Dans ce cas, des techniques de traitement du langage sont requises, tant pour les messages produits par le système (génération, §3.1.5) que pour la compréhension des phrases produites par l'apprenant (analyse syntaxique, §3.3, et sémantique, §3.4).

2.4.4.5 Interaction des modules

Les modules d'un système intelligent doivent interagir, par exemple à l'aide de la technique du *tableau noir*, où les différents modules mettent leurs informations à disposition des autres modules, qui peuvent les infirmer ou les confirmer. L'évaluation des connaissances par le module expert sert au module pédagogique pour déterminer le parcours. Le module de l'apprenant indique au module pédagogique et au module expert quelles sont les connaissances déjà acquises par l'apprenant, de sorte que de nouveaux contenus soient progressivement introduits et que la résolution des problèmes n'utilise que des stratégies déjà connues. Cette modélisation du comportement de l'enseignant humain permet d'individualiser et d'optimiser le parcours pédagogique.

D'après Garrett (1995), les limites techniques des logiciels intelligents restreignent parfois un peu trop la variété des activités. Les outils sophistiqués ne sont donc pas la panacée.

2.4.5 Internet et ALAO

Internet est le réseau informatique qui lie les ordinateurs du monde entier et permet d'échanger des données, notamment à travers le courrier électronique et le *World Wide Web* dont nous parlerons dans la suite de ce paragraphe. C'est un réseau qui relie des millions de réseaux informatiques, de taille variable, dans le domaine privé, public, académique, gouvernemental ou des affaires.

En parallèle, né en 1969 mais connaissant son apogée dans les années 1980, le service *Compuserve* est le premier fournisseur d'accès à des services en ligne (courrier électronique, forums, etc.) à large échelle aux Etats-Unis, à travers une ligne téléphonique et un modem. En 1982,

2. Etat de l'art de l'ALAO

la France lance le système télématique *Minitel*. Rézeau (1994) décrit une application utilisant des resources de *Compuserve* et du *Minitel* pour construire un concordancier (§3.1.7).

Entre 1989 et 1991 naît le *World Wide Web* (*WWW*, *web* ou *toile* en français), un système multimédia d'échange d'informations proposé par Tim Berners Lee et Robert Caillau. Ce système basé sur des serveurs décentralisés à travers des documents hypertextes [10] est basé sur un langage de balises simple, nommé *HTML* (*HyperText Markup Langage*) [11], qui permet de formater les documents du web [12].

Le *web* constitue en soi une ressource éducative (Allodi *et al.*, 1998; Debski & Levy, 1999). On y trouve des informations sur des sujets infiniment variés et de qualité ou de degré d'approfondissement variables, pour tous les niveaux d'enseignement. Grâce à la facilité de création de documents, les enseignants se servent du *web* comme d'un outil : ils exposent les travaux de leurs élèves, ils publient des journaux de classe etc. Ils ont également accès à des documents authentiques pour leurs propres enseignements, dans leur propre langue ou dans la langue qu'ils enseignent. Ils peuvent également échanger leurs outils et supports pédagogiques. Les moteurs de recherche sont égale-

---

10. Inventée par Bush (1945) et perfectionné par Nelson (1965), les hypertextes sont un système non séquentiel et non linéaire de textes reliés entre eux par un réseau conceptuel de nœuds et de liens. Lorsque les documents sont également non-textuels (vidéos, sons, animations, images), on parle d'*hypermédias*. Le logiciel *Hypercard* sous *MacIntosh*, basé sur les hypertextes, a permis la naissance de nombreux didacticiels (Svenconis & Kerst, 1995).
11. http://www.w3.org/standards/webdesign/htmlcss, dernier accès le 6.12.10.
12. *XML* (*eXtensible Markup Langage*) est un langage de balise semblable au *HTML* mais qui est ouvert et extensible. Il permet une structuration plus ou moins stricte de documents à travers une définition des balises et des imbrications licites d'éléments nommée *DTD* (*Document Type Definition*). De nombreux standards basés sur XML existent : *MathML* pour les mathématiques, la *TEI* (*Text Encoding Initiative*) dans le domaine de l'édition, *SVG* dans le domaine des graphiques vectoriels, etc. Dans cet ouvrage, nous utilisons *XML* pour coder des analyses syntaxiques (§5.3.1) et pour le codage de la sortie d'un correcteur orthographique et un corpus d'erreurs (§6.2).

2.4. Types d'ALAO et outils

ment un formidable concordancier (§3.1.7, Chinnery, 2008). Quant aux apprenants, ils trouvent aussi une ressource d'informations indispensables. Malheureusement, le *web* fourmille de documents non vérifiés et non validés ; il n'est donc pas rare que les documents contiennent des erreurs, tant au niveau du fond que de la forme (orthographe, syntaxe...).

Depuis sa naissance, le *web* est devenu de plus en plus riche en contenu et de plus en plus accessible. Les écoles de tous niveaux sont de plus en plus reliées à Internet, ainsi que les ménages privés. Les pages *web* deviennent de plus en plus complexes et interactives. Du côté des serveurs, de nombreux langages de programmation (*Perl, PHP, ASP, JSP, Cold Fusion,* etc.) permettent notamment de gérer l'interaction avec des bases de données et de créer des applications informatiques complexes [13].

Du côté du navigateur [14], les pages utilisent le langage *Javascript*, notamment pour manipuler le contenu des documents et contrôler les informations envoyées aux serveurs. Afin d'alléger le chargement des pages en ne mettant à jour qu'une petite part du contenu lorsqu'une action est déclenchée ou un formulaire est envoyé est apparu dès 2003 un ensemble de technologies nommé *Ajax* (*asynchronous Javascript and XML, Javascript et XML asynchrones*) qui envoie une requête en tâche de fonds sans empêcher la lecture d'une page ni le déclenchement d'autres actions, d'où le terme d'*asynchrone*, et met à jour des conteneurs, à savoir le contenu de balises qu'il faut remplacer, grâce à *Javascript*.

---

13. La technologie qui permet de transmettre des données nécessaires pour l'exécution d'un programme sur le *web* est appelée *Common Gateway Interface* (CGI), qui gère l'encodage des paramètres. A côté des langages de scripts, il est aussi possible d'appeler des programmes compilés.

14. Un navigateur (client, butineur ou *browser*) est un programme qui tourne sur l'ordinateur de l'utilisateur, gère la communication avec les serveurs web et affiche les pages *web*.

2. Etat de l'art de l'ALAO

HotPotatoes [15] (Arneil & Holmes, 1999) est une suite de programmes sous *Windows* qui permettent à des enseignants de réaliser facilement des exercices interactifs en *Javascript* sur la toile sans connaissances préalables de programmation. Les exercices disponibles sont des questionnaires à choix multiples, exercices à réponse courte, textes à trous etc. Les possibilités de rétroaction sont nombreuses. Les interfaces d'exercices sont disponibles en de nombreuses langues. Dans un sens, *HotPotatoes* est assimilable à un langage-auteur (§2.4.2).

Flash est une plateforme multimédia destinée à la production d'animations et à l'intégration de vidéos et de sons dans une page *web*. Les animations et applications sont programmées dans le langage *ActionScript*. Pour que les animations fonctionnent correctement, les navigateurs *web* doivent être dotés d'un programme complémentaire (*plug-in*) gratuit. Par contre, les logiciels permettant de développer les applications sont payants. Brett (2004, 2006) présente l'outil de création d'exercices *Conductor*, qui consiste en un seul programme en *Flash* qui permet de créer une variété d'exercices multimédias. *Conductor* se base sur un fichier externe en *XML* qui peut être facilement édité. Le contenu peut être sauvé dans une base de données et/ou être envoyé par courriel aux enseignants au moyen de scripts *PHP*. *ESPADA* (Koller, 2003, 2004) est un système d'apprentissage multilingue pour les langues romanes, qui utilise la technologie *Flash* et *ActionScript* pour des animations montrant les règles de grammaire.

Pour bâtir un site *web* d'une certaine complexité, il existe de nombreux outils de gestion de contenu (*Web Content Management Systems*, *CMS*), dont certains logiciels libres. On citera notamment *Spip*, *Typo3* et *Joomla*. L'intérêt principal des *CMS* est de pouvoir mettre à jour rapidement et facilement un site *web*, sans besoin de beaucoup de connaissances. Par ailleurs, l'indexation des articles est automatique.

---

15. Disponible sous `http://hotpot.uvic.ca/`, dernier accès le 20 août 2006.

2.4. Types d'ALAO et outils

En 1995 est apparu un type de *CMS* particulier appelé *Wiki*, d'après un mot hawaïen signifiant *rapide* ou *vite*. Il s'agit d'un site *web* dont le contenu est très facilement modifiable par les utilisateurs du site, avec ou sans authentification préalable. Le but est de faciliter la rédaction collaborative d'un contenu. De nombreux enseignants utilisent les *Wikis* pour leurs projets de classe (Godwin-Jones, 2003). L'encyclopédie en ligne collaborative *Wikipedia* est basée sur ce principe.

De nombreuses personnes dans le monde écrivent des *blogs* [16] (abrégé de *Web Log*, littéralement calepin ou carnet *web*), qui consistent en des articles généralement courts, sur un sujet précis (art, informatique, politique, etc.) ou sur la vie de son auteur (sorte de journal intime). Généralement les articles sont classés par ordre chronologique inverse et peuvent être commentés par les lecteurs. On trouve de nombreux sites permettant d'ouvrir son *blog* gratuitement et également des logiciels à installer sur son propre site *web*. Les *blogs* sont beaucoup utilisés par les enseignants de langues, tant pour rechercher du contenu authentique que pour faire écrire les apprenants (Godwin-Jones, 2003).

Par ailleurs, comme le principe du *web* est de relier des documents entre eux, il est parfois utile de pouvoir reprendre le contenu – ou une liste des derniers articles – d'un site sur un autre qui traite du même sujet ou d'intérêts analogues. Ce principe est appelé *syndication* : il s'agit de mettre à la disposition une liste d'articles (avec parfois leur contenu) dans des formats *XML* simples appelés *RSS* (*Really Simple Syndication*) ou *Atom*. Ces listes sont appelées *flux* et sont généralement créées automatiquement à partir des bases de données des *CMS*. Les flux peuvent être une liste des derniers articles dans l'ordre chronologique, ou une liste regroupant les derniers articles d'un même auteur ou d'une même rubrique. Ils permettent aussi de détecter la mise à jour d'un site. Les *CMS* sont également généralement dotés de lecteurs de

---

16. On trouve aussi le terme de *blogue*.

2. Etat de l'art de l'ALAO

flux qui permettent de reprendre le contenu d'autres sites. Par ailleurs, il existe des programmes spécialisés appelés *agrégateurs de flux* – parfois ce sont des pages *Internet* – qui permettent à un utilisateur de s'abonner aux flux de son choix et de les organiser à sa guise, afin de composer par exemple un journal personnalisé. Les enseignants tirent également grand parti des flux *RSS*, qui leur permettent de créer des activités pédagogiques et des exercices en lien avec l'actualité, avec des documents authentiques.

Terminons par mentionner qu'il existe des outils de gestion de contenu spécialisés dans l'enseignement. On parle alors de plateformes d'enseignement (*Learning Management System, LMS*) ou de plate-formes de téléapprentissage (Chanier & Vetter, 2006). Citons *Moodle, Dokeos, Manhattan Virtual Classroom, Plone, WebCT, TopClass, Lenya* etc. Ces plateformes permettent de gérer l'inscription des apprenants, le calendrier des cours, l'évaluation automatique des connaissances etc. Il existe différents standards qui permettent aux enseignants de formater un parcours pédagogique défini et de partager des ressources pédagogiques avec d'autres enseignants. Les *Learning Objects Metadata* ou *Learning Objects Models* (*LOM*, Godwin-Jones, 2004b; Armitage & Bowerman, 2005) sont des unités indépendantes qui peuvent être utilisées pour l'éducation ou l'enseignement. Les *LOM* peuvent être assemblées pour créer un cours. Le contenu de chaque *LOM* est décrit à l'aide de métadonnées qui permettent de retrouver dans une banque de données le contenu adéquat pour un besoin précis (titre, description, mots-clés, auteur, coût d'utilisation, spécifications techniques et objectifs d'enseignement). Les contenus peuvent être des animations, des textes, d'autres objets multimédias, ou des combinaisons de ces éléments. Les *LOM* permettent de réutiliser des ressources et peuvent faciliter la mise à jour automatique de contenus de cours si un *LOM* est révisé ou de nouveaux *LOM* sont ajoutés à la base de données. *SCORM* (*Sharable Content Object Reference Model*) est une implé-

2.4. Types d'ALAO et outils

mentation du standard *LOM* (Godwin-Jones, 2004b).

Poursuivons ce tour d'horizon par d'autres outils disponibles sur *Internet*. Le courrier électronique (que l'on nomme aussi *email*, courriel ou mél) est un moyen de communication extrêmement répandu qui permet un échange asynchrone entre personnes. Donaldson & Kötter (1999) soulignent que les échanges de mails entre apprenants est utile car ils doivent apprendre à manier la langue ou à utiliser des stratégies de substitution ou de paraphrases pour combler leurs lacunes, quitte à utiliser un mot de leur propre langue. *International Email Tandem Network* (Levy, 1997, p. 32) est un réseau de correspondance entre apprenants qui correspondent dans la langue de l'autre. Les discussions ont lieu par liste de discussion ou par un forum avec des modérateurs. Le projet a été initié en 1993. Un échange est plus bénéfique si l'apprenant dialogue dans la langue de son interlocuteur (Woodin, 1997). Par contre, en utilisant sa propre langue, un apprenant peut aussi bénéficier de l'échange, en soignant sa propre expression et en jouant un rôle de tuteur en corrigeant les erreurs de son partenaire (Ware & O'Dowd, 2008).

S'apparentant au courrier électronique, les forums sont des outils où les utilisateurs participent à une discussion en publiant des messages lisibles par tous, ou du moins par les personnes autorisées à participer à la discussion. Les discussions sont généralement organisées en thèmes généraux. Un utilisateur publie un message et les autres utilisateurs y répondent et commencent un échange. Un message s'inscrit dans un historique de discussion si il répond à un message ; ce message "parent" est peut-être lui-même une réponse à un autre message et ainsi de suite ; il est alors possible de retracer la *généalogie* d'un message. Cette généalogie des messages est plus connue sous le nom de *fil de discussion* ou *thread* en anglais. Les forums permettent des échanges entre apprenants, notamment la négociation de sens (Lamy & Goodfellow, 1998). Caws (2005) utilise les forums pour faciliter la

2. Etat de l'art de l'ALAO

rédaction de textes par petits groupes d'apprenants.

Les outils de conférence écrite, orale et vidéo présent les avantages et les inconvénients d'une communication synchrone. Pour l'écrit, il existe les *Internet Relay Client* (IRC) ou *chat* [17], où les utilisateurs se connectent à un serveur et s'identifient par un pseudonyme. Un serveur donne accès généralement à de nombreux salons ou salles de discussion et l'utilisateur doit se connecter à l'un ou plusieurs d'entre eux pour dialoguer. L'utilisateur peut envoyer des messages vus par tout le salon ou dialoguer individuellement en privé avec d'autres utilisateurs. Aujourd'hui, de nombreux logiciels permettent de se connecter à des salons de discussion.

Le rythme d'un tel échange doit être rapide. Les messages défilent et l'utilisateur a peu de temps pour les lire (ou doit revenir en arrière avec les barres de défilement). Les phrases sont courtes et la syntaxe, l'orthographe et la ponctuation sont peu soignés (Véronis & Guimier de Neef, 2006; Chapelle, 2003; Lotherington & Xu, 2004). Du point de vue de l'enseignant, la méthode présente l'inconvénient du manque de contrôle : l'échange est trop rapide pour espérer une régulation (Paramskas, 1999). Certains apprenants connaissant bien les abréviations et ayant une bonne vitesse de frappe peuvent accaparer la conversation. Mangenot (1998a,b) propose l'utilisation d'outils de conférence pour l'écriture en commun d'une histoire. L'enseignant doit alors animer le débat pour relancer le dialogue et proposer de trancher entre plusieurs scénarios.

La technologie émergente de téléphonie sur *Internet*, *Voice over IP*, permet de se servir de son ordinateur personnel pour téléphoner partout dans le monde. Il suffit de s'inscrire auprès d'un fournisseur de logiciel (généralement gratuit) pour pouvoir communiquer orale-

---

17. Anglicisme qui signifie bavarder. Les francophones connaissent aussi le terme de *clavardage*, composé de *clavier* et *bavardage*.

2.4. Types d'ALAO et outils

ment avec les utilisateurs d'*Internet* utilisant le même logiciel qui sont connecté au même moment à *Internet* et au serveur de communication. Le logiciel le plus répandu, *Skype* [18], permet de connecter cinq ordinateurs pour la même conférence téléphonique. Une version récente permet aussi de faire une conversation vidéo à l'aide de caméras *web* (*webcams*). Ce logiciel est utile pour des échanges entre classes et peut être intégré à des plateformes d'enseignement (Godwin-Jones, 2005).

Enfin, les téléphones mobiles permettent de plus en plus souvent de se connecter à *Internet*, à des vitesses qui vont considérablement s'améliorer les prochaines années. Des enseignants commencent à développer des applications d'ALAO sur téléphone mobile, comme un programme d'apprentissage de vocabulaire par *SMS* [19] (Chinnery, 2006) ou du contenu didactique (Houser, 2006; Houser & Thornton, 2006). Daniels (2006) prône l'utilisation du téléphone mobile qui permet à l'apprenant de trouver des matériaux en dehors de la classe. Le projet *SigmaStar* (Ott *et al.*, 2005) vise à développer des jeux sur téléphones mobiles en *Java* pour l'apprentissage des langues. On mentionnera encore les assistants personnels (*Personal Data Assistant, PDA*), les tablettes tactiles ou les livres électroniques qui peuvent avoir une utilisation pédagogique (Chen & Chen, 2004; Schulze, 2004; Chinnery, 2006).

La technique du *Podcasting* [20] commence à être utilisée pour l'enseignement des langues (Godwin-Jones, 2005; Scinicariello, 2006). Elle consiste à télécharger automatiquement des fichiers audio *MP3* sur un baladeur numérique ou un ordinateur personnel, pour une écoute immédiate ou ultérieure, grâce à un abonnement à un service de diffusion qui permet de personnaliser les choix. Pour l'enseignement des

---

18. http://www.skype.com/, consulté le 2 août 2006.
19. *Short Message Service*, message de 160 caractères maximum transmis sur les téléphones mobiles, connu aussi sous le nom de *texto*.
20. Chanier & Vetter (2006) utilisent le terme de baladodiffusion.

langues, le *Podcasting* permet aux apprenants d'écouter divers documents, comme un journal radiodiffusé ou télévisé ou une émission de radio, créée par et pour des locuteurs natifs. Cette technologie permet d'écouter et de répéter les documents à l'envi, parfois en parallèle avec d'autres activités.

Actuellement encore, deux obstacles importants empêchent l'essor de ces appareils : le coût de connexion et de transfert est encore prohibitif pour transférer un volume important de données ; de plus, les fabricants de ces appareils se livrent à une guerre commerciale et aucun standard n'apparaît. Néanmoins, l'apparition de nouvelles normes pour les réseaux sans fils promet un bel avenir aux applications utilisant des appareils mobiles (Godwin-Jones, 2004a).

2.5 Discussion

Nous avons vu que l'ALAO est un domaine encore jeune mais qui est appelé à se développer énormément, tant grâce aux avancées technologiques qu'à travers les besoins énormes d'outils d'apprentissage. Les coûts de production de ces logiciels sont très variables. On trouve des logiciels produits par des enseignants pour leurs propres besoins, souvent à l'aide de logiciels-auteurs, qui utilisent quelque types d'exercices et n'offrent que quelques heures d'activités. D'autre part, il existe des logiciels produits par des éditeurs, avec des moyens considérables, qui représentent de nombreuses heures d'utilisation. Parfois même, ces logiciels sont dotés d'outils technologiques pointus, notamment la reconnaissance vocale (§3.1.3). Néanmoins, ces logiciels manquent quelques fois de pertinence pédagogique.

Au niveau intermédiaire, on trouvera des prototypes de logiciels, construits par des équipes de recherche. Ces produits offrent souvent une technologie avancée, comme nous le verrons au chapitre 3. Toutefois, les matériaux pédagogiques et les exercices ne sont parfois pas très nombreux. La couverture de la langue est souvent limitée et le taux de détection des erreurs d'apprenants, ainsi que le taux de diagnostic erroné sont trop élevé pour être utilisables à grande échelle. Nous aurons amplement l'occasion d'y revenir au chapitre suivant.

2. Etat de l'art de l'ALAO

CHAPITRE 3

TRAITEMENT AUTOMATIQUE DES LANGUES ET APPRENTISSAGE DES LANGUES ASSISTÉ PAR ORDINATEUR

Au chapitre précédent, nous avons évoqué les différents champs de l'Apprentissage des Langues Assisté par Ordinateur (ALAO). Dans ce chapitre, nous étudions l'application du Traitement Automatique des Langues (TAL) à l'ALAO. Nous débutons par un survol des différents domaines du TAL et de leur application possible en ALAO à la section 3.1. Ensuite, nous consacrons une section à la correction orthographique (§3.2). Nous poursuivons avec l'analyse syntaxique et la correction d'erreurs (§3.3). Puis nous décrivons quelques formalismes sémantiques en discutant leur utilisation pour la détection d'erreurs à la section 3.4. Ensuite, nous évoquons une série formalismes lexicaux et leur utilisation possible pour l'ALAO (§3.5). Enfin, nous apportons quelques remarques de conclusion (§3.6).

3.1 Survol des différents domaines du TAL et de leur application à l'ALAO

Dans cette section, nous décrivons tour à tour les outils de base (§3.1.1), les étiqueteurs (§3.1.2), la reconnaissance de la parole (§3.1.3), la synthèse vocale (§3.1.4), la génération syntaxique (§3.1.5), la traduction automatique (§3.1.6), les outils de traitement de corpus comme les concordanciers (§3.1.7), les outils de résumé et d'évaluation automatique (§3.1.8), et enfin les systèmes de dialogue homme-machine (§3.1.9). Nous traitons dans des sections spécifiques la vérification orthographique (§3.2), l'analyse syntaxique et correction grammaticale (§3.3), les outils sémantiques (§3.4) et lexicaux (§3.5).

3.1.1 Outils de base

Les outils de bas niveau procèdent généralement à un pré-traitement des phrases qui est utile pour l'analyse syntaxique et d'autres techniques de TAL; ils peuvent s'avérer utiles pour l'ALAO. Nous décrivons la technique de reconnaissance de patrons (§3.1.1.1). Ensuite, nous parlons des analyseurs lexicaux (§3.1.1.2). Puis nous évoquons les détecteurs de langue (§3.1.1.3). Nous poursuivons par les analyseurs morphologiques, les lemmatiseurs, les conjugueurs et les déclineurs (§3.1.1.4) et les phonétiseurs (§3.1.1.5). Enfin, nous terminons par une discussion (§3.1.1.6).

3.1. Survol des domaines et application

3.1.1.1 Reconnaissance de patrons ou *pattern matching*

Cette technique peu évoluée est notamment destinée à évaluer les réponses à des questions ouvertes ou semi-ouvertes, où l'apprenant doit rédiger une phrase complète ou un segment de phrase. Selon Winograd (1983), un patron linguistique peut être défini comme une description d'une forme possible d'une langue, par analogie avec un patron au sens propre, qui est un objet dont la forme est identique à la pièce qu'on veut découper dans du tissu ou d'autres matières [1]. Un patron servira à retrouver dans un texte des formes ayant une même construction, comme dans l'exemple suivant :

(2) a. "Il y a __ sur __"

b. "Il y a une guêpe sur ta tête."

c. "Il y a beaucoup de misère sur terre."

Le patron (2a) peut servir à repérer les phrases (2b) et (2c). On peut définir des patrons bien plus complexes, qui contiennent des variables ou des caractères de remplacement. Par exemple, les *expressions régulières* (ou *expressions rationnelles*) sont une technique de notation compacte qui permet de définir un ensemble de chaîne de caractères. Elles sont utilisées dans de nombreux éditeurs de textes, dans des langages de script (§2.4.5) ou dans des systèmes d'exploitation comme *Unix* ou *Linux*, pour rechercher des fichiers ou des éléments dans un fichier ; on utilise également les expressions régulières pour remplacer des chaînes de caractères par d'autres. Voici quelques exemples d'ex-

---

1. Vu son caractère extrêmement basique et peu souple, le classement de la reconnaissance de patrons parmi le TAL peut être sujet à controverse. Néanmoins, cette technique est extrêmement répandue dans les logiciels d'ALAO.

3. TAL et ALAO

pressions régulières, tirés de l'encyclopédie en ligne *Wikipedia* [2] :

- "chat|chien" : reconnait uniquement les mots "chat" et "chien".
- "([cC]hat|[cC]hien)" : "chat", "Chat", "chien" et "Chien".
- "ch+t" : "cht", "chht", "chhht", etc.
- "a[ou]+" : "aou", "ao", "auuu", "aououuuoou" etc.
- "peu[xt]?" : "peu", "peux" et "peut".

Dans le domaine de l'ALAO, la reconnaissance de patrons est utilisée pour repérer la présence d'éléments dans une réponse, ce qui sert de base à une évaluation. Généralement, cette technique signale les éléments manquants et les éléments superflus. Le concepteur d'exercices doit fournir au système la ou les réponses possibles, en utilisant un patron dans un formalisme compréhensible par l'ordinateur et le plus simple possible. Plus un patron est complexe, plus la possibilité est élevée d'accepter des phrases incorrectes, sur le plan syntaxique ou sémantique. Il est aussi courant de fournir des patrons pour les réponses incorrectes que le concepteur de l'exercice anticipe, soit par son expérience personnelle, soit à l'aide d'un corpus de tests récolté lors d'une phase d'évaluation de logiciels (§ 3.1.7).

La technique de reconnaissance de patrons est très répandue à cause de sa simplicité de définition et d'implémentation. Le diagnostic est toutefois limité, car il est sensible aux erreurs d'orthographe et d'accord, si aucun correcteur orthographique ne repère les mots inconnus ou si une alternative ne prévoit pas l'erreur d'accord. Les concepteurs d'exercices doivent écrire des formules très complexes et anticiper les erreurs communes des apprenants. Une réponse correcte pourra être rejetée par le système à cause de lacunes dans le patron. À l'inverse,

---

2. http://fr.wikipedia.org/, dernier accès le 28 juillet 2006. v. §2.4.5. Le caractère | représente une alternative ("ou") ; les parenthèses carrées [] représentent des variantes ; le + représente un caractère présent une ou plusieurs fois ; enfin le ? indique un / des caractères optionnels (zéro ou une fois).

3.1. Survol des domaines et application

des réponses incorrectes pourront être acceptées à cause d'un patron insuffisamment spécifié ou, au contraire, trop complexe. Au niveau grammatical, les structures syntaxiques complexes comme les phrases interrogatives utilisent des dépendances à longue distance qui sont difficilement traitables par des patrons. De plus, l'apprenant n'aura souvent qu'une évaluation sommaire de sa production (juste ou faux), sans explications sur les erreurs commises et sur la manière d'y remédier.

Pour contourner le problème des petites erreurs orthographiques (ponctuation, accentuation, casse), Burston (1989, 1990) propose de normaliser les chaînes en ôtant les espaces, les signes de ponctuation et les accents et autres diacritiques et en mettant les chaînes entièrement en majuscules ou minuscules. Les variations orthographiques peuvent être surmontées en acceptant la disparition ou l'insertion d'un ou deux caractères. Cette technique est nommée *reconnaissance relâchée de formes*.

Passons maintenant à quelques descriptions de logiciels. Dans *PLATO* (Clancy, 1973; Hart, 1995), un des ancêtres de l'ALAO, une technique de reconnaissance de patrons permettait de corriger des phrases complètes. Le correcteur grammatical *Le Patron* (Nadasdi & Sinclair, 2009) utilise des expressions régulières pour traiter les erreurs d'apprenants du français. Le correcteur en logiciel libre *Graviax* [3] fait de même pour l'anglais. Le logiciel auteur *IDIOMA-TIC* (Desmet & Héroguel, 2005) utilise une technique souple nommée *approximate string matching*. Quant au *McGill Language Learning Environment* (Frederiksen *et al.*, 1995), il utilise des patrons basés sur la notation BNF (*Backus-Naur Form*, Wirth, 1987). Citons encore *ELSE* (*Elementary Language Study Exerciser*, Allen, 1997) et *ALLES* (*Advanced Long-distance Language Education System*, Schmidt *et al.*, 2004). Enfin,

---

[3]. http://sourceforge.net/projects/graviax/, consulté le 10 mars 2007.

Menzel (1988) utilise un système de reconnaissance de patrons associé à un réseau de contraintes (§3.3.2.2) ; l'auteur prône de réduire au minimum le nombre des erreurs.

3.1.1.2 Segmenteurs de chaînes et analyseurs lexicaux

Les segmenteurs de chaînes (*tokenizers*) ou analyseurs lexicaux divisent une chaîne de caractères en unités, généralement des unités lexicales. Ils procèdent à un pré-traitement d'un texte pour les analyseurs morphologiques (§3.1.1.4), syntaxiques (§3.3) et pour les autres outils de traitement du langage, en s'appuyant généralement sur un lexique et en isolant certaines abréviations ou expressions numériques. Cette tâche est essentielle mais loin d'être triviale (Nazarenko, 2006). Les signes de ponctuation et les séparations des mots sont des indications précieuses sur la structure des phrases [4]. Le point détermine généralement une fin de phrase mais fonctionne aussi comme marqueur d'abréviation comme dans *M. Wehrli*. De plus, on considère généralement *d'abord* et *aujourd'hui* comme une seule unité, alors que d'ordinaire l'apostrophe est un délimiteur. Le tiret est un autre délimiteur problématique : *porte-monnaie* et *c'est-à-dire* sont une seule unité, mais pas *voulez-vous*, *cet homme-là* etc. Les nombres écrits en toutes lettres (*dix-sept*) et les mots composés comme *pomme de terre*, *chemin de fer*, *encore que* ou *chou-fleur* posent d'autres types de difficultés.

Grover *et al.* (2000) présentent l'analyseur lexical *LT TTT* (*Language Technology Group Text Tokenisation Toolkit*), qui fonctionne à l'aide de transducteurs (§3.3.4.1). De son côté, le logiciel *Mirto* (Antoniadis *et al.*, 2004b) utilise un analyseur lexical pour un prétraitement des textes utilisés dans ces exercices, notamment pour générer des exer-

---

[4]. Cependant, le manque de systématique dans leur utilisation dans les textes rend ces indications peu fiables (Manning & Schütze, 2000, sct. 4.2).

3.1. Survol des domaines et application

cices à trou. Mikheev (2003) et Schwartz *et al.* (2004) montre d'autres exemples d'utilisation d'analyseurs lexicaux pour l'ALAO.

Pour conclure, nous proposons de mettre à profit le résultat des analyseurs lexicaux pour montrer aux apprenants quelles sont les différentes phrases ou segments de phrases trouvés par l'analyseur lexical et les alternatives possibles, ce qui peut constituer une indication d'erreur.

3.1.1.3 Détecteurs de langue

Les détecteurs de langue déterminent automatiquement la langue dans laquelle est écrite un texte. Ces outils sont généralement basés sur une méthode statistique, par exemple par fréquence de trigrammes. On appelle trigramme une séquence de trois lettres présentes consécutivement dans un mot. Ainsi, le mot *arbre* est composé des trigrammes *arb*, *rbr* et *bre*. Pour certaines applications, on ajoute aussi les espaces, et donc les trigrammes #*ar* et *re*# (où le signe # représente l'espace). La langue française compte environ 1600 trigrammes différents. Il est possible de déterminer les fréquences de trigrammes de chaque langue en analysant un gros corpus de textes, ce qui constitue en quelque sorte la signature d'une langue. En comptant les fréquences de trigrammes d'un texte, on peut déterminer de quel modèle de langue il est le plus proche.

Mirto (Antoniadis *et al.*, 2004b) et *Exills* (Segond *et al.*, 2005) se servent de détecteurs de langues pour s'assurer que l'apprenant utilise bien la bonne langue dans les outils et exercices.

3.1.1.4 Analyseurs morphologiques, lemmatiseurs, conjugueurs et déclineurs

Les analyseurs morphologiques permettent de dériver la construction morphologique d'un mot connu ou de faire des hypothèses sur la nature d'un mot inconnu. Un mot est constitué d'une racine et d'affixes, qui sont de petites unités destinées à marquer un nombre, un temps, une personne, etc. Un analyseur morphologique tentera de restituer la ou les racines possibles d'un mot et d'analyser sa valeur. Le mot *suis* sera soit la première personne de l'indicatif présent du verbe *être*, soit les première et deuxième personnes de l'indicatif présent du verbe *suivre* ; *va* sera la troisième personne de l'indicatif et deuxième personne de l'impératif du verbe *aller*, etc.

La morphologie est traditionnellement divisée entre formation des mots (morphologie dérivationnelle et compositionnelle) et morphologie flexionnelle (ten Hacken & Tschichold, 2001; Bouillon *et al.*, 1998; Nazarenko, 2006). La morphologie flexionnelle consiste à décliner un substantif ou un adjectif ou conjuguer un verbe à partir d'un lexème, tandis que la morphologie dérivationnelle décrit la composition d'un mot à partir de racines et d'affixes ou la création d'un mot à partir d'un autre (*centre* → *centrer*, *licencier* → *licenciement*, etc.).

Suivant les besoins, un outil peut soit fournir une forme unique qu'il détermine comme correcte, soit toutes les analyses possibles en laissant le choix à l'utilisateur. Un analyseur morphologique peut utiliser deux techniques différentes : l'approche par règles peut laisser des formes non résolues si aucune règle ne permet de déterminer un choix, mais commet peu d'erreurs ; en revanche, l'approche stochastique fournit généralement une analyse pour toutes les formes, tout en donnant un taux d'erreur plus élevé. L'approche stochastique nécessite un corpus d'apprentissage, étiqueté ou non par des humains.

3.1. Survol des domaines et application

Cas particulier d'analyseur morphologique, un lemmatiseur (*stemmer*, Antoniadis *et al.*, 2004a) est un outil qui détermine le lemme d'un mot, c'est-à-dire sa forme de base comme on la trouve dans un dictionnaire (ainsi que son éventuelle dérivation morphologique à partir de son radical). Un conjugueur permet de donner les tableaux de conjugaison d'un verbe. Un déclineur fait de même pour les noms et adjectifs d'une langue à déclinaisons. Parfois, les conjugueurs et déclineurs sont couplés à un lemmatiseur pour retrouver la forme de base du verbe et afficher toutes les formes fléchies.

L'analyse morphologique d'un mot peut être aussi utile pour analyser des mots inconnus ou difficiles, par exemple pour la recherche dans un dictionnaire. En français, il est courant de pouvoir former des mots nouveaux par l'utilisation d'affixes et de suffixes. Les adjectifs peuvent être modifiés par l'adjonction de préfixes comme *hyper-*, *multi-*, *archi-*, etc. Dans cet ouvrage, nous utilisons abondamment le substantif *apprenant*, venant du vocabulaire spécialisé de la pédagogie et formé sur le participe présent du verbe *apprendre*, bien que la plupart des dictionnaires ne connaissent pas ce terme comme substantif. Il faut toutefois prendre garde de ne pas accepter n'importe quelle formation de nouveaux mots.

Passons maintenant aux descriptions de quelques logiciels utilisant des outils morphologiques. Le logiciel **FreeText** (§4) fournit un conjugueur capable de donner la conjugaison complète d'un verbe français à partir de son infinitif ou d'une forme fléchie. Les temps composés sont générés à partir de la conjugaison des auxiliaires et du participe passé. Le conjugueur gère aussi les verbes essentiellement pronominaux, les verbes défectifs comme *pleuvoir*, *choir*, etc. Il existe de nombreux exemples pour de nombreuses langues : anglais (*VERBCON*, Bailin & Thomson, 1988 ; *Compounds*, Danna, 1997), allemand (Greene *et al.*, 2004), basque (*XUXEN*, Díaz de Ilarraza *et al.*, 1998), japonais (*Co-CoA*, Feng *et al.*, 2000), tchèque (Smrž, 2004), gaélique (Keogh *et al.*,

2004), espagnol (*The Spanish Verb*, Soria, 1997), etc.

Pour conclure, nous suggérerons d'analyser les mots pour tenter de retrouver la racine (ou plusieurs racines potentielles) puis, dans un dialogue avec l'apprenant, de reconstituer la forme correcte.

3.1.1.5 Phonétiseurs

Les phonétiseurs sont des outils qui calculent une ou plusieurs représentations phonétiques pour une chaîne de caractères. Ainsi, pour la chaîne *portions*, un phonétiseur devrait fournir les représentations [pɔʁsjɔ̃], qui correspond au substantif *portion*, et [pɔʁtjɔ̃], qui correspond à l'indicatif imparfait première personne du pluriel du verbe *porter*. Un phonétiseur doit pouvoir fournir des résultats pour des mots connus comme pour des noms propres ou des noms inconnus. Nous reviendrons plus en détail sur le problème de la phonétisation des mots inconnus dans la section 3.1.4 consacrée à la synthèse vocale.

Gaudinat & Goldman (1998) et Ndiaye & Vandeventer Faltin (2004) décrivent un phonétiseur destiné à un outil de synthèse vocale (§3.1.4), un correcteur orthographique (§§3.2, 6) et un diagnostic d'erreurs grammaticales (§§3.3.3.2, 5.2.2). Cet outil fonctionne à l'aide d'un système expert qui utilise des règles déterministes pour traiter des mots inconnus. Il ne fournit par conséquent que la chaîne phonétique la plus plausible. En général, les phonétiseurs utilisent la technique des transducteurs (§3.3.4.1).

Les phonétiseurs peuvent être utiles pour des apprenants dans deux cas de figure. Tout d'abord, il est utile de disposer de la ou des transcriptions phonétiques d'un mot. Dans le cas de l'exemple de *portions*, il sera utile de disposer d'un étiqueteur (§3.1.2) pour déterminer la catégorie lexicale du mot (partie du discours). Ensuite, un phonétiseur permettra à l'apprenant de corriger un mot mal orthographié en cherchant dans le lexique avec une clé de recherche phonétique. Nous reviendrons sur cette utilisation dans la partie sur la correction orthographique (§3.2.3.5).

3.1.1.6 Discussion

Bien que les outils de traitement des langues décrits ci-dessus soient sommaires, ils peuvent s'avérer fort utiles à plusieurs titres. Tout d'abord, ils sont une aide à l'apprentissage d'une langue, spécialement pour améliorer l'expression écrite. Les apprenants peuvent gagner du temps en accédant à des outils d'aide qui les aident à combler leurs lacunes en morphologie et en orthographe. Ensuite, ils peuvent également servir à l'élaboration d'exercices, en épargnant aux enseignants des tâches fastidieuses. Même si les concepteurs d'exercices doivent souvent réviser ou superviser les résultats des outils de TAL, le gain de temps est appréciable par rapport à un travail manuel. Le logiciel MIRTO (Antoniadis et al., 2004b) illustre particulièrement bien tout le parti qu'on peut tirer de tels logiciels.

Ces outils sont assez simples et ont un taux d'erreurs assez bas, comme le relèvent Antoniadis et al. (2004b). Ces technologies sont donc suffisamment mûres pour permettre leur utilisation pour des logiciels d'ALAO. Enfin, la reconnaissance de patrons permet de pallier le manque de ressources linguistiques ou le manque de capacités techniques.

3.1.2 Étiqueteurs

Dans cette section, nous commençons par un survol de la problématique de l'étiquetage. Puis nous décrivons quelques techniques d'étiquetage probabiliste. Nous examinons ensuite quelques exemples d'utilisation d'étiqueteurs pour des logiciels d'ALAO. Nous terminons par quelques remarques de conclusion.

L'étiquetage consiste à attribuer à chaque mot une étiquette indiquant sa catégorie ainsi que diverses propriétés (genre, nombre, cas, temps, etc.) [5]. L'étiquetage passe par trois phases : (i) segmentation des mots (§3.1.1.2) ; (ii) recherche des mots dans le lexique pour retrouver les catégories possibles ; (iii) désambiguïsation (Paroubek & Rajman, 2000). Ainsi, le mot *dorment* peut recevoir une étiquette comme VER-IND-SUBJ-PRE-3-PLU, qui indique sa valeur de verbe à la troisième personne du pluriel du présent de l'indicatif ou du subjonctif. La taille du jeu d'étiquettes dépend de la finesse des informations représentées, allant de quelques dizaines à plusieurs centaines d'étiquettes différentes. Dans certains cas, il est difficile de lever totalement l'ambiguïté (Paroubek & Rajman, 2000).

Dans le cas des mots inconnus, des algorithmes permettent de deviner la catégorie du mot (Paroubek & Rajman, 2000). Il est parfois possible de généraliser des règles : un mot finissant par *-ment* peut être un adverbe ; un mot commençant par une majuscule au milieu d'une phrase est un nom propre, etc.

Passons maintenant aux descriptions de techniques d'étiquetage. La plupart des étiqueteurs utilisent des informations statistiques. Selon Manning & Schütze (2000), il y a deux sources possibles d'information pour l'étiquetage. La première source est de regarder les catégo-

---

[5]. La notion de phrase et de mots est fort variable d'un système à un autre (Habert, 2006).

3.1. Survol des domaines et application

ries des mots environnants. Même si ces mots sont ambigus, certaines séquences de catégories, comme *déterminant + adjectif + nom*, ont une probabilité d'occurrence élevée tandis que d'autres sont hautement improbables. La seconde source d'information est la probabilité d'occurrence d'une catégorie lexicale. Une des catégories possibles sera plus employée qu'une autre. Manning & Schütze (2000) proposent différents modèles d'étiqueteurs probabilistes. Tout d'abord, les mots de la phrase sont recherchés dans un lexique, qui retourne les parties du discours (ou catégories lexicales) possibles, ainsi que d'autres informations pertinentes comme les temps verbaux, les personnes etc. On peut calculer des probabilités d'après des bigrammes ou des trigrammes, c'est-à-dire sur les catégories et valeurs de deux ou trois mots. Les trigrammes sont une technique plus efficace car ils permettent de tenir compte davantage du contexte. Les probabilités sont calculées d'après un corpus d'entraînement où les catégories des mots sont annotées par des experts (apprentissage supervisé, Paroubek & Rajman, 2000), ou d'après un corpus non annoté.

Les *Modèles de Markov Cachés (Hidden Markov Models, HMM)* [6] sont une technique très répandue pour l'étiquetage probabiliste. Cette technique consiste à calculer la probabilité qu'une chaîne appartienne à une certaine catégorie lexicale compte tenu de la catégorie d'un ou plusieurs éléments précédents (probabilités de transition). Ainsi, un modèle sur les bigrammes calculera les probabilités sur un seul élément précédent et un modèle sur des trigrammes sur les deux éléments précédents. Les HMM doivent être entraînés sur un gros corpus de textes, annoté ou non. Le taux d'erreurs rapporté dans la littérature est de 1 à 5%. Pour l'utilisation de HMM pour l'étiquetage, citons notamment les étiqueteurs de Abney (1997), de Brun *et al.* (2002), ainsi que *LOCOLEX* de Xerox (Cutting *et al.*, 1992).

---

6. Voir aussi la section 3.1.3 pour l'application des HMM à la reconnaissance vocale.

3. TAL et ALAO

L'algorithme de Viterbi (1967) mesure la probabilité qu'une information a été modifiée par une autre en se basant sur des arbres de n-grammes. L'étiqueteur *IMS Tree Tagger* (Schmidt, 1994) est basé sur cet algorithme avec un arbre de décisions de trigrammes, pour pallier les problèmes causés par des données trop peu nombreuses pour en tirer des probabilités vraiment fiables.

L'étiqueteur probabiliste robuste *CLAWS* (*Constituent-Likelihood Automatic Word-Tagging System*, Garside, 1987; Marshall, 1987) identifie les unités de mesure, les ordinaux etc. et recherche les expressions idiomatiques (v. p. 81) pour restreindre l'ensemble d'étiquettes. Atwell & Elliott (1987) décrivent l'utilisation de *CLAWS* pour détecter les erreurs de locuteurs non natifs, en ajoutant des étiquettes d'erreurs à leur modèle.

L'étiqueteur *Net-Tagger* (Schmid, 1994) utilise la technique des réseaux de neurones artificiels. Celle-ci est basée sur une simplification du fonctionnement du cerveau humain, où les neurones combinent les informations provenant de nombreux autres neurones (10 000, selon certaines estimations) pour produire une nouvelle information en sortie. Dans les réseaux de neurones artificiels, une couche de neurones prend les entrées de la couche précédente. Chaque entrée (ou synapse) est multipliée par un poids synaptique différent, qui est peu à peu défini lors de la phase d'apprentissage. Ces entrées sont combinées et le résultat de cette combinaison passe ensuite par une fonction d'activation. Le résultat de la fonction d'activation est transmis à la couche suivante s'il dépasse un certain seuil. Les réseaux de neurones sont entraînés sur des corpus et sont ensuite capables, comme le cerveau humain, d'appliquer des règles rencontrées dans des cas similaires à des cas qu'ils n'ont pas encore rencontrés. *Net-Tagger* tente de déterminer l'étiquette correcte en tenant compte des trois mots précédents et des deux mots suivants.

3.1. Survol des domaines et application

Pour terminer, certains étiqueteurs n'utilisent pas d'informations statistiques. C'est le cas de *FipsTag*, basé sur l'analyseur *Fips* (Wehrli, 1997; Goldman et al., 2000, §5), dont l'analyse syntaxique sert à déterminer des étiquettes dans un jeu d'environ cinquante étiquettes différentes. Des étiqueteurs utilisent des jeux de règles de désambiguïsation (Paroubek & Rajman, 2000), qui comptent un ou plusieurs milliers de règles. D'autres outils étiquettent en deux phases, avec un premier dégrossissage des catégories qui ignore certaines informations comme le genre et le nombre, puis une seconde phase de désambiguïsation à l'aide de règles. D'autres encore apprennent des règles sur la base de corpus étiquetés, ce qui permet de déterminer itérativement un contexte de plus en plus contraint pour déterminer la bonne étiquette (Brill, 1995). Enfin, citons encore la méthodes des automates (§3.3.4.1).

Décrivons maintenant quelques logiciels utilisant des étiqueteurs. Metcalf & Meurers (2006) utilisent l'étiqueteur *TnT* (Brants, 2000), qui est basé sur les HMM, pour générer des exercices (textes à trou, glisser-déplacer, §2.3.2) à partir de textes authentiques. Par contre, *Glosser-RuG* (Dokter & Nerbonne, 1998) utilise *Locolex* de Xerox Grenoble. Ce logiciel est basé sur des automates (§3.3.4.1) et reconnaît, pour la version française, environ 300 000 formes de 50 000 lemmes. Il utilise un désambiguïsateur stochastique. Par ailleurs, Keogh et al. (2004) et Greene et al. (2004) présentent un système pour l'apprentissage de l'allemand basé sur l'étiqueteur *IMS Tree Tagger*. Wagner (2004) décrit un logiciel d'exercices autour de faux amis entre l'allemand et l'anglais, également basé sur cet étiqueteur. Enfin, Liu et al. (2005) présentent un générateur de textes à trous basé sur un étiqueteur.

En conclusion, nous pouvons affirmer que les étiqueteurs offrent des techniques suffisamment fiables pour une utilisation en ALAO, en tout cas comme aide à l'élaboration d'exercices. Un enseignant peut utiliser un étiqueteur pour préparer un texte et réviser facilement le ré-

3. TAL et ALAO

sultat pour remédier aux erreurs commises par l'étiqueteur. On peut également utiliser les étiqueteurs comme aide à la lecture d'un texte, notamment comme désambiguïsateur de mots, par exemple pour aider à sélectionner la bonne entrée d'un lexique. L'apprenant devrait également avoir accès aux autres analyses possibles, afin de pallier les erreurs d'étiquetage. Par ailleurs, l'étiquetage, interactif ou non, est intéressant pour l'analyse des corpus, comme nous le verrons à la section 3.1.7.

3.1.3 Reconnaissance de la parole

Dans cette section, nous commençons par décrire les buts de l'utilisation de la reconnaissance vocale dans l'ALAO. Nous continuons avec les difficultés rencontrées pour cette technique, en particulier avec les productions d'apprenants. Nous survolons ensuite les principales techniques utilisées pour cette technique. Puis nous évoquons quelques applications de reconnaissance vocale en ALAO. Nous discutons ensuite de la problématique de la rétroaction et de la remédiation. Enfin, nous concluons par des considérations sur l'application de cette technique et sur les besoins futurs.

Parler correctement passe par une bonne prononciation. Or les langues n'utilisent qu'un nombre limité de phonèmes parmi tous ceux qui peuvent être produits par l'appareil phonatoire humain. Très tôt dans le développement de l'enfant, le cerveau apprend à distinguer les phonèmes de la langue maternelle. Les enfants ont encore une forte capacité à apprendre à distinguer les phonèmes, ce qui favorise leur apprentissage des langues [7]. Puis cette capacité est fortement amoindrie vers

---

7. Forts de ce constat, depuis quelques années, les programmes scolaires, en Suisse comme dans de nombreux autres pays, incluent l'apprentissage d'une première langue étrangère dès l'âge de 8 ans environ et d'une seconde à l'âge de 10 ans. D'autre part, cette capacité rapide d'apprentissage explique la faculté des enfants

3.1. Survol des domaines et application

l'âge de la puberté. Ainsi, un locuteur italophone ou francophone aura tendance à prononcer pareillement le mot anglais *thin* [θɪn] comme le mot *sin* [sɪn] (Aist, 1999).

Si un apprenant a des difficultés pour prononcer correctement, Defays & Deltour (2003) constatent un effet de *halo*, qui occulte les autres aspects de la langue et qui fait penser à ses interlocuteurs que l'apprenant s'exprime mal, alors que son vocabulaire et sa syntaxe sont bonnes. C'est pourquoi de nombreux logiciels utilisent des techniques plus ou moins sophistiquées de reconnaissance vocale comme aide à la prononciation (Aist, 1999; Nerbonne, 2003).

Eskenazi (1999a,b) et Probst *et al.* (2002) mentionnent quelques facteurs pour un entraînement fructueux de la prononciation : (i) les apprenants doivent produire une quantité considérable de phrases ; (ii) ils doivent obtenir un *feedback* pertinent ; (iii) ils doivent entendre différents locuteurs natifs pour aider leur compréhension ; enfin, (iv) la prosodie (amplitude, durée, ton) doit être accentuée. Menzel *et al.* (2001) voient la prononciation comme une tâche de production plutôt que de reproduction, dans un but communicatif, et soulignent la nécessité de fournir une rétroaction suffisante pour identifier les lacunes et donner des moyens de s'améliorer. Les outils de reconnaissance de la parole sont essentiels dans cette optique. Enfin, un apprenant doit apprendre le contraste entre différents phonèmes, notamment quand ils ne sont pas différenciés dans sa langue maternelle, comme [ʁ-l] pour les asiatiques, [s-z-ʃ-ʒ] pour les finnois, [b-v] pour les hispanophones, etc. (Defays & Deltour, 2003).

Converser avec un locuteur natif est essentiel pour l'apprentissage des langues. Il peut être important de pouvoir entendre plusieurs varié-

---

d'immigrés de première génération à s'exprimer très rapidement dans la langue du pays d'accueil pour arriver en quelques années à une maîtrise égale ou proche de celle d'un locuteur natif, alors que leurs parents gardent un fort accent et une maîtrise limitée.

3. TAL et ALAO

tés régionales ou sur le plan du registre (Hannahs, 2007). Cependant, les apprenants ont rarement l'opportunité de pratiquer activement la langue (Aist, 1999). Dans une classe, les apprenants ont nécessairement un temps de parole limité (Defays & Deltour, 2003). De plus, Witt & Young (1998) remarquent que l'apprenant a moins peur de se tromper seul face à une machine qu'en classe face à ses pairs. Un logiciel d'ALAO doté de reconnaissance de la parole et/ou de synthèse vocale (§3.1.4) peut être un bon palliatif à ces besoins communicatifs (Harless *et al.*, 1999), même si les résultats de la reconnaissance vocale ne sont pas parfaits.

A présent, nous passons aux difficultés rencontrées par la reconnaissance vocale. La reconnaissance de la parole est certainement un des problèmes les plus ardus du traitement automatique des langues. Elle consiste à transformer un signal (un mot ou un énoncé complet) prononcé dans un microphone en une représentation utilisable par la machine : cette représentation peut être une transcription phonétique (séquence de phonèmes), un mot, une phrase ou un texte correct sur le plan grammatical (pour une introduction générale au problème, v. Egan, 1999; Lamel & Gauvain, 2003). On trouve aujourd'hui de nombreuses applications de dictée vocale ou d'interrogation de serveurs, par téléphone ou devant des bornes interactives de renseignements.

Certains logiciels demandent une prononciation d'une phrase mot à mot en marquant bien les pauses. Dans ce cas, il suffit de faire une recherche de la chaîne phonétique obtenue dans un dictionnaire. D'autres logiciels acceptent une parole continue, plus difficile à traiter : en effet, lorsqu'un locuteur parle normalement, il se produit des phénomènes de co-articulation des mots ; par ailleurs, il faut aussi traiter les faux départs, les répétitions, les bégaiements etc.

Pour la parole continue, une même séquence phonétique peut être transcrite et découpée de diverses manières, comme le montrent les exemples suivants :

(3) a. cœur ↔ chœur
   b. eau ↔ aux ↔ au ↔ ô ↔ o etc.
   c. vieil Armagnac ↔ vieillard maniaque
   d. Leur livre traînait sur leur bureau. ↔ Leurs livres traînaient sur leurs bureaux. ↔ Leurs livres traînaient sur leur bureau. etc.
   e. mon beau-frère est masseur ↔ mon beau-frère et ma sœur ↔ mon beau-frère hait ma sœur etc. (Habert, 2006)

Dans cette situation, un locuteur humain pourra utiliser sa connaissance du monde et du contexte pour retranscrire correctement, ce qui est difficile à modéliser pour un ordinateur.

Enfin, la prosodie est un élément essentiel du langage parlé, qui peut aider à déterminer le sens des énoncés en délimitant des unités de sens (Simon, 2001; Grobet & Simon, 2001) et qui dénote aussi nos émotions (Bänziger et al., 2001). La prosodie peut être définie comme un contour de la phrase. Les trois éléments essentiels de la prosodie sont la fréquence fondamentale (F0, qui distingue une voix grave ou aiguë), l'intensité et la durée des syllabes (Martin, 2004b). Mertens et al. (2001) prennent également en compte le rythme, la qualité vocale et les prises de souffle. Simon (2001) et Grobet & Simon (2001) définissent le concept d'unité prosodique comme une unité à la fin de laquelle la fréquence fondamentale diminue.

Pour entraîner le système, certaines applications demandent à l'utilisateur d'enregistrer une série de mots ou de phrases, afin d'entraîner le système à reconnaître les contours de sa voix. D'autres systèmes peuvent fonctionner en mode multilocuteurs et ne demandent pas d'entraînement préalable.

3. TAL et ALAO

Pour résumer, diverses contraintes peuvent être imposées au locuteur : parole continue ou discontinue (chaque mot prononcé isolément en marquant une pause), vocabulaire limité ou illimité, débit limité, milieu ambiant calme avec micro de bonne qualité, entraînement préalable du logiciel, etc. Moins les contraintes sont nombreuses, plus la tâche de reconnaissance est difficile.

Passons maintenant aux difficultés d'application de la reconnaissance vocale à l'ALAO et aux parades possibles pour pallier les problèmes rencontrés. Parfois difficile pour des énoncés de locuteurs natifs, la reconnaissance vocale l'est encore plus pour des énoncés parfois très éloignés d'une prononciation correcte.

Pour améliorer la qualité de la reconnaissance, la première possibilité est d'adapter le corpus d'entraînement pour la reconnaissance vocale en y incluant des phrases provenant d'apprenants d'une ou plusieurs langues maternelles (Ehsani & Knodt, 1998; Rypa & Price, 1999; Raux & Eskenazi, 2004; Morgan, 2004; Davidson & Isenberg, 2005; Chen et al., 2009). La seconde tactique consiste à restreindre l'étendue de langue à reconnaître : exercices de vocabulaire (*The Audio Interactive Tutor*, Waters, 1994, 1995), micromonde à scénarios restreints (§2.4.3, *Spoken Electronic Language Learning*, Hiller et al., 1994; Morton & Jack, 2005), syntaxe (mots ou phrases simples, *SANTIAGO*, LaRocca et al., 1999) ou corpus de phrases entières (*MILT*, Holland et al., 1999). Une autre technique possible est d'aligner les phonèmes de la phrase de l'apprenant avec ceux d'une phrase-type stockée dans le système, comme pour le logiciel *WinPitch* (Martin, 2004a,b,c).

Généralement, la reconnaissance vocale utilise des méthodes stochastiques pour reconnaître les différents sons et obtenir une chaîne phonétique [8]. Nous citerons l'exemple très répandu des *Modèles de Markov*

---

8. Pour Ehsani & Knodt (1998) en revanche, cette tâche implique une grande variété de connaissances linguistiques, phonologiques, lexicales, sémantiques, gramma-

3.1. Survol des domaines et application

Cachés (*Hidden Markov Models, HMM*) qui sont basés sur une approche probabiliste du décodage acoustico-phonétique (Knill & Young, 1997; Ehsani & Knodt, 1998; Manning & Schütze, 2000)[9]. Le signal est découpé en intervalles temporels réguliers, qui correspondent à un état représentant un modèle phonétique. Le principe essentiel sous-jacent postule que chaque état du modèle dépend de l'état précédent. Ces modèles peuvent être des phonèmes ou des unités plus grandes comme des diphones, triphones[10], syllabes, des mots ou des phrases. Le principe essentiel des modèles de Markov cachés est de calculer les probabilités d'atteindre un autre état à un temps n + 1, n + 2 etc. Ces probabilités sont calculées à partir d'un apprentissage basé sur de grandes quantités de données, si possible représentatives de la tâche à effectuer et du public visé (variation dialectale et sociologique des locuteurs). Chen *et al.* (2009) décrivent les différentes techniques d'évaluation de la prononciation d'apprenants, basées notamment sur les HMM.

Décrivons à présent quelques applications basées sur des HMM. Le logiciel commercial *Dragon NaturallySpeaking* est intégrable à d'autres logiciels, d'où son succès commercial, et permet d'optimiser la reconnaissance de séquences répétitives grâce à des réseaux de transition[11] (§3.3.4.1) dont les étiquettes d'arcs sont les mots à reconnaître. On citera également *Decipher, Nuance, Hidden Markov Model Toolkit* (HTK, Young *et al.*, 2006) et *Sphinx-II* (Huang *et al.*, 1993).

Examinons quelques exemples de logiciels qui utilisent l'ALAO. D'après Aist (1999), l'apprenant bénéficiera beaucoup plus d'une tâche concrète

---

ticales et pragmatiques.
9. Voir §3.1.2 pour l'application des HMM aux étiqueteurs.
10. Un diphone est la portion de parole comprise entre deux parties stables de phonèmes consécutifs. Ainsi *émigrante* est composée des diphones [e] + [em] + [mi] + [ig], etc. Le triphone est la partie stable entre trois phonèmes consécutifs.
11. Bien que cette section concerne l'analyse du langage, le principe des états et des transitions est le même.

à réaliser (donner des ordres pour agir sur un micromonde) plutôt que des exercices de répétition semblable aux exercices des laboratoires de langue. Les micromondes en sont le meilleur exemple (Hiller *et al.*, 1994; Rypa & Price, 1999; Levi *et al.*, 2004; Morgan, 2004; Mote *et al.*, 2004; Morton & Jack, 2005), avec des activités variées pilotées par la voix, ou des jeux (Pennington & Esling, 1996; Dalby & Kewley-Port, 1999). Des applications plus classiques existent, comme la dictée d'un texte (Coniam, 1998), comparaison de prononciation avec des locuteurs natifs (Fairfield, 1999), paires minimales (Eskenazi, 1999a; Wachowicz & Scott, 1999) ou aide à l'apprentissage de la lecture (Mostow & Aist, 1999; Mostow *et al.*, 2002).

Abordons maintenant les différents types de remédiation. D'après Ehsani & Knodt (1998, p. 50), la meilleure remédiation est "*a type of feedback that does not rely on the student's own perception*". Une grande partie des logiciels dotés de reconnaissance vocale se basent sur des rétroactions graphiques [12] – et parfois uniquement sur elles. Le graphique le plus courant est l'oscillogramme (v. fig. 3.1), qui retranscrit simplement les vibrations du signal, ce qui est une indication peu pertinente. L'exemple emblématique de logiciel utilisant un oscillogramme est *Talk to me* [13] (Hincks, 2003).

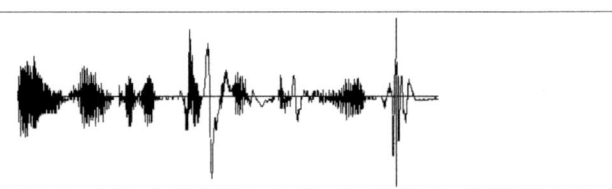

FIG. 3.1 – *Exemple d'oscillogramme*

---

12. On trouvera une revue des différentes courbes affichées par des logiciels chez Cazade (1999).
13. En guise de remédiation, le logiciel propose aussi courbes mélodiques et des figures montrent la position des lèvres et une coupe de la cavité buccale pour chaque phonème.

3.1. Survol des domaines et application

Les spectrogrammes (fig. 3.2) marquent les vibrations sonores produites par le conduit vocal à différentes fréquences et permettent de distinguer l'énergie en décibels à certaines fréquences. Parmi les logiciels utilisant des spectrogrammes, citons *Athena* (Murray, 1995) et *The Rosetta Stone* (Fairfield, 1999).

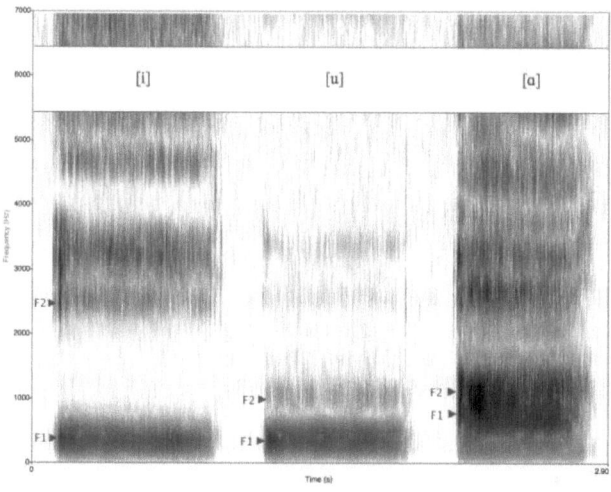

FIG. 3.2 – *Exemples de spectrogrammes avec marquage des deux premiers formants*

Aist (1999) prône l'utilisation de spectrogrammes simplifiés afin que le locuteur puisse distinguer les formants de sa prononciation et de celle d'un locuteur natif. Chaque son vocalique (ou voyelle) possède quatre formants [14], dont deux sont discriminants pour le distinguer des autres sons vocaliques. Les autres paramètres acoustiques à considérer sont la force, le tempo et la durée.

---

14. Les formants sont le reflet des résonances des cavités vocales qui renforcent le son émis par les vibrations des cordes vocales à des fréquences différentes selon la cavité mise en jeu. Ces cavités sont agrandies ou diminuées par la position des différents organes du conduit vocal (langue, glotte, pharynx, palais, mâchoire, lèvres). Le formant le plus bas en fréquence est appelé *fréquence fondamentale* (F0).

3. TAL et ALAO

Il existe également d'autres outils : électropalatographe pour repérer le mouvement de la langue contre le palais (Gibbon et al., 1991), coupe animée du conduit vocal (Carson-Berndsen, 1998), têtes animées (Kirschning, 2004), visualisation des contours intonatifs (Chun, 1998), histogrammes (Cazade, 1999) et calcul d'un score de similarité avec la prononciation correcte (Witt & Young, 1998; Aist, 1999; Harless et al., 1999).

On trouve aussi des rétroactions orales sous forme de demande de répétition (Rypa & Price, 1999) ou de prononciation de l'énoncé correct en accentuant fortement les points posant problème (Raux & Eskenazi, 2004). La rétroaction peut être également non verbale, avec des agents dans un micromonde qui manifestent par des signes non verbaux qu'ils n'ont pas compris (Hiller et al., 1994; Morton & Jack, 2005). Enfin, Wang & Seneff (2007); Seneff et al. (2007) demandent de traduire une phrase oralement d'anglais à mandarin et traduisent en anglais ce que le logiciel a compris.

Pour conclure cette section, la reconnaissance vocale est la technique de TAL la plus répandue dans les logiciels d'ALAO. Cette popularité est notamment due à la relative facilité de mettre en place des outils : les techniques en jeu sont relativement basiques, comme le repérage de phonèmes ; en outre, il existe de bons reconnaisseurs commerciaux dotés d'outils qui permettent leur intégration à d'autres logiciels. La popularité de la reconnaissance vocale en ALAO s'explique également par le besoin primordial d'apprendre à communiquer oralement.

Malheureusement, cette abondance de logiciels ne se traduit pas par une grande qualité pédagogique. Les aides à la prononciation sont davantage des gadgets *tape-à-l'œil* que des véritables apports pédagogiques. Ainsi, dans sa présentation de *Talk to me*, Hincks (2003) conclut que ce logiciel est mieux adapté aux débutants qui ont une prononciation mauvaise qu'aux apprenants plus avancés, qui bénéficient peu de ce genre de logiciel. Nous avons vu qu'il existe de nombreuses propositions pour apporter une rétroaction utile pour l'apprenant. Cependant, ces solutions ne sont pour l'instant qu'à l'état de prototype de recherche.

Au niveau pédagogique, les tâches proposées par les logiciels dotés de reconnaissance vocale existant sur le marché ne sont pas satisfaisantes. Les apprenants doivent répéter des mots et des phrases, ce qui n'entraîne pas leurs capacités à communiquer. Ces exercices sont parfois utiles au niveau débutant mais s'avèrent rapidement insuffisants. Il serait utile de faire réaliser des tâches à l'apprenant, qui dialoguerait avec un interlocuteur fictif qui lui donne un feedback sous forme de conversation.

Avec l'évolution technologique, il est probable que les outils de reconnaissance gagneront en performance dans un proche avenir. Les ordinateurs sont équipés de périphériques audio de qualité suffisante. Les processeurs deviennent de plus en plus performants et les ordinateurs standards ont de grandes capacités de disque et de mémoire. Grâce aux besoins en dictée vocale et en interfaces pilotées par la voix, le secteur de la reconnaissance vocale ne devrait pas manquer de moyens pour la recherche et développement. Logiquement, les logiciels d'ALAO devraient bénéficier de cet essor. Cependant, pour améliorer les performances des reconnaisseurs, il faut disposer de coûteux corpus de parole (§3.1.7), notamment avec des phrases d'apprenants, ce qui pourrait dissuader certains éditeurs de logiciels.

Dans le domaine de la recherche, il est souhaitable de réunir le plus possible de données sur les erreurs typiques des apprenants. Il devrait être possible d'en tirer des typologies qui permettent d'affiner les diagnostics, notamment en fonction de la langue première des apprenants.

Terminons par deux idées pour améliorer la rétroaction. Afin d'apprendre à marquer le rythme, nous suggérons, comme aide secondaire, d'utiliser des battements réguliers à la manière d'un métronome. Cela permet de mieux marquer les rythmes dans une phrase, qui sont parfois des indices d'émotion dans certaines langues. Cet outil pourrait aider les apprenants débutants. Par ailleurs, le diagnostic devrait être affiné grâce aux modèles de l'apprenant (§2.4.4) et, par exemple, la tolérance face aux erreurs devrait être diminuée au fur et à mesure des progrès des apprenants.

3.1.4 Synthèse vocale

Dans cette section, nous commençons par décrire les techniques et les problématiques de la synthèse vocale. Puis nous abordons les différentes applications de la synthèse pour l'ALAO. Nous poursuivons par certains exemples de logiciels. Enfin, nous terminons par un bilan et des perspectives de l'utilisation de la synthèse pour l'ALAO.

Commençons par aborder les techniques et problématiques de la synthèse vocale. Cette technique consiste à faire produire par une machine un énoncé oral à partir de de l'écrit, en passant par une transcription phonétique (Fuchs et al., 1993). La synthèse vocale est un domaine assez ancien du TAL. Si les sons produits par les ordinateurs étaient très métalliques à l'origine, voire même difficilement compréhensibles, les résultats actuels sont tout à fait utilisables pour une utilisation large (Harashima, 2006).

Pour synthétiser une phrase, plusieurs étapes sont nécessaires [15] :

- analyse grammaticale ou étiquetage du texte, afin de désambiguïser les mots et de repérer les syntagmes ;

---

[15]. D'autres approches sont possibles, notamment des méthodes stochastiques, mais nous ne les évoquerons pas ici.

3.1. Survol des domaines et application

- représentation phonétique de l'énoncé, à partir d'un lexique contenant une représentation phonétique des mots et/ou de règles de phonétisation ;
- application de paramètres prosodiques ;
- génération du son par le synthétiseur.

Le repérage des syntagmes permet de résoudre la plupart des homographes hétérophones, comment *couvent* qui se prononce différemment s'il est substantif ou verbe (Gaudinat & Wehrli, 1997; Goldman, 2001). Les autres difficultés sont la prononciation des nombres, des mots inconnus (notamment les néologismes, les nom propres, etc.), les abréviations (*St.* en anglais abrège *Saint* et *street*), les sigles, etc.

Passons maintenant à l'application de la prosodie. Pour que la synthèse paraisse naturelle, il est indispensable que le son produit varie en fonction des paramètres prosodiques : hauteur, intensité et durée. Cette variation est indispensable pour produire un son acceptable pour les auditeurs et a un rôle fondamental dans la communication orale. Les marques d'intonation sont souvent utilisées par l'interlocuteur comme indice de l'information que le locuteur a voulu faire passer, par exemple l'accentuation d'un mot ou un groupe de mot. Les synthétiseurs vocaux doivent donc reproduire ces contours mélodiques afin que le son soit acceptable pour une oreille humaine [16]. D'autres paramètres interviennent, comme le débit, le rythme accentuel et la co-articulation à l'intérieur des mots et entre les mots (Dutoit & Stylianou, 2003). Le rapport du UMIST Centre for Computational Linguistics (2002) énonce les critères de qualité, de flexibilité et le caractère naturel de la synthèse pour une comparaison entre différentes techniques. Handley & Hamel (2005) ajoutent que la flexibilité du système doit aussi permettre de varier le registre (plus ou moins formel), la voix (masculin, féminin, jeune ou vieux) et le timbre.

---

[16]. On se rappellera les robots des films de science-fiction au ton monocorde et métallique, qui lassent vite l'interlocuteur.

3. TAL et ALAO

A présent, nous abordons l'étape finale, la production de son par l'ordinateur. Différentes techniques permettent de synthétiser la voix humaine (Dutoit *et al.*, 2002; Dutoit & Stylianou, 2003). Citons parmi d'autres :

- la synthèse par règles, qui modélise la parole sous forme de spectre sonore, en jouant sur les harmoniques ;
- la synthèse par formants, où différents filtres sont appliqués aux sons pour simuler l'effet des cavités vocales sur l'amplification de certaines bandes de fréquences ;
- la synthèse par mots, où les différents mots ou séquences de mots sont pré-enregistrés dans le cadre d'une application à couverture restreinte ;
- la synthèse par concaténation de diphones, où des sons pré-enregistrés sont les transitions entre les zones stables de deux phonèmes de la langue ;
- la synthèse par sélection d'unités dans une grande base de données s'apparente à la technique précédente : elle recherche la meilleure unité (diphone ou autre) dans une base d'enregistrements qui correspond le mieux au résultat voulu, en hauteur et en longueur ; ainsi, le même diphone sera enregistré plusieurs fois avec différentes variantes.

Parmi les techniques évoquées, la dernière obtient les meilleurs résultats, mais demande un espace disque considérable. De plus, la concaténation des sons est rendue plus difficile car il faut calculer le meilleur chemin parmi tous les sons disponibles. Toutefois, le prix des disques durs n'est plus un obstacle important et les processeurs sont de plus en plus performants.

Notons pour terminer qu'aux débuts de la micro-informatique, certains micro-ordinateurs étaient parfois dotés d'un synthétiseur intégré, comme le *Commodore 64* (Hackenberg, 1985) ou le *Victor 9000*

3.1. Survol des domaines et application

(Fischer, 1986).

Nous passons maintenant à l'utilisation de la synthèse vocale en ALAO. Si un locuteur natif peut être tolérant à propos d'erreurs de prononciation, ce n'est pas le cas pour un apprenant d'une langue. La synthèse de la parole est utilisée comme aide à la prononciation (Nerbonne, 2003) ou comme partenaire virtuel pour simuler une conversation (Handley & Hamel, 2005), afin de simuler une immersion dans la langue, de pouvoir écouter n'importe quelle phrase d'un logiciel et d'éviter les coûts élevés d'un enregistrement sonore professionnel (Hamel & Wehrli, 1997). Skrelin & Volskaja (1998) et Harashima (2006) ajoutent qu'il est utile de synthétiser les consignes des exercices, que les apprenants ont tendance à éviter ou survoler. D'après Defays & Deltour (2003), la compréhension orale est une tâche fondamentale. Les apprenants abordent des difficultés et des aspects tels que la différenciation des phonèmes, le vocabulaire, les formes grammaticales, les niveaux de langue, l'intonation, le débit, l'accent, le rythme et les paramètres non verbaux (gestuelle) le cas échéant. De même, chaque langue a un contour mélodique différent (Aist, 1999). Il est donc nécessaire de varier aussi les différents modes comme l'exclamation, l'interrogation, l'expression d'émotions etc., ainsi que le timbre avec des voix d'hommes, de femmes et d'enfants (Aist, 1999; Probst *et al.*, 2002; Esling, 1992). Eskenazi (1999b) ajoute qu'il est souhaitable d'écouter des énoncés aux contours prosodiques exagérés (amplitude, durée, ton) et Skrelin & Volskaja (1998) qu'il est important que les apprenants puissent régler le rythme.

L'aide à la prononciation est aussi une application importante. Il est en effet difficile de passer de la prononciation de *to laugh*, de *night*, de *women*, de *Monsieur*, *maintenant* etc. à la version écrite et inversement. Certaines assimilations phonétiques posent aussi des problèmes, comme par exemple dans *exact*, prononcé [ɛgzakt], alors que la lettre x se prononce [ks]. Il n'y a pas d'autres moyens que d'apprendre par cœur ce lien entre prononciation et graphie. La synthèse vocale permet à l'apprenant d'entendre les mots au lieu de devoir déchiffrer la transcription phonétique dans un dictionnaire, au risque de mal l'interpréter [17].

Poursuivons maintenant par la descriptions de quelques logiciels qui utilisent la synthèse vocale. Cette caractéristique existe depuis longtemps grâce à l'inclusion de synthétiseurs dans certains modèles de micro-ordinateurs (*Generate*, Hackenberg, 1985, Fischer, 1986, Cohen, 1993). Les micromondes bénéficient beaucoup des synthétiseurs (*Herr Kommissar*, DeSmedt, 1995 ; *LingWorlds*, Douglas, 1995). *Ordictée* (Guyomard et al., 1997) est une application de dictée vocale à correction automatique. En outre, on peut aussi citer les logiciels *SAFRAN* (Hamel, 1996), le logiciel de Skrelin & Volskaja (1998), *VINCI* (Thomas et al., 2004a) et *ITSPOKE* (Forbes-Riley & Litman, 2005).

Pour conclure, nous passons à un court bilan de l'application de la synthèse vocale et aux perspectives d'avenir. L'intelligibilité de la synthèse vocale est aujourd'hui suffisante pour une application pédagogique. Les synthétiseurs vocaux permettent de choisir plusieurs voix, et il devient plus difficile de distinguer une voix de synthèse d'une voix naturelle. Cette technique convient parfaitement pour lire un énoncer, dicter un texte, donner la prononciation d'un mot ou d'une phrase, etc.

Par contre, la technique n'est sans doute pas encore parfaitement mûre pour entraîner la compréhension orale ou pour des systèmes de dialogue réaliste. Il faudrait faire varier la prosodie en fonction de l'énoncé, faire ressentir les émotions, varier les registres, etc. L'application de la prosodie a certainement une grande marge de progrès. On

---

[17]. Cependant, dans une évaluation, Handley & Hamel (2005) constatent que la synthèse vocale est davantage appréciée comme partenaire de conversation ou comme système de lecture que comme aide à la prononciation.

pourrait passer par une analyse sémantique de l'énoncé, mais cette solution est encore irréaliste. Cependant, vu le coût de production de séquences pédagogiques audio ou vidéo ou d'acquisition de documents authentiques, la synthèse vocale est un bon compromis.

Enfin, signalons une piste prometteuse du côté du paramétrage fin de la synthèse vocale. Du côté de l'enseignant, il serait judicieux de pouvoir donner des indications au synthétiseur pour accentuer un aspect particulier. Le modèle de l'apprenant (§2.4.4) pourrait aussi fournir des indications utiles sur les lacunes de l'apprenant et sur les aspects à mettre en valeur. Enfin, l'apprenant lui-même devrait pouvoir intervenir sur certains aspects de l'énoncé, pour observer l'effet des modification, ou simplement pour ralentir ou accélérer le débit ou accentuer ou diminuer l'amplitude.

3.1.5 Génération syntaxique

Dans cette section, nous commençons par définir les principes et techniques de génération automatique. Ensuite, nous décrivons les possibilités d'utilisation de la génération syntaxique en ALAO avec exemples de logiciels à l'appui et nous terminons par quelques réflexions en conclusion.

La génération automatique est un processus qui consiste à produire un énoncé correct en langue naturelle à partir d'une représentation sémantique ou d'informations tirées d'une base ou d'une source de données (Danlos & Roussarie, 2000). Elle est utilisée en traduction automatique (§3.1.6), en génération de résumés (§3.1.8) et en dialogue homme-machine (§3.1.9), par exemple pour l'interrogation de bases de données en langue naturelle.

Bateman & Zock (2003) distinguent trois domaines d'expertise nécessaires pour la génération du langage : connaissance du domaine (quoi dire), connaissance de la langue (lexique, grammaire, sémantique) et connaissances rhétoriques stratégiques (comment atteindre les buts communicatifs, style, etc.). La génération de la langue nécessite de planifier l'information qui doit être communiquée, puis de la lexicaliser et enfin de produire la structure de surface de la phrase en insérant les mots au bon endroit et dans une forme correcte. Pour sa part, Roussarie (1998) souligne l'importance d'une organisation soignée du discours. Il est nécessaire que le texte généré apparaisse le plus naturel possible. Nous décrirons des systèmes de représentation sémantique en (§3.4) et des systèmes de représentation lexicale en (§3.5)

Passons maintenant à l'utilisation de la génération en ALAO : elle peut être utilisée pour générer des dialogues dans des micromondes (§2.4.3), pour générer des exercices, pour manipuler des représentations sémantiques et pour reformuler des phrases. A présent, nous décrivons plus en détail chacun de ces domaines d'utilisation.

Commençons par la génération de dialogue. A partir des informations internes sur l'état du micromonde et les actions entreprises par l'apprenant (ordres oraux ou écrits, manipulation d'objets, etc.), le système peut générer des phrases en fonction du but à atteindre, pour aider l'apprenant à résoudre la tâche à accomplir ou pour lui apporter une rétroaction. *Die Sprachmaschine* (Harroff, 1986) est un micromonde où les apprenants sélectionnent des mots dans des listes. Le programme génère ensuite une phrase en allemand et peut répondre à des questions prédéterminées sur la nature de certains mots. Hamburger *et al.* (1999) utilisent un générateur pour simuler une conversation. Ainsi, selon eux, l'apprenant apprend à manier la langue et cette conversation pallie le manque d'immersion dans la langue avec des textes ou des locuteurs authentiques. Enfin, le micromonde *LingWorlds* (Douglas, 1995; Tomlin, 1995) cherche à entraîner la compréhension orale chez des apprenants débutants en manipulant des objets après avoir en-

3.1. Survol des domaines et application

tendu des instructions orales données par synthèse vocale (§3.1.4). Le but est d'entraîner les structures simples de la langue et de connaître les prépositions spatiales. Les instructions sont générées à partir de représentations internes de l'état du micromonde.

Passons maintenant à l'utilisation de la génération pour l'élaboration d'exercices. Le système peut générer des phrases agrammaticales correspondant à des fautes fréquentes et les faire corriger par l'apprenant ou construire des phrases correctes pour des exercices de grammaire. La génération est également utile pour des exercices de transformation de phrases, les textes à trous ou la complétion de phrases (Bates & Ingria, 1981; *ILIAD*, Loritz, 1995; *PARNASSUS*, Neuwirth, 1989; *PILEFACE*, Lelouche, 1991; *ILLICO*, Pasero & Sabatier, 1998; Zamorano Mansilla, 2004). Pour enseigner les structures grammaticales, *PARSER* (Bailin & Thomson, 1988) génère automatiquement une phrase et demande à l'apprenant d'identifier certains constituants.

Maintenant, passons à la manipulation de structures sémantiques. Les systèmes de génération utilisent des représentations du sens des phrases qui sont ensuite transformées en énoncés grammaticaux. Il peut être utile de manipuler des structures sémantiques, par exemple sous forme de graphes conceptuels, afin d'aider l'apprenant à exprimer des idées. Zock (1992) utilise une représentation des phrases sous forme de graphes conceptuels dénotant les relations prédicat-arguments comme entrée d'un générateur pour le logiciel *SWIM*. Zock (2006) propose d'utiliser un dictionnaire électronique pour aider l'apprenant à organiser ses idées et de générer ensuite automatiquement une phrase à l'aide de mécanismes simples. Citons encore *TAEMA* (*Traitement Automatique de l'Écriture de Mots Affectifs*, Buvet & Issac, 2006).

Enfin, la génération peut servir à reformuler des phrases incorrectes. Wilks & Farwell (1992) prônent la génération d'une phrase en langue première de l'apprenant afin de lui montrer comment le système a compris sa phrase erronée en langue seconde et de l'aider à formuler une phrase correcte. C'est notamment le cas des logiciels du projet *Athena* (Murray, 1995). Vandeventer (1998) propose d'utiliser un générateur pour produire une forme correcte à partir d'une phrase agrammaticale, comme le fait le correcteur *Arboretum* (Bender *et al.*, 2004).

Nous pouvons conclure que la génération syntaxique est une technique suffisamment éprouvée pour être utilisée en ALAO. Il est en effet plus facile de contrôler la production de phrases par un système que les productions des apprenants eux-mêmes. Les micromondes permettent aussi de restreindre l'étendue de langue à couvrir. Cependant, les coûts de production de ces systèmes expliquent leur rareté dans des systèmes commerciaux.

3.1.6 Traduction automatique

Dans cette section, nous abordons la traduction automatique et son application à l'ALAO. Nous évoquons d'abord la problématique de la traduction automatique. Nous poursuivons brièvement par les différentes techniques de traduction et les résultats qu'elles atteignent. Nous parlons ensuite de leur application à l'ALAO. Enfin, nous concluons par quelques réflexions de bilan.

La traduction automatique est l'un des domaines les plus étudiés du traitement automatique du langage. Le terme consacré français de *traduction automatique* (TA) est improprement traduit de l'anglais *Machine Translation* (MT), qui désigne indifféremment la traduction par ordinateur avec ou sans assistance humaine, selon Hutchins (2003).

Les ambiguïtés syntaxiques des langues rendent difficile les traductions. L'attachement des syntagmes prépositionnels est un problème

3.1. Survol des domaines et application

bien connu :

(4) a. Notre groupe était composé d'enseignants de langues et de mathématiciens.
  b. La réponse à la question de cet étudiant était mauvaise.

Dans la phrase (4a), il ne fait pas de doutes pour un humain que *et* coordonne *enseignants* et *mathématiciens*, et non pas *langues* et *mathématiciens*. Pourtant, la seconde combinaison serait tout à fait possible syntaxiquement, mais incorrecte sémantiquement – notamment parce que les *langues* ou les *mathématiques* s'enseignent, mais pas les *mathématiciens*. Dans le cas de (4b), *de cet étudiant* peut être attaché à *question* ou à *réponse* [18]. Dans certaines langues, il est possible de conserver certaines ambiguïtés dont regorge la langue source, mais dans des langues à cas, les désinences seront différentes et il faudra faire un choix. Un autre problème connu est la résolution de l'anaphore (Gaiffe, 2006). Les pronoms sont souvent marqués par le genre. Or celui-ci est parfois arbitraire et varie d'une langue à l'autre (Ayoun, 2007).

De plus, la plupart des mots ont plusieurs traductions, qui produisent des nuances voire même des sens totalement différents. En particulier, les expressions idiomatiques sont des locutions figées, parfois argotiques, qui revêtent une signification particulière. Ainsi, *casser sa pipe* doit être rendu avec un sens non littéral, en anglais *to kick the bucket* (pour une discussion plus complète, voir Wehrli, 1998, 2000; Nerima *et al.*, 2006).

Enfin, la langue a tendance à produire des combinaison de mots récurrentes et arbitraires, que l'on nomme *collocations*. Ces combinai-

---

[18]. Dans ce dernier cas, il serait préférable d'utiliser la préposition *par*, mais, selon nous, cette interprétation est également grammaticale avec *de*.

3. TAL et ALAO

sons concernent des associations nom-adjectif, adjectif-nom, verbe-nom, nom-verbe, nom-préposition-nom et verbe-préposition-nom. Ces collocations ne peuvent être extraites correctement qu'à partir d'une analyse syntaxique (Nerima *et al.*, 2006; Seretan & Wehrli, 2006, 2007; Seretan, 2009). Si l'on utilise des synonymes ou quasi-synonymes, les phrases produites paraîtront étranges ou presque incorrectes pour les locuteurs natifs. Examinons l'exemple suivant, donné par Nerima *et al.* (2003) :

(5) a. exercer une profession.
    b. to practice a profession.
    c. ?pratiquer une profession.

La collocation en (5a) est traduite par la collocation anglaise en (5b) ; en revanche, la traduction directe de (5b) en (5c) semblera étrange, voire incorrecte, bien que l'on en comprenne le sens.

Venons-en maintenant aux techniques de traduction par ordinateur (Boitet, 2000; Lapalme & Macklovitch, 2006). Les premiers traducteurs mot par mot ont très vite atteint leurs limites. C'est alors que des approches indirectes ont été développées : le texte d'entrée est converti vers une représentation sémantique, qui sert ensuite de base à la génération en langue cible. L'*approche par langage-pivot* (ou *interlangue*) permet de s'affranchir de la dépendance de la syntaxe. Le même langage pivot est théoriquement utilisable pour la traduction de plusieurs paires de langue. L'*approche par transfert* convertit un texte en une représentation R. Un module de transfert convertit alors cette représentation vers une représentation R' en langue cible, qui est utilisée par le module de génération. Le modèle des représentations sémantiques est moins abstrait et plus facile à réaliser que l'approche des langages-pivot.

3.1. Survol des domaines et application

Depuis le début des années 1990, une nouvelle approche empirique, la *traduction automatique basée sur l'exemple* (*Example-based MT*), est apparue (Somers, 2003), basée sur des corpus de textes brut et leur traduction. Elles consistent à rechercher des séquences de mot déjà traduites ou les plus proches possible de la phrase ou du segment de phrase à traduire et de les recombiner automatiquement. Quant à la traduction automatique statistique, elle est aussi basée sur des corpus bilingues mais utilise des statistiques sur l'ordre des mots dans la langue cible et sur les correspondances entre mots (Somers, 2003). Des systèmes hybrides combinent traduction par règle, traduction basée sur l'exemple et/ou traduction par statistique.

Terminons ce survol des techniques par un constat mitigé. Malgré l'évolution technique des ordinateurs, les résultats atteints par les traducteurs automatiques sont encore pour la plupart insatisfaisants, mis à part quelques systèmes fonctionnant sur des domaines restreints comme le traducteur de bulletins météorologiques *TAUM-Météo* (Chevalier *et al.*, 1978). Pour la plupart des système, une révision profonde (ou post-édition) par un traducteur humain est indispensable.

Passons maintenant à l'application de la traduction automatique à l'ALAO. Nous avons recensé trois domaines d'utilisation :

- aide à l'expression dans la langue seconde ;
- apprentissages des techniques de traduction et de post-édition, notamment avec les mémoires de traduction ;
- utilisation d'outils de traduction en contexte.

Commençons par l'application de la traduction comme aide à l'expression pour débutants. Wang & Seneff (2004) présentent un environnement restreint de conversation de parole à parole pour l'apprentissage du mandarin pour anglophones. Les domaines sont très spécifiques, comme par exemple la recherche d'informations météorologiques. Le système aide l'apprenant à interagir en lui offrant la possibilité de s'exprimer dans la langue seconde ou de traduire ses paroles exprimées dans sa langue première. Le tuteur d'apprentissage de l'anglais pour apprenants chinois XTRA-TE (*English Chinese Sentence TRAnslator to Teach English*, Danna, 1997) propose aux apprenants de traduire des phrases d'une langue à l'autre.

Poursuivons par l'apprentissage des techniques de traduction. *Bon Accord* (Farrington, 1994) est un logiciel d'apprentissage des techniques de traduction, basé sur une technologie simple de mémoire de traduction. D'après Somers (2004), la traduction automatique peut être utilisée pour illustrer des contrastes entre L1 et L2, grâce à la préservation des structures de la L2 lors du transfert vers la L1. D'autres exemples sont donnés par La Torre (1999), Decrozant & Voss (1999), Winiwarter (2004) et Niño (2005).

Terminons ce survol par l'utilisation d'outils d'aide à la traduction de mots en contexte. *COMPASS* (*COMPrehension ASSisstant*, Breidt & Feldweg, 1997) est un système d'aide à la traduction de textes en ligne, qui offre la traduction de mots en contexte. *GLOSSER* (Dokter & Nerbonne, 1998) permet d'aider à déterminer le sens des mots dans leur contexte. De même, *Twic* (*Translation of Words In Context*, Wehrli, 2006, §5) est un autre exemple d'aide à la traduction qui permet de faciliter la lecture des documents en ligne. De tels outils peuvent s'avérer très utiles pour des apprenants assez avancés, en les aidant à comprendre des textes.

Pour conclure, la traduction automatique n'est pas beaucoup utilisée dans le domaine de l'ALAO, principalement pour deux raisons : premièrement, les résultats ne sont pas à la hauteur pour une utilisation pédagogique ; deuxièmement, un apprentissage doit se faire le plus possible par immersion, sans recours à la langue première. Toutefois, il

3.1. Survol des domaines et application

est parfois acceptable que des apprenants débutants fassent appel à un traducteur vers leur langue première pour mieux comprendre certaines phrases. L'apprenant se rendra facilement compte si une phrase est vraisemblable, grâce aux intuitions qu'il a dans sa propre langue. L'opération inverse est en revanche à proscrire, car les intuitions des apprenants seront insuffisantes. Les outils d'aide à la traduction en contexte sont également une piste récente qui mérite d'être explorée.

3.1.7 Concordanciers et autres outils de traitement de corpus

Dans cette section, nous commençons par définir la notion de corpus et de concordancier. Nous discutons ensuite de l'utilité des corpus pour l'apprentissage des langues, puis poursuivons par une description de logiciels. Nous terminons par quelques remarques de conclusion.

Les corpus sont de gros recueils de données linguistiques (orales ou écrites) destinés à attester l'utilisation de certaines structures ou mots de la langue. De nos jours, les corpus sont accessibles par ordinateur, ce qui facilite l'utilisation et le traitement des données. Pour le traitement des langues, ils constituent le carburant brut à partir duquel on construit des applications ou la batterie de test à partir de laquelle on teste ces applications (McEnery, 2003).

Définissons maintenant les différentes sortes de corpus. Certains corpus récoltent des données orales ou écrites de locuteurs, natifs ou non. Les données orales peuvent être sous forme d'une banque de sons ou d'une transcription écrite de l'oral [19]. D'autres corpus récoltent des

---

19. Dans ce cas, il faut noter les paramètres tels que les hésitations, les reprises, etc. Par ailleurs, la tâche d'interprétation du transcripteur est considérable, car il se heurte aux mêmes difficultés évoquées à la section 3.1.3 pour les reconnaisseurs vocaux. Les reconnaisseurs vocaux sont d'ailleurs parfois utilisés pour transcrire des

3. TAL et ALAO

textes d'un genre particulier (articles de journaux, textes littéraires, etc.) ou des mélanges de genres. Il existe des corpus multilingues, avec des textes dans différentes langues. Quant aux corpus parallèles, ils contiennent le même texte dans plusieurs langues, par exemple des dépêches d'agence de presse ou des textes de loi dans les pays plurilingues.

A côté du son et de l'écrit, on trouve également des transcription phonétiques et des textes annotés avec des informations linguistiques, telles que les parties du discours, voire même avec des informations sémantiques (McEnery & Wilson, 1993; Véronis, 2000; Habert, 2006). Ces annotations peuvent être faites manuellement ou par un étiqueteur (§3.1.2). Le format *XML* (§2.4.5) devrait s'imposer de plus en plus dans le monde des corpus grâce à son caractère standard, ouvert, flexible et évolutif et grâce à l'existence de nombreuses librairies de traitement standard dans les environnements de programmation. Les corpus arborés (*treebanks*) sont des corpus annotés avec des informations syntaxiques, qui sont utiles notamment pour les corpus d'entraînement des méthodes stochastiques d'analyse (§3.3.3.3) mais sont impossibles à annoter automatiquement (Véronis, 2000), notamment à cause de l'ambiguïté de certains attachements de syntagmes ; une alternative peut être une annotation partielle par un analyseur superficiel (§3.3.4.3). L'annotation sémantique, quant à elle, cherche soit à distinguer le sens des mots, soit à marquer les phénomènes discursifs tels que la résolution des anaphores (Véronis, 2000).

La taille des corpus est extrêmement variable, mais on recherche avant tout la représentativité et la qualité de l'échantillonnage des données (McEnery & Wilson, 2005). Un choix judicieux de textes est essentiel pour garantir la représentativité du vocabulaire et son adéquation avec le but pédagogique et le niveau des apprenants (Lamy *et al.*, 2005).

---

corpus oraux. Pour plus de détails sur cette problématique, on se référera à Véronis (2000).

3.1. Survol des domaines et application

Un bon corpus de locuteurs représentera les deux sexes équitablement ainsi que les différentes couches sociologiques, différents âges, différents dialectes, etc. Un corpus littéraire représentera différents genres, différentes époques, etc.

Définissons maintenant la notion de concordancier : il s'agit d'un moyen d'accès à un corpus de textes pour montrer l'usage d'un ou plusieurs mots en contexte ou d'une partie du discours, dans un but de recherche littéraire, stylistique ou même linguistique (Flowerdew, 1996; Lamy et al., 2005). Les concordanciers présentent généralement l'occurrence du terme de recherche (mot, partie du discours) soit entourée d'une fenêtre de quelques mots, soit dans son paragraphe ou soit dans la phrase qui la contient. Les concordances peuvent être affinées par l'utilisation de dictionnaires de quasi-synonymes. Un lemmatiseur (§3.1.1.4) permettra également de trouver par exemple les occurrences d'un verbe à tous les temps.

Pour terminer le survol des techniques, mentionnons les systèmes d'indexation de textes dans des bases de données; même si ces bases ne sont pas des corpus à proprement parler, leur utilisation s'en approche. Ces systèmes d'indexation permettent de charger des textes dans une base de données et de les retrouver par mots-clés, à l'instar des moteurs de recherche par *Internet*. Chaque document est indexé en fonction des mots qu'il contient par un vecteur (ou plusieurs vecteurs lorsque l'unité textuelle est le paragraphe) dont chaque dimension représente un lemme; chaque dimension représente la fréquence du mot dans le document et la répartition du mot dans la base de données textuelle (Fluhr, 2000, p. 242). Une base de données est indexée par une matrice de valeurs, où une dimension représente les lemmes et l'autre dimension les documents ou paragraphes. Les techniques de calcul vectoriel permettent par exemple de regrouper les documents les plus proches d'après leur sens. La proximité entre les documents est donnée par le cosinus des vecteurs qui le représentent.

3. TAL et ALAO

Passons maintenant à l'utilisation des corpus en ALAO. Ils sont utiles à deux titres, comme le soulignent McEnery & Wilson (2005) :

> "Corpora can provide the basis of accurate, empirically justified, linguistic observations on which to base CALL materials. Additionally, the corpora themselves, typically via concordancing, may become the raw material of CALL-based teaching itself."

Les corpus de textes d'apprenants peuvent servir de base à l'élaboration de logiciels d'ALAO (Granger *et al.*, 2001) : ils servent à mieux cibler le contenu didactique et les exercices sur des problèmes fréquemment rencontrés par les apprenants. D'autre part, ils servent à adapter les outils de TAL pour traiter des erreurs spécifiques des apprenants. Les auteurs relèvent l'importance d'un codage spécifique des erreurs : bien que le processus soit coûteux et fastidieux, les analyses sont plus précieuses qu'un simple texte brut ou annoté automatiquement. *Exo-Gen* (Blanchard *et al.*, 2009) utilise un corpus étiqueté pour générer des exercices à la volée.

Maintenant, abordons l'utilisation des concordanciers et des outils d'alignement bilingue en ALAO. En utilisant des corpus, d'après McEnery & Wilson (1997), les apprenants parcourent les contenus à leur propre rythme et découvrent les caractéristiques de la langue par eux-mêmes. Ils peuvent confronter leurs expériences à celles de leurs pairs de manière à élargir et compléter leur compréhension de certains phénomènes. Les corpus sont un outil à travers lequel les apprenants peuvent apprendre, non pas directement à travers le contenu, mais en analysant les données. Un corpus annoté permet d'obtenir de meilleurs exemples qui fournissent un apport décisif pour l'enseignement de la grammaire (Clear, 2000). En outre, dans les méthodes modernes d'apprentissage, le vocabulaire ne peut être dissocié des constructions syn-

3.1. Survol des domaines et application

taxiques et expressions idiomatiques (v. p. 81) associées aux mots (Defays & Deltour, 2003), dont l'acquisition est facilitée par l'utilisation de concordanciers pour voir des exemples d'utilisation en contexte.

Les concordanciers permettent de mettre sur pied des tâches authentiques avec la langue réellement parlée par les locuteurs natifs. Lamy *et al.* (2005) listent des activités possibles à l'aide d'un concordancier :

- devinette d'un mot-mystère, remplacé par un non-mot dans le texte ;
- tâches stylistiques : repérer les différents contextes d'utilisation d'un mot ;
- tâches syntaxiques : repérer les règles d'utilisation de certaines parties du discours comme les adverbes ;
- dérivation par induction de la construction d'un verbe (p. ex *s'agir* est un verbe défectif qui ne peut avoir d'autre sujet qu'un *il* explétif) ;
- faux amis entre deux langues ;
- informations culturelles (compter le nombre d'occurrences de mots, comme café et thé dans des textes français, et en déduire les habitudes culturelles) ;
- évolution de la langue : des mots quasi-synonymes à une époque comme *anglais* et *britannique* peuvent acquérir des sens différenciés par la suite, ou encore le mot *mail* chez Balzac ou dans un quotidien actuel ;
- auto-évaluation du style de l'apprenant, à l'aide de liste de mots à repérer et de suggestions de variantes.

Nous ajoutons également que les concordanciers permettent aux enseignants de présenter des textes authentiques et récents aux apprenants. Les étiqueteurs permettent de réduire considérablement la tâche d'annotation des corpus. Grâce à l'abondance de textes sur *Internet*, les

3. TAL et ALAO

enseignants peuvent offrir et étudier des textes très récents et renouveler et varier leurs matériaux pédagogiques.

Passons maintenant à l'alignement de textes plurilingues. Cette technique facilite notamment le repérage d'expressions idiomatiques (v. p. 81) et de constructions différentes d'une langue à une autre (Nerbonne, 2003). D'après Lamy *et al.* (2005), les concordanciers bilingues ou parallèles permettent de distinguer les emplois de divers mots ou prépositions en retrouvant l'équivalent dans la langue de l'apprenant. Ce processus peut être fait manuellement par un expert ou automatiquement (Lapalme & Macklovitch, 2006). L'alignement de textes est utilisé également pour assister le processus de révision de textes, par exemple dans un texte technique ou législatif régulièrement traduit. Les changements dans le texte original sont repérés, puis le processus d'alignement met en évidence les parties à changer dans le texte cible.

Enfin mentionnons l'utilisation des outils secondaires des concordanciers. Les lemmatiseurs associés aux concordanciers sont parfois utilisés directement par les apprenants, par exemple pour corriger leurs erreurs en fonction du contexte d'utilisation d'un mot. Quant aux enseignants, ils les utilisent pour vérifier l'emploi d'un mot, par exemple dans un type de texte particulier, comme l'écriture scientifique.

Nous passons maintenant à la description de quelques logiciels d'ALAO qui utilisent des corpus. Cobb (1999) décrit l'utilisation d'un concordancier pour l'apprentissage de vocabulaire anglais académique en contexte. Weber (2001) décrit l'utilisation d'un corpus de mémoires légaux rédigés par des étudiants anglophones de droit pour des apprenants d'anglais légal. Chambers & O'Sullivan (2004) présentent une étude sur l'utilisation d'un corpus du français dans un cours de premier cycle universitaire, avec des exercices de composition.

Les moteurs de recherche peuvent être considérés comme des concor-

3.1. Survol des domaines et application

danciers. Smrž (2004) décrit l'utilisation d'un système de recherche de document en langue naturelle pour la langue tchèque. Le système *Exills* (Segond & Parmentier, 2004) affine une recherche sur Internet en utilisant un modèle de l'apprenant (2.4.4.2). Hubbard (2004) ou Chinnery (2008) utilisent le moteur de recherche *Google* comme concordancier brut.

Passons maintenant aux concordanciers bilingues avec outils d'alignement. *Glosser-RuG* (Dokter & Nerbonne, 1998) permet aux apprenants d'apprendre du vocabulaire en contexte en étudiant un texte. *MARK-ALISTeR* (*MARKing, ALIgning and Searching TRanslation equivalents*, Paskaleva & Mihov, 1998) est un autre concordancier du projet GLOSSER. On citera encore *Sinorama* (Liou, 2004) et *TOTALrecall* (Chan & Liou, 2005) pour anglais-chinois, *NEDERLEX* (Deville & Dumortier, 2004) pour le vocabulaire juridique néerlandais pour francophones.

Nous abordons maintenant les outils d'apprentissage de la grammaire et des collocations par extraction de patrons syntaxique. *INTEX* (Silberztein, 1994) traite des corpus afin d'extraire des patrons syntaxiques en construisant un graphe grammatical qui représente un transducteur (§3.3.4.1). *Nooj* (Silberztein & Tutin, 2004) est un système de traitement de corpus dans un but pédagogique, basé sur *INTEX*. On citera encore les travaux de Qiao & Sussex (1996), McEnery *et al.* (1997), Whistle (1999), Saxena & Borin (2002) et Smrž (2004). Le *Littératron* (Audras & Ganascia, 2006) est un outil d'analyse stylistique qui permet aux apprenants de retrouver des structures syntaxiques dans un corpus de textes pour en analyser l'emploi en contexte. Enfin, *Collocator* (Wible *et al.*, 2006), intégré au navigateur de l'apprenant, identifie les collocations dans une page *Internet* en temps réel.

Passons maintenant à la création d'exercices à partir de corpus. Wilson (1997) propose de générer automatiquement des exercices d'utilisation des mots et de sous-catégorisation basée sur des corpus annotés. Pour leur part, Coniam (1997) et Foucou & Kübler (2000) utilisent des textes étiquetés automatiquement, d'un concordancier pour repérer les collocations et d'un dictionnaire de fréquence des mots pour la génération de textes à trous. Enfin, *AlexiA* (Selva & Chanier, 2000) utilise un corpus spécialisé de 400 textes étiquetés automatiquement et indexés par mots-clés. Le logiciel dispose d'un analyseur morphologique, d'un dictionnaire de 200 mots liés aux thèmes du corpus et d'un générateur d'exercices lexicaux.

Nous finissons ce tour d'horizon en mentionnant *Native English Writing Assistant* (Hu et al., 1998), un système d'apprentissage de l'anglais qui dispose d'un corpus de textes et fournit une assistance à l'écriture et à la lecture avec un détecteur de faux-amis grâce à une base d'erreurs.

Pour conclure, nous pouvons souligner une fois encore l'importance des outils de traitement de corpus pour l'apprentissage des langues. Les concordanciers et les autres outils sont suffisamment fiables pour être utilisés en ALAO. Les techniques de TAL nécessaires pour annoter les corpus ou élargir la recherche à tous les lemmes offrent des résultats satisfaisants, qui peuvent être facilement révisés par des experts. De nombreux outils de traitement de corpus existent dans le domaine de l'ALAO. Ils sont essentiellement développés et utilisés dans un domaine universitaire, car ils bénéficient avant tout à des apprenants de niveau moyen à avancé. De nombreux systèmes seront encore développés dans l'avenir. Comme pistes de développement de ce secteur de l'ALAO, nous pouvons mentionner l'amélioration des outils d'extraction des collocations et l'amélioration de la fiabilité des annotations syntaxiques et sémantiques.

3.1.8 Outils automatiques de résumé et d'évaluation

Dans cette section, nous commençons par survoler les différentes techniques de résumé et d'évaluation automatique. Puis nous décrivons l'application de ces techniques à l'ALAO. Nous poursuivons par une description de logiciels d'ALAO. Enfin, nous apportons quelques remarques de conclusion.

Commençons par un survol des techniques. Pour résumer un texte, Hovy (2003) distingue trois phases :

- *Identification des sujets.* Les critères varient : position (les premières phrases ou premiers paragraphes sont importants), repère de marqueurs, fréquence de mots et syntagmes, mots du titre, etc.
- *Interprétation ou fusion des sujets.* Les sujets extraits du texte sont reformulés dans de nouveaux concepts.
- *Génération du résumé.* Une fois les sujets extraits, un planificateur doit organiser l'information qui doit servir de base au système de génération.

Desclès & Minel (2000) décrivent le résumé scolaire comme un instrument de contrôle des connaissances. Ils distinguent plusieurs méthodes de résumé automatique :

- méthodes fondées sur la *compréhension*, qui se servent d'outils d'intelligence artificielle pour "comprendre" et condenser un texte ;
- méthodes par *extraction*, qui recherchent les unités saillantes du texte, par calcul de scores (fréquence des mots, etc.), par calcul de similarité (repérage statistique des thèmes du texte et des

3. TAL et ALAO

paragraphes qui les résument le mieux), ou encore par repérage de phrases prototypiques telles que les marques discursives ;

– méthode par *filtrage sémantique*, grâce au repérage d'éléments textuels et de règles d'exploration du texte.

Décrivons maintenant quelques formalismes et techniques servant aux résumés de textes. La *Théorie de la Structure Rhétorique* (*Rhetorical Structure Theory, RST*, Mann & Thompson, 1987; Hovy, 1988, §3.4.4) est un outil de description de la structure du discours. L'*Analyse Sémantique Latente* (*Latent Semantic Analysis, LSA*, Dumais et al., 1988; Zampa & Lemaire, 2002; Zampa, 2004, 2005) est une technique courante d'analyse statistique d'un texte destinée à en inférer le sens [20] pour vérifier la compréhensibilité, la cohérence et et l'exhaustivité d'un texte (Dodigovic, 2005). Elle consiste à réduire l'espace sémantique des textes à 200 mots.

Enfin, des outils statistiques évolués destinés à évaluer les performances en traduction automatiques peuvent être utilisés. Le *Dynamic Programing matching* (*DP matching*), consiste à comparer une phrase de référence jugée correcte et la phrase à évaluer en calculant les mots substitués, insérés et effacés. Quant au *BLEU-score* (*BiLingual Evaluation Understudy*, Papineni et al., 2002), il consiste à comparer des segments de la phrase de référence avec ceux de la phrase à évaluer et de compter le nombre de convergences, indépendamment de la position dans la phrase.

Nous passons maintenant à la description de quelques logiciels d'ALAO utilisant des techniques de résumé et d'évaluation automatiques. Le système *e-rater* d'évaluation automatiques de rédactions (Burstein & Marcu, 2000) utilisent une technique de résumé de textes basée sur le

---

20. Dans le cas de la recherche d'information, la LSA est aussi appelée *Latent Semantic Indexing* (LSI).

3.1. Survol des domaines et application

test standard GMAT [21] qui sert de test d'entrée dans les écoles d'affaires. On signalera aussi les travaux de Gurevich & Deane (2007), basé sur des résumés de textes faisant partie du TOEFL [22].

Par ailleurs, le système d'aide à l'écriture *HARRY* (Holdich et al., 2004) utilise le vérificateur stylistique *Check Text*, qui fonctionne à l'aide d'outils statistiques, en comptant le nombre de mots, la richesse du vocabulaire etc. REAP (Heilman et al., 2007) évalue automatiquement la lisibilité des textes d'un corpus à la fois pour des apprenants de langue maternelle et de langue seconde, en se basant sur les caractéristiques lexicales (difficulté sémantique des mots) et syntaxiques (présence de certaines constructions).

Un certain nombre de systèmes a recours à la LSA. *RAFALES* (Zampa, 2005) indexe des textes destinés à l'acquisition d'une langue étrangère ; Thomas et al. (2004b) évaluent de courts textes dans le domaine de l'apprentissage de l'informatique, en comparaison avec l'évaluation faite par un expert humain ; on citera également Angelova et al. (2004), Dodigovic (2005), Cosi et al. (2004), Dessus & Lemaire (2002), Robertson & Wiemer-Hastings (2002), et Ishioka & Kameda (2006). Utilisant des techniques d'évaluation de traducteurs automatiques, Yasuda et al. (2004) proposent de combiner les résultats du *DP matching* et du *BLEU-score* pour évaluer les aptitudes en anglais d'apprenants japonais. Enfin, l'outil de résumé automatique de textes de *Microsoft* sert de base à un outil automatique de génération de questions de compréhension de textes (Schwartz et al., 2004).

Enfin, dans un autre registre, Candido et al. (2009) présentent un logiciel de simplification des structures syntaxiques du portugais pour des apprenants qui ont des difficultés de lecture. Sans faire de résumé,

---

21. *Graduate Management Admission Test*. V. http://www.gmat.org/, dernier accès le 16 mai 2006.
22. *Test Of English as a Foreign Language*, examen d'entrée pour les étudiants non anglophones dans les Universités nord-américaines.

3. TAL et ALAO

à partir de l'analyse syntaxique, le système produit plusieurs paraphrases pour éliminer les structures complexes des phrases comme les appositions et relatives.

Terminons par quelques remarques conclusives. Comme la traduction automatique, les méthodes présentées ci-dessus ont encore des résultats mitigés. Comme le soulignent Desclès & Minel (2000), l'activité de résumé est très subjective et sujette à interprétation. La même remarque vaut bien entendu pour l'évaluation de texte d'apprenants, car celle-ci ne sera pas la même d'un expert humain à un autre. Les logiciels d'ALAO basés sur les résumés et l'évaluation automatique sont plutôt destinés à des apprenants avancés. Même à ce niveau, les erreurs grammaticales sont relativement fréquentes et faussent les performances des systèmes. Toutefois, ce domaine présente un grand intérêt pour les apprenants qui travaillent en autonomie, ou par exemple pour pré-évaluer un travail avant de le rendre à un enseignant.

3.1.9 Dialogue homme-machine

Dans cette courte section, nous commençons par décrire la problématique du dialogue homme-machine. Nous donnons ensuite quelques exemples d'application au domaine de l'ALAO. Nous terminons par quelques remarques de conclusion.

Commençons par un survol de la problématique du dialogue homme-machine : il consiste à construire un dialogue coopératif en langue écrite ou orale entre l'utilisateur et l'ordinateur (Pierrel & Romary, 2000). Ces auteurs soulignent deux aspects incontournables dans les applications de dialogue : un traitement fin de la référence pour interpréter les énoncés et la détection des présupposés et intentions de l'utilisateur pour planifier le dialogue. Le système de dialogue doit ensuite construire une réponse grammaticale à l'aide d'un générateur

(§3.1.5). Les dialogues homme-machine produisent souvent des malentendus et des incohérences auxquelles il faut remédier. Il faut aussi construire une représentation des données du problème.

Les systèmes de dialogue doivent être tolérants face aux inattendus. De plus, la langue orale est plus relâchée que la langue écrite. Ces systèmes doivent accepter les anaphores, les ellipses, les hésitations et les différents mécanismes de référenciation d'objets. Ils doivent s'adapter aux utilisateurs et appliquer une stratégie adéquate pour compléter au fur et à mesure les informations nécessaires manquantes.

Dans le domaine de l'ALAO, les techniques de dialogue homme-machine sont avant tout utiles pour le pilotage d'un micromonde (§2.4.3), notamment pour donner une rétroaction à l'apprenant. On pourra citer par exemple le micromonde *SHRDLU* (Winograd, 1972), le jeu d'enquête policière *Herr Komissar* (DeSmedt, 1995) ou le tuteur intelligent de physique *Why2-Atlas* (VanLehn et al., 2002) qui utilise des dialogues en langue naturelle. Forbes-Riley & Litman (2006) décrivent le logiciel *ITSPOKE*, qui est la version en langage parlé de *Why2-Atlas* : le tuteur dispose de stratégies diverses pour guider le dialogue, comme la reformulation de concepts déjà introduits, la récapitulation, des indices (éléments de la réponse), etc.

Il est possible de programmer un système de dialogue très simple à l'aide d'expressions régulières (§3.1.1.1). Le système reconnaît des mots-clés et répond à son interlocuteur en fonction des besoins. Ces systèmes sont souvent appelés *robots de conversation* (ou *chatterbots*) et sont couramment trouvés dans les *chats* et d'autres outils (§2.4.5). Le système *Eliza* (Weizenbaum, 1966) est généralement considéré comme le premier robot de conversation. *Exills* (*Edutainment for Internet Language Learning Solution*, Segond & Parmentier, 2004) [23] est une plate-forme d'apprentissage qui utilise des robots de conversa-

---

23. http://www.exills.com/, dernier accès le 23 juillet 2006.

3. TAL et ALAO

tion dans un *chat*.

Pour conclure, nous pouvons constater que le dialogue homme-machine est une technique de TAL bien répandue dans le domaine de l'ALAO. La principale difficulté est naturellement d'analyser les productions des apprenants, susceptibles de contenir des erreurs. Comme pour la plupart des techniques exposées dans les sections précédentes, nous pouvons souligner que la majeure partie des logiciels appliquant les techniques de dialogue homme-machine sont des prototypes de recherche. Ce fait est encore une fois certainement dû aux coûts élevés de développement de tels systèmes.

3.2 Traitement des erreurs orthographiques ou typographiques

Cette section n'aborde que l'orthographe des mots eux-mêmes, alors que l'orthographe grammaticale sera traitée à la section 3.3. Nous commençons par aborder la problématique de l'orthographe (§3.2.1). Nous poursuivons avec l'exposition de quelques typologies d'erreurs (§3.2.2). Puis nous décrivons les différentes techniques de traitement des erreurs orthographiques (§3.2.3). La section 3.2.4 traite des logiciels de correction orthographique. Enfin, nous concluons avec une brève discussion (§3.2.5).

3.2.1 Problématique

Commençons par une rapide discussion de la problématique de l'orthographe. Dans la littérature, on distingue généralement l'*orthographe d'usage*, qui concerne l'écriture d'un mot en lui-même, et l'*orthographe*

3.2. Traitement des erreurs orthographiques ou typographiques

grammaticale, qui concerne notamment les règles d'accord. L'orthographe du français est très complexe, vu que certaines lettres ne se prononcent pas (Catach, 1978). Ses règles sont parfois illogiques et présentent de nombreuses anomalies et irrégularités (Jaffré, 1992). Nous utilisons un alphabet qui a été conçu pour la langue latine et qui doit transcrire des sons qui n'étaient pas utilisés par le latin (Blanche-Benveniste & Chervel, 1978). Pensons au mot *femme* qui se prononce [fam] et non [fɛm] comme on devrait le prononcer en suivant les règles ordinaires de prononciation des lettres composant ce mot. L'anglais n'est pas en reste avec une prononciation qui diffère aussi fortement de l'écriture (Catach, 1989). L'orthographe du français doit donc être acquise mot par mot, vu le grand nombre d'exceptions aux règles (Blanche-Benveniste & Chervel, 1978). Si tout le monde commet des fautes, il n'en demeure pas moins que cet apprentissage est crucial pour maîtriser la langue, sous peine d'être fortement pénalisé : l'orthographe a acquis une importance majeure, plus grande que la syntaxe (Catach *et al.*, 1980; Jaffré, 1992).

Soulignons également que la frontière entre orthographe et grammaire est parfois floue. Ainsi, *haie*, *es*, *est* et *hais* se prononcent de la même manière mais représentent des verbes et des substantifs. Comme nous le verrons à la section 3.3.3.2, ces erreurs sont détectées au niveau phonologique par les détecteurs d'erreurs grammaticales. Pourtant, certaines typologies classeront plutôt ces erreurs au niveau orthographique. Autre erreur parfois considérée comme orthographique, les substantifs *prémisses* et *prémices* sont facilement confondus. Lorsqu'un terme est confondu avec l'autre, la syntaxe ne suffit pas et des règles sémantiques doivent être appliquées ; dans la plupart des correcteurs grammaticaux, l'ambiguïté est signalée et l'utilisateur est invité à vérifier lui-même si le mot choisi est adéquat pour le contexte et à s'autocorriger manuellement.

Dans l'histoire de l'informatique, les techniques de correction ortho-

3. TAL et ALAO

graphique sont apparues relativement tôt. Dans un premier temps, les systèmes se contentaient de signaler les mots absents du lexique ou une erreur potentielle grâce à des algorithmes qui calculaient la probabilité de l'appartenance d'une chaîne à la langue ; l'utilisateur devait ensuite corriger l'erreur à la main. Le premier correcteur orthographique commercial, sur système VAX, date de 1971 (Peterson, 1980). Développés grâce à l'essor de la microinformatique, les vérificateurs orthographiques sont désormais intégrés à tous les logiciels de traitement de textes et à bon nombre d'éditeurs de textes, clients pour courriel, navigateurs pour *Internet*, dictionnaires électroniques, moteurs de recherche etc. Les algorithmes sont généralement développés pour des fautes de locuteurs natifs et ne sont pas adaptés aux erreurs des apprenants.

Desmarais & Bisaillon (1998) décrivent l'utilisation d'un correcteur orthographique de traitement de textes pour l'amélioration de l'expression écrite. Elle souligne que la correction en cours de frappe est plus profitable pour l'apprenant que la remise d'une copie annotée par l'enseignant. Le commentaire des fautes en classe ainsi que l'élaboration en commun de règles d'usage est également utile. Le repérage automatique des fautes permet aux apprenants de repérer beaucoup plus de fautes que lors d'une relecture ; ensuite, les apprenants sélectionnent la graphie correcte. Nous détaillerons les techniques de corrections à la section 3.2.3 et quelques logiciels existants à la section 3.2.4.

3.2.2 Typologies des erreurs d'orthographe

Passons maintenant à une revue de différentes typologies des erreurs d'orthographe. Commençons par quelques typologies à dominante technique. Selon Damerau (1964), les fautes d'orthographe peuvent être

3.2. Traitement des erreurs orthographiques ou typographiques

décrites par la typologie suivante :

- insertion de lettres (une lettre en trop) ;
- omission de lettres (une lettre manque) ;
- transposition de lettres (lettre ou groupes de lettres formant le même son, inversion de lettres) ;
- substitution de lettres (une lettre pour une autre, généralement la touche voisine sur le clavier).

Faulk (1964, cité chez Angell *et al.*, 1983 et Berghel, 1987) distingue trois types de mesures de similarité entre chaînes de caractères :

- similarité *matérielle*, où l'on compte le nombre de caractères communs à deux chaînes ;
- similarité *ordinale*, où l'on mesure à quel point les caractères sont dans le même ordre ;
- similarité de *position*, où l'on mesure à quel point les caractères sont dans une même position dans la chaîne.

Yannakoudakis & Fawthrop (1983b) constatent que les erreurs orthographique en anglais portent principalement sur les points suivants :

- utilisation des voyelles ;
- utilisation des lettres W, Y et H ;
- lettres doubles ou simple ;
- peu d'erreurs sont commises sur la première lettre ;
- transposition entre deux caractères voisins sur le clavier ;
- certaines consonnes sont plus fréquemment échangées.

3. TAL et ALAO

Dans son classement des erreurs typographiques, Druard (1993) regroupe les erreurs typographiques citées plus haut (substitution, omission, inversion, insertion) en trois types :

 i. coquilles : fautes qui sont détectées parce que le mot n'existe pas ou n'entre pas dans le contexte (ex : *journal* pour *journal*) ;
 ii. doublons : mot écrit deux fois pour cause de frappe trop rapide (*je sais que *que tu viendras*) ;
 iii. omissions : pour cause de frappe ou écriture trop rapide, on oublie un mot (*la sœur *Jean*).

La troisième catégorie n'est pas détectable sans analyse syntaxique. A côté de ces erreurs typographiques, Druard (1993) distingue les véritables fautes d'orthographe, où le mot est écrit de manière incorrecte mais qui ressemble phonétiquement au mot correct (*creindre* pour *craindre*).

D'autres typologies sont orientées vers la didactique et concernent les causes des erreurs. Ainsi, Pain (1981), pour son correcteur d'orthographe destiné aux enfants, propose une classification des erreurs centrée sur l'enfant :

- erreurs de perception visuelle ;
- apprentissage incorrect des correspondances phonème-graphème ;
- rationalisation incorrecte de règles particulières.

Pour sa part, Catch *et al.* (1986) proposent la typologie suivante :

- erreurs à dominante *phonétique*, liées à une mauvaise perception du son (**macasin* au lieu de *magasin*) ;
- erreurs à dominante *phonogrammique*, produites lorsque l'on connaît le son sans le retranscrire correctement (**farmacie* au

3.2. Traitement des erreurs orthographiques ou typographiques

lieu de *pharmacie*) ;

- erreurs à dominante *morphogrammique* produites quand l'orthographe des éléments (phonétiques ou non) au niveau des morphèmes grammaticaux ou lexicaux n'est pas respectée (**rapident* comme marque du pluriel de *rapide*) ;
- erreurs à dominante *logogrammique* produites sur des homophones, qui peuvent produire des erreurs au niveau du discours, du lexique ou de la grammaire (*chant* vs. *champ*) ;
- erreurs portant sur les *lettres non fonctionnelles* étymologiques ou historiques, comme des doubles consonnes ou le *s* de *toujours* ;
- erreurs concernant les *idéogrammes*, comme l'omission, l'adjonction ou la confusion d'une majuscule, d'une apostrophe, d'un trait d'union ou d'un signe de ponctuation.

James (1998) classe parmi les erreurs d'orthographe les erreurs de ponctuation, y compris l'oubli ou l'insertion d'un symbole de séparation (espace ou autre). On trouve aussi les erreurs typographiques, dont les erreurs spatiales (proximité sur le clavier), temporaires (mauvais ordre des lettres) et d'anticipation d'un caractère. Les erreurs de dyslexie entrent également dans la catégorie des erreurs orthographiques, où la mauvaise lettre est utilisée pour produire un son. La confusion de mots existants ayant un son identique ou quasi-identique appartient également à cette catégorie (*prémices / prémisses, hospices / auspices*). Enfin entrent les erreurs phonétiques, dues à l'application erronée d'une graphie de la L1 ou d'une mauvaise application de règles de la L2.

De son côté, Pedler (2001) traite du problème particulier de la dyslexie, qui est mal prise en compte par les correcteurs commerciaux. Les erreurs typiques sont la confusion de phonèmes et l'omission ou l'insertion de syllabes entières. Bouraoui *et al.* (2009) proposent une typologie pour les textes produits par des handicapés.

3. TAL et ALAO

Enfin, Rimrott & Heift (2008) constatent que les erreurs commises par des apprenants d'une langue ne sont pas les mêmes que celles des locuteurs natifs qui maîtrisent leur langue. Elles distinguent les erreurs de compétence et de performance. Dans la première catégorie, qui couvre 80% des erreurs, surviennent les erreurs d'influence de la langue première et les différences phonologiques et morphologiques. Les erreurs de performance sont des erreurs aléatoires et non systématiques telles que l'insertion ou l'omission de lettres. Elles constatent qu'une liste de propositions de correction doit être la plus courte possible et que le mot correct doit apparaître dans un ordre aussi haut que possible.

3.2.3 Techniques

Dans cette section, nous abordons les différentes techniques de la correction orthographique. Nous commençons par une description des principes de la correction et de la détection d'erreurs orthographiques (§3.2.3.1). Puis nous traitons des algorithmes suivants : recherche de mots par codage de chaîne (§3.2.3.2) ; recherche par bi- et trigrammes (§3.2.3.3) ; recherche de mots par similarité (§3.2.3.4) ; techniques de recherche et correction phonétique (§3.2.3.5) ; correction par règles (§3.2.3.6) ; techniques de séparation de mots (§3.2.3.7) ; listes de confusion (§3.2.3.8) ; correction par méthode stochastique et par réseaux de neurones (§3.2.3.9). Enfin, nous traitons des mesures de distance entre chaînes qui servent à éliminer les propositions les moins vraisemblables (§3.2.3.10).

3.2.3.1 Correction et détection d'erreurs orthographiques

S'il paraît évident aujourd'hui de disposer de propositions de correction, cette caractéristique n'a pas toujours été présente, pour ques-

3.2. Traitement des erreurs orthographiques ou typographiques

tions de taille du lexique, de temps d'accès aux disques et de rapidité des processeurs. Ainsi, certains outils ne calculaient que la probabilité qu'une chaîne appartienne à la langue ; l'utilisateur, par ses connaissances, pouvait alors corriger ses fautes de frappe ou vérifier la bonne orthographe dans un dictionnaire.

Définissons maintenant le processus de correction orthographique : il s'agit de la recherche d'un mot dans un lexique, et, si ce mot n'y figure pas, de la recherche des mots les plus susceptibles de représenter l'orthographe correcte de ce mot (Ndiaye & Vandeventer Faltin, 2004). On trouvera un état de l'art de la correction orthographique chez Kukich (1992) et chez Mitton (1996).

La correction orthographique se passe généralement en deux temps : pour chaque mot de la phrase, le système tente de retrouver le mot dans une liste. Cette phase n'est pas triviale (Peterson, 1980; Berghel, 1987), car il faut identifier un mot potentiel en utilisant des délimiteurs (espaces, virgules, points, points-virgules, deux-points, §3.1.1.2). Il faut être particulièrement attentifs aux nombres, aux apostrophes et aux tirets. Les majuscules présentent aussi une difficulté, car elles sont parfois obligatoires, parfois interdites et parfois facultatives.

Si le mot n'est pas dans sa liste ou son lexique, un correcteur orthographique essaie de proposer des solutions alternatives grâce à différents algorithmes. La liste des mots utilisée par un correcteur contient généralement tous les mots de la langue (du moins le vocabulaire le plus courant) à toutes les formes (pluriel, formes déclinées, formes conjuguées, etc.). Heidorn *et al.* (1982) soulignent la nécessité de déterminer quelles sont les meilleures corrections grâce au contexte syntaxique. Pour leur part, Pollock & Zamora (1984) proposent de ne corriger que les mots ne contenant qu'une seule erreur, qui forment 90 à 95% des erreurs. Un problème particulier concerne les erreurs qui aboutissent à des mots qui existent dans le lexique. D'après Mitton (1987), cela concerne jusqu'à 16% des erreurs d'orthographe. Certains correcteurs traitent de ce problème, soit par analyse sémantique, soit par listes de confusion (§3.2.3.8). Les erreurs de séparation des mots demandent également un traitement particulier (§3.2.3.7). Enfin, en français, mentionnons le problème de l'apostrophe avec l'élision obligatoire du *e* devant un mot commençant par une voyelle pour les pronoms *je, te, le,* etc.

3.2.3.2 Recherche de mots par codage de chaîne

Pour retrouver les formes les plus proches du mot inconnu, la plupart des vérificateurs orthographiques utilisent une représentation codée d'un mot (Vandeventer & Ndiaye, 2002; Ndiaye & Vandeventer Faltin, 2003). Commençons par la technique des alpha-codes. Le terme d'alpha-code peut recouper différentes méthodes de calcul. Ndiaye & Vandeventer Faltin (2003) proposent de normaliser la chaîne (les accents sont enlevés et les caractères sont mis en minuscules) et ensuite d'écrire les consonnes du mot en ordre alphabétique, suivies des voyelles, également en ordre alphabétique ; chaque lettre n'est gardée qu'une fois. Un mot ne possède qu'un seul alpha-code, mais plusieurs mots peuvent partager le même alpha-code. Ainsi, un vérificateur orthographique pourra rechercher les mots qui contiennent le même alpha-code que le mot inconnu. Voici un exemple, tiré de Ndiaye & Vandeventer Faltin (2003) :

(6) a. *prèférré.

b. fpre.

c. préférer, préféré, préfère, préférée.

Le mot erroné en (6a) donne l'alpha-code en (6b). La recherche dans le lexique donne les propositions en (6c). Cette solution ne couvre ce-

3.2. Traitement des erreurs orthographiques ou typographiques

pendant qu'une partie des erreurs possibles : diacritiques, inversions, duplications. La même technique permettra aussi de détecter l'omission ou l'insertion d'une lettre qui est présente dans une autre partie du mot, comme dans les exemples suivants qui obtiendront aussi l'alpha-code en (6b) :

(7) a. *péféré.
   b. *prféféré.

Il faut également couvrir l'insertion d'une lettre qui n'appartient pas au mot et l'omission d'une lettre qui n'apparaît pas ailleurs dans le mot. Il est possible de créer de nouveaux codes, en insérant ou enlevant chaque lettre possible. Cela revient à rechercher les correspondances de vingt-six nouveaux alpha-codes. A nouveau, pour l'alpha-code de (6b), Ndiaye & Vandeventer Faltin (2003) donnent :

(8) a. pre, fpe. fre, fpr.
   b. bfpre, cfpre, dfpre [...] frpae, fprei [...].

En enlevant des lettres, on obtient les quatre alpha-codes en (8a). En ajoutant une lettre, on obtient vingt-deux possibilités, dont les quelques exemples en (8b). Le nombre de propositions retrouvées par cette technique est alors élevé et l'on trouve beaucoup de propositions inadéquates (Pollock & Zamora, 1984). Nous verrons des techniques de calcul de distance entre chaînes de caractères à la section 3.2.3.10, qui servent à éliminer les chaînes trop éloignées.

Revuz (1991) propose une autre version d'alpha-code composée des lettres dans l'ordre alphabétique suivi du nombre d'occurrences de la lettres. Pour *aimablement*, on obtiendra l'alpha-code *a2be2ilm2nt*. Cette fonction est plus proche d'une table de hachage, que nous décrivons un peu plus loin, et sert à la recherche dans un dictionnaire.

Véronis (2004) propose de créer une clé en remettant les lettres dans l'ordre alphabétique en éliminant les doublons. Seules les clés de longueur n-1 et n+1 du mot inconnu sont prises en considération.

Pollock & Zamora (1984) proposent le calcul d'une *clé-squelette*, très proche de l'alpha-code, basée sur le principe suivant : on préserve la première lettre du mot, puis on liste toutes les consonnes uniques dans le mot en préservant l'ordre d'apparition, suivies des voyelles. Ainsi, *préféré* aurait pour code *prfe*[24]. Selon eux, il est en effet raisonnable de considérer que la première lettre est presque toujours correcte, dans plus de 90% des cas, ce qui est confirmé par Mitton (1987). L'ordre des consonnes est également préservé. Comme cette clé de recherche donne de mauvais résultats face aux erreurs portant sur les consonnes de début de mot, l'auteur propose une autre clé, la *clé d'omission*. Cette clé est basée sur la fréquence d'omission des lettres. Les statistiques démontrent que les consonnes sont omises dans l'ordre de fréquence décroissant suivant : $r\ s\ t\ n\ l\ c\ h\ d\ p\ g\ m\ f\ b\ y\ w\ v\ z\ x\ q\ k\ j$[25]. La clé d'omission classe les consonnes uniques dans l'ordre croissant de fréquence d'omission. Ces clés permettent de repérer des anagrammes. Zock (2002) présente la technique de l'*anacode*, qui est également proche de l'alpha-code. Les lettres sont simplement listées une fois dans l'ordre alphabétique. Pour le mot *préféré*, l'anacode sera *efpr*. Damerau (1964) propose d'utiliser un tableau booléen de 28 positions, une pour chacune des 26 lettres, une pour les nombres et une pour les autres symboles, qui encode chaque mot du lexique. Il ne corrige que les mots qui ne diffèrent que d'un caractère. Son système n'est pas interactif, car les ordinateurs existant à l'époque de la rédaction de l'article ne disposaient pas d'écrans ni de claviers.

---

24. Pollock ne considère que l'anglais et ne parle pas des caractères accentués, mais il nous a paru raisonnable de traiter les voyelles sans accents.
25. Cette fréquence pourrait être légèrement différente en français.

3.2. Traitement des erreurs orthographiques ou typographiques

Terminons par la technique des tables de hachage (McIlroy, 1982; Kukich, 1992; Reynaert, 2004). Elles sont basées sur une fonction, appelée fonction de hachage (*hash function*), qui calcule une valeur numérique entière pour une chaîne. Un code est calculé pour chaque mot selon la méthode suivante : chaque lettre de l'alphabet reçoit une valeur numérique (par exemple sa valeur dans un code de caractère élevé à une puissance quelconque) et le hachage consiste à faire la somme de tous ces codes. Ainsi, tous les anagrammes d'une chaîne auront la même valeur de hachage. Cette valeur correspond à une entrée dans la table de hachage, qui contient une chaîne de caractère. Si plusieurs chaînes ont la même valeur de hachage, l'entrée du tableau contiendra également l'indice d'une autre case du tableau, qui contiendra une autre chaîne, et ainsi de suite à la manière d'une liste chaînée. Plus une fonction de hachage est efficace, moins il y a de collisions entre chaînes. La table de hachage contiendra également un grand nombre de cases vides. Cette technique est couramment utilisée car les valeurs retournées par la fonction sont indépendantes de la position des caractères dans la chaîne. Elle permet de retrouver immédiatement les inversions de lettres. L'insertion ou l'effacement de lettres se fait grâce à l'addition ou la soustraction de la valeur de hachage des lettres de l'alphabet. Quant à la substitution, elle soustrait successivement toutes les valeurs de lettres possibles et ajoute les valeurs des autres lettres. Le nombre de différences autorisées dépend de la longueur de la chaîne.

3.2.3.3 Recherche par n-grammes

Les n-grammes sont des groupes de *n* lettres constituant une sous-chaîne de mot. Les plus courants sont les bigrammes, constitués de deux lettres, et les trigrammes de trois lettres. Ainsi, le mot *trigramme* est constitué des trigrammes *tri*, *rig*, *igr*, *gra*, *ram*, *amm* et *mme*.

Morris & Cherry (1975) normalisent le texte en enlevant les apostrophes et les majuscules du texte et en extraient d'abord les statistiques de di- et trigrammes. Les mots sont ensuite classés dans un fichier et recherchés dans un lexique de 2726 mots techniques. Ensuite, le système calcule un score basé sur les fréquences de bi- et trigrammes pour les mots absents du lexique. Ainsi, on obtient un indice de particularité de la chaîne et l'utilisateur peut déterminer si le mot est correctement orthographié ou non.

Riseman & Hanson (1974) corrigent les mots erronés en se basant sur des matrices de n-grammes binaires. Chaque matrice D_{ij} dénote si une paire de lettre est attestée aux positions i et j dans un mot. Si une paire est attestée, sa probabilité est de 1, sinon, elle est de 0. Ainsi, pour caractériser tous les mots de 6 lettres, 15 matrices $\left(\frac{6\times(6-1)}{2}\right)$ sont nécessaires. Une erreur est détectée pour un caractère si au moins deux matrices n'attestent pas la paire. Le système propose alors de remplacer le caractère erroné par le ou les caractères attestés par tous les digrammes. La méthode ne détecte pas forcément les erreurs pour des mots courts. En outre, elle ne permet pas de traiter l'omission ou l'insertion.

Peterson (1980) utilise un tableau de fréquences de trigrammes et bigrammes pour détecter une erreur potentielle. Il propose également d'enlever les suffixes et affixes courants comme *-ness* et de ne garder que la racine dans un dictionnaire. Cependant, de faux mots peuvent être générés et des erreurs morphologiques acceptées (comme **implyed*, construit sur *imply* + *-ed*, à la place d'*implied*, alors que *wanted* est correct).

Pour de Heer (1982, p. 235), les trigrammes sont les plus petites unités qui, combinées entre elles, sont significative de la signification de la langue. Il montre qu'il existe 36^3 trigrammes différents pour l'anglais, soit 46 656. Pour le français, outre les 26 lettres de l'alphabet,

3.2. Traitement des erreurs orthographiques ou typographiques

on ajoute à, â, ç, é, è, ê, ë, ï, î, ô, ù, û et ü, soit 39 symboles. A cela s'ajoutent les digraphes æ et œ, dont nous ne tiendrons pas compte puisqu'il s'agit de conventions d'imprimerie. 39^3 donne donc 59319 trigrammes différents. De Heer (1982) estime que le nombre de trigrammes effectivement utilisés est de moins de 15%. Il estime donc le nombre de trigrammes différents dans un grand corpus de documents à 10 000.

Angell *et al.* (1983) présentent une méthode basée sur des trigrammes communs entre le mot inconnu et les mots du dictionnaire. Les mots candidats sont retrouvés grâce à un dictionnaire de trigrammes qui liste tous les mots qui contiennent le même trigramme. Un mot de longueur n sera représenté par un vecteur de longueur $n+2$, afin de noter aussi les espaces. Le mot *union*, de longueur cinq, sera représenté par un vecteur d à 7 dimensions contenant les trigrammes *##u*, *#un*, *uni*, *nio*, *ion*, *on#* et *n##*, où le signe *#* représente les espaces. d_i représente le trigramme commençant en position i dans la chaîne. Un vecteur similaire m, de longueur n', sera construit pour le mot inconnu. On définit c, le nombre de trigrammes communs aux deux chaînes, chaque trigramme ne pouvant être compté qu'une fois. c est donc le nombre de trigrammes pour lesquels $d_i = m_i$, où ni d_i, ni m_i ne sont déjà apparus lors d'une précédente égalité. Ceci permet de calculer l'indice de similarité, qui est connu sous le nom de *coefficient de Dice* :

$$\frac{2c}{n+n'} \qquad (3.1)$$

Si un mot est entièrement inclus dans un autre, comme *sidère* et *considère*, le coefficient de Dice retourne une valeur trop élevée. Si la différence de longueur entre les deux chaînes est supérieure à 1, l'indice de similarité devient alors :

$$\frac{c}{\max{(n,n')}} \qquad (3.2)$$

Enfin, Vosse (1992) utilise également une technique de trigrammes et de triphones pour la partie orthographique de son correcteur grammatical du néerlandais. Les propositions sont ensuite ordonnées selon un système de score.

Passons maintenant à des méthodes statistiques de réaccentuation grâce à des trigrammes. Simard & Deslauriers (2001) présentent une méthode de réaccentuation de textes français. La phrase en (9a) peut être réaccentuée comme (9b) ou comme (9c).

(9) a. Ce chantier ferme a cause des emeutes.
    b. Ce chantier fermé a causé des émeutes.
    c. Ce chantier ferme à cause des émeutes.

Environ 85% des mots français ne contiennent pas d'accent. Plus de la moitié des éléments restants peut être réaccentuée de manière déterministe. Ainsi, un peu plus de 5% des mots correspondent à plus d'une forme valide. La méthode de Simard & Deslauriers (2001) se base sur une désambiguïsation par *Modèles de Markov Cachés* (*Hidden Markov Models, HMM*, v. 3.1.2 p. 59). Une première phase assigne des étiquettes aux différents mots. La seconde phase procède à la désambiguïsation.

Quant à Yarowsky (1994), pour résoudre le problème de l'accentuation des mots en espagnol et en français, il prône l'utilisation de méthodes générales de désambiguïsation sémantique grâce au contexte environnant. Le problème ne peut être résolu grâce à des techniques simples d'étiquetage lexical par trigrammes. Il est nécessaire de procéder à une analyse syntaxique voire sémantique. L'auteur calcule des listes de dé-

3.2. Traitement des erreurs orthographiques ou typographiques

cisions basées sur le contexte des mots à ±n mots. Bien qu'il n'aborde la restauration de l'accentuation que dans un contexte de lettres capitales non accentuées, l'algorithme pourrait être utilisé dans un cadre d'apprentissage des langues.

3.2.3.4 Recherche de mots par similarité

Pour Pollock & Zamora (1984), la recherche par similarité consiste à vérifier une liste de mots similaires en tentant de recréer le mot erroné. Afin de gagner du temps de recherche et de l'espace disque, McIlroy (1982) propose d'éliminer les préfixes et suffixes pour trouver la racine d'un mot. Quelques règles particulières doivent être ajoutées pour traiter des phénomènes comme *cut* → *cutting*.

Berghel (1987) propose d'utiliser des axiomes de similarité, inspirés par Faulk (1964, cité chez Angell *et al.*, 1983 et Berghel, 1987), qui mesure la similarité matérielle, la similarité ordinale et la similarité de position (§3.2.2). En outre, Berghel (1987) prend en compte la double omission, la double insertion et la transposition autour d'un troisième caractère. La distance entre propositions est traitée par une mesure de Levenshtein (1966, §3.2.3.10).

Pour un correcteur de l'allemand destiné à des apprenants, Rimrott (2003) considère que les erreurs d'orthographe ne proviennent pas d'une incapacité à appliquer les règles orthographiques de la langue mais par une application erronée de règles morphologiques. En tant que mots inconnus, ils sont traités par un correcteur orthographique mais devraient plutôt être traités par un correcteur grammatical. Rimrott (2003) propose donc l'incorporation d'erreurs morphologiques fréquentes dans un correcteur orthographique. Elle utilise les expressions régulières pour enlever les préfixes et suffixes potentiels pour extraire les radicaux potentiels. Puis une recherche dans le lexique extrait les radicaux infinitifs. Ensuite, ces formes infinitives sont retournées au lexique pour proposer les différentes formes les plus proches de la forme erronée. Signalons finalement le système de classement des caractères japonais *kanji* par similarité graphique (Yencken & Baldwin, 2008).

3.2.3.5 Recherche et correction phonétique

Il existe de nombreuses techniques de recherche phonétique. *SOUNDEX* (Odell & Russell, 1918 1922) est une technique très ancienne de calcul de proximité phonétique. La clé de recherche est constituée de la première lettre du mot, suivie de la valeur numérique des caractères d'après la liste suivante :

- A, E, I, O, U, H, W, Y → 0
- B, F, P, V → 1
- C, G, J, K, Q, S, X, Z → 2
- D, T → 3
- L → 4
- M, N → 5
- R → 6

Ainsi, la chaîne *Bush* aura pour valeur B020. Les zéros sont ensuite éliminés et les caractères répétés sont éliminés : *Bush* aura alors la valeur B2 et *Busch* également. Mais *Quayle* et *Kwail*, qui se prononcent de la même manière en anglais, ont respectivement la valeurs Q4 et K4. Cette technique est donc très sommaire. En outre, la clé n'est adaptée qu'à la prononciation de l'anglais. La technique de *métaphone* ou *double métaphone* (Philips, 2000) est une amélioration de la technique de *SOUNDEX*, qui tient davantage en compte les prononciations différentes des lettres (*c* prononcé [s] ou [k], selon les cas). Des versions existent pour d'autres langues comme le français.

3.2. Traitement des erreurs orthographiques ou typographiques

Véronis (1988) propose une technique de correction phonétique du français. Il se base sur une table de similarité entre différentes sous-chaînes qui peuvent être substituées les unes aux autres. Si aucune sous-chaîne valide n'est retrouvée, l'algorithme teste s'il y a eu substitution, inversion, insertion ou omission d'un caractère. Les chaînes construites par l'algorithme sont ensuite recherchées dans un lexique de formes de base. En outre, le système vérifie les erreurs d'accord.

Tanaka & Kojima (1987) proposent une méthode de correction basée sur un fichier hiérarchique. Les phonèmes sont groupés dans quatre classes, qui sont à leur tour regroupées dans deux autres classifications, de la plus grossière à la plus fine. Un mot pourra donc être converti en trois différentes chaînes représentant la séquence des symboles des classes phonémiques le composant. Le fichier hiérarchique contient les chaînes phonétiques des mots classifiés de manière arborescente selon leurs classes, sur quatre niveaux de profondeur, de la plus grossière à la plus fine. Une chaîne erronée est convertie en chaînes de séquence de symboles phonétiques. La recherche dans le dictionnaire est ainsi facilitée.

Van Berkelt & De Smedt (1988) présentent une méthode de correction orthographique basée sur une analyse de triphones. Tout d'abord, les mots inconnus sont transformés en une ou plusieurs séquences phonétiques grâce à des règles. Puis les phonèmes sont regroupés en triphones. Un lexique inversé permet ensuite de retrouver tous les mots contenant un même triphone. Les mots retrouvés sont classés par ordre inverse de fréquence des triphones. Les auteurs présentent deux avantages de cette méthode : standardisation soit en anglais américain, soit britannique ; correction des erreurs orthographiques, qui concernent la correspondance entre orthographe et prononciation, par rapport aux erreurs typographiques (insertion, effacement) qui ne débouchent en général pas sur des homophones. Une technique basée sur les triphones et trigrammes est aussi utilisée par Vosse (1992).

3. TAL et ALAO

Courtin et al. (1991) utilisent un transducteur (§3.3.4.1) pour phonétiser une chaîne. Plusieurs propositions peuvent être retrouvées. Puis ces chaînes phonétiques sont à nouveau transcrites en chaînes orthographiques; seules les propositions retrouvées dans le lexique sont gardées. De même, Segond & Parmentier (2004) décrivent un correcteur orthographique qui permet de prendre en compte les erreurs phonétiques. Par contre, Ndiaye & Vandeventer Faltin (2003, 2004) utilisent un système expert de 700 règles (Goldman, 2001) pour phonétiser la chaîne et recherchent ensuite les mots aux prononciations identiques ou similaires dans un lexique phonétique.

Enfin, Kempen (1992) propose une technique basée sur une analyse de triphones. Cette technique peut aussi bien traiter des erreurs de type visuel (*look-alike*), telles que les inversions, insertions et omissions de lettres, que de type phonétiques (*sound-alike*). Les mots sont d'abord convertis en phonèmes, puis un algorithme segmente la chaîne phonétique en triphones. Les mots contenant chaque triphone sont alors extraits du lexique. Enfin, un indice de similarité calcule le nombre de triphones communs entre la chaîne erronée et la proposition. En outre, l'algorithme de classement tient en compte la taille des chaînes et l'ordre des triphones communs.

3.2.3.6 Correction par règles

Yannakoudakis & Fawthrop (1983a,b) proposent deux correcteurs orthographiques par règles. L'un se base sur la recherche de mots proches dans un dictionnaire, en suivant certaines règles d'erreurs; le second recherche dans le dictionnaire les mots qui diffèrent d'un ou deux caractères de la chaîne inconnue et vérifie si une règle d'erreur peut être appliquée.

3.2. Traitement des erreurs orthographiques ou typographiques

Pijls *et al.* (1987) et Kempen (1992) proposent d'examiner une série de règles morphologiques et orthographiques afin de poser un diagnostic de l'erreur commise par l'apprenant. Si toutes les décisions de l'apprenant sont jugées correctes, le système tente de déterminer si une règle a été appliquée de manière incorrecte. Bos (1994) ajoute des règles d'erreurs pour traiter les principales erreurs commises par les apprenants (surgénéralisation de règles, application incorrecte d'une règle, application d'une règle inexistante etc.).

Agirre *et al.* (1992) et Aduriz *et al.* (1991) utilise un analyseur morphologique à deux niveaux pour la langue basque, en s'inspirant des travaux de Koskenniemi (1994). Au premier niveau, un lexique gère les morphèmes (lemmes et affixes) et les règles morphotactiques de combinaison de ces éléments entre eux. Au second niveau, des règles traitent du passage du niveau lexical au niveau de surface. Oflazer (2003) utilise une technique similaire pour le turc.

Aldezabal *et al.* (1999) utilisent des transducteurs (§3.3.4.1) qui recherchent tous les lemmes possibles d'une forme. L'utilisation de dictionnaires d'utilisateurs permet d'étendre la couverture du correcteur. De même, Courtin *et al.* (1991) utilisent un transducteur pour procéder à une analyse morphologique d'un mot inconnu et retrouver une racine correcte. Un générateur morphologique permet ensuite de proposer une forme correcte.

Enfin, dans leur système expert, Emirkanian & Bouchard (1989) utilisent des heuristiques pour corriger les erreurs d'orthographe. Le radical des mots est recherché dans un dictionnaire, qui contient également des informations sur le suffixe correct et sur les erreurs fréquentes de suffixation. Un dictionnaire de suffixes permet de trouver les suffixes valides de la langue. Les erreurs d'accentuation sont immédiatement corrigées. En cas d'erreurs phonétiques, 165 règles de substitution permettent de tenter de rétablir une bonne graphie.

3. TAL et ALAO

3.2.3.7 Séparation de mots

La séparation de mots est un problème récurrent de la correction orthographique. Kukich (1992) se montre sceptique face aux problèmes de séparation de mots, qu'ils soient collés ou séparés de manière incorrecte. Les chaînes qui en résultent peuvent aboutir à un autre mot valide. Si l'on tente de joindre ou de séparer les mots, on aboutit rapidement à une explosion combinatoire. Certains correcteurs aboutissent à des solutions satisfaisantes mais ne traitent qu'un nombre limité de mots dans une tâche restreinte.

Fontenelle (2006) discute du problème de la segmentation des mots pour le correcteur de *Word*. L'apostrophe est un séparateur sauf dans certains cas exceptionnel comme *aujourd'hui*, *prud'homme* et *presqu'île*. Le trait d'union est considéré comme un séparateur, à l'exception des quelques milliers de mots qui comportent un trait d'union (*chef-d'œuvre, porte-avions, cul-de-sac, brise-glace* etc.). Des mécanismes particuliers, non dévoilés dans l'article, permettent de traiter les nombreuses erreurs portant sur le pluriel comme **portes-avions* etc. Enfin, un traitement particulier est appliqué aux erreurs fréquentes qui impliquent une assez grande distance d'édition comme **éléfant* pour *éléphant*. Enfin, des erreurs de segmentation comme **il straitent* sont traitées correctement, avec d'une part la correction de **straitent* pour *traitent*, et d'autre part la détection de l'erreur d'accord avec **il* pour *ils*.

3.2.3.8 Listes de confusion

Les listes de confusion consistent en une série de mots qui sont souvent confondus, comme *then / than* en anglais, *prémisses / prémices*, etc. (Mangu & Brill, 1997; Sitbon et al., 2007).

3.2. Traitement des erreurs orthographiques ou typographiques

Ces listes sont souvent employées dans les correcteurs orthographiques : lorsqu'un mot confondu apparaît dans un texte, un message d'avertissement prévient l'utilisateur en lui donnant un exemple pour l'aider à choisir l'élément correct. Dans certains correcteurs, cette option peut être désactivée. D'autres correcteurs proposent à l'utilisateur de désactiver uniquement certaines règles qu'ils estiment maîtriser.

Cette technique est extrêmement rudimentaire mais peut s'avérer utile. En effet, certains mots sont très souvent confondus, aussi bien par les apprenants que par les locuteurs natifs. De plus, un nombre non négligeable d'erreurs d'orthographe de tout type débouche sur un mot connu. Dans ce cas, il faudra utiliser des méthodes d'analyse syntaxique pour tenter de désambiguïser la phrase et proposer éventuellement une correction. Nous y reviendrons à la section 3.3.

3.2.3.9 Correction par méthode stochastique ou par réseaux de neurones

Kukich (1992) décrit une technique de réseaux de neurones pour la correction orthographique [26]. Cette technique d'intelligence artificielle simule le fonctionnement du cerveau humain. Un neurone reçoit les données d'un certain nombre d'autres neurones et combine les informations pour en former une nouvelle ; cette information sera ensuite utilisée par d'autres neurones. Le réseau doit d'abord être entraîné sur un corpus avant de pouvoir fonctionner sur des données nouvelles. Cette technique est efficace pour retrouver des mots à partir d'une chaîne incomplète ou incorrecte.

Dans le but de corriger les erreurs typographiques, Jones & Martin (1997) proposent une correction contextuelles basées sur l'Analyse Sémantique Latente (LSA, v. 3.1.8 p. 94). Cette technique vise à détecter

---

[26]. V. §3.1.2 pour l'application des réseaux de neurones à l'étiquetage.

3. TAL et ALAO

des erreurs qui débouchent sur d'autres mots comme *effect / affect*, *quiet / quite*, etc. En appliquant la LSA à des matrices décrivant des phrases tirés du corpus Brown, Jones & Martin (1997) procèdent à une description du contexte des mots qui prêtent à confusion. Les mots sont pris en isolation et deux par deux (bigrammes) pour une fenêtre de ±7 mots autour du mot ambigu.

3.2.3.10 Mesures de distance entre chaînes et autre méthodes de filtrage

Les différentes méthodes de recherche de mots décrites précédemment trouvent souvent des mots trop éloignés du mot original. Le nombre de mots retrouvés peut être considérablement élevé, comme nous le verrons au chapitre 6. C'est pourquoi dans cette section, nous décrivons quelques méthodes de mesure de distance entre chaînes, destinées à filtrer les résultats.

La *distance lexicographique* entre deux chaînes de caractères (ou plus simplement deux mots) est le calcul du nombre minimal d'opérations nécessaires pour transformer une chaîne vers une autre. Les opérations possibles sont l'insertion, la substitution et l'effacement. La mesure de distance la plus connue, la distance de Levenshtein (Levenshtein, 1966), est une métrique simple entre deux chaînes, où chaque opération a un coût de 1. La distance est comprise entre 0 et la taille de la plus grande des deux chaînes comparées. L'algorithme est de complexité $\mathcal{O}(m \times n)$, ou m et n représentent la longueur des chaînes respectives. La distance de Levenshtein peut être pondérée par la longueur des chaînes comparées : le score obtenu est alors divisé par la somme des longueurs des deux chaînes comparées.

La figure (3.3) montre les opérations nécessaires à la transformation de *intention* vers *exécution*. Ainsi, la distance de Levenshtein entre

3.2. Traitement des erreurs orthographiques ou typographiques

ces deux chaînes est de 6. Une variante de cette métrique interdit l'opération de substitution et la remplace par une insertion suivie d'un effacement, ce qui revient à donner un coût de 2 à la substitution. Dans ce cas, la distance entre *intention* vers *exécution* sera de 10.

    i. intention
   ii. effacement de *i*
       ntention
  iii. substitution de *n* par *e*
       etention
  iv. substitution de *t* par *x*
       exention
   v. substitution de *e* par *é*
       exéntion
  vi. insertion de *u*
       exénution
 vii. substitution de *n* par *c*
       exécution

FIG. 3.3 – *Transformation de* intention *à* exécution *pour calculer la distance entre deux chaînes*

Jurafsky & Martin (2000, pp. 153 ss.) présentent un algorithme dynamique de calcul de distance entre une chaîne source et une chaîne cible, inspiré de Levenshtein (1966). Nous y reviendrons au paragraphe 6.1.2.1. Une telle mesure de distance est également applicable à la phonétique [27].

Par contre, l'algorithme *Similar-Text* [28] (Oliver, 1993) retourne simplement le nombre de lettres qui se retrouvent entre deux chaînes et détermine un pourcentage de similarité. L'algorithme est de complexité $\mathcal{O}(\max(m,n) \times 3)$. Une autre mesure, la distance de la plus longue sé-

---
27. Voir notamment le correcteur orthographique en logiciel libre GNU-ASPELL, http://aspell.net/, dernière consultation le 13.04.10.
28. http://php.benscom.com/manual/fr/function.similar-text.php, consulté le 29 septembre 2006.

3. TAL et ALAO

quence commune (*longest common subsequence distance*, Needleman & Wunsch, 1970, cité par Navarro, 2001), n'autorise que les insertion et suppressions. Elle consiste à mesurer la plus grande séquence de caractères communs à deux chaînes en respectant leur ordre. La distance est le nombre de caractères sans correspondant dans l'autre chaîne.

La distance de Hamming (Hamming, 1950) compare deux chaînes de longueur égale et calcule le nombre de substitutions sur la même position. Ainsi, **bain** et **bien** auront une distance de 2, car les lettres *b* et *n*, qui sont à la même position, sont identiques, mais pas les autres lettres en gras.

La technique *three-way match* procède à au plus trois comparaisons pour calculer une distance. Un poids est calculé d'après la position du caractère dans l'erreur, d'après la proximité du caractère sur le clavier et d'après la proximité phonétique du son, d'après la taille de la chaîne et la distance d'édition. Soient S la chaîne inconnue, M le mot du lexique, n la position du caractère dans la chaîne inconnue et m la position dans le mot du lexique : si *caractère(n)* et *caractère(m)* ne sont pas identiques, on procède aux comparaisons entre *caractère(m)* et *caractère(n+1)* et entre *caractère(n)* et *caractère(m+1)*. Par cette méthode, on peut retrouver les erreurs de permutation, effacement, insertions et substitutions. Les mots du lexique sont classés par ordre alphabétique de la première lettre et par ordre de longueur croissant.

Enfin, Church & Gale (1991) proposent de classer les propositions d'un correcteur à l'aide d'un filtre probabiliste bayésien, basé sur une estimation de probabilité du mot, sur des fréquences d'erreurs et sur le contexte droit et gauche du mot candidat (calculé sur des probabilités de co-occurrence).

3.2.4 Logiciels

Dans cette section, nous décrivons quelques logiciels de correction orthographique. Nous avons déjà passablement décrit les ouvrages des pionniers comme Morris & Cherry (1975), avec la recherche par trigrammes, ou *LADDER* (Hendrix et al., 1978) ou Berghel (1987) avec la similarité par chaînes. Sitbon *et al.* (2007) décrivent un correcteur destiné aux personnes dysorthographiques, qui utilise des matrices de confusion phonétique et procède à l'aide de transducteurs (§3.3.4.1).

Dans le domaine de l'ALAO, Kempen (1992) utilise l'analyse de triphones pour un correcteur du néerlandais couplé à un analyseur. Par contre, Vosse (1992) utilise à la fois des triphones et des trigrammes pour sélectionner des mots appropriés ; ces mots sont ensuite ordonnés par un mécanisme de calcul de score et de classement. Véronis (1988) propose une technique de correction phonétique du français par substitution de chaînes phonétiques similaires. Enfin, pour le correcteur *CELINE*, Courtin *et al.* (1991) passent par une double conversion graphèmes-phonèmes-graphèmes pour trouver des propositions plausibles.

Passons maintenant à des correcteurs par règles. Le tuteur intelligent *SPELLER* (de Haan & Oppenhuizen, 1994) est destiné à apprendre aux apprenants néerlandophones de l'anglais à résoudre des problèmes d'orthographe. Le système traite 15 000 mots et se concentre sur les erreurs phonétiques et les erreurs typographiques (inversion, substitution et omission). Il identifie les stratégies et connaissances de l'apprenant et lui rappelle les erreurs du même type qu'il a déjà commises. Par ailleurs, Pijls *et al.* (1987), Kempen (1992) et Bos (1994) utilisent une correction par règles pour un conjugueur du néerlandais.

A cause de la richesse morphologique de la langue basque, le correcteur *XUXEN* (Aduriz *et al.*, 1991) utilise un analyseur morphologique. Certaines erreurs fréquentes sont entrées directement dans le lexique. Quant aux autres erreurs typographiques, elles sont corrigées par analyse de trigrammes. Pour des raisons d'efficacité, seules les trois premières corrections retrouvées sont proposées à l'utilisateur. Successeur du correcteur précédent, *XuxenII* (Aldezabal *et al.*, 1999) est basé sur des transducteurs qui recherchent tous les lemmes possibles d'une forme. L'utilisation de dictionnaires d'utilisateurs permet d'étendre la couverture du correcteur.

Monson *et al.* (2004) présentent un correcteur orthographique pour le mapundungun, la langue des Mapuche, indigènes du Chili et Argentine. Cette langue a une morphologie très riche [29] en adaptant le correcteur orthographique *MySpell*, inclus dans le logiciel libre de bureautique *OpenOffice*. Quant à Enguehard & Mbodj (2004), ils discutent des problèmes liés à la correction orthographique des langues africaines, dont la morphologie est également complexe.

Le correcteur *SANTY* (Rimrott, 2003) procède à une correction morphologique en tentant de retrouver les radicaux potentiel d'un mot inconnu. De même, le correcteur *Skryba* (Nicholas *et al.*, 2004) corrige les erreurs d'orthographe grâce à des règles morphologiques et phonétiques.

Ben Othmane Zribi & Zribi (1999) évoquent les problèmes particuliers posés pour la correction de l'arabe. Les mots doivent parfois être voyellisés. De plus, l'arabe est une langue agglutinative qui utilises des affixes et des enclitiques (pronoms) et proclitiques (adverbes, prépositions et conjonctions). En outre, cette langue contient de nombreux lexèmes très voisins les uns des autres. Les propositions candidates pour la correction d'un mot peuvent donc être très nombreuses. Le

---

29. La racine du verbe est suivie de marques de personne, de temps et de mode ; de plus, la forme peut être nominalisée ou adverbialisée ; enfin, entre la racine et les morphèmes finaux, on peut encore insérer des morphèmes indiquant l'aspect, le temps, la direction et l'accord avec l'objet.

3.2. Traitement des erreurs orthographiques ou typographiques

correcteur est donc accompagné d'un analyseur morphologique, qui découpe les formes en proclitique, radical et enclitique.

3.2.5 Discussion

Terminons notre survol de la correction orthographique par quelques considérations. Cette technique est robuste et éprouvée et fonctionne de manière satisfaisante pour les utilisateurs. Toutefois, certaines caractéristiques comme la recherche phonétique et certaines règles d'erreurs ne sont pas adaptées aux apprenants d'une langue : ceux-ci confondent certains phonèmes (notamment les voyelles nasales), ils utilisent incorrectement les règles de conversion phonème-graphème, ils omettent les accents et les apostrophes, etc. Un bon correcteur doit être adapté à leurs besoins. Cependant, nous manquons de données fines sur les erreurs fréquentes des apprenants et sur les erreurs qui dépendent de la langue première. Ces indications seraient pourtant précieuses, notamment pour mieux ordonner les propositions. Nous reviendrons largement sur cet aspect au chapitre 6.

Par ailleurs, nous pouvons remarquer que la correction orthographique n'est pas un sujet de recherche très prisé. Il existe peu de publications comparé à d'autres domaines. Nous verrons plus tard que bien plus de projets de recherche portent sur la détection et la correction d'erreurs grammaticales.

Enfin, terminons par quelques considérations sur des pistes d'amélioration possible. Comme nous l'avons déjà souligné au paragraphe 3.1.1.4, il serait souhaitable d'utiliser un analyseur morphologique pour tenter de décomposer les mots inconnus, de retrouver la ou les racines potentielles et éventuellement d'aider l'apprenant, à travers un dialogue, à retrouver une forme correcte. Les outils comme les déclineurs et conjugueurs sont aussi une précieuse aide à la rédaction [30]. Par ailleurs, des accès à des dictionnaires monolingues et bilingues seraient recommandables, ainsi qu'à des lexiques conceptuels plus évolués comme nous l'étudions en 3.5.

3.3 Analyse syntaxique et détection d'erreurs

Dans les sections précédentes, nous avons survolé différentes techniques du traitement du langage et de vérification orthographique. Dans cette section, nous passons à la détection d'erreurs grammaticales.

Un analyseur (*parser*) est un programme informatique qui décompose une phrase en unités, vérifie si la phrase correspond aux règles d'une grammaire et en retourne la structure grammaticale (Holland et al., 1993). Les langues sont toutes extrêmement ambiguës (au niveau lexical, syntaxique et sémantique) et leurs structures peuvent être extrêmement complexes. C'est pourquoi à l'heure actuelle, aucune grammaire ni aucun analyseur n'est capable d'analyser la totalité des phrases d'un texte d'une certaine complexité. Les analyseurs sont donc confrontés à de nombreuses difficultés, principalement :

- les nombreux mots inconnus, nom propres, mots d'origine étrangère, vocabulaire spécialisé, nouvelles productions, etc ;
- les structures ambiguës, lorsque règles de la grammaire prévoient que les constituants des phrases (syntagmes) peuvent être combinés entre eux de plusieurs manières, comme nous l'avons déjà

---

[30]. Malheureusement, l'accès aux dictionnaires est difficile pour cause de droits d'auteur.

3.3. Syntaxe et détection d'erreurs

mentionné à propos des exemples (1) p. 8 ;

- la surgénération des structures : certaines hypothèses d'analyse doivent être abandonnées en cours de route ; d'autres sont éliminées par filtres ou heuristiques, notamment au niveau sémantique ; enfin, les analyses restantes – parfois plusieurs centaines par phrase – doivent être triées selon des règles de vraisemblance et de préférences afin que la meilleure proposition soit sélectionnée [31].

On parle de la *couverture* d'un analyseur – ou plutôt d'une grammaire – pour décrire les structures de la langue qu'il est capable de décrire et analyser. Un analyseur *robuste* est capable de fournir une structure pour toute phrase, quitte à ce qu'elle soit incomplète, par exemple en cas d'erreur d'analyse, de couverture insuffisante ou d'erreur grammaticale.

Dans le domaine de l'ALAO, les apprenants commettent de nombreuses erreurs. Un analyseur classique ne peut pas donner de structure à une phrase mal formée et doit donc la rejeter. Cependant certains analyseurs sont capables d'accepter des phrases contenant des erreurs. S'ils marquent l'endroit et parfois la nature de l'erreur, on parle de *détection d'erreurs*. Si l'analyseur propose en outre une correction, on parle de *correction grammaticale*. Swartz & Yazdani (1992, introduction p. 3) proposent une autre définition de la tâche :

> "The parser must be capable of accepting divergent input strings from learners and be able to identify a plausible divergence from nonsensical language so as to be capable of reasoning properly about learners' attempts to use the L2."

---

31. Dans la plupart des cas, il est nécessaire de choisir une analyse préférentielle, par exemple pour la traduction automatique (§3.1.6) ou la synthèse vocale (§3.1.4). Dans d'autre cas, l'utilisateur voudra afficher tout ou partie des analyses.

3. TAL et ALAO

Jensen *et al.* (1993) citent plusieurs caractéristiques d'un analyseur robuste pour traiter les phrases grammaticalement incorrectes. Un analyseur doit :

i. pouvoir traiter plusieurs possibilités d'analyse ;
ii. être robuste pour pouvoir identifier le point où une erreur a été commise et identifier le type d'erreur ;
iii. pouvoir revenir en arrière et explorer d'autres possibilités d'analyse ;
iv. utiliser toutes les informations et identifier les analyses qui ne sont pas plausibles ; ceci peut être fait à l'aide d'une analyse sémantique, d'études de probabilité ou d'autres informations formelles ;
v. pouvoir se baser sur des heuristiques, qui sont fondées sur une analyse des causes des erreurs.

Dans cette section, nous commençons par décrire des typologies d'erreurs (§3.3.1). Puis nous abordons le concept de traitement des erreurs syntaxiques, de grammaire formelle et de contraintes en (§3.3.2). D'autres techniques de traitement des erreurs sont décrites en (§3.3.3). Nous abordons ensuite les techniques d'analyse syntaxique en (§3.3.4). Puis nous parlons des différents formalismes grammaticaux en (§3.3.5). Enfin nous terminons par une discussion en (§3.3.6).

3.3.1 Typologies des erreurs

Dans cette section, nous définissons la notion d'erreur et présentons quelques typologies. Cornu (1997) distingue les erreurs des locuteurs natifs de celles d'apprenant d'une langue seconde. Il définit une erreur comme "*un écart par rapport à l'usage bien défini de la langue*" (p. 3).

3.3. Syntaxe et détection d'erreurs

Dans un premier temps, Cornu (1997) et Danna (1997) adoptent une analyse contrastive selon laquelle les apprenants d'une langue seconde ont tendance à transférer à la langue seconde des structures de la langue première. Ces erreurs sont appelées *interférences* ou *transfert négatif* :

- *Niveau orthographique :* address prend deux *d* en anglais et *adresse* un seul en français ;
- *Niveau morphologique :* des francophones écriront **the book of Jack* au lieu de *Jack's book* ;
- *Niveau syntaxique :* par exemple l'ordre des mots, avec *un *gris mur* par rapport à *a grey wall* ou *il veut être *un médecin* (← *he wants to be a doctor*) ;
- *Niveau lexical :* les faux-amis comme *library* (*bibliothèque*) ↔ *librairie* (*bookshop*).

Cependant, les apprenants commettent également des erreurs *intralangue*, pour lesquelles ils tentent d'appliquer des règles qui n'ont pas lieu d'être :

- *Surgénéralisation de règles :*
    - *Niveau morphologique :* règle régulière appliquée aux verbes irréguliers (**allerai* pour *irai*) ;
    - *Niveau syntaxique :* des règles d'inversion applicables aux interrogatives directes appliquées aux interrogatives indirectes (**je ne sais pas où iras-tu*) ;
    - *Niveau sémantique :* des mots sont appliqués à un contexte inapproprié (*?cette voiture est séduisante* [32]).

---

[32]. On attribue des caractéristiques humaines à un objet. L'acceptabilité de cette tournure est une question de style, de niveau de langue et d'interprétation, d'où le point d'interrogation.

- *Simplification excessive :* des éléments sont omis, comme dans **je garçon*, où le verbe *être* serait omis par un locuteur d'une langue où ce verbe peut être omis ou n'existe pas ;
- *Surélaboration :* cette construction est l'inverse de la précédente ; l'apprenant construit une structure trop compliquée (**la femme dont au sujet de laquelle je t'ai parlé*).

Les apprenants développent aussi des stratégies pour éviter les erreurs. Ils auront ainsi tendance à utiliser des périphrases pour pallier leur manque de vocabulaire, ils éviteront aussi certaines tournures difficiles à maîtriser.

Tasso *et al.* (1992) distinguent l'erreur de *commission* et l'erreur d'*omission*, qui sont deux faces de l'erreur commise par un apprenant. L'erreur de commission consiste à appliquer une mauvaise règle par méconnaissance des règles. L'erreur d'omission est le fait d'ignorer l'existence d'une règle. Ces deux problèmes doivent être pris en compte pour analyser les erreurs des apprenants.

Dans sa thèse, Keller (2000) propose une théorie sur les degrés de grammaticalité (*gradience*). Ce phénomène concerne selon lui tous les aspects de la grammaire. On trouve une autre théorie chez Prost (2008). Nous reviendrons sur cette notion par la suite.

Vandeventer Faltin (2003, pp. 4–5) liste les erreurs faites par des apprenants d'une langue :

- *Erreurs de dérivation :* création de mots inexistants en utilisant un mauvais schéma de dérivation. Ex : **nonpossible*.
- *Erreurs d'homophonie :* confusion d'un mot avec un mot plus fréquent et proche phonologiquement. Ex : *reine* au lieu de *reigne*.
- *Erreurs d'ordre des mots :* les contraintes d'ordre ne sont pas respectées, souvent par analogie avec la langue maternelle de

3.3. Syntaxe et détection d'erreurs

l'apprenant. Ex . *Il jamais n'a vu.
- *Erreurs de genre des mots.* Ex : *la soleil.
- *Erreurs d'auxiliaire.* Ex . *j'ai né.
- *Erreurs d'euphonie.* Ex : *ce endroit.
- *Erreurs de ponctuation.* Ex : * il mange, et il boit.

Payette (1990) définit plusieurs critères stylistiques pour juger une phrase :

- *éléments lexicaux :* il convient de choisir des mots appartenant à un registre adéquat suivant le type de texte ;
- *éléments syntaxiques :* l'organisation de la phrase et de ses différents membres reflète la clarté. Il faut utiliser les bons éléments pour une transition et varier les types de phrase ;
- *éléments rhétoriques :* il faut enrichir la prose en utilisant des expressions imagées et figuratives ;
- *éléments structuraux :* la structure du discours est essentielle. Un paragraphe doit être un groupe de phrases exprimant et développant une idée commune, en les co-articulant de manière adéquate.

Enfin, pour Heift & Schulze (2007), il est crucial de définir des classes d'erreurs qui conviennent à la vérification grammaticale, afin de rendre efficaces à la fois la détection des erreurs et la rétroaction apportée aux apprenants (§2.2). Ainsi, la description d'une erreur et la rétroaction seront tout deux basés à la fois sur l'erreur individuelle et sur la classe d'erreur. Une description cohérente aide aussi à définir les erreurs fréquemment commises par le même apprenant, grâce aux données contenues dans le modèle de l'apprenant (§§2.4.4.2, 2.4.4.3). Mais ces classifications posent souvent des problèmes de couverture et d'homogénéité. Nous pouvons aussi ajouter qu'il faut trouver un compromis entre les impératifs linguistiques, pédagogiques et computationnels : il est aussi important, comme nous le verrons par la suite, de ne pas alourdir le processus d'analyse ou de ne pas définir un type d'erreurs qui n'aurait qu'un bas taux de rappel des erreurs, alors qu'une granularité moins fine offrirait néanmoins une meilleure couverture. Pour le système *German Tutor*, Heift & McFetridge (1999) utilise une classification hiérarchique qui permet différents niveaux de granularité, qui sont ensuite utilisés pour une rétroaction plus ou moins spécifique.

Pour terminer, mentionnons encore les ouvrages de Carbonell & Hayes (1984), Druard (1993), Schwind (1995), Ramírez Bustamante & Sánchez León (1996), James (1998), Cordier-Gauthier & Dion (2003) et Mirzaiean & Ramsay (2005), qui contiennent des typologies intéressantes.

3.3.2 Règles syntaxiques et traitement des erreurs

Dans une langue naturelle, une phrase et ses différents composants ou syntagmes sont soumis à des *règles de bonne formation*. Ainsi, on admettra généralement qu'une phrase est composée au minimum d'un verbe et son sujet, autrement dit respectivement d'un prédicat (une action ou un état) et d'un argument (celui qui mène l'action ou qui est affecté par l'état). Le sujet est généralement constitué d'un nom, commun ou propre. Dans de nombreuses langues, un nom commun est très souvent associé à un déterminant et forme un constituant appelé *syntagme nominal*, dont le nom est l'élément noyau (tête). Ces règles de bonne formation sont associées à des *contraintes* qui posent des conditions à la combinaison des constituants de la phrase, comme les règles d'accord.

3.3. Syntaxe et détection d'erreurs

Dans cette partie, nous commençons par décrire les principes de grammaire formelle ou indépendante du contexte en (§3.3.2.1) et terminons par les notions de contrainte et relâchement de contrainte (§3.3.2.2).

3.3.2.1 Grammaires formelles ou indépendantes du contexte

Les grammaires indépendantes du contexte sont des grammaires formelles utilisées par de nombreux analyseurs syntaxiques. Une règle de grammaire peut être exprimée sous forme d'une règle de réécriture indépendantes du contexte, comme celles (non exhaustives) que nous donnons en (10), qui correspondent à la syntaxe de la langue française. On trouvera une introduction aux grammaires hors contexte par Wehrli (1997, ch. 2). La flèche dénote la relation "se réécrit". Les tableaux (3.1) et (3.2) donnent les valeurs des étiquettes.

(10) a. S → NP VP
    b. NP → Det N
    c. NP → N
    d. NP → Det Adj N
    e. NP → NP PP
    f. VP → V
    g. VP → V NP
    h. VP → V NP PP
    i. PP → Prep NP

Les catégories *terminales* sont les éléments atomiques de la grammaire. Elles distinguent les mots ou éléments lexicaux, également appelés parties du discours (*part of speech*). Les éléments *non terminaux* sont des catégories plus complexes, qui regroupent des symboles terminaux

Catégorie	en français	en anglais	exemples
Det	déterminant	determiner	le, la, un, cet, ce
N	nom	noun	chien, arbre, Paul
V	verbe	verb	manger, dort
Adj	adjectif	adjective	bleu, petite
Adv	adverbe	adverb	gentiment, bien
Prep	préposition	preposition	avec, de
Conj	conjonction	conjunction	et, ou, que

TAB. 3.1 – *Grammaires hors contexte : catégories terminales ou lexicales*

Cat.	en français	Cat.	en anglais
P	phrase	S	sentence
SN	syntagme nominal	NP	noun phrase
SV	syntagme verbal	VP	verb phrase
SA	syntagme adjectival	AP	adjective phrase
SAdv	syntagme adverbial	AdvP	adverb phrase
SP	syntagme prépositionnel	PP	prepositional phrase

TAB. 3.2 – *Grammaires hors contexte : catégories non terminales ou syntagmatiques*

3.3. Syntaxe et détection d'erreurs

et/ou non terminaux pour former des catégories plus complexes, appelées *syntagmes*. L'élément dominant du syntagme, qui donne son nom au syntagme, est appelé *tête*. Chaque syntagme comprend des catégories obligatoires, qui constituent un syntagme minimal. Un syntagme peut avoir des éléments facultatifs, nommés *ajouts* ou *modifieurs*, qui sont d'autres syntagmes attachés à certaines positions.

De plus, les prédicats varient en fonction du nombre et du type d'arguments qui les composent, qui est appelée *valence* (Kaplan, 2003). Ainsi, les verbes transitifs ont un prédicat à deux places, toutes deux formées de syntagmes nominaux. Tous les verbes ayant la même valence forment une *sous-catégorie*, qui se distingue par une réalisation syntaxique différente, appelée *cadre de sous-catégorisation*. Certains verbes peuvent accepter plusieurs constructions et donc avoir plusieurs cadres de sous-catégorisation. Les noms et adjectifs peuvent également avoir un cadre de sous-catégorisation. En (11), nous énumérons quelques cadres de sous-catégorisation entre crochets ; le soulignement reprend l'élément lexical :

(11) a. dormir [_] (verbe intransitif)
    b. manger [_ NP] (verbe transitif direct)
    c. aller [_ PP(à)] (verbe transitif indirect)
    d. donner [_ NP PP(à)] (verbe ditransitif indirect)
    e. laver [se _] (verbe pronominal)
    f. verre [_ PP(à)]

Ainsi, en (11b), le verbe *manger* ne pourra utiliser qu'une partie des règles de la grammaire, qui correspondent à son cadre de sous-catégorisation (dans notre grammaire, la règle (10g)). En (11c) et (11d), on stipule la préposition à utiliser dans le syntagme prépositionnel. (11e) illustre l'utilisation du verbe *se laver*. En (11f), nous

3. TAL et ALAO

illustrons les termes de *verre à vin* [33] et *verre à pied*.

Parmi tous les éléments non terminaux figure une catégorie initiale, ici S, qui est la catégorie de la phrase et qui doit être au début de toute dérivation. Une dérivation est une séquence de règles appartenant à la grammaire, à partir du symbole initial, qui permet de produire une chaîne du langage qui ne contient plus que des symboles terminaux. Prenons un exemple simple :

(12) a. Les pitbulls aboient.
    b. S ⇒ NP VP ⇒ Det N VP ⇒ Det N V
    c. [$_S$ [$_{NP}$ [$_{Det}$ les] [$_N$ pitbulls]] [$_{VP}$ [$_V$ aboient]]]

La phrase en (12a) peut être analysée à l'aide de la grammaire en (10), ce qui donne la structure en (12c). On obtient la dérivation en (12b) en appliquant successivement les règles (10a), (10b) et (10f) [34]. Cette dérivation peut être représentée par un graphe arborescent, comme le montre la figure (3.4).

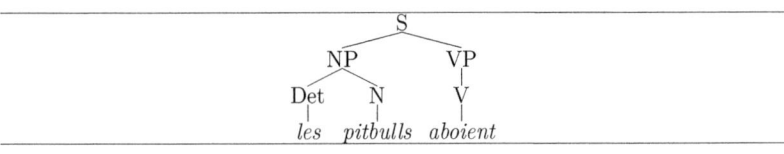

FIG. 3.4 – *Représentation arborescente de la phrase (12)*

Cette dérivation représente une stratégie d'analyse descendante, ou analyse dirigée par les hypothèses. L'analyse ascendante, dirigée par les données, part des mots et tente de remonter vers la catégorie initiale de la grammaire.

---

33. Un verre *à* vin désignera le contenant, un verre spécialisé pour contenir du vin. Avec la préposition *de*, on désignera le contenu. Cette différence pourra être marquée par les traits sémantiques.
34. Nous partons du principe que c'est le lexique qui donne les catégories lexicales des mots, et que notre grammaire n'a pas besoin de règles de réécriture comme D → les et N → pitbulls.

3.3. Syntaxe et détection d'erreurs

Outre la combinaison d'éléments lexicaux, les analyseurs doivent vérifier des contraintes pour valider ces phrases, en particulier les conditions sur les accords, dont nous parlons à la section 3.3.2.2. Signalons également qu'un analyseur traite généralement plusieurs possibilités d'analyse à la fois, vu que la langue est très ambiguë. Il est rare qu'une phrase n'ait qu'une seule analyse complète. Dans la pratique, elle en a des dizaines, voire des centaines. Ainsi, les règles applicables à un stade d'analyse sont activées et les règles activées qui ne peuvent plus être complétées sont abandonnées ; c'est ce que l'on appelle une analyse en parallèle.

Mentionnons encore quelques phénomènes qui nécessitent un traitement particulier et posent souvent des problèmes d'ambiguïté :

(13) a. Eric a écrit et débogué un analyseur.
 b. Jacques aime sa femme, et moi aussi.
 c. Sébastien commande encore une bière.

En (13a), on montre le problème de la coordination : *Eric* est à la fois sujet du verbe *écrire* et *déboguer*. Parfois les structures coordonnées sont fort complexes et il est nécessaire de produire une analyse vraisemblable. En (13b), nous illustrons le problème de l'ellipse, où des fragments de phrase sont omis pour éviter des répétitions lourdes. Ici, on peut compléter la phrase par *j'aime sa femme* ou *j'aime ma femme*. En (13c), la portée de l'adverbe *encore* peut concerner *commander* ou *bière*, selon le contexte. Enfin, rappelons l'exemple (1a) p. 8 qui illustre l'attachement des syntagmes prépositionnels.

3.3.2.2 Contraintes et relâchement de contraintes

Les contraintes sont des conditions qui doivent être vérifiées pour permettre la combinaison de constituants entre eux ; elles sont donc une

3. TAL et ALAO

restriction qui s'applique aux règles de réécriture vues précédemment. Le premier type de contrainte est celui des règles de réécriture elles-mêmes. Ainsi, à l'aide de la grammaire (10) p. 133, on ne pourra pas dériver les exemples suivants, qui sont agrammaticaux.

(14) a. * dormir chat gentil.
    b. * chat le mange souris la.

D'après notre grammaire, aucune dérivation ne permet de débuter une phrase par un verbe, ce qui élimine (14a). Aucune règle ne permet de dériver N Det, ce qui élimine (14b). Le second type de contrainte s'applique aux règles de réécriture pour en restreindre la portée. Voici deux règles de (10) enrichies de contraintes sur leur application :

(15) a. S → NP VP, {accord en nombre, accord en personne}
    b. NP → Det N, {accord en nombre, accord en genre}

L'accord entre les éléments d'un syntagme est vérifié par l'intersection des valeurs d'ensembles. L'exemple (16) montre pour la phrase (12a) que la règle d'accord de (15b) est vérifiée. Le nouvel ensemble de traits qui résulte de l'intersection est ensuite utilisé pour vérifier la règle (15a).

(16) les{pers = 3; gen=masc, fem; nb=pl} ∩
    pitbulls{pers=3; gen=masc; nb=pl} =
    {pers=3; gen=masc; nb=pl}

En outre, le second type de contrainte consiste à respecter le cadre de sous-catégorisation d'un élément lexical, ou d'un de ses cadres s'il en compte plusieurs. Enfin, un troisième type de contrainte porte sur

3.3. Syntaxe et détection d'erreurs

des critères de sélection sémantique grâce à des traits contenus dans le lexique, pour autant que celui-ci soit riche et que la grammaire prévoie un traitement sémantique de base. Considérons les exemples suivants :

(17) a. ? L'oreiller mord.
  b. ? Le chat lit une BD.
  c. ? L'agneau dévore le loup.

Les phrases en (17) respectent les règles d'accord. Pourtant, elles sont difficilement acceptables. Des contraintes sémantiques sont généralement associées aux verbes. Ainsi, en (17a), *mordre* possède un trait sémantique qui stipule que son sujet doit être animé. Si l'on n'est pas dans un monde de fiction, (17b) est impossible car *lire* demande un sujet humain. Enfin, (17c) relève du champ sémantique des mots : *dévore* implique un sujet carnivore [35].

Ainsi, la détection d'erreurs dépend d'un lexique riche et consistant. Dans le cadre de l'ALAO, pour que le but pédagogique puisse être atteint, il faut définir une couverture grammaticale et un lexique adapté à la tâche, afin de couvrir le plus exactement possible le champ grammatical à couvrir par l'application.

Passons maintenant aux techniques de relâchement de contraintes, qui permettent à l'analyseur syntaxique de produire une structure complète même en cas d'erreur de l'utilisateur. Dans ce cas, il est utile d'indiquer dans la structure grammaticale l'endroit et la nature de l'erreur. La rétroaction du système est alors plus efficace puisque l'apprenant sait précisément où il a commis des erreurs et peut y remédier. En outre, certains systèmes proposent une ou plusieurs corrections.

---

35. Laissons également de côté le problème de la polysémie des mots : *dévorer* peut avoir un sens figuré comme dans *dévorer un livre* ou *dévorer des yeux*. *Loup* désigne également un poisson et est utilisé dans l'expression *vieux loup de mer* pour un marin expérimenté.

3. TAL et ALAO

L'idée du relâchement de contraintes est très intuitive : dans une situation normale, un analyseur cherche à produire une analyse syntaxique complète d'une phrase en tenant compte de règles qui conditionnent les combinaisons des éléments de la phrase. Si l'analyseur ne peut donner une structure à la phrase complète, on peut tenter de désactiver une ou plusieurs contraintes sur ces règles, tant au niveau du mot qu'à celui du syntagme, pour obtenir une analyse complète. Cette technique est plus largement décrite chez Vandeventer Faltin (2003, chap. 3), dont nous nous inspirons.

De nombreux ouvrages traitent du relâchement de contraintes (Weischedel *et al.*, 1978; Weischedel & Black, 1980; Kwasny & Sondheimer, 1981; Hayes & Mouradian, 1981; Weischedel & Sondheimer, 1983; Granger, 1983; Carbonell & Hayes, 1984; Vandeventer, 2000; Vandeventer Faltin, 2003; Menzel, 2004). Afin de limiter le nombre d'analyses, les contraintes ne doivent être relâchées que si aucune analyse complète de la phrase peut être obtenue. Vandeventer Faltin (2003, p. 69) identifie deux actions à accomplir pour que le diagnostic soit efficace :

 i. Le lieu où une contrainte a été relâchée doit être mémorisé pour faciliter le diagnostic ;
 ii. Si les contraintes impliquent la vérification de valeurs de traits et le calcul de nouveaux traits pour le syntagme résultant de la combinaison (comme l'exemple (16) p. 138), en cas d'erreur, l'*intersection* des ensembles des traits sera vide et l'on ne pourra pas vérifier ce trait pour produire une phrase complète. Dans ce cas, on opérera l'*union* de l'ensemble. Dans d'autres cas, il sera nécessaire de définir un trait par défaut.

Passons maintenant à l'ordre d'application du relâchement et l'opportunité de relâcher certaines règles. D'un côté, les contraintes dures

3.3. Syntaxe et détection d'erreurs

sont difficilement relâchables. Il est en effet peu souhaitable d'autoriser n'importe quelle combinaison de syntagmes, ce qui conduirait à une explosion du nombre de structures (Imlah & du Boulay, 1985 ; Vandeventer Faltin, 2003). Quelques règles d'ordre des adjectifs et des adverbes peuvent être néanmoins relâchées, car la structure varie peu. D'un autre côté, pour les contraintes douces ou conditionnelles, il est important de définir quelles sont les erreurs qu'il faut détecter et quelles contraintes doivent être relâchées.

Concluons par quelques réflexions sur les avantages et inconvénients posés par le relâchement de contraintes. Nous avons déjà évoqué le principal avantage : l'apprenant obtient une structure complète de sa production et peut ensuite utiliser les informations fournies pour remédier à son erreur. Une analyse complète montre aussi que la machine a pu donner un sens et une structure à une phrase, ce qui présente un aspect valorisant pour l'apprenant :

> "Being able to reach a complete parse, even if containing errors and having required the use of relaxed contraints, is also an indication that the sentence grammaticality, although not perfect, is not too far off the mark." (Vandeventer Faltin, 2003, p. 71)

Le principal inconvénient est la surgénération de structures. Vu l'ambiguïté du langage naturel, un analyseur produit parfois plusieurs dizaines de structures différentes pour une phrase simple. Des centaines d'autres phrases ont été éliminées par l'application de contraintes. En relâchant des contraintes, on augmente considérablement le nombre de structures produites. En effet, par effet boule de neige, une contrainte relâchée ouvrira la voie à une analyse qui peut aboutir ensuite à d'autres relâchements de contraintes. D'autre part, parmi les différentes analyses, il est parfois préférable de sélectionner une analyse

3. TAL et ALAO

contenant des erreurs plutôt qu'une structure sans erreurs. Dans tous ces cas, il est alors nécessaire d'éliminer les structures les plus improbables par des heuristiques.

3.3.3 Autres techniques de traitement des erreurs

Dans cette section, nous abordons brièvement d'autres techniques de traitement des erreurs grammaticales. Nous commençons par l'approche par règles en (§3.3.3.1), puis viennent la réinterprétation phonologique (3.3.3.2) et les méthodes stochastiques (§3.3.3.3).

3.3.3.1 Approche par règles

Dina & Malnati (1993) proposent trois approches, outre le relâchement de contraintes :

- L'approche basée sur les règles : on combine des règles pour des entrées grammaticales et d'autres pour les entrées agrammaticales. La difficulté de l'approche consiste à anticiper les erreurs potentielles des apprenants ;
- L'approche basée sur des métarègles : si aucune règle de bonne formation n'est satisfaite, des contraintes peuvent être relâchées. Selon les auteurs, il peut y avoir des problèmes lors de multiples erreurs ;
- L'approche basée sur les règles de préférence : une grammaire qui surgénère les structures est accompagnée de règles de préférence. "... each time a formal condition is removed from a b-rule to make its applicability context wider, a preference rule must be added to the grammar. Such a p-rule must be able to state – in

3.3. Syntaxe et détection d'erreurs

the present context of the b-rule – the condition that has been previously removed." (Dina & Malnati, 1993, p. 78).

Par ailleurs, il est possible de définir des règles de production d'erreurs (*mal-rules*) qui se basent sur des erreurs communes aux apprenants. Cette technique est surtout utilisée pour des règles d'ordre de mots ou de mots manquants, mais Schneider & McCoy (1998) les utilisent également pour des erreurs d'accord. Thurmair (1990) propose une technique similaire de règles de secours (*fallback rules*), qui ne s'appliquent que lorsque les règles ordinaires ne donnent lieu à aucune analyse. Jensen et al. (1983, 1993) proposent une technique de *parse fitting*, qui consiste, en cas d'échec d'analyse, de placer un élément qui ne peut pas être combiné dans la position la plus plausible, afin de pouvoir poser un diagnostic. Clément et al. (2009) proposent également d'utiliser des règles d'erreurs pour paramétrer la détection d'erreurs en fonction de la langue maternelle de l'apprenant.

Vandeventer Faltin (2003) propose une méthode de réinterprétation de morceaux d'analyse (*chunk reinterpretation*) [36], où il s'agit de chercher à donner une structure complète à une phrase à partir des différents constituants partiels trouvés par un analyseur. Comme la méthode est basée sur des règles, elle est extrêmement dépendante de l'analyseur et de l'algorithme choisi.

Hermet & Alain (2009) présentent une approche basée sur deux techniques pour corriger les prépositions. D'une part, la traduction aller-retour de la langue seconde vers la langue première puis en revenant à la langue seconde, en utilisant un traducteur en ligne. D'autre part, un analyseur détecte la préposition erronée et le système génère des propositions de correction en substituant d'autres prépositions de la

---

36. Cette méthode ne peut être rapprochée de l'analyse par morceaux (§3.3.4.3), qui consiste à n'isoler que certains constituants d'une phrase sans chercher à lui donner une structure complète et profonde.

3. TAL et ALAO

même famille (temporelles, locatives, etc.) et en recherchant le nombre d'occurrence des diverses propositions sur *Internet*. La meilleure correction est celle qui atteint le meilleur score en combinant les deux méthodes.

3.3.3.2 Réinterprétation phonologique

La confusion de mots qui ont une prononciation identique ou quasi-identique mais une orthographe différente est fréquente, chez les locuteurs natifs comme chez les apprenants. Ces mots sont appelés *homophones*. Vandeventer Faltin (2003) distingue (i) l'écriture phonétique, qui consiste à retranscrire de manière erronée un mot dont on entend la prononciation, et (ii) la substitution d'un mot erroné mais correctement orthographié à la place d'un autre. Considérons les exemples suivants :

(18) a. *Mossieu Paul est arrivé !
 b. *Les *prémices* de son raisonnement sont fausses.
 c. *Je *suie* la voiture.

En (18a), il s'agit d'une erreur orthographique, du type (i), où une transcription phonétique du son [məsjø] ou [mosjø], correctement orthographié *Monsieur*. Cette erreur peut être traitée par un correcteur orthographique. En revanche, en (18b), l'erreur, de type (ii), porte sur la confusion sémantique entre *prémisses* (proposition logique faisant partie d'un raisonnement) et *prémices* (premières manifestation d'un phénomène). Une telle erreur produit une phrase grammaticale. Par contre, en (18c), nous examinons une erreur de type (ii), où le substantif *suie* est incorrectement employé à la place de la forme verbale *suis* (du verbe *suivre*). Cette erreur (18c) n'aboutira pas à une analyse complète. Un pronom *je* ne peut être suivi par un substantif, et

3.3. Syntaxe et détection d'erreurs

ce substantif ne peut être rattaché à un groupe nominal. Nous nous trouvons donc avec trois morceaux d'analyse.

La réinterprétation phonétique est une technique qui consiste à transcrire les mots d'une phrases en phonèmes et à y substituer une ou plusieurs alternatives en les recherchant dans un lexique phonétique (Vandeventer Faltin, 2003). Ensuite, les différentes propositions doivent être soumises à nouveau à l'analyseur syntaxique. Si une phrase entière peut être réinterprétée phonologiquement, un tel processus est très lourd, demande beaucoup de ressources et de temps et peut conduire à un très grand nombre d'analyse, comme dans le cadre de la reconnaissance vocale (§3.1.3). L'erreur de la phrase (18c) ne pourrait donc aboutir qu'à des suggestions de substitutions de mots. De plus, plus la phrase est longue, plus la réinterprétation prend du temps, car il s'agit d'étudier tous les cas de combinaisons de mots possibles. Dans les cas d'homonymie de mots de même catégorie lexicale, il est nettement plus efficace de dresser une liste de mots fréquemment confondus et de fournir un avertissement expliquant les différences sémantiques et demandant à l'utilisateur de vérifier qu'il emploie le bon mot.

Par conséquent, pour éviter ces inconvénients, il est préférable de se borner à ne substituer que certains mots. Comme les différents morceaux d'analyse trahissent souvent une erreur qui s'est produite à leurs extrémités, il est intuitif de ne remplacer que les mots qui se trouvent aux frontières des morceaux. Dans l'exemple (18c), les mots *je*, *suie* et *la* peuvent être réinterprétés.

La réinterprétation phonologique nécessite deux outils fondamentaux : (i) un lexique où une transcription phonétique est associée aux mots et où l'on peut rechercher des éléments par une chaîne phonétique ; (ii) un outil de transcription graphèmes-phonèmes (phonétiseur), tel que ceux que l'on utilise pour la synthèse vocale (§3.1.4) pour la prononciation des mots inconnus [37].

Passons maintenant aux systèmes utilisant une réinterprétation phonologique. Nous avons déjà parlé de Vosse (1992) et Courtin et al. (1991) pour la partie orthographique de la correction (§3.2.4). De plus, Vosse (1992) utilise une réinterprétation phonologique pour les mots existants qui ont des homophones de catégorie lexicale différente. Enfin, avec le correcteur grammatical de *Microsoft Word* 97, Heidorn (2000) procède avec des paires d'homophones qui sont fréquemment confondus ; il n'y a donc pas de phonétisation de mots ou de recherche dans un lexique contenant la phonétisation des mots.

3.3.3.3 Méthodes stochastiques

Les grammaires indépendantes du contexte probabilistes (*Probabilistic Context-Free Grammar, PCFG*, Manning & Schütze, 2000) sont des règles indépendantes du contextes (§3.3.2.1), auxquelles on ajoute des probabilités d'occurrence des règles. Chen et al. (2002) et Chen et al. (2005) décrivent une méthode POST-parsing (*part-of-speech tagging*) qui se base sur un analyseur écrit en PCFG. Le système compare la phrase de l'apprenant à des modèles de phrases stockée dans sa base de données et trouve la phrase modèle qui s'approche le plus de celle de l'apprenant.

Passons aux méthodes stochastiques appliquées à des textes étiquetés. Comme travail de diplôme, Naber (2003) propose un correcteur grammatical destiné au logiciel libre de suite bureautique *OpenOffice* [38]. Il

---

[37]. Idéalement, ce phonétiseur devrait générer toutes les prononciations possibles d'un mot, et non pas donner une seule solution. Par ailleurs, les phonèmes proches comme [aɑ], [eøœə], [oɔ], [uy] ou les voyelles nasales [ɑ̃ɔ̃ɛ̃œ̃] devraient également être substitués, car ils sont facilement confondus (Hannahs, 2007). D'ailleurs [ɛ̃] et [œ̃] ont une prononciation identique dans la plupart des régions francophones, sauf notamment en Suisse romande.
[38]. http://fr.openoffice.org/, dernier accès le 10 août 2006.

3.3. Syntaxe et détection d'erreurs

se base sur l'étiqueteur probabiliste *QTag* (Tufis & Mason, 1998) [39] basé sur un corpus d'entraînement d'un million de mots pour l'anglais et sur un petit corpus de 25 000 mots pour l'allemand. D'autres projets de logiciels libres basés sur un étiqueteur existent comme *CoGrOO*[40] pour le portugais brésilien ou *GRAC* (Biais, 2005) pour le français. Le correcteur libre *An Gramadóir* (Lechelt, 2005) utilise un système analogue : les règles de désambiguïsation peuvent être soit écrites à la main, soit construites automatiquement par apprentissage à l'aide de l'algorithme de Brill (1995). Enfin, intégré dans l'environnement d'apprentissage du suédois *Grim*, le vérificateur grammatical *Granska* (Knutsson et al., 2007) se sert également de la sortie d'un étiqueteur basé sur les Modèles de Markov Cachés (HMM, v. p. 59) et sur des règles d'erreurs ainsi que des règles d'aide et des règles d'exception. Le système ESL-WEPS (Yi et al., 2008) utilise une analyse de surface au moyen d'HMM et des heuristiques pour détecter les erreurs d'apprenants.

Maintenant, nous passons aux méthodes basées sur des trigrammes. Golding & Schabes (1996) proposent un correcteur d'erreurs d'orthographe qui résultent en d'autres mots corrects, comme dans la phrase *Can I have a *peace of cake?*, où *piece* devrait être employé au lieu de *peace*. Ils se basent sur la combinaison de deux techniques : l'emploi de trigrammes de catégories lexicales, entraînés sur un gros corpus, et une méthode probabiliste bayésienne [41] basée sur (i) la présence d'un autre mot dans le voisinage immédiat (± n mots) et (ii) la présence de collocations (de mots particuliers ou certaines catégories lexicales). De son côté, Bigert (2004) décrit une méthode stochastique de détection

---

39. http://www.english.bham.ac.uk/staff/omason/software/qtag.html, dernier accès le 10 août 2006.
40. http://cogroo.incubadora.fapesp.br/, dernier accès le 10 mars 2007.
41. Une règle bayésienne de probabilités stipule que : $P(X|Y) = \frac{P(Y|X) \times P(X)}{P(Y)}$, où P(X | Y) est la probabilité que X est le mot correct à la place de Y ; P(Y | X) est la probabilité conditionnelle d'observer Y lorsque X est le mot correct ; enfin, P(X) et P(Y) sont les probabilités de rencontrer X et Y de manière indépendante.

d'erreurs résultant en des mots connus, comme *there*, *their* et *they're* en anglais, qui sont souvent confondus. Les fréquences de trigrammes sont une technique fiable mais qui peut déboucher sur la sur-détection en cas de suites rares. Dans un autre registre, Liu *et al.* (2009) présentent un outil de correction d'erreurs lexicales basée sur des corpus de n-grammes hybrides, où les éléments peuvent être soit lexicaux, soit des étiquettes de catégorie lexicale.

Examinons ensuite les méthodes basés sur l'apprentissage. Torlakovic *et al.* (2004) présentent un système d'apprentissage des adverbes anglais. Celui-ci retrouve des exemples d'utilisation des adverbes dans certains contextes en se basant sur un modèle statistique. Le système est capable de corriger les phrases des apprenants : s'il existe plusieurs positions possibles pour placer l'adverbe, il signale la meilleure. Un autre système est proposé par Sun *et al.* (2007). Han *et al.* (2004) présentent un système d'apprentissage de l'utilisation de l'article en anglais, destiné à des apprenants locuteurs natifs de langues où l'article n'est pas utilisé (russe, chinois etc.). Le système utilise la théorie de l'entropie maximale [42]. Le système de Izumi *et al.* (2003) pour la détection d'erreurs en anglais parlé utilise la même théorie. C'est aussi le cas de *Dapper* (*Determiner And PrePosition Error Recogniser*, De Felice & Pulman, 2008, 2009), centré sur les préposition et entraînée sur un gros corpus afin de déterminer les contextes d'emploi des prépositions : une fenêtre de ±3 mots est déterminée, et le dictionnaire *WordNet* (§3.5.3) permet de définir les classes sémantiques. La précision des résultats est d'environ deux tiers, ce qui est relativement faible. Mentionnons encore les travaux de *Lentillak* (Alegria *et al.*, 2006), Nagata *et al.* (2006) et *COTiG* (Quixal *et al.*, 2008).

---

42. Dans le domaine du traitement informatique, l'entropie est une fonction mathématique qui stipule que plus une information est redondante, moins elle est importante ; l'entropie est maximale si tous les symboles de la source ont la même probabilité, autrement dit si l'information est identique. L'entropie est utilisée pour la compression des données, la cryptographie, l'étiquetage syntaxique, l'indexation d'informations, etc.

3.3. Syntaxe et détection d'erreurs

Foster (2004) présente une méthode stochastique basée sur des corpus parallèles, l'un de phrases agrammaticales et l'autre des phrases corrigées correspondantes. Les phrases agrammaticales sont analysées et reçoivent un score de similarité avec la ou les phrases grammaticales correspondantes. Elle utilise l'analyseur probabiliste à large couverture de Charniak (2000), basé sur l'entropie maximale.

Brockett *et al.* (2006) décrivent l'utilisation d'une technique de traduction automatique statistique de syntagmes pour la correction d'erreurs d'apprenants sinophones de l'anglais pour l'emploi de noms comptables.

Doll & Coulombe (2004) suggèrent d'utiliser les probabilités de la présence d'un mot dans un texte ; bien que les auteurs ne donnent pas de détails sur les techniques possibles, on peut proposer de demander à l'utilisateur de spécifier un style de texte et de considérer comme suspect un mot rarement utilisé dans ce contexte donné.

Pour le logiciel *CALIS*, Borchardt (1987, 1995) présente succinctement une technique basée sur les réseaux neuronaux qui vise à détecter les réponses intentionnellement erronées (*bogus inputs*) commises par certains apprenants dans le but de connaître la bonne réponse pour ensuite effectuer un parcours sans faute et obtenir une bonne note. Les réseaux neuronaux ont été entraînés sur des phrases authentiques, avec ou sans erreurs intentionnelles. Le système ne commet pas de fausse détection mais laisse passer quelques erreurs intentionnelles.

Pour conclure, remarquons que les méthodes stochastiques n'ont qu'une couverture limitée des erreurs, à l'exception de la méthode basée sur les PCFG et des méthodes utilisant des étiqueteurs probabilistes. Dans ces cas, les probabilités ne sont qu'une aide à la désambiguïsation. Ensuite, des règles servent à obtenir un diagnostic. Toutefois, les méthodes stochastiques peuvent s'avérer un complément intéressant aux règles de grammaire pour des difficultés particulières de la langue dont cette section a donné quelques échantillons.

3.3.4 Algorithmes et techniques d'analyse

Après avoir traité des différentes techniques de détection d'erreurs, nous nous penchons brièvement sur quelques familles d'algorithmes utilisées pour les mettre en œuvre. Nous évoquerons successivement les automates (§3.3.4.1), les Grammaires d'unification et DCG (§3.3.4.2) et l'analyse par morceaux (§3.3.4.3). Pour un survol plus complet des techniques d'analyse, on se référera notamment aux ouvrages de Fuchs *et al.* (1993), Wehrli (1997) et Nazarenko (2006).

3.3.4.1 Automates, reconnaisseurs et transducteurs

Un automate est une machine informatique qui sert à gérer des informations à travers des états et la lecture de symboles (Winograd, 1983; Wehrli, 1997). Il est doté d'une tête de lecture et d'un ensemble fini d'états. Il déplace sa tête de lecture et/ou change d'état d'après des fonctions de transition d'un état à un autre qui prennent en compte la lecture d'un symbole donné ou l'état de certaines variables (Woods, 1980). Dans le cas des automates syntaxiques, les symboles lus sont les parties du discours (déterminant, nom etc.). Les états sont des étapes dans le processus d'analyse. L'état dans lequel se trouve l'automate au début du processus de reconnaissance est appelé état initial. Le ou les états finaux sont les états dans lequel l'automate doit se trouver à l'issue du processus de reconnaissance, afin qu'une phrase soit considérée comme correcte. Si aucune transition n'est disponible pour un symbole à un état donné, le processus échoue. Un *transducteur* est un automate qui produit une chaîne de sortie, qui représente par exemple l'analyse du mot ou de la phrase. Un *reconnaisseur* juge simplement la validité d'une entrée sans en fournir l'analyse. Les automates peuvent aussi servir d'analyseur morphologique (Keogh *et al.*, 2004, §3.1.1.4).

Les automates présentent l'avantage d'être une technique d'analyse relativement simple à implémenter et à maintenir. Ils s'avèrent particulièrement adéquats pour le traitement des phénomènes locaux. C'est pourquoi cette technique est très utilisée dans le domaine de l'ALIAO. Citons *Automated German Tutor* (Weischedel *et al.*, 1978), *LADDER* (Hendrix *et al.*, 1978) pour l'interrogation de base de données, Kwasny & Sondheimer (1981), *ARCTA* (Cornu, 1997), *GPARS* (Loritz, 1995), *ÉLÉONORE* (Renié & Chanier, 1996), *Wo ist Hans?* (Ward *et al.*, 1999) et *Formes Cachées / Hidden Shapes* (Ward *et al.*, 1999).

Par contre, nous pouvons remarquer que les automates ne sont pas efficaces pour une large couverture de la langue. Le traitement des dépendances à longue distance est malaisé. C'est pourquoi les outils décrits ici couvrent surtout des erreurs locales. Les automates sont aussi utiles pour une analyse par morceaux (§3.3.4.3), notamment après une phase d'étiquetage (§3.1.2) de la phrase à analyser.

3.3.4.2 Grammaires d'unification et Definite-Clause Grammars

Les grammaires d'unification sont basées sur des descriptions fonctionnelles (*functional description*, FD) contenant des séries d'attributs et valeurs, appelées traits (Kay, 1992). L'opération d'unification consiste à assembler deux FD pour en former une troisième, pour autant que les traits soient compatibles : l'intersection des valeurs des traits de ces objets doit former un ensemble non nul. Les catégories lexicales, fonctionnelles et syntaxiques apparaissent côte à côte dans les matrices. La figure (3.5) donne une analyse simple illustrant ce formalisme.

$$\begin{bmatrix} \text{cat} & \text{S} \\ \text{sujet} & \begin{bmatrix} \text{cat} & \text{N} \\ \text{nombre} & \text{sg} \\ \text{pers} & \text{3} \\ \text{det} & \text{def} \\ \text{tête} & \text{chien} \end{bmatrix} \\ \text{pred} & \begin{bmatrix} \text{cat} & \text{V} \\ \text{nombre} & \text{sing} \\ \text{pers} & \text{3} \\ \text{temps} & \text{présent} \\ \text{tête} & \text{court} \end{bmatrix} \end{bmatrix}$$

FIG. 3.5 – *Grammaires d'unification – analyse de la phrase "le chien court."*

Les traits du sujet et du prédicat sont identiques. Ainsi, l'unification peut être effectuée. Kay (1985) décrit un algorithme d'analyse basé sur le langage LISP (Gazdar & Mellish, 1989) [43].

Les DCG (*Definite-Clause Grammars*) sont une généralisation des grammaires indépendantes du contexte (§3.3.2.1) et permettent d'écrire facilement une grammaire et d'analyser des phrases en Prolog [44] (Pereira & Shieber, 1987; Covington, 1994). Voici quelques règles simples :

(19) a. *sentence(s(NP,VP))* → *nounPhrase(NP),verbPhrase(VP)*.
 b. *nounPhrase(np(D,N))* → *det(D),noun(N)*.
 c. *verbPhrase(vp(V,NP))* → *verb(V),nounPhrase(NP)*.
 d. *det(d(le))* → *[le]*.

Les règles de grammaire sont parfois codées accompagnées de listes de

---

[43]. LISP (*List Processing*) est un langage de programmation basé sur des listes, très utilisé en intelligence artificielle (§2.4.4.1) et en analyse syntaxique.
[44]. Langage de programmation logique basé sur les prédicats logiques du premier ordre. Prolog est notamment utilisé pour l'analyse grammaticale et pour des systèmes experts d'intelligence artificielle (§2.4.4.1).

3.3. Syntaxe et détection d'erreurs

traits qui doivent s'unifier pour aboutir à une analyse complète. Les DCG peuvent donner lieu à des vérifications de traits extrêmement complexes. Dans des cas simples, une grammaire peut être écrite et testée très rapidement, ce qui explique la très grande popularité du formalisme. Voici quelques logiciels utilisant ce formalisme : le logiciel *Spion* et le correcteur *Syncheck* (Sanders & Sanders, 1987), *VINCI* (Levison & Lessard, 1996), VP^2 (Schuster, 1986), *LINGER* (Yazdani & Uren, 1988), etc.

Remarquons la grande variété de systèmes qui utilisent les DCG. Comme nous l'avons déjà dit, le système séduit par sa simplicité, du moins lorsque l'on implémente une grammaire basique. De plus, de nombreux formalismes grammaticaux sont implémentés grâce aux DCG.

3.3.4.3 Analyse par morceaux ou analyse superficielle

L'analyse superficielle ou par morceaux (*chunk parsing* ou *shallow parsing*) consiste à ne repérer que certaines relations syntaxiques simples et locales et non pas tous les attachements et dépendances à longue distance. Blache (2005) définit un analyseur superficiel comme un outil qui fournit une structuration simple et non récursive. On peut définir également une analyse superficielle comme une tête autour de laquelle se trouvent des mots-fonctions qui correspondent à des schémas prédéterminés. Les verbes ne sont pas rattachés aux compléments, sauf les clitiques.

Selon Tschichold (2003), au lieu d'utiliser des techniques de TAL utilisant une analyse profonde qui conduit à des analyses erronées et à des résultats préjudiciables pour les apprenants, il devrait être moins risqué d'utiliser une analyse très locale. La maîtrise de petites unités est plus facile pour les apprenants, alors que les combinaisons et les

3. TAL et ALAO

attachements de syntagmes sont guidés par des sélections lexicales qui varient beaucoup d'une langue à l'autre. De plus, l'étendue du lexique nécessaire pour une application d'ALAO est plutôt faible (3000 mots).

Voici quelques logiciels utilisant une analyse superficielle : *Herr Kommissar* (DeSmedt, 1995), *Cordial* (Campione *et al.*, 2005), *Didalect* (Hermet *et al.*, 2006) et *LIPSTIC* (Pankhurst, 2005).

Pour conclure, il peut sembler raisonnable d'utiliser des techniques robustes, qui ont par essence une large couverture de la langue vu qu'elles ne visent pas à l'exhaustivité des constructions, au lieu de formalismes grammaticaux complexes, sensibles aux erreurs et aux constructions qu'ils ne couvrent pas. Toutefois, il manque, à notre connaissance, des études sur l'efficacité de ces approches pour la détection d'erreurs et sur la qualité de rétroaction qui peut être atteinte à travers ces analyses moins riches, qui donnent donc moins d'indices sur les erreurs et les relations entre syntagmes.

3.3.5 Formalismes

Dans cette section, nous survolons quelques formalismes grammaticaux intéressants pour leur large couverture de la langue. La théorie du *Gouvernement et du Liage* (*Government & Binding*, GB) est issue des théories de la grammaire générative de Noam Chomsky (Chomsky, 1957, 1981; Tellier, 1995; Laenzlinger, 2003). Elle se base sur le schéma X-barre (fig. 3.6), où chaque catégorie lexicale (D, Adj, N, V, etc.) ou fonctionnelle (I, F) [45], en position X^0, est la tête d'une projection maximale XP (NP, DP, VP etc.), ce qui implique que ce formalisme est très lexicalisé. D'autres projections peuvent être attachées en position Spéc(ifieur) et Comp(lément) pour constituer finale-

---

45. I pour *Inflection* (avec les verbes conjugués) et F pour *Function* qui reçoit les propositions réduites du type *Je crois [cette décision inévitable]*.

3.3. Syntaxe et détection d'erreurs

ment une phrase complète. Les niveaux XP et $\overline{X}$ peuvent être dédoublés pour permettre les adjonction. Pour les langues latines, l'adjonction est également possible au niveau X^0 pour les clitiques. La théorie GB postule l'existence d'une structure profonde qui représente les structures fondamentales d'une phrase ; les constituants d'une phrase sont ensuite déplacés vers leur position finale en structure de surface. Ces mouvements permettent notamment l'interprétation des anaphores et des pronoms interrogatifs et relatifs, qui constituent les relations à longue distance, ainsi que le mouvement du passif. De plus, les rôles thématiques indiquent les types sémantiques des arguments des verbes (Agent, Thème, But, Intrument, Bénéficiaire, etc.).

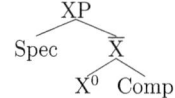

Fig. 3.6 – *GB – le schéma X-barre*

Voici quelques exemples d'analyse GB :

(20) a. $[_{DP}\ [_{\overline{D}}\ [_{D}\ l'\ [_{NP}\ [_{\overline{N}}\ [_{N}$ étudiant$]\ [_{PP}$ en linguistique$]]]]]]$

b. $[_{DP}\ [_{\overline{D}}\ [_{D}\ l'\ [_{NP}\ [_{NP}\ [_{\overline{N}}\ [_{N}$ étudiant$]]]]\ [_{PP}$ dans le parc$]]]]$

c. $[_{IP}\ [_{DP}$ les $[_{NP}$ Américains$]]\ [_{\overline{I}}$ torturent$_i\ [_{VP}\ [_{\overline{V}}\ [_{V}\ t]_i\ [_{DP}$ leurs $[_{NP}$ prisonniers$]]]]]]]$

d. $[_{IP}\ [_{DP}$ les $[_{NP}$ prisonniers$]]_i\ [_{\overline{I}}$ sont $[_{VP}$ torturés $[_{DP}\ t]_i\ [_{PP}$ par $[_{DP}$ les $[_{NP}$ Américains$]]]\ ]]]$

e. $[_{CP}\ [_{PP}$ A qui$_i^{+Wh}]\ [_{\overline{C}}\ [_{DP}$ Thierry$_j]\ [_{\overline{C}}\ [_{C^0}\ a_k^{+Wh}]\ [_{IP}\ [_{DP}$ -t-il$]_j$ $[_{\overline{I}}\ [_{I^0}\ t]_k\ [_{VP}\ [_{\overline{V}}\ [_{V}\ [_{V^0}$ payé$]\ [_{DP}$ une bière$]]\ [_{PP}\ t]_i]]]]]]]]$

f. $[_{IP}\ [_{DP}$ Catherine$]\ [_{\overline{I}}\ [_{D}\ l']_i$ a $[_{VP}\ [_{DP}\ t]_i\ [_{\overline{V}}$ sermonnée $[_{DP}\ t]_i]]]]$

3. TAL et ALAO

En (20a), *en linguistique* précise le sens d'*étudiant*; il peut être considéré comme faisant partie de sa sous-catégorisation et est attaché comme complément. En revanche, en (20b), le complément de lieu est une adjonction au NP. En (20c), le verbe conjugué est déplacé en position I^0 par le mouvement du verbe et une trace est insérée en V^0. En (20d), en contraste avec la phrase précédente, on présente le mouvement du passif, où le sujet de la phrase est liée à sa position canonique en complément du VP. En (20e), on illustre le mouvement des interrogatives avec inversion complexe du sujet. Enfin, en (20f), on montre le double mouvement des clitiques (Sportiche, 1996), où le DP repris par le clitique est dans un premier temps déplacé en spécifieur du VP, où a lieu l'accord du participe; puis la tête est déplacée de D^0 en I^0.

Parmi les logiciels utilisant GB, on citera *BRIDGE* et de son successeur *MILT* (Garman et al., 1993), le projet *Athena* (Malone & Felshin, 1991) ou **FreeText** (Vandeventer Faltin, 2003, §4).

La *Grammaire Lexicale Fonctionnelle* (*Lexical Functional Grammar, LFG*; Kaplan & Bresnan, 1982; Abeillé, 1993) décrit les phrases avec un couple de structures, une *structure de constituants* (c-structures) sous forme d'arbres syntaxiques et une *structure fonctionnelle* (f-structures) sous forme de traits représentant les fonctions grammaticales (sujet, objet, etc.). Les f-structures sont des couples attribut-valeur représentant des traits sémantiques et syntaxiques et peuvent être incluses dans d'autres f-structures.

La figure (3.7) illustre une phrase simple avec l'équation qui unifie les traits du NP avec ceux du sujet de la phrase; les flèches désignent l'unification des traits des nœuds avec ceux des niveaux inférieurs et supérieurs. Le passif est considéré comme une nouvelle règle fonctionnelle.

3.3. Syntaxe et détection d'erreurs

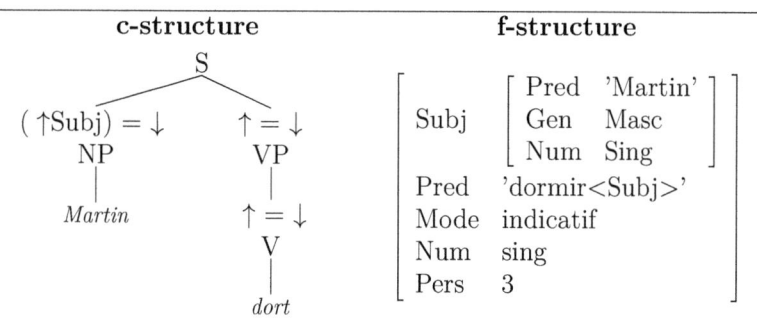

FIG. 3.7 – *LFG – Analyse d'une phrase*

Comme exemples de systèmes, citons Reuer (1999), *MSLFG* (Cornu, 1997), *CALLE* (Feuerman et al., 1987), *ALICE-chan* (Levin & Evans, 1995) et *GETARUNS* (Delmonte, 2003).

La *Grammaire Syntagmatique Guidée par les Têtes* (*Head-driven Phrase Structure Grammar*, HPSG; Pollard & Sag, 1994) est caractérisée par l'intégration des niveaux phonétique, syntaxique, sémantique et discursif dans une même structure de traits. Les structures de traits sont représentées sous la forme de matrices attribut-valeur (*attribute-value matrixes*, AVMs), qui contiennent des informations phonétiques, syntaxiques et sémantiques. La structure contenant ces informations est appelée *signe linguistique*. Les traits sont organisés de manière très hiérarchique. Les lexèmes sont par exemple classés en lexèmes flexionnels ou sans flexion, les noms sont décomposés en noms communs, pronoms et noms propres, etc. Chacun de ces types permet ensuite de définir des règles communes sous forme de contraintes. Le passif est une règle lexicale comme pour la LFG. Pour les relations à distance, les traits sont propagés à travers les structures. Comme exemples de systèmes basés sur ce formalisme, mentionnons *Textana* (Schulze, 1995) et les systèmes de Heift (2003).

Enfin, les grammaires de dépendance décrivent les relations entre mots,

3. TAL et ALAO

autrement dit les dépendances des mots les uns par rapport aux autres (Tesnières, 1959; Kahane, 2001). Ainsi, les mots de la phrase ne seront pas représentés de manière ordonnée. Les grammaires de dépendance consistent à associer une tête à un autre élément par un arc portant une étiquette qui définit une relation syntaxique appartenant à un ensemble fini de relations comme sujet, objet direct, auxiliaire, etc. (Schröder *et al.*, 2000). Mentionnons comme exemples d'utilisation des grammaires de dépendances les correcteurs commerciaux *Antidote* (Brunelle, 2004) et *Correcteur 101* (Gagnon & Da Sylva, 2005) et les logiciels de Menzel & Schröder (1998).

3.3.6 Discussion

Cette section conclut la partie sur la syntaxe et la détection d'erreurs en esquissant un bilan et en proposant quelques perspectives.

Dans cette partie sur l'analyse, nous avons survolé de nombreuses techniques. Les applications présentées diffèrent au niveau de la profondeur d'analyse et de la couverture de la langue. Ainsi, certains systèmes présentent de bas taux d'erreurs sur un champ syntaxique et lexical réduit. Inversement, il est difficile de produire des applications à large couverture.

Cependant, la valeur pédagogique des systèmes se mesure essentiellement aux bénéfices d'apprentissage pour les apprenants. Ainsi, une analyse profonde et détaillée d'une phrase permet de fournir une rétroaction plus précise et de donner plus de détail sur les erreurs commises ou de présenter les notions de manière ludique (Kempen, 1992). Par exemple, on peut comparer le système de Heift (2003), qui fournit une analyse progressive et détaillée des erreurs, à *VINCI* (Levison & Lessard, 2004), dont le diagnostic se borne à une comparaison mot à mot entre une phrase de référence et celle de l'apprenant, avec une analyse

3.3. Syntaxe et détection d'erreurs

très limitée de l'erreur.

En outre, on peut également remarquer que la plupart des projets reprennent un analyseur existant et en adaptent la grammaire (Heift & Schulze, 2007). Ce fait s'explique en partie par les coûts élevés de développement. Il faut développer un algorithme d'analyse, construire des règles, acheter ou créer un lexique et enfin tester l'analyseur à l'aide d'un corpus de test. En ajoutant les résultats mitigés des performances et les fausses détections, il n'est pas étonnant que le nombre de projets soit plutôt limités.

Selon Bowerman (1990), les apprenants ont des notions grammaticales vagues tels que sujet, objet et ordre des mots. De telles notions sont vagues et impossibles à traiter de manière informatique. Au contraire, les formalismes grammaticaux comme GB ou LFG (§3.3.5) sont adaptés au traitement informatique mais font appel à des notions difficiles à mettre en œuvre pour des apprenants. C'est pourquoi, selon lui, il est nécessaire de décrire des formalismes compréhensibles pour les apprenants tout en ayant une capacité générative qui permette le traitement informatique.

Suite à l'analyse de la couverture de nombreux logiciels, nous pouvons affirmer que l'approche syntaxique est indispensable à la détection d'erreurs. L'approche stochastique (§3.3.3.3) peut donner des résultats sur certaines construction très locales, où la distribution des éléments et leur pourcentage d'occurrences est important et où un apprentissage automatique sur corpus est possible. De telles techniques peuvent être utilisées en complément avec des méthodes par règles. En outre, nous pouvons remarquer un grand nombre d'analyseurs basés sur LFG (§3.3.5), HPSG (§3.3.5), les DCG (§3.3.4.2) et les grammaires de dépendances (§3.3.5). Nous partageons avec Heift & Schulze (2007) le constat que les meilleurs résultats sont atteints par des analyses à dominante lexicale, qui traitent les dépendances à longue distance. Ces

3. TAL et ALAO

analyses profondes permettent également un diagnostic efficace.

Cependant, les résultats mitigés de la correction grammaticale ne permettent pas encore son utilisation à grande échelle, selon certains spécialistes de l'ALAO. Ainsi, Tschichold (1999a,b) souligne le risque de voir des phrases grammaticalement correctes rejetées grâce au relâchement des contraintes et des phrases incorrectes acceptées. Elle en conclut que les performances des correcteurs sont encore insuffisantes et que les indications qu'ils fournissent sont trompeuses, voire carrément fausses. Elle propose donc de se contenter d'une aide sensible au contexte et de disposer à côté d'outils d'aide à l'apprentissage : grammaire de référence, dictionnaires bilingues et monolingues, corpora de textes adaptés à l'étude en contexte, etc. De plus, Tschichold (1999a) propose d'améliorer les performances des analyseurs en bloquant certaines entrées lexicales peu probables comme le verbe *to table*, qui est moins probable que le substantif *table*. De même, Tschichold (2006) fait remarquer que les techniques de TAL sont très sensibles à l'ambiguïté et que seules les applications tournant sur un vocabulaire et des structures restreints atteignent un bon taux de précision. Or le vocabulaire et les structures enseignés aux apprenants sont volontairement peu précis et ambigus [46].

Holland *et al.* (1993, p. 32) regrettent que la sémantique ne soit pas suffisamment développée, ce qui oblige les logiciels d'ALAO à se concentrer sur la forme plutôt que sur le fond, alors que l'approche pédagogique qui sous-tend la plupart des logiciels es tournée vers la communication de sens.

Par contre, Nerbonne (2003, p. 691) affirme que les utilisateurs sont intelligents et peu exigeants et peuvent bénéficier d'une technologie qui n'est pas fiable à 100%. Durel (2006) ajoute que lors d'une analyse

---

[46]. On apprend notamment aux apprenants à utiliser des paraphrases pour pallier leurs lacunes en vocabulaire.

3.3. Syntaxe et détection d'erreurs

partielle, il est important de le signaler aux apprenants, qui se méfieront alors davantage des indications données par le système. Pour *ISCA*, Bolt & Yazdani (1998) proposent une correction interactive.

De notre côté, nous estimons qu'il serait optimal d'allier une restriction du champ de l'analyse à une désambiguïsation interactive (Menzel, 2004). Ainsi, l'apprenant devrait pouvoir choisir entre plusieurs possibilités, aidé d'outils morphologiques et lexicaux. Diverses aides, visuelles ou sous forme de dialogues, peuvent être envisagées.

Par ailleurs, force est de constater que les composantes sémantiques des grammaires ne sont pas suffisantes pour une véritable évaluation automatique de la réponse. *De facto*, la plupart – si ce n'est la totalité – des vérificateurs grammaticaux que nous avons étudiés ici se limitent à une vérification grammaticale *stricto sensu*, sans s'attaquer au sens de la phrase. Les traits sémantiques sont tout juste suffisants pour une vérification rudimentaire de la cohérence d'un énoncé. Les expressions idiomatiques (v. p. 81) ne sont pas prises en considération. En outre, la vérification sémantique implique un lexique complet et consistant, ce qui est loin d'être garanti. Enfin, comme la syntaxe n'étudie que la phrase, la cohérence du discours n'est pas vérifiable. Dès lors, il n'est envisageable d'utiliser une vérification de la cohérence sémantique que sous la forme d'avertissement, qui signale par exemple que le système attendait un objet comestible pour le verbe *ronger* dans le cadre de l'expression *ronger son frein*. L'apprenant serait alors incité à utiliser des aides à l'apprentissage telles qu'un dictionnaire pour vérifier que sa production est correcte.

Pour conclure, nous pouvons remarquer une recrudescence des projets incluant des composantes de traitement du langage depuis quelques années. Heift & Schulze (2007) recensent environ soixante-dix projets dans la décennie 1985–1995 et seulement trente pour la décennie suivante ; actuellement, les auteurs constatent une recrudescence des projets. Parmi les causes de ce renouveau, on peut citer les progrès effectués en linguistique computationnelle et les performances accrues des ordinateurs, au niveau de la puissance de calcul, de la taille de la mémoire et de la taille et de la rapidité d'accès aux disques.

3.4 Formalismes sémantiques

Après avoir abordé la grammaire et l'orthographe, nous passons maintenant à une description de quelques formalismes sémantiques qui couvrent différents domaines. Nous essayons de voir en quoi la représentation du sens de la phrase peut contribuer à l'évaluation des productions des apprenants. Dans cette section, nous décrivons des formalismes sémantiques qui ont des portées et des caractéristiques différentes. Au §3.4.1, nous parlons de la *Segmented Discourse Representation Theory* (SDRT), qui est une théorie de représentation du discours. Ensuite, nous abordons deux formalismes sémantiques qui sont utilisés dans le domaine de la traduction automatique : les *Lexical Conceptual Structures* (LCS, §3.4.2) et les *Quasi-Logical Forms* (QLF, §3.4.3). D'autres familles de formalismes sont brièvement évoqués (§3.4.4) et une discussion générale termine la section (§3.4.5).

3.4.1 Segmented Discourse Representation Theory (SDRT)

La *Théorie de la Représentation Discursive Segmentée* (*Segmented Discourse Representation Theory*, SDRT) propose une théorie de représentation du discours qui intègre également une composante sémantique (Asher, 1993; Asher *et al.*, 1994; Asher & Lascarides, 2003). La SDRT étend la *Discourse Representation Theory* (DRT, Kamp, 1981)

3.4. Formalismes sémantiques

en ajoutant à ce formalisme des relations discursives.

Les éléments de base de la SDRT sont les DRSs (*Discourse Representation Structures*), empruntées à la DRT. Une DRS est une paire groupant des variables de discours et des conditions :

(21) K = $< U_k, Con_k >$

- U_k est l'ensemble des référents du discours, comprenant :
    i. des individus, représentés par des variables x, y, z, etc. Les individus peuvent être des personnes ou des objets ;
    ii. des événements e_1, e_2, e_3, etc. ;
    iii. un moment d'énoncé de la parole n.
- Con_k est l'ensemble des conditions qui spécifient les référents du discours et leurs relations. Il s'agit des prédicats appliqués aux individus, ce qui définit un événement.

Examinons maintenant le court discours de l'exemple (22) :

(22) a. Jean-Philippe décolla de l'observatoire.
   b. Il atterrit à Collonges.
   c. Là, Céline l'attendait avec leurs enfants, Benjamin et Naëlle.

La figure (3.8) représente les DRS qui correspondent à ces phrases, sous forme schématique [47].

Les DRS sont combinées à un ensemble (potentiellement vide) de relations de discours (*Discourse Relations, DR*) pour former une SDRS. Chaque constituant d'une SDRS est relié à un autre par une DR. La

---
47. Le symbole ⊕ dénote un regroupement d'individus.

3. TAL et ALAO

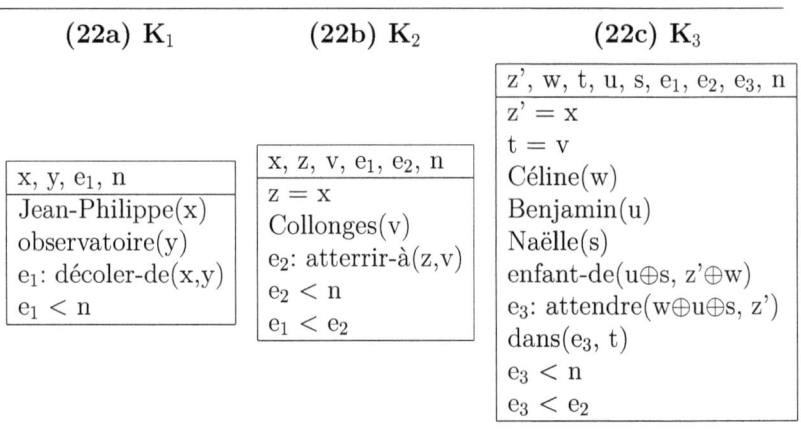

Fig. 3.8 – *SDRT – DRSs correspondant aux phrases de l'exemple (22).*

construction de la SDRS d'un texte est dynamique. Au fur et à mesure, de nouvelles DRS sont ajoutées et combinées aux autres. Une DRS peut être rattachées à plusieurs autres par des DRs, et plusieurs DRs peuvent relier deux mêmes SDRSs. Voici quelques DRs possibles selon Lascarides & Asher (1991, p. 263ss) et Asher (1993) ; les exemples sont inspirés de Matthiesen & Thompson (1988) et Dahlgren (1988).

- Narration(α,β). α précède β. Exemple : *Sébastien a bu beaucoup de bières. Il a chuté de vélo.*
- Explanation(α,β). β précède α et β cause α. Exemple : *Sébastien a chuté de vélo. Il a bu beaucoup de bières.*
- Elaboration(α,β). β est une partie de α. Exemple : *Le stade de Genève a été construit à coup de dizaines de millions. Les collectivités publiques ont dépensé de fortes sommes.*
- Background(α,β). α est un événement et β décrit les circonstances dans lesquelles il s'est produit. Exemple : *Sébastien a chuté de vélo. Il faisait nuit noire.*
- Result(α,β). L'événement α a causé l'événement ou l'état β. Exemple : *Bush a prononcé son discours. Le public a hué.*

3.4. Formalismes sémantiques

Reprenons l'exemple (22) p. 163. L'événement noté par la phrase (22b) est clairement postérieur à (22a) et est une suite logique. On peut donc noter la relation Narration(K_1, K_2). Ensuite, la phrase (22c) reprend un événement antérieur. On pourra alors noter Background(K_2, K_3).

Avec la SDRT, il est ainsi possible d'obtenir une description abstraite d'un discours. Les relations de discours sont marquées de manière riche et non ambiguë. Les structures sont relativement simples et peuvent facilement être traitées dans des applications informatiques. En disposant de SDRS, on peut résoudre les ambiguïtés des anaphores. La traduction automatique (§3.1.6) pourrait être grandement facilitée et améliorée. Parmi d'autres applications possibles, citons encore le résumé automatique de textes (§3.1.8), la recherche avancée dans un corpus ou une base de données documentaire (§3.1.7), etc. Malheureusement, il est peu aisé d'extraire de telles structures dans l'état actuel des outils de traitement du langage et les applications existantes ont une couverture limitée (Amsili & Hathout, 1998; Danlos *et al.*, 2001; Danlos & El Ghali, 2002; Prévot *et al.*, 2002; Xuereb & Caelen, 2004; Asher *et al.*, 2004).

Dans le domaine de l'ALIAO, la SDRT pourrait être utilisée dans des applications orientées vers l'étude de textes. Le public cible serait alors plutôt de niveau moyen à avancé. Certains mots ou certaines expressions destinées à construire le discours pourraient être mises en évidence. On peut imaginer aussi des graphes dynamiques montrant l'organisation du texte, ou de demander à l'apprenant de construire ou de corriger de tels graphes.

Par ailleurs, les enseignants aiment produire des exercices à partir de textes divers et authentiques, comme des textes d'actualité tirés d'*Internet*. La création d'exercices est assez fastidieuse, même sans utiliser d'outils informatiques. Les SDRS pourraient être intégrées dans des outils automatiques ou semi-automatiques de création d'exercices,

3. TAL et ALAO

afin de marquer des relations du discours et la structuration de celui-ci. La diversité et l'actualité des textes serait alors un facteur de motivation pour les apprenants.

Enfin, la correction de petits textes produits par les apprenants pourrait être améliorée. A côté des erreurs de grammaire et d'orthographe, il serait possible de vérifier certains phénomènes de cohérence, notamment dans l'utilisation de connecteurs de discours.

Néanmoins, la SDRT manque encore d'applications informatiques à large échelle et les quelques pistes esquissées ici relèvent encore de l'utopie. Avant d'appliquer la SDRT à l'enseignement des langues, il faudrait disposer d'outils capables d'extraire des SDRS de textes grammaticalement corrects et suffisamment complexes.

3.4.2 Lexical Conceptual Structures (LCS)

Les *Structures Lexicales Conceptuelles* (*Lexical Conceptual Structures*, LCS; Jackendoff, 1975, 1983, 1990; Dorr, 1990, 1994) sont des représentations conceptuelles abstraites du sens des mots et des phrases. Elles se basent sur des structures stockées dans un lexique et construisent une structure abstraite indépendante des structures syntaxiques. Elles forment notamment la base du système de traduction automatique *UNITRAN* (Dorr, 1990, 1994, §3.1.6).

Les LCS sont basées sur des primitives (cause, permission, orientation etc.) de différents types (événements, états, position spatiale etc.) et restreintes par différents champs marquant le temps, le lieu etc. La principale difficulté causée par cette approche est la taille du lexique. En effet, il faudrait coder tous les mots des classes ouvertes de la langue pour avoir une couverture complète d'une langue. Considérons

3.4. Formalismes sémantiques

l'exemple (23) :

(23) a. I   stabbed   John
    Je blesser-avec-arme-tranchante-passé-1s Jean
   b. Yo   le   di   puñaladas   a Juan
    moi clitique donner-passé-1s coup-de-poignard à Jean
   c. 'J'ai poignardé Jean'

Ces trois langues utilisent des structures totalement divergentes. Néanmoins, les trois phrases auront la même LCS donnée en (24). L'action de poignarder est caractérisée par le fait d'être la cause qu'une personne possède une blessure due à un couteau [48].

(24) $[_{Event}$ CAUSE $([_{Thing}$ I$], [_{Event}$ GO$_{Poss}$ $([_{Thing}$ KNIFE-WOUND], $[_{Path}$ TOWARD$_{Poss}$ $([_{Path}$ AT$_{Poss}$ $([_{Thing}$ KNIFE-WOUND], $[_{Thing}$ John])])])])]

Le formalisme LCS est aussi utilisé dans le domaine de l'enseignement des langues pour le projet *MILT*, qui utilise un formalisme GB (§3.3.5). La LCS d'une phrase produite par un apprenant est comparée à la réponse attendue par le concepteur de l'exercice (Dorr *et al.*, 1995).

Considérons les deux phrases suivantes, données par Dorr *et al.* (1995).

(25) a. John ran   to the house 'Jean a couru à la maison'
    Jean courir-passé-3s à la maison
   b. John went   to the house 'Jean est allé à la maison'
    Jean aller-passé-3s à la maison

---

[48]. Les primitives sont en majuscules. Les éléments en italiques après les primitives sont les champs qui restreignent les primitives. Quant aux types logiques, ils sont notés en indice après les crochets ouvrants.

3. TAL et ALAO

Les LCS correspondantes sont données en (26) :

(26) a. $[_{Event}$ GO$_{Loc}$ ($[_{Thing}$ JOHN],$[_{Path}$ TO$_{Loc}$ ($[_{Position}$ AT$_{Loc}$ ($[_{Thing}$ JOHN],$[_{Property}$ HOUSE])]),$[_{Manner}$ RUNNINGLY])]

b. $[_{Event}$ GO$_{Loc}$ ($[_{Thing}$ JOHN],$[_{Path}$ TO$_{Loc}$ ($[_{Position}$ AT$_{Loc}$ ($[_{Thing}$ JOHN],$[_{Property}$ HOUSE])])])]

Si la réponse attendue est (25a) et que l'apprenant répond (25b), le système détectera qu'il manque [$_{Manner}$ RUNNINGLY] et qu'il n'y a pas d'éléments superflus. La réponse est donc incorrecte. A l'inverse, si la réponse attendue est (25b) et l'apprenant répond (25a), la réponse est acceptée, car l'apprenant n'a rien oublié mais ajouté un élément superflu. Un *feedback* pourra signaler l'oubli ou l'ajout à l'apprenant. Dorr (1997) décrit l'utilisation de LCS pour donner des ordres à l'agent de *MILT*. Les phrases entrées au clavier par l'utilisateur sont ensuite transformées en LCS et comparée avec une réponse attendue.

Pour conclure, nous avons décrit ici le seul système d'ALAO à composante sémantique de cette envergure qui a été développé à notre connaissance. L'utilisation d'un micro-monde permet de restreindre suffisamment la couverture syntaxique. Ce système nécessite un lexique important et cohérent. Bien que nous n'ayons trouvé aucune indication à ce sujet, il est à prévoir que le traitement d'une phrase nécessite un long temps de réponse. Remarquons également que le système ne traite pas le discours. Cependant, la bonne qualité du traitement des réponses est encourageant et pousse à poursuivre les recherches dans le domaine.

3.4.3 Quasi-Logical Forms (QLF)

Les *Formes Quasi-Logiques* (*Quasi Logical Forms*, QLF) sont des structures sémantiques abstraites utilisées par le système de traduction automatique *Core Language Engine* (Alshawi & van Eijck, 1989; Alshawi, 1992). Elles sont un ensemble sous-spécifié des *Logical Forms* (LF; van Eijck & Alshawi, 1992). Les QLF représentent donc un résultat intermédiaire, après une première phase d'analyse d'une phrase, indépendamment de l'influence du contexte. Les questions de portée et la résolution des références restent sous-spécifiées. Nous commençons par décrire les LFs pour ensuite décrire les QLF.

Les LF sont des formes logiques complètement spécifiées qui représentent une des significations possibles d'une phrase. Elles sont basées sur des prédicats et arguments, dans une notation appropriée pour un traitement informatique. Le formalisme reprend la notation de liste de Prolog (Pereira & Shieber, 1987; Covington, 1994, §3.3.4.2). Les variables commencent par une majuscule, les constantes par une minuscule. Une formule est notée sous la forme :

(27) [`<pred>`, `<arg1>`, ..., `<argn>`]

A côté d'opérateurs et connecteurs logiques de premier ordre, il existe des extensions d'ordre supérieur, marquant la modalité (déclaratives, interrogatives, etc.), les modaux, le temps, etc. Les *Quasi Logical Forms* (QLF, Alshawi, 1990) sont basées sur les LF et contiennent des constructions additionnelles pour les quantificateurs à portée non résolue et pour des termes et relations non résolus :

- Les expressions quantifiées à portée non résolue sont dénotées par `qterm(<cat>, <var>, <form>)`. Par exemple, on les utilise pour des quantificateurs ambigus (*aucun assistant, chaque*

3. TAL et ALAO

femme) ou pour des expressions définies comme *la rectrice* ou *ces cinq policiers*.

- Les références non résolues sont dénotées par `a_term(<cat>, <var>, <form>)`. On les utilise pour les pronoms, les réfléchis et les expressions indexicales comme *aujourd'hui* ou *moi-même*.
- Les relations implicites sont dénotées par `a_form(<cat>, <var>, <form>)`. Il s'agit de complément du nom (*le doyen de la faculté*) et des ellipses non résolues (*il en a acheté une plus chère*).

Examinons maintenant l'exemple suivant :

(28) Elle a rencontré un ennemi de George.

```
[past, [imperf, [rencontrer,
    a_term(<t=ref, p=pro, l=elle, n=sing, a=<> >, Y, [femme, Y]),
    qterm(<t=quant, n=sing, l=un>, X,
        a_form(<t=pred, p=genit>, R
            [and, [ennemi, X], [R, George, X]]
        )
    )
]]].
```

FIG. 3.9 – *QLF – représentation de la phrase (28)*

La QLF de la figure (3.9), adaptée de Alshawi *et al.* (1991), commence par les traits de temps, suivi du prédicat. Un premier argument `a_term` dénote le pronom féminin *elle*, attribué à une *femme*, qui est définie par la variable Y. Le deuxième argument est une expression quantifiée indéfinie `q_term`, qui définit l'*ennemi* par la variable X. Cette `q_term` contient elle-même une expression relationnelle `q_form` qui introduit une troisième variable R pour *George*. *George* et *ennemi* sont associés par l'opérateur `and` qui indique qu'ils sont associé par une relation nom/complément (marqué par le trait `genit`).

3.4. Formalismes sémantiques

On constate que la structure des QLF est riche et permet de dénoter les relations entre les éléments porteurs de sens de la phrase (verbe, noms, adjectifs, adverbes, les catégories ouvertes de la langue) en attribuant aux catégories fermées une valeur plus abstraite. De telles structures peuvent être dérivées indépendamment du formalisme syntaxique utilisé. Enfin, il faut noter que l'ordre des arguments est primordial, car la fonction des membres du prédicat n'est pas spécifiée.

Alshawi & Carter (1994) décrivent une application des QLF pour une tâche de désambiguïsation. A notre connaissance, il n'existe aucune application d'ALIAO qui utilise les QLF. Cependant, ce formalisme est suffisamment abstrait et général pour envisager des applications comme celles décrites pour les LCS.

3.4.4 Autres formalismes

Passons maintenant à d'autres formalismes sémantiques utilisés dans des logiciels d'ALAO. Pour son système *ILTS*, Schwind (1988) décrit des règles simples basées sur des prédicats et des compléments, qui permet de vérifier la cohérence sémantique basique des phrases des apprenants.

De son côté, la *Théorie de la Structure Rhétorique (Rhetorical Structure Theory, RST*, Mann & Thompson, 1987; Hovy, 1988; Roussarie, 1998; Sabah & Grau, 2000) permet de représenter la structure de textes, comme outil de planification pour la génération de textes (§3.1.5). Elle peut être rapprochée dans une certaine mesure de la SDRT (§3.4.1). Un texte est découpé en unités reliées par une structure arborescente à l'aide de relations. Les relations sont appelées *Preuve, Antithèse, Justification, Concession, Condition, Circonstance, Motivation* etc. Rizzo *et al.* (2002) utilisent aussi la RST dans un outil intelligent d'aide à l'apprentissage de l'écriture de textes structurés

3. TAL et ALAO

pour enfants locuteurs natifs de l'anglais.

Herr Kommissar (DeSmedt, 1995) est bâti sur un formalisme sémantique *Knowledge Representation System (KRS)*. Les KRS sont un langage de haut niveau qui permet d'encoder les connaissances de manière explicite (Van Marcke, 1987). Ces structures se basent sur une ontologie de 2 500 *concepts* organisés hiérarchiquement et reliés entre eux par des relations unidirectionnelles appelées *sujets*. Les concepts sont basés sur une architecture orientée objet qui permet un mécanisme d'héritage. Le système *Alice* (Cerri *et al.*, 1992) utilise aussi les KRS.

Delmonte (2004) décrit un système sophistiqué d'interprétation du discours pour le système *GETARUNS*, basé sur la *Sémantique Situationnelle*. Le système est capable de faire des interprétations temporelles et d'inférer des indications spatiales. En outre, Frederiksen *et al.* (1992) utilisent une *sémantique relationnelle* dans le cadre d'un système d'ALIAO.

Pour le système *STASEL*, Payette (1990) utilise un formalisme *frame statement* qui est dérivé d'une représentation sémantique du système *Absity* (Hirst, 1987). Les phrases sont décomposées en cadres représentant différents rôles (agent, patient, lieu, provenance, etc.) ainsi que le type énonciatif (question). Payette (1990) adapte ce formalisme afin de décrire la structure stylistique d'une phrase.

SWIM (Zock, 1992) utilise un système de *graphes conceptuels* pour exprimer des idées et les soumettre à un générateur de phrases. Ces graphes représentent le sens sous forme de prédicats et arguments qui peuvent être reliés entre eux par des dépendances hiérarchiques.

Pour interagir avec le micromonde *SAMPRAS*, Michel & Lehuen (2004) utilisent un *lexique conceptuel*. Comme le but est de réaliser une recette de cuisine, les mots sont classés selon leur fonction (ustensile, rangement, récipient, ingrédient, etc.). Le moteur d'inférences est im-

3.4. Formalismes sémantiques

plémenté en *Jess (Java Expert System Shell)*[49], qui est un système expert capable de raisonner selon des règles déclaratives sous forme de faits. Le système est capable de reconnaître l'action à effectuer (et de déterminer si les conditions pour l'effectuer sont présentes) ou de poser des questions pour la réaliser. Le système ne détecte pas les erreurs syntaxiques mais vérifie néanmoins la cohérence.

Didalect (Hermet *et al.*, 2006) cherche à évaluer la compréhension de l'écrit d'apprenants du français en leur posant des questions sur le texte qu'ils ont lu. Le concepteur de questions doit sélectionner une à trois phrases du texte, selon les cas, qui contiennent la réponse à la question. Le système évalue les réponse en constituant trois listes de mots, une contenant les mots présents à la fois dans la réponse et dans la/les phrases modèle, les deux autres contenant les mots présents uniquement dans la phrase modèle ou dans la réponse de l'apprenant. Le dictionnaire des synonymes permet de détecter les relations de synonymie, antonymie, hyperonymie, hyponymie, etc. Le système utilise aussi une analyse par morceaux de la phrase (§3.3.4.3). L'évaluation sémantique de la réponse consiste à évaluer la présence de constituants importants : les ajouts temporels sont considérés comme facultatifs, les adverbes sont moins importants que les adjectifs etc.

Pour un logiciel d'apprentissage du basque, Díaz de Ilarraza *et al.* (1998) prônent une structure d'interlangue (§3.1.6) pour modéliser la connaissance des apprenants et certains phénomènes courants d'erreurs de déviation morphologique. Wilks & Farwell (1992) proposent d'utiliser une interlangue dans un logiciel d'ALIAO. Ils utilisent le formalisme de la sémantique préférentielle (*Preference Semantics*, Wilks & Farwell, 1992), qui consiste en un assemblage de 80 à 100 primitives qui décrivent des entités, des états, des qualités et des actions. Le sens des mots est décrit par des assemblages de primitives appelés

---

49. http://herzberg.ca.sandia.gov/jess/, consulté le 12 novembre 2004.

3. TAL et ALAO

formules. Le but est de choisir une signification dans un ensemble de significations possibles. Il est possible d'éliminer certaines significations incompatibles avec le contexte. Ces mécanismes seraient évidemment très utiles dans le cadre de l'ALIAO.

3.4.5 Discussion

Nous remarquons qu'à quelques exceptions près, les systèmes présentés dans cette section utilisent des formalismes très simples, qui ne vont pas au-delà du niveau de la phrase. Quant aux formalismes plus élaborés, ils nécessitent de grands lexiques, qui ne sont malheureusement pas encore disponibles.

Parmi les logiciels présentés, *MILT* (Holland *et al.*, 1999) est certainement le logiciel le plus élaboré. Il date déjà de plus de 10 ans. Dans le cadre d'applications limitées, les formalismes sémantiques pourraient revenir au goût du jour, grâce aux progrès techniques des processeurs et des mémoires, qui raccourcissent le temps de traitement.

Par ailleurs, l'avenir se trouve peut-être dans l'application de méthodes purement stochastiques comme l'analyse sémantique latente (LSA, §3.1.8 p. 94). Cependant, elles sont utilisées dans le cadre de techniques de traduction ou de résumés et n'ont pas été utilisées pour corriger de relativement courtes productions.

3.5 Formalismes lexicaux

Le lexique est un instrument crucial de notre capacité à produire des énoncés. Il permet de formuler des idées et des concepts et de les associer à des mots. Dans le domaine de l'apprentissage des langues, l'ac-

3.5. Formalismes lexicaux

quisition de vocabulaire est l'un des problèmes centraux avec la maîtrise des structures grammaticales, puisque l'apprenant doit d'abord acquérir un certain nombre de mots, à l'écrit et à l'oral, avant de pouvoir exprimer des idées et communiquer.

Il existe de nombreuses formes de lexiques. On peut distinguer lexiques monolingues et bilingues ou plurilingues. L'information contenue dans les lexiques varie. On trouvera généralement des informations sur la partie du discours et sur la sous-catégorisation syntaxique du mot (compléments du verbe, prépositions utilisées etc.), sur la morphologie (forme canonique et formes fléchies) et sur la phonétique (prononciation). La représentation du sens est délicate : à côté des définitions classiques des dictionnaires, il existe de nombreuses manières de représenter ces informations, dont nous présentons quelques exemples dans cette section.

Les langues divergent fortement au niveau de leurs manières d'exprimer les idées. Les mots ne recouvrent pas forcément les mêmes concepts. Là où nous utilisons un seul mot pour le concept de *neige*, les Inuits ont une vingtaine de termes, voire plus, ce qui s'explique aisément par le contexte où ils vivent. Le français, pour sa part, utilisera des adjectifs modifiant *neige*, comme *mouillée* ou *poudreuse*. Nous avons également déjà largement évoqué la problématique des collocations (p. 81).

Remarquons pour finir que les lexiques ne sont pas une technique de traitement automatique des langues à proprement parler. Ils sont plutôt des ressources qui permettent aux applications de fonctionner. En outre, à l'inverse, certaines techniques d'analyse syntaxique permettent d'extraire certaines informations comme les collocations. Enfin, l'analyse statistique des fréquences de mots est aussi une indication précieuse pour construire les lexiques, pour la traduction et même pour l'analyse syntaxique.

Dans cette section, nous étudions un formalisme puissant de description lexicale, le *Lexique Génératif* (§3.5.1). Nous poursuivons avec les aspects sémantiques de la *Théorie Sens-Texte* (§3.5.2). Ensuite nous abordons un réseau sémantique *WordNet* (§3.5.3). Puis nous décrivons brièvement quelques autres dictionnaires (§3.5.4). Enfin, nous terminons cette section par une discussion générale (§3.5.5).

3.5.1 Le Lexique Génératif

Le lexique génératif (*Generative Lexicon*, Pustejovsky, 1995) présente le lexique comme un ensemble dynamique, où le sens des mots change en fonction du contexte. Pustejovsky postule l'existence d'un ensemble-noyau de sens des mots, qui peuvent être combinés entre eux en syntagmes et clauses afin de former de nouveaux sens. Contrairement aux LCS (§3.4.2), ce noyau n'est pas basé sur des primitives, ni sur des relations entre mots. Chaque mot est constitué par une structure argumentale, une structure événementielle, des relations d'héritage lexical et des *structures de qualia* (*Qualia structure*), qui représentent les différents modes de prédication d'un élément lexical et les relations arguments et événements. Ces structures sont décrites comme "*a system of relations that characterize the semantics of nominals, very much like the argument structure of a verb*" (Pustejovsky & Boguraev, 1993, p. 204). Ces structures comportent quatre rôles. Toute catégorie comprend une structure de qualia, mais tous les éléments lexicaux n'ont pas de valeur pour chacun des rôles. :

- *rôle constitutif* (*constitutive*) : relation entre un objet et ses parties constitutives. Ici, on trouve notamment les matériaux, le poids, les parties et composantes.
- *rôle formel* (*formal*) : propriété qui distingue l'élément dans un domaine plus grand. On trouve ici l'orientation, la magnitude,

3.5. Formalismes lexicaux

la forme, la dimensionnalité, la couleur et la position.
- *rôle télique* (*telic*) : but et fonction de l'objet. On trouve ici le but qu'un agent a de réaliser une action et les fonctions ou buts incorporés dans l'objet qui spécifient certaines activités.
- *rôle agentif* (*agentive*) : facteurs impliqués dans l'origine de l'élément ou de sa cause. Ici on trouve le créateur, l'objet, l'élément naturel et la chaîne causale.

Pour encoder la variation polysémique des mots, Pustejovsky propose un formalisme nommé *Lexical Conceptual Paradigm* (LCP), qui caractérise une entrée lexicale comme une méta-entrée, ce qui permet de saisir les ambiguïtés lexicales. Les LCP ne considèrent pas les mots comme ayant des sens distincts, mais comme différents aspects d'une même méta-entrée lexicale. Le terme *fenêtre* représente des notions d'objet physique, d'ouverture ou les deux à la fois. Dès lors, *fenêtre* aura la LCP suivante :

(29) phys_obj.aperture_lcp =
    {phys_obj.aperture, phys_obj, aperture}

Pour terminer, examinons deux verbes :

(30) a.
$$\begin{bmatrix} \text{tuer} \\ \text{EVENTSTR} = \begin{bmatrix} E_1 = & e_1\text{:process} \\ E_2 = & e_1\text{:state} \\ \text{RESTR} = & <_\alpha \\ \text{HEAD} = & e_1 \end{bmatrix} \\ \text{ARGSTR} = \begin{bmatrix} \text{ARG1} = & \boxed{1} \begin{bmatrix} \text{ind} \\ \text{FORMAL} = & \text{physobj} \end{bmatrix} \\ \text{ARG2} = & \boxed{2} \begin{bmatrix} \text{animate\_ind} \\ \text{FORMAL} = & \text{physobj} \end{bmatrix} \end{bmatrix} \\ \text{QUALIA} = \begin{bmatrix} \text{cause\_lcp} \\ \text{FORMAL} = & \text{dead}(e_2, \boxed{2}) \\ \text{AGENT} = & \text{kill\_act}(e_1, \boxed{1}, \boxed{2}) \end{bmatrix} \end{bmatrix}$$

3. TAL et ALAO

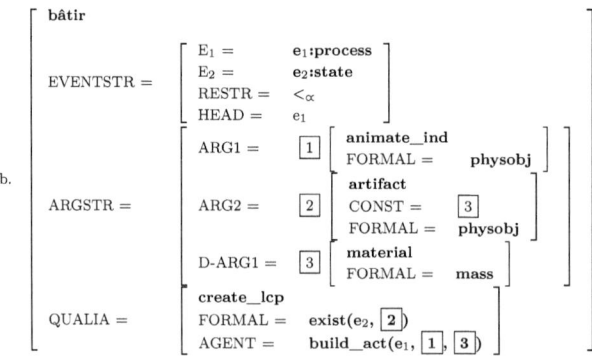

En (30a), ARG1 est un objet indéfini, ARG2 est un objet vivant et animé. L'acte de *tuer* est donc de causer la mort. En (30b), l'acte de *bâtir* est réalisé par un objet animé qui construit un artefact, c'est-à-dire un objet réalisé par un être vivant à l'aide de matériaux. Les matériaux sont un objet par défaut. Après la réalisation de l'acte de bâtir, l'objet existe. Grâce aux règles de composition, des phrases complètes peuvent être décrites au moyen du lexique génératif.

Il n'existe qu'un nombre restreint de réalisations informatiques du Lexique Génératif, qui sont limitées à un domaine peu étendu. Nous citerons les ouvrages de Claveau *et al.* (2001), Claveau & Sébillot (2004) et Namer *et al.* (2007). A notre connaissance, aucune application d'ALAO n'utilise un Lexique Génératif. Dans ce cadre, les relations décrites dans le modèle du lexique génératif pourraient être utiles à plusieurs niveaux. Pour l'acquisition du vocabulaire, les différentes relations encodées dans ce lexique pourraient servir à générer des exercices de vocabulaire. Dans le cadre d'exercices de compréhension de textes, l'accès à un tel lexique permettrait de mieux comprendre le contexte d'utilisation d'un mot. Un analyseur syntaxique pourrait aider à désambiguïser le mot et à choisir la bonne entrée dans le lexique. Inversement, les relations du lexique sont utiles à la désambiguïsation syntaxique, puisque les informations sémantiques contenues dans

3.5. Formalismes lexicaux

le lexique sont riches. Nous avons déjà souligné l'importance des relations sémantiques pour l'analyse syntaxique à la section 3.3 de ce chapitre. Enfin, pour des descriptions sémantiques comme la SDRT (§3.4.1), les LCS (§3.4.2), les QLF (§3.4.3) ou les PSS (§7.1), les informations contenues peuvent aider à la construction des structures ou peuvent aussi aider à la génération d'autres phrase en déterminant des synonymes, antonymes, hyponymes ou hyperonymes, (v. définition p. 183).

Comme tous les formalismes lexicaux, le lexique génératif nécessite une taille de stockage et un nombre d'informations considérables. L'aspect compositionnel du sens et le caractère ouvert du lexique ajoutent aux difficultés de l'approche. Ce formalisme est encore récent, ce qui peut expliquer le faible nombre de réalisations. Nous n'avons par trouvé de référence d'un lexique réellement implémenté, y compris pour la langue anglaise. La richesse des informations contenues dans ce lexique font qu'il est très difficile d'extraire automatiquement des informations exhaustives.

3.5.2 Théorie Sens-Texte

La *Théorie Sens-Texte* (TST, Mel'čuk, 1997; Polguère, 1998; Mel'čuk, 2001) est une théorie linguistique complète qui offre un formalisme aux niveaux sémantique, syntaxique, morphologique et phonétique. A l'exception du côté sémantique, chacun de ces niveaux est divisé en structures profondes et structures de surface. Des processus permettent le passage d'un niveau à l'autre, du sens au texte, c'est-à-dire de concepts à une phrase écrite ou orale. Le niveau syntaxique de surface est représenté sous forme de grammaire de dépendance assez complexe (§3.3.5).

Une représentation sémantique est constituée de trois structures :

- Une *structure sémantique* qui constitue le sens propositionnel de la phrase, de laquelle dépendent les deux autres structures ;
- Une *structure sémantico-communicative*, qui reflète le sens communicatif ;
- Une *structure rhétorique*, qui reflète les intentions du locuteur (ironie, pathétique, niveaux de langage...).

La structure sémantique est un graphe orienté dont les nœuds sont formés d'unités sémantiques ou sémantèmes. Chaque unité est un sens particulier (ou lexie) non ambigu. Kahane (2001) montre que *cheval* (mot simple) *pomme de terre* (mot composé) et *prendre le taureau par les cornes* (expression idiomatique, v. p. 81) forment des sémantèmes, et que des parties du discours de catégorie différente peuvent avoir le même sémantème, comme *partir / départ, durer / pendant*.

Les fonctions lexicales sont un concept clé de la TST. Elles constituent un outil de modélisation des phénomènes collocationnels. Une soixantaine de fonctions modélisent les relations de cooccurrences lexicales. Ces fonctions sont universelles et suffisent à décrire la plupart des collocations dans toutes les langues. Elles servent à donner la ou les lexies qui permettent d'exprimer une fonction particulière en fonction d'une autre lexie. Les fonctions sont nommées d'après des noms latins. Le tableau (3.3) montre quelques fonctions lexicales.

Ces fonctions peuvent être combinées, comme par exemple Magn+Oper(amour) = brûler, se consumer, mourir [d'$\sim$ pour N].

Le cœur de la Théorie Sens-Texte est le *Dictionnaire Explicatif et Combinatoire*, qui encode les informations lexicales. Le dictionnaire est explicatif car il décompose un mot en un ensemble d'éléments constitutifs et il est combinatoire car il décrit la sous-catégorisation du mot, ainsi

3.5. Formalismes lexicaux

Fonction	Utilisation	Exemples
Magn	intensification	**Magn**(*dormir*) = profondément, comme une souche... **Magn**(*blessé*) = gravement, grièvement. **Magn**(*amour*) = ardent. **Magn**$_{temps}$(*amour*) = éternel
Bon	bon, tel que le locuteur approuve	**Bon**(*conseil*) = bon, précieux. **Bon**(*temps*) = beau. **Bon**(*se porter*) = comme un charme
AntiBon	contraire de Bon	**AntiBon**(*victoire*) = à la Pyrrhus. **AntiBon**(*temps*) = de chien
Loc	localisation standard spatiale ou temporelle	**Loc**$_{in/ad}$(*gare*) = en gare$_{train}$, à [art]$_{personnes}$
Oper	verbes support	**Oper**(*remarque*) = faire. **Oper**(*méfait*) = perpétrer. **Oper**(*applaudissements*) = recueillir
Func	autres verbes support	**Func**(*réunion*) = est en cours. **Func**(*responsabilité*) = incombe à. **Func**(*danger*) = menace
Labor	verbes support	**Labor**(*liste*) = mettre N sur ART.
Incep	début action	
Caus	être cause de	

TAB. 3.3 – *TST: quelques fonctions lexicales*

que les fonctions lexicales qui peuvent lui être associées. Le dictionnaires devrait contenir environ un million d'entrées pour le français contemporain. Les quatre volumes parus (Mel'čuk *et al.*, 1984, 1988, 1992, 1999) comprennent les descriptions de 510 vocables du français et 1583 définitions lexicales (Altman & Polguère, 2003), dont la liste est donnée sur le site de l'*Observatoire de Linguistique Sens-Texte* [50].

Passons aux réalisations informatiques. La *BDéf* est une base de données en cours de construction qui vise à informatiser le *DEC* (Altman & Polguère, 2003). *DiCo* (Polguère, 2003) est une base de données dérivée du DEC. Elle décrit les dérivations sémantiques de mots avec d'autres et les *collocations* de la langue. Il existe une application grand public de DiCo appelée *Lexique actif du français* (*LAF*), qui a pour

---

50. http://www.olst.umontreal.ca/, consulté le 10 août 2004.

3. TAL et ALAO

but d'enseigner l'acquisition du lexique. Citons encore les travaux de Rambow & Korelsky (1992) et Visser (1999).

Passons maintenant aux applications possibles de la TST pour l'ALAO. Milićević & Hamel (2005) présentent *Dire autrement*, un dictionnaire de reformulation basé sur la TST. Ce dictionnaire est destiné aux apprenants du français de niveau moyen à avancé, afin qu'ils puissent surmonter les difficultés d'une utilisation idiomatique de la langue en utilisant des paraphrases. Pour cela, il est nécessaire de connaître les relations de collocation d'un mot avec un verbe, avec un intensificateur etc. Il est également utile de connaître les relations d'antonymie, synonymie, nominalisation, verbalisation etc.

Avec des dictionnaires complètement implémentés, une telle théorie permettrait de vérifier des collocations dans des applications d'analyse. Le degré de grammaticalité d'une phrase pourrait ainsi mieux être évalué et des expressions équivalentes pourraient être admises comme correctes. En tant que dictionnaire d'apprentissage, le DEC ou ses dérivés seraient très utiles. Enfin, pour la traduction automatique ou comme aide à la rédaction, des dictionnaires bilingues indiquant les équivalences de traduction seraient une contribution essentielle. Pour le français, l'étendue du lexique pourrait éventuellement s'avérer suffisante pour une utilisation dans une application d'ALAO.

3.5.3 WordNet

WordNet (Fellbaum, 1998; Fellbaum & Miller, 2003) est la base de données lexicales la plus importante pour l'anglais. Les noms, adjectifs, verbes et adverbes sont organisés en ensemble de synonymes qui représentent des concepts sous-jacents (*synsets*). Pour les noms, on dé-

3.5. Formalismes lexicaux

nombre 114 648 mots organisés en 79 689 concepts [51]. *EuroWordnet* est un projet dérivé de *WordNet* pour le néerlandais, l'italien, l'espagnol, l'allemand, le français, le tchèque et l'estonien, achevé en 1999. Ce projet est géré par un consortium européen centralisé à Amsterdam. Il utilise les mêmes *synsets* que *WordNet*. La base française compte 23 000 *synsets* et 49 000 relations entre ces termes.

Certains mots sont organisés en collocations. Les concepts sont organisés de manière hiérarchique. *WordNet* encode de nombreuses relations :

- *synonymie/antonymie* : des sens sont synonymes si la substitution de l'un pour l'autre *dans un contexte donné* ne change pas la valeur de vérité. Un mot F est antonyme d'un G si non-G signifie F. Cependant, *petit* et *grand* sont antonymes mais quelque chose qui n'est pas petit n'est pas forcément grand.
- *hyponymie/hyperonymie* : ces relations sont aussi connues sous le terme de général/particulier. F est un hyponyme de G si F est une sorte de G. A l'inverse, F sera un hyperonyme de G.
- *méronymie/holonymie* (relation partie/tout) : F est un méronyme de G si F est une partie de G.
- *enchaînement causal* : c'est une relation entre verbes. Une action résulte d'une autre, comme par exemple *tuer* et *mourir*.
- *troponymie* : c'est une autre relation entre verbes. Si V1 est une manière de faire V2, alors, V1 est un troponyme de V2.

WordNet est utilisé pour l'extraction automatique de nouveaux concepts et de nouvelles relations entre concepts. Il est également utile pour l'extraction de concordances sémantiques, de taxonomies, pour l'indexation de textes etc. *Wordnet* est aussi utilisé dans le domaine de la correction stylistique (Hirst & St-Onge, 1998; Hirst & Budanitsky,

---

51. Chiffre disponibles sur le site http://www.cogsci.princeton.edu/~wn/, dernier accès le 5 juillet 2004.

3. TAL et ALAO

2005) : le système détecte le mauvais emploi de mots en tenant compte du contexte.

L'utilisation de *WordNet* dans le domaine de l'ALIAO est évoqué par Miller & Fellbaum (1992). Ils relèvent que les mots de deux langues ne se recoupent pas exactement et qu'il est souvent nécessaire de recourir à des adjectifs ou des périphrases pour un concept qui n'existe pas dans la langue cible ou, à l'inverse, que des mots ont plusieurs équivalents. De plus, les mots ne recouvrent parfois pas exactement le même concept ni le même cadre de sous-catégorisation. Pour une aide à l'apprentissage, Miller & Fellbaum (1992) préfèrent l'utilisation d'un réseau sémantique monolingue en langue seconde pour favoriser l'acquisition lexicale. Quant à Agirre *et al.* (1998), ils utilisent un calcul de proximité de sens pour présenter le meilleur choix en premier dans un correcteur d'orthographe.

TAEMA (Traitement Automatique de l'Écriture de Mots Affectifs, Buvet & Issac, 2006) est un outil d'apprentissage des expressions affectives (domaine de l'amour, de la sympathie etc.) qui nécessitent l'emploi d'expressions figées. Le système est capable de générer une série de phrases représentant la même idée. Zock (2006) propose quant à lui d'utiliser un dictionnaire qui dispose de liens associatifs pour aider les apprenants à exprimer leurs idées à l'aide d'un outil de génération (§3.1.5). *TAGARELA* (Bailey & Meurers, 2006) compare les lemmes de mots qui ne se trouvent pas dans la réponse attendue par le système afin de détecter les synonymes. Enfin, pour le système *SigmaStar* d'enseignement sur téléphones mobiles, Ott *et al.* (2005) utilisent le dictionnaire *GermaNet* (Lemnitzer & Kunze, 2002) dérivé de *WordNet*.

Pour conclure, nous constatons que *WordNet*, le formalisme lexical le plus répandu et le plus développé, est également le plus utilisé dans le monde de l'ALAO. L'étendue des lexique est essentielle pour une utilisation pédagogique ; plus il y a de mots dans un lexique, plus il y a de chances de retrouver les mots d'un texte.

3.5.4 Autres outils lexicaux

Décrivons maintenant quelques autres outils lexicaux. Commençons par les applications de dictionnaires. Le *Trésor de la Langue Française* (TLF) est le dictionnaire électronique le plus complet (Dendien & Pierrel, 2003; Bernard *et al.*, 2004), disponible en CD-ROM ou sur *Internet*. Il compte 100 000 mots, 450 000 entrées et 500 000 citations précisément identifiées. Le *Dictionnaire d'Apprentissage du Français Langue Etrangère ou Seconde* (DAFLES) est conçu comme un outil d'apprentissage innovant qui facilite l'accès à l'information de manière différente que les traditionnels dictionnaires sur papier (Selva *et al.*, 2003)[52]. Les informations sont filtrées selon les besoins. On trouve de nombreuses collocations et des listes associatives d'actants, comme *scrutin, vote, élu, corps électoral, électeur* etc. pour *élection*. *Alfalex (Actieve Leeromgeving Frans voor Anderstaligen - LEXicon*, Verlinde *et al.*, 2003) est un environnement actif d'apprentissage du français langue étrangère pour néerlandophones, inspiré du DAFLES et d'*AlexiA* (Selva & Chanier, 2000).

Le projet multilingue *Papillon*[53] (Mangeot & Thevenin, 2004) est une base lexicale multilingue de l'allemand, l'anglais, du français, du japonais, du malais, du lao, du thaï, du vietnamien, du chinois, etc. établi sur une base collaborative (Dillenbourg, 1994; Chapelle, 2003), dont Zock (2006) propose une application pédagogique. Citons encore les travaux de Tschichold & ten Hacken (1998); ten Hacken & Tschichold (2001) et Hamel *et al.* (1995); Singleton *et al.* (1998). Enfin, les réseaux

---

52. Le DAFLES est disponible à l'adresse http://www.kuleuven.ac.be/dafles/, dernier accès le 30 juillet 2004.
53. http://www.papillon-dictionary.org/, consulté le 30 octobre 2004.

sémantiques pourraient également fournir des aides intéressantes pour l'apprentissage (Wilks & Farwell, 1992; Ji *et al.*, 2003).

3.5.5 Discussion

Dans cette section, nous avons brièvement discuté de l'utilité des lexiques dans l'apprentissage des langues. Ils sont importants à deux titres : (i) en tant que tels, ils peuvent constituer une aide à la rédaction et à l'apprentissage ; (ii) combinés à d'autres outils de TAL, ils peuvent aider à la correction automatique et vérifier si la réponse de l'apprenant est compatible avec la réponse attendue par le système.

Parmi les formalismes lexicaux d'une certaine envergure, *WordNet* (§3.5.3) est le plus étendu. Le *Lexique Génératif* (§3.5.1) est un formalisme très compliqué et difficile à bâtir, qui n'a pas été réellement implémenté sur ordinateur. Le lexique de la *Théorie Sens-Texte* (§3.5.2) est également difficile à construire et à définir, mais pour le français, le lexique a une étendue qui pourrait s'avérer utilisable en ALAO. Enfin, nous pouvons aussi mentionner le *Trésor de la Langue Française*, qui est un dictionnaire performant et utile. D'autres applications fournissent des lexiques de moindre envergure. Les applications de type dictionnaire fournissent des indications utiles sur les collocations et les relations telles que l'hyponymie ou l'hyperonymie. Par contre, les réseaux sémantiques permettent de découvrir des relations de proximité entre mots. A notre sens, les deux types d'outils sont utiles et peuvent se compléter. Relevons enfin que les liens hypertextes et les possibilités d'affichage et de représentation des informations offrent une plus-value indéniable aux supports électroniques par rapport aux versions papier classiques.

3.6 Conclusion

Dans ce chapitre, nous avons examiné les techniques de traitement du langage, et en particulier leur application au domaine de l'ALIAO. Nous avons pu constater que, plus les applications sont de haut niveau, plus elles sont sensibles aux erreurs, qui sont légion dans des productions des apprenants. Issac & Hû (2002) soulignent qu'un petit gain en performance des outils d'intelligence artificielle entraîne un très fort accroissement de la complexité du système. Or il est impératif de pouvoir disposer d'outils fiables, robustes et rapides.

En outre, dans de nombreux domaines, les outils de TAL se heurtent à l'écueil de la compréhension des énoncés et de la connaissance du monde. Certes, les performances des outils de TAL sont plus probantes si l'on restreint le vocabulaire, les structures syntaxiques disponibles et les tâches à effectuer. Pourtant, les apprenants d'une langue étrangère ont toujours besoin de capacités générales de production et de compréhension, et cette capacité doit notamment être acquise par la consultation de documents authentiques, écrits ou oraux. Or il est plutôt préjudiciable à l'enseignement et frustrant pour l'enseignant de devoir choisir des documents en fonction du degré de couverture des outils et non en fonction des capacités du public cible ou du niveau que les apprenants doivent atteindre.

Ainsi, de nombreux efforts ont été déployés dans le domaine du TAL, avec des progrès de niveau très inégal en fonction des sous-domaines. Les domaines les plus utilisés dans l'ALAO sont par conséquent la synthèse (§3.1.4) et la reconnaissance vocale (§3.1.3), l'étiquetage (§3.1.2), les concordanciers (§3.1.7), les applications lexicales et, dans une moindre mesure, l'analyse syntaxique et la détection d'erreurs (§3.3). De manière un peu pessimiste, Bailin (1995) souligne que les coûts de production de systèmes d'ALIAO sont considérables et qu'ils

3. TAL et ALAO

apportent encore peu de bénéfices et d'acquis pour l'enseignement. Quant à Goodfellow *et al.* (2001), ils constatent que l'analyse de bas niveau au niveau lexical peut constituer une bonne alternative à la trop faible qualité des outils de TAL disponibles pour l'ALAO. Ils proposent de se concentrer sur les mots de vocabulaire utilisés par les apprenants en se basant sur les fréquences de mots.

Par contre, dans un bilan des projets parus dans le domaine du traitement des langues appliqué à l'ALIAO de 1978 à 2004, Heift & Schulze (2005) constatent que les programmes affichent des ambitions plus réalistes. L'accent est désormais mis sur la modélisation de l'apprenant et la remédiation, tout en poursuivant la tâche initiale de repérer les erreurs des apprenants. Des agents intelligents qui ciblent des tâches précises valent mieux que de grands systèmes qui visent une couverture étendue de la langue.

Pour notre part, nous soulignons que des progrès significatifs ont été faits dans la plupart des domaines évoqués. L'ALAO et le TAL sont des disciplines encore jeunes qui n'ont pas encore atteint la maturité du fait de la complexité de la langue. Les techniques utilisées sont encore expérimentales. C'est pourquoi nous n'avons présenté pratiquement que des prototypes de recherche, à l'exception de certains correcteurs commerciaux, du logiciel *Herr Kommissar* (DeSmedt, 1995) et de logiciels basés sur la reconnaissance vocale. Nous préférons pourtant montrer un optimisme relatif et pointer les bénéfices potentiels ou réels plutôt que d'insister sur les faiblesses des outils et leur caractère inachevé.

Comme pistes de recherche pour l'avenir, mentionnons d'abord l'utilisation de ressources de bas niveau comme aides à l'élaboration d'exercices, comme le fait le projet *MIRTO* (Antoniadis *et al.*, 2004b). Ces ressources permettent un gain de temps appréciable pour les concepteurs d'exercices et peuvent apporter une aide à l'apprentissage pour les apprenants. Les techniques de correction basées sur les étiqueteurs

3.6. Conclusion

sont aussi une approche intéressante, qui permet assez rapidement à des non-informaticiens de bâtir des règles d'erreurs.

Par ailleurs, à partir d'un certain niveau, les apprenants peuvent se montrer des alliés efficaces pour aider les outils de diagnostic. En répondant à des questions simples, ils peuvent préciser leurs intentions et aider la désambiguïsation. Il faut toutefois éviter que l'apprenant perde trop de temps dans ce processus.

Enfin, didacticiens, informaticiens, linguistes et psychologues doivent travailler ensemble pour améliorer l'efficacité des interfaces et des diverses représentations des phrases, afin d'améliorer l'apprentissage. L'informatique permet de présenter rapidement de nombreuses informations sur la structure des phrases et sur les mots, ce qu'un correcteur humain n'a pas le temps de faire sur le papier. De plus, des mises en évidence par des animations remplacent avantageusement les dessins au tableau noir ou au rétroprojecteur.

3. TAL et ALAO

CHAPITRE 4

LE PROJET FREETEXT

Dans ce bref chapitre, nous présentons le projet FreeText [1], dans le cadre duquel les recherches présentées dans cet ouvrage ont été réalisées en grande partie. Ayant duré d'avril 2000 à mars 2003, FreeText a consisté à développer un prototype de logiciel d'ALIAO pour apprenants du français langue étrangère, de niveau intermédiaire à avancé (Vandeventer, 2001; Granger *et al.*, 2001; Hamel & Girard, 2004; L'haire, 2004, etc.). Le logiciel était destiné tant à des apprenants dans un cadre privé qu'à des institutions éducatives ou même à des entreprises, plutôt orienté vers la lecture et l'écriture et peu vers la compréhension et l'expression orale. Sa grande originalité était de

---

1. Voir http://www.latl.unige.ch/freetext/, dernière consultation le 2 août 2009. Le projet FreeText relève du programme IST du 5e programme-cadre de la Commission Européenne, contrat IST-1999-13093. Le volet suisse du projet FreeText reçoit le soutien financier de l'Office Fédéral de l'Education et de la Science, contrat 99.0049. Le contenu de cet article n'engage que ses auteurs et ne représente pas l'opinion de la Communauté Européenne. La Communauté Européenne n'est pas responsable de l'usage qui pourrait être fait des données figurant dans cet article. Les informations de ce document sont présentées telles quelles et aucune garantie n'est donnée que ces informations sont adéquates pour n'importe quelle utilisation particulière. Dès lors, l'utilisateur emploie ces informations à ses propres risques.

4. Le projet FreeText

prévoir l'emploi de nombreux outils de TAL comme aides à l'apprentissage : conjugueur, correction orthographique, analyse syntaxique, détection d'erreurs syntaxiques, traduction automatique, comparateur de phrases et reformulateur de phrases.

Le projet **FreeText** a réuni les partenaires suivant :

- Département d'Ingénierie de la Langue du *University of Manchester Institute of Science and Technology* (UMIST), chargé du contenu didactique et de la coordination administrative et financière ;
- Département de Linguistique, Université de Genève, chargé du développement des outils de traitement automatique des langues (à l'exception du correcteur orthographique et de la traduction automatique) et de la coordination scientifique ;
- Le *Centre for English Corpus Linguistics* de l'Université Catholique de Louvain (UCL), chargé de la récolte et de l'étiquetage du corpus et de l'évaluation du logiciel et des outils ;
- Softissimo SARL, Paris, partenaire industriel, chargé des outils de correction orthographique et de traduction automatique et de la réalisation du prototype.

La suite de ce chapitre se présente comme suit. Tout d'abord, nous présentons l'ensemble du projet (§4.1). Puis nous détaillons les différentes composantes (§4.2). Enfin nous terminons par un bilan et des discussions (§4.3).

4.1 Présentation générale

Dans cette section, nous décrivons le projet **FreeText** dans son ensemble. Le logiciel est basé sur une approche communicative et se concentre sur les marques linguistiques qui distinguent et organisent différents types de textes qui ont diverses intentions énonciatives (Hamel & Girard, 2004). **FreeText** contient quatre tutoriels [2] présentant 16 documents multimédias authentiques, qui servent à illustrer divers actes de langage et autour desquels des activités sont proposées. Les textes choisis proviennent de diverses régions de la francophonie. Les quatre tutoriels sont :

- *(s')informer* : les textes de type informatif sont destinés à donner une information au destinataire. On y trouve un *curriculum vitæ*, un reportage télévisé, un article de magazine et un article d'encyclopédie sur la francophonie ;
- *(faire) réagir* : les textes argumentatifs sont destinés à faire acheter un produit ou à faire adhérer le destinataire à l'opinion qui y est présentée. On y trouve un extrait de site *web* d'un mouvement politique, un éditorial de quotidien, un extrait de film de fiction et une publicité télévisée ;
- *(se) raconter* : les textes narratifs sont destinés à rapporter des événements réels ou fictifs qui ont eu lieu dans un passé proche ou lointain. On y trouve un extrait de roman, un extrait de site *web*, un extrait de film et un article de presse sur un fait divers ;
- *(faire) agir* ; les textes injonctifs ou persuasifs sont destinés à transmettre des conseils, des ordres, des recommandations, etc. On y trouve un extrait de site web, un article d'hebdomadaire, un extrait de guide touristique et un extrait de film.

---

2. Un cinquième tutoriel, *(se) parler*, devait aborder le dialogue, notamment les marques de l'oral dans les textes écrits. Le consortium a renoncé à produire ce tutoriel, notamment en l'absence d'un logiciel de reconnaissance vocale (§3.1.3) et de la difficulté de produire une rétroaction intelligente à l'aide de cette technique. Nous pouvons ajouter qu'il aurait été difficile de tenir la comparaison avec des logiciels commerciaux disponibles sur le marché, qui bénéficient de moyens sans commune mesure avec ceux d'un projet de recherche.

4. Le projet *FreeText*

Les différents documents sont présentés par une capture d'écran, un *fac simile* ou une vidéo. Les enseignants ont la possibilité d'introduire de nouveaux documents dans un tutoriel personnalisé et de créer de nouveaux exercices. Autour de chaque texte, de nombreuses activités sont proposées. Au total, **FreeText** compte 550 exercices de 16 types différents. Les activités appartiennent à quatre domaines :

- *Compréhension* : les activités concernent le sens du texte (vocabulaire, culture...) ;
- *Exploration* : à travers le texte, l'apprenant doit découvrir divers points de grammaire et identifier certains contenus à l'aide de questionnaires à choix multiples. Les points à identifier sont le destinateur, le destinataire, la mise en contexte pour remplir la fonction du texte (emploi des modes, adjectifs, adverbes, etc.), l'organisation de la phrase (phrases simples ou complexes, ponctuation, etc.) et celle du texte (structure globale, repères spatio-temporels).
- *Manipulation* : ici, on trouve les exercices traditionnels des tutoriels (QCM, textes à trous, etc.).
- *Création* : l'apprenant doit écrire des textes de longueur moyenne en pastichant le texte présenté.

Un corpus d'erreurs authentiques d'apprenants du français (*French Interlanguage Database*, FRIDA, Granger *et al.*, 2001; Granger, 2003) a également été récolté, avec des erreurs d'apprenants anglophones, néerlandophones et d'autres provenances, avec différents niveaux de langue et niveaux d'étude (universitaires ou écoles secondaires). Ce corpus contient 492 808 mots. Les erreurs ont été partiellement balisées sous la forme de balises *XML* [3] d'après une typologie précise des

---

3. V. §2.4.5. Les documents ne sont toutefois pas conformes aux spécifications de validité du formalisme *XML*.

4.1. Présentation générale

erreurs. Au total, 322 964 mots ont été inclus dans le corpus balisé, dont 46 241 comportaient une erreur, soit 14,3%.

Les dix erreurs les plus fréquentes sont, par catégories d'erreur :

- Erreurs de forme :
    - erreurs d'orthographe autres que les diacritiques, la casse, l'agglutination et les homonymes ;
    - erreurs de diacritiques ;
    - erreurs de casse.
- Erreurs de grammaire :
    - erreurs de genre ;
    - erreurs de nombre ;
    - erreurs de classe : confusion de catégories ou sous-catégories lexicales.
- Erreurs lexicales :
    - erreurs de signification.
- Erreurs de syntaxe :
    - mots manquants ;
    - mots redondants.
- Erreurs de ponctuation :
    - oubli de ponctuation.

Ce corpus a été utilisé dans le projet de deux manières :

- création d'outils de référence et d'exercices ciblés vers les erreurs fréquemment commises par les apprenants ;
- adaptation des outils de diagnostic d'erreurs vers les erreurs les plus fréquentes et création d'un corpus de test pour évaluer l'efficacité de ces outils.

4. Le projet *FreeText*

Remarquons pour terminer que ce projet a bénéficié d'une approche pluridisciplinaire et a fait l'objet d'une phase d'évaluation. Nous reviendrons sur ces aspects en fin de chapitre.

4.2 Un tutoriel intelligent

FreeText offre des outils de traitement automatique des langues et peut être considéré par conséquent comme un logiciel d'ALIAO. Nous avons donc choisi de présenter le logiciel comme un tutoriel intelligent (§2.4.4) et de décrire les différents modules qui composent traditionnellement les logiciels intelligents, même si le logiciel n'est pas construit selon cette architecture et ne fait pas collaborer ses différentes composantes. Nous reviendrons sur ces aspects à la section 4.3.

Dans cette section, nous décrivons le module expert (§4.2.1), le module de l'apprenant (§4.2.2), le module pédagogique (§4.2.3) et le module d'interface (§4.2.4).

4.2.1 Module expert

Le module expert est la composante essentielle des tutoriels intelligents. Afin de fournir des outils d'apprentissage efficaces et d'apporter une rétroaction intelligente aux apprenants, **FreeText** dispose d'une série d'outils de traitement des langues. Le module expert permet de fournir une rétroaction intelligente aux apprenants pour les exercices dont les réponses sont libres. Par ailleurs, d'autres outils de traitement automatique des langues offrent des aides diverses à l'apprentissage.

Tout d'abord, un correcteur orthographique (§3.2) permet de corriger essentiellement les erreurs typographiques et phonétiques. Nous uti-

4.2. Un tutoriel intelligent

lisons le correcteur orthographique du correcteur grammatical *Hugo 2000* (Burston, 1995 1996), [4] développé par le partenaire *Softissimo* et très légèrement adapté pour des apprenants du français langue étrangère [5]. Puis un analyseur syntaxique procède à l'analyse grammaticale et à la détection d'éventuelles erreurs. Nous présenterons en détail ces modules au chapitre 5. Enfin, le projet prévoyait un vérificateur "sémantique" et un reformulateur de phrase [6]. Le fonctionnement des outils est résumé par la figure (4.1).

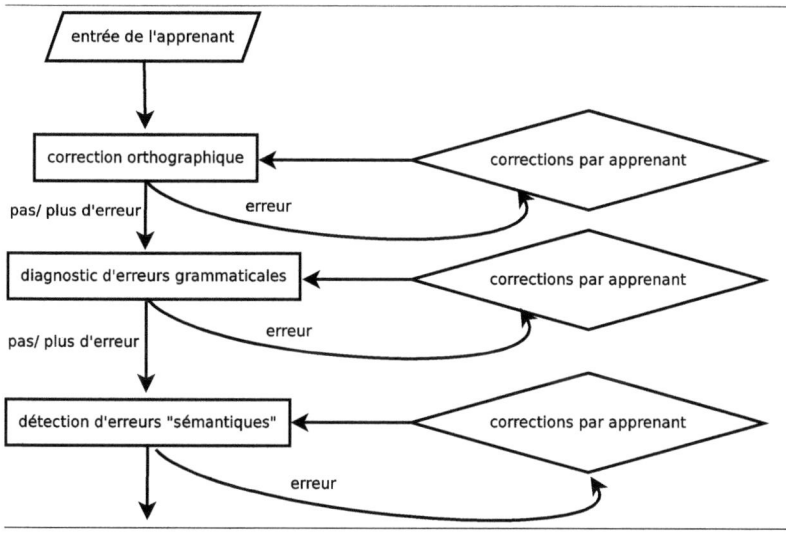

FIG. 4.1 – *FreeText: fonctionnement des outils de diagnostic*

Parmi les aides à l'apprentissage, un conjugueur (§3.1.1.4) permet

---

4. Cet article porte sur une version obsolète. Très brève description du logiciel ici http://www.softissimo.com/products/hugo.htm (dernier accès le 7.8.2012).

5. En parallèle, une autre équipe a développé un correcteur expérimental *FipsCorr* (Ndiaye & Vandeventer Faltin, 2003, 2004), qui n'a finalement pas été retenu par décision du consortium du projet. Nous avons continué le développement de ce correcteur sur le nom de *FipsOrtho*, qui fait l'objet du chapitre 6.

6. Nous avons commencé à développer une partie de ces outils (§7), mais le consortium a considéré que l'ampleur du développement d'autres parties du projet avait été sous-estimée et que l'effort devait être porté sur les outils-phares du projet plutôt que sur des développements expérimentaux.

4. Le projet *FreeText*

d'accéder aux conjugaisons des verbes. L'apprenant peut entrer une forme verbale quelconque et consulter la conjugaison complète du ou des verbes concernés. Par ailleurs, l'outil de visualisation d'analyse syntaxique en couleurs (§5.3.2) et le diagnostic d'erreurs (§5.3.3) renvoient tous deux aux conjugaisons des verbes de la phrase. En outre, l'apprenant peut soumettre n'importe quelle phrase au synthétiseur vocal *FipsVox* (§§3.1.4, 5.1), dont nous avons ralenti le débit et augmenté l'amplitude prosodique. Enfin, l'apprenant dispose en tout temps d'un lien vers le traducteur automatique en ligne *Reverso* (§3.1.6), également développé par *Softissimo*, qui ne fonctionne que dans le sens français vers anglais, espagnol et allemand.

Pour conclure, nous pouvons remarquer que ce module est très étendu et tire parti des nombreux outils développés par les divers membres du consortium. Il offre une richesse et un nombre d'outils considérables par rapport aux logiciels que nous avons étudiés (§2). Dans les chapitres suivants, nous reviendrons sur ces outils et sur leur potentiel d'utilisation, en détaillant leur efficacité.

4.2.2 Module de l'apprenant

Le module de l'apprenant a pour rôle de récolter les données de l'apprenant afin d'adapter les stratégies du logiciel. Dans **FreeText**, toutes les activités de l'apprenant sont répertoriées dans une base de données. On y trouve les réponses aux exercices, le nombre de tentatives, le pourcentage d'exercices effectués, ainsi que le contenu des appels aux outils d'aide et de la grammaire de référence. La date et l'heure de chaque élément est notée. Par contre, les erreurs détectées par le diagnostic d'erreurs ne sont pas enregistrées. Malheureusement, aucune information personnelle sur les apprenants eux-mêmes n'est enregistrée dans la base, à part le groupe dont fait partie l'apprenant dans le cadre d'une utilisation en classe.

Ce module ne remplit qu'une petite partie des tâches habituellement remplies – ou, plutôt, qu'on aimerait voir remplies – par le module de l'apprenant d'un logiciel d'ALIAO. Ainsi, les informations sur les apprenants ne sont pas assez fines. Il serait bon d'avoir des informations sur le sexe, l'âge et la langue première de l'apprenant, ne serait-ce qu'à des fins de recherche. Ensuite, lorsqu'un outil offre un diagnostic, celui-ci devrait être enregistré, avec le type d'erreur, la ou les catégories lexicales en jeu, l'identifiant de l'exercice et de la réponse, afin de pouvoir retrouver le contexte [7]. De même, les appels à la grammaire de référence devraient être référencés, avec un formalisme le plus proche possible du marquage du diagnostic d'erreurs, afin de pouvoir mesurer comment l'apprenant utilise les différents outils et sa progression éventuelle.

4.2.3 Module pédagogique

Le module pédagogique gère habituellement les outils d'aide à l'apprentissage et la stratégie pédagogique des logiciels intelligents. Les outils intelligents de **FreeText** sont sa principale aide à l'apprentissage, avec essentiellement la visualisation de la structure des phrases et la visualisation des erreurs. Le prototype fournit aussi un glossaire, des explications de vocabulaire et une grammaire de référence complète destinée aux apprenants, adaptée du formalisme grammatical des Principes & Paramètres (Chomsky & Lasnik, 1995, §3.3.5), liée aux textes et exercices du tutoriel et ciblée sur les erreurs typiques des apprenants

---

[7]. Idéalement, les enseignants devraient même pouvoir marquer un diagnostic incorrect, voire le corriger, afin de permettre de mesurer le taux d'erreur des outils. De même, si une erreur n'a pas été marquée, il faudrait également pouvoir la signaler.

4. Le projet FreeText

d'après l'étude du corpus [8] (Walther Green, 2002). Enfin, un mentor sous forme d'un crayon animé guide l'apprenant en lui suggérant des activités à faire ou l'utilisation des différents outils linguistiques.

FreeText dispose de 16 types d'exercices différents : création de textes (questions ouvertes, dictées, ...), textes lacunaires, QCM, etc.

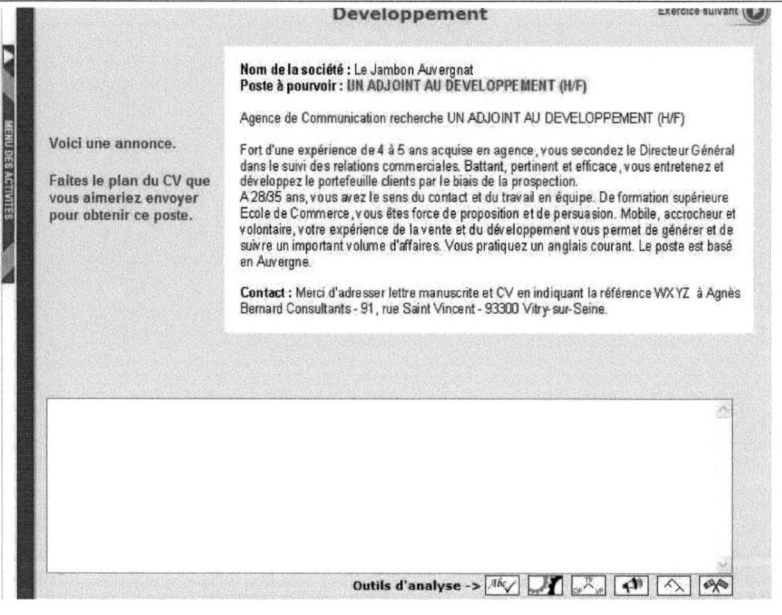

FIG. 4.2 – *FreeText: exercice à réponse ouverte*

Seuls les exercices de la première catégorie sont corrigés par les outils de diagnostic. Nous reviendrons au chapitre 5 sur les diverses aides à l'apprentissage offertes grâce au diagnostic d'erreur et sur les améliorations possibles. Bornons-nous pour l'instant à regretter que l'outil de synthèse vocale n'offre pas une transcription de la phrase prononcée

---

8. Les textes des tutoriels n'étaient hélas pas tous choisis et le corpus n'était pas complet au moment de la rédaction de la grammaire, au début du projet.

4.2. Un tutoriel intelligent

avec l'alphabet phonétique international [9], comme c'était le cas dans le projet SAFRAN (Hamel & Vandeventer, 2000).

Pour conclure, nous pouvons constater que FreeText n'a pas de réel module pédagogique. En effet, le logiciel est organisé en tutoriels thématiques sur une approche communicative et non grammaticale. Il n'y a pas de progression ni d'objectifs chiffrables à atteindre et le contrôle de la navigation est entièrement laissé aux apprenants. Il serait dès lors difficile de proposer des activités en fonction des résultats de l'apprenant. Par contre, des améliorations sont possibles : comme nous le verrons au chapitre 5, il serait utile d'utiliser les résultats du diagnostic d'erreurs pour orienter l'apprenant directement vers des explications pour l'aider à remédier à ses erreurs et à les corriger.

4.2.4 Module d'interface

FreeText est à la fois disponible sur *Internet* et en application autonome tournant sous le système d'exploitation *Windows* [10]. Pour les utilisations en salle de classe (*intranet*) ou sur *Internet*, le logiciel doit être installé sur un PC ou un serveur sous *Windows* branché sur un réseau informatique.

Pour les tutoriels, un menu escamotable permet aux apprenants d'accéder aux différentes activités, comme l'illustre la figure (4.3). Des onglets permettent de basculer entre les différents domaines d'activité (§4.1). Les outils linguistiques sont accessibles en tout temps dans une seconde fenêtre du navigateur. Outre les tutoriels, le logiciel dispose d'un module statistique, accessible aux apprenants et aux ensei-

---

9. http://www.langsci.ucl.ac.uk/ipa/, dernière consultation le 16.8.2009.
10. Le logiciel tourne grâce au paquet *EasyPhp* (http://www.easyphp.org/, dernière consultation le 12.8.09). Les différents outils fonctionnent grâce à des programmes exécutables *CGI*. Pour des raisons techniques, le logiciel n'est compatible qu'avec le navigateur *Internet Explorer*.

4. Le projet FreeText

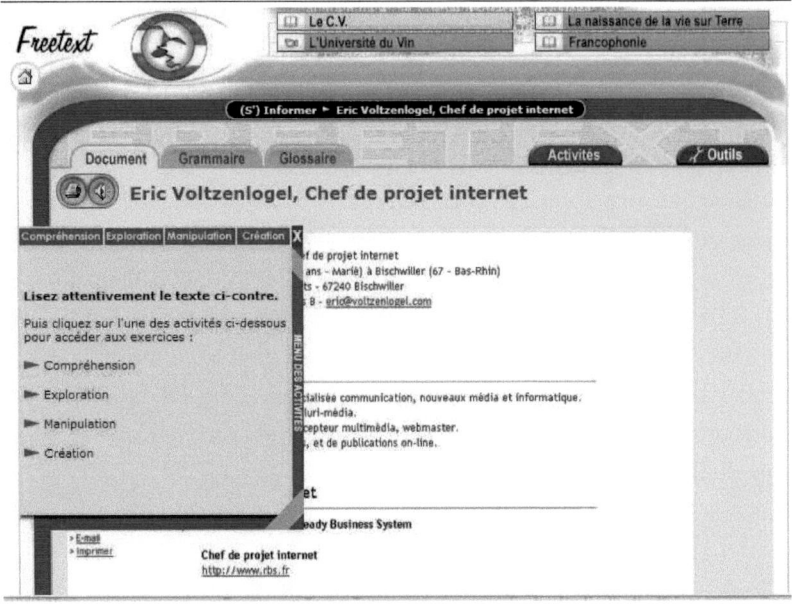

FIG. 4.3 – *FreeText: tutoriel*

gnants, ainsi que d'une interface de mise à jour pour que les enseignants puissent introduire de nouveaux documents. Enfin, une visite guidée offre un tour d'horizon des caractéristiques du logiciel pour les apprenants à travers des captures d'écran animées et commentées.

Pour conclure, en tant que lien entre les différents modules, le module d'interface joue un rôle central. Il tire plutôt bien parti des technologies à disposition au moment de sa conception. Toutefois, il est regrettable que le logiciel ne puisse pas fonctionner sur tous les navigateurs. De plus, le code n'est pas conçu de manière optimale et modulaire, ce qui empêche l'évolution vers des versions ultérieures de *PHP*, ce qui est souvent nécessaire, voire impératif, pour corriger les failles de sécurité.

4.3 Bilan et discussion

FreeText a fait l'objet d'évaluations variées, tant à l'interne qu'à l'externe du projet. Commençons par les évaluations externes. Tout d'abord, une version préliminaire du prototype a été évaluée par des enseignants. Par ailleurs, certains enseignants ont accepté de faire utiliser le logiciel par leurs apprenants. Toutes les interactions ont été enregistrées par le système de traçage du logiciel. En outre, les apprenants ont été invités à remplir un questionnaire sur divers aspects du logiciel. Les principaux enseignements de cette évaluation ont été le bon accueil des exercices, à part les exercices de création. On a également noté un accueil mitigé pour les exercices dont les réponses étaient évaluées par comparaison avec une réponse modèle. Les outils de diagnostic ont été jugés intéressants mais pas totalement fiables. Globalement, le logiciel a été jugé agréable à utiliser et les apprenants ont jugé à 70% qu'il pouvait les aider à s'améliorer.

En outre, des enseignants familiers avec l'ALAO, des experts en technologie de l'information et un expert en ALAO ont été sollicités pour tester le prototype dans son état quasi final. Leur évaluation a souligné quelques insuffisances techniques dues aux difficultés d'accéder à certains outils ou à des vidéos trop longues à télécharger. L'approche pédagogique a reçu des avis positifs, à la nuance près que l'aspect de la compréhension et de l'expression orale était insuffisamment abordé. Les outils de vérification orthographique et de diagnostic d'erreur ont été davantage critiqués. Le niveau a été jugé trop élevé pour des apprenants de niveau intermédiaire. Mais globalement le prototype a été jugé adéquat pour un complément à l'utilisation en classe et pour des exercices de remédiation. Des professeurs de français ont également testé le synthétiseur (Cassart et al., 2002) et ont déploré la mauvaise qualité de la synthèse ainsi que de trop nombreuses erreurs de prononciation, qui n'apportaient aucune plus-value au logiciel, voire pou-

4. Le projet *FreeText*

vaient induire les apprenants en erreur.

Par ailleurs, une évaluation comparative a été réalisée par une experte externe, qui a comparé **FreeText** avec deux logiciels commerciaux d'apprentissage du français, *Tell me More* [11] et *Interaktive Sprachreise* [12]. Enfin trois évaluations qualitatives, pour chaque année du projet, ont été produites par un expert externe.

Passons aux évaluations internes : de nombreuses validations ont été effectuées par d'autres équipes que celle responsable de la partie évaluée. Les tutoriels eux-mêmes ont été notamment évalués sur le plan de la pertinence des contenus, des erreurs, de l'adéquation des exercices avec les différents buts, ainsi que de la cohérence des notions avec la grammaire de référence. Le correcteur orthographique et le diagnostic d'erreurs ont également été validés à l'interne : à deux reprises, des phrases extraites de l'évaluation du prototype par des apprenants ont été soumises aux outils et leurs résultats ont été comparés avec une correction manuelle. L'évaluation a notamment montré que le diagnostic d'erreurs fonctionnait correctement pour l'orthographe, la flexion, l'euphonie, le nombre et la personne, mais que des progrès devaient être faits pour la classe, l'ordre des mots, le genre et la confusion.

En outre, la synthèse vocale a aussi été testée, en demandant à des apprenants de comparer des phrases prononcées par la synthèse vocale avec la même phrase prononcée par des locuteurs natifs, en transcrivant phonétiquement et orthographiquement ce qu'ils entendaient [13]. Cette évaluation a relevé des erreurs de prononciation, notamment pour des mots entièrement en majuscules non accentuées ou pour des

---

11. http://fr.tellmemore.com/, dernier accès le 16.11.2009.
12. http://www.digitalpublishing.de/, dernier accès le 16.11.2009.
13. L'étude n'a pas testé les progrès des apprenants, tout en relevant qu'une telle évaluation serait nécessaire. Le dispositif de test devrait diviser, comme c'est l'usage, les apprenants en deux groupes, l'un utilisant la synthèse vocale et l'autre des fichiers enregistrés par des locuteurs natifs. Les performances seraient mesurées à l'aide d'un pré- et d'un post-test.

4.3. Bilan et discussion

erreurs de résolution d'abréviations et d'homophones, ainsi que des lacunes dans le lexique. Le test a également révélé que la synthèse vocale convenait mal pour prononcer des dialogues. Par contre, le synthétiseur est adéquat pour lire des textes et les instructions du logiciel. Cependant, l'évaluation a relevé qu'il était hautement recommandé de tester la synthèse en introduisant de nouveaux document et exercices, afin de vérifier la présence d'erreurs. Elle a aussi souligné qu'il serait souhaitable de tirer partie des indications fournies par la mise en forme du texte, telles que les listes ou les titres. Enfin, il est paru indiqué que différentes options de paramétrage de la synthèse soient disponibles, comme la lecture des signes de ponctuation pour les dictées, mais aussi un style plus ou moins formel.

Passons maintenant à notre évaluation personnelle du logiciel. Comme nous l'avons souligné, les modules les plus importants de **FreeText** sont le module expert et le module d'interface. Les autres modules sont beaucoup plus réduits. Par ailleurs, il n'y a pas ou peu d'interaction entre les différents modules, bien qu'elle soit possible et relativement aisée à mettre en place, comme nous le montrerons au chapitre 5 : les erreurs détectées par la détection d'erreurs pourraient servir à guider l'apprenant vers la grammaire de référence et vers des exercices. De plus, des statistiques sur les erreurs courantes des apprenants peuvent aisément être extraites et exploitées par les enseignants. Enfin, à des fins de recherche, il est regrettable que les données ne soient pas exploitées pour un corpus [14].

Les objectifs du projet ont été globalement tenus de manière satisfaisante, bien qu'il a fallu les revoir à la baisse, notamment pour le nombre de tutoriels et le développement de certains outils. Au niveau

---

14. Afin de garantir la cohérence des données et pour pallier aux faiblesses et à certains manques de fiabilité de la détection, un tel corpus devrait être révisé par un expert humain, comme nous l'avons fait pour nos recherches sur le correcteur orthographique (§6.4.2).

4. Le projet *FreeText*

pédagogique, le logiciel donne l'occasion à l'apprenant d'aborder une série de thèmes variés et offre de nombreux moyens de remédiation.

Poursuivons ce bilan par une évaluation technique. Entre le début et la fin du projet, la bande passante d'*Internet* et le taux d'équipement des écoles et des ménages en général ont été considérablement améliorés. Le choix de logiciels libres était tout aussi indiqué, afin d'éviter les problèmes de licence. Sur ces points, le choix était tout à fait judicieux. Par contre, *Internet* a pour inconvénient que les serveurs *web* doivent partager les ressources entre de nombreux utilisateurs simultanés. Par conséquent, les serveurs *web* sont configurés de manière à limiter la disponibilité de mémoire et de temps pour les processus. Il aurait été possible de paramétrer l'installation du logiciel en fonction de l'utilisation sur un ordinateur personnel autonome ou sur un serveur *web* destiné à de nombreux utilisateurs, qui peut de plus être utilisé par plusieurs applications. Néanmoins, les ressources disponibles seraient de toute manière moindre qu'avec un logiciel complet et autonome, directement installé sur un système d'exploitation sans dépendre d'un navigateur ni d'un serveur. En outre, le code des applications de TAL n'a pas été suffisamment optimisé et les processus prennent un temps considérable, voire aboutissent à un dépassement de la limite de limite de temps d'exécution (*timeout*). Nous en concluons qu'il était et qu'il est toujours peu indiqué d'utiliser des applications *Internet* pour des tâches aussi gourmandes en ressources.

Par ailleurs, **FreeText** n'est disponible que sous *Windows* et l'installation n'est donc pas possible sur d'autres systèmes d'exploitation. De plus, l'installation du logiciel a posé de nombreux problèmes techniques, notamment dans les institutions. Enfin, nous avons déjà souligné les problèmes d'adaptation des scripts de **FreeText** aux versions ultérieures de *PHP*. Toutes ces limitations n'ont pas été correctement anticipées et ont malheureusement eu un impact négatif sur les phases de test du logiciel et sur sa pérennité.

4.3. Bilan et discussion

Pour conclure, malgré les aspects relevés ici, FreeText apporte une contribution significative au domaine de l'ALIAO. Malgré l'envergure moyenne du projet, le nombre d'outils en jeu, leur complexité et leur couverture sont considérables. Relevons aussi que ce projet interdisciplinaire a nécessité de nombreuses compétences et a suscité de nombreux échanges passionnants du point de vue scientifique. C'est pourquoi FreeText a eu un écho important au sein de la communauté scientifique.

4. Le projet *FreeText*

CHAPITRE 5

L'ANALYSEUR *FIPS* ET SON APPLICATION À L'ALAO

Dans ce court chapitre, nous présentons l'analyseur *Fips* qui a servi de base à nos travaux d'application du TALN à l'ALAO, notamment dans le cadre des projets FreeText (§4) et SAFRAN (Hamel & Vandeventer, 2000; L'haire, 2000). Dans un premier temps, nous décrivons l'analyseur et son fonctionnement (§5.1). Ensuite, nous décrivons la détection des erreurs (§5.2). Nous poursuivons par une description de la sortie de l'analyseur et son utilisation pour des applications pédagogiques (§5.3) et terminons par une discussion finale (§5.4).

5. *L'analyseur Fips et son application à l'ALAO*

5.1 Description de l'analyseur

Développé à partir de 1991 et en constante évolution depuis, l'analyseur *French Interactive Parser System* [1] (*Fips*, Laenzlinger & Wehrli, 1991; Wehrli, 1997; Goldman *et al.*, 2000; Berthouzoz, 2000; Wehrli, 2004b, 2006, 2007; Wehrli & Nerima, 2009) est un analyseur tabulaire (*chart parser*) qui implémente la théorie du gouvernement et du liage (*Government & Binding*, §3.3.5) et sa version des *Principes & Paramètres* (Chomsky & Lasnik, 1995; Tellier, 1995; Laenzlinger, 2003), avec des emprunts à la théorie minimaliste (Chomsky, 1995) [2], à la LFG (§3.3.5) et à la *Syntaxe Simplifiée* [3] (*Simpler Syntax*, Culicover & Jackendoff, 2005, 2006). *Fips* est un analyseur ascendant, guidé par le lexique (*data driven*) de type validation (*licensing parser*, Abney, 1989) [4] et traite les analyses alternatives en parallèle. Ainsi, toutes les variantes possibles sont analysées avant d'être éliminées par des filtres descendants tels que le module thématique, qui vérifie que les rôles thématiques (v. p. 155) correspondant aux arguments du verbe sont bien remplis.

Après un découpage de la phrase en unités lexicales, toutes les lec-

---

1. Les premières versions de l'analyseur étaient dotées de modules interactifs de désambiguïsation de l'analyse, mais cette fonctionnalité a été rapidement abandonnée.
2. Il s'agit d'une simplification de la théorie des *Principes & Paramètres* qui prône l'économie de *dérivation* et l'économie de *représentation*. Les mouvements et transformations n'ont lieu que pour ajouter du sens. Les structures profondes et structures de surface sont éliminées. La *forme logique* représente le sens de la phrase (les clauses), et la *forme phonologique* contient les paramètres phonétiques et prosodiques de la phrase. Dans le schéma X-Barre (v. p. 155), les niveaux XP et X-Barre ne sont représentés que s'ils contiennent des constituants. La grammaire ne propose que deux types d'opération, le mouvement (*move*), qui représente le déplacement des constituants et leur transformation morphologique, et la fusion (*merge*), qui représente la combinaison des constituants suivant des vérifications de contraintes.
3. Cette théorie postule que non seulement la syntaxe, mais encore la phonétique et la sémantique ont une capacité générative et dépendent les unes des autres de manière non hiérarchique. La syntaxe simplifiée laisse un rôle plus important à la sémantique et ne postule pas de catégories vides ou de copies de constituants.
4. Les têtes peuvent valider des relations à leur gauche comme à leur droite.

5.1. Description de l'analyseur

tures possibles d'un mot (les lexèmes) sont projetées en structures syntaxiques dans un schéma X-barre (v. 3.6 p. 155) simplifié donné en (5.1).

FIG. 5.1 – *Schéma X-barre simplifié*

Au lieu des habituels Spécifieurs, Compléments et positions d'ajout, le schéma simplifié dispose simplement de deux listes de sous-constituants à gauche (L, *left*) et à droite (R, *right*). Les deux listes et la tête X peuvent être vides. Le niveau barre, qui sert notamment à distinguer ajouts et compléments, est supprimé. Les catégories sont Adv (Adverbe), A (Adjectif), N (Nom), D (déterminant), V (verbe), P (préposition), C (Conjonction), Interj (Interjection), T (Inflection / Temps) [5]. Après le processus de projection, chaque candidat est alors inséré dans un graphe ou agenda, appelé *chart*.

Fips traite les analyses en parallèle de gauche à droite. Chaque mot nouveau inséré dans le graphe peut être associé à son contexte gauche. *Fips* tente donc de combiner le nouveau constituant :

- soit en attachant le nouveau constituant à droite d'un constituant du contexte gauche ; cette stratégie est appelée algorithme du *coin droit* ;

---

5. La catégorie T correspond à la catégorie I de GB présentée au §3.3.5. Lorsqu'une forme verbale est lue, un syntagme verbal VP est projeté. Dans tous les cas sauf les participes, une autre projection TP est projetée, avec une tête contenant un marqueur de temps et un VP en complément. En français, pour les temps simples, le verbe remonte en T^0 et laisse une trace en V^0, mais pas en anglais. Ainsi, *raconte* donne lieu à une projection [$_{TP}$ [$_T$ raconte] [$_{VP}$ [$_V$ e]]], où e représente la trace laissée par le mouvement de la tête verbale (v. p. 156). Des projections complexes ont aussi lieu pour les DP à valeur adverbiale, répondant à des contraintes spécifiques : par ex., *la semaine dernière* ou *le lundi* sont analysés comme des DP, mais aussi des AdvP avec DP comme complément.

5. L'analyseur Fips et son application à l'ALAO

- soit en attachant le constituant du contexte gauche comme spécifieur ou ajout du nouveau constituant.

L'opération de combinaison est appelée *Merge*. Ces combinaisons sont régies par des règles grammaticales associées à des contraintes, notamment sur l'accord, les traits lexicaux ou la structure argumentale. L'attachement à droite peut se faire sur n'importe quel nœud actif, c'est-à-dire tous les nœuds susceptibles de recevoir un attachement ; cette opération est possible, que ce soit comme attachement direct au constituant gauche ou comme attachement à un des sous-constituants actifs. Enfin, différents processus vérifient la grammaticalité par stratégie descendante, notamment :

- vérification des tables d'arguments (essentiellement des verbes) ;
- module du liage (ou de déplacement, *Move*), qui lie l'élément extraposé (comme les pronoms interrogatifs) à un élément vide dans la position canonique ;
- modification des structures argumentales des prédicats (ajout, effacement ou modification d'arguments lors des structures passives ou causatives).

Nous décrirons plus en détail le processus d'analyse de *Fips* au paragraphe 5.2.1. Afin de filtrer les alternatives, un score est alloué à chaque analyse, selon des critères de préférence psycholinguistique, comme l'attachement du groupe prépositionnel au site d'attachement le plus bas. Par défaut, l'analyseur ne retourne comme résultat que l'alternative ayant le plus bas score, mais il est possible d'afficher plusieurs alternatives. En cas d'échec de l'analyse, *Fips* présente plusieurs morceaux d'analyses (*chunks*, §3.3.4.3). Par ailleurs, les mots constituant potentiellement une collocation (v. p. 81) sont identifiés dans le lexique ; si de tels mots apparaissent dans les positions syntaxiques pouvant contenir des collocations, *Fips* consulte une base de données de collocations pour valider le choix et préférer une analyse. Comme

5.1. Description de l'analyseur

une collocation peut contenir une autre collocation, le choix est récursif comme pour *travail à temps partiel, tomber en panne sèche*, etc.

Wehrli (2004b, 2007) décrit l'orientation récente de *Fips* vers une analyse multilingue, pour l'anglais, le français, l'allemand, l'italien, le castillan et le grec. Les principes de la grammaire GB permettent de tirer parti des caractéristiques communes des langues. L'ajout d'une nouvelle langue doit être facile et ne pas perturber le système. L'analyseur a donc été réécrit de manière modulaire en utilisant la programmation orientée-objet (Meyer, 2008). Ainsi, les objets décrivant les langues italienne et française héritent d'un objet décrivant les langues romanes, qui partagent un certain nombre de caractéristiques communes. L'objet contenant un item lexical (nom, nom composé, expression idiomatique [6]) peut être étendu pour une langue particulière, afin de traiter de phénomènes qui lui sont propres. Il en va de même de l'objet décrivant les projections, qui, pour les langues romanes, contient des listes supplémentaires pour traiter les clitiques.

Fips est utilisé comme analyseur et comme étiqueteur (§3.1.2). Ses analyses servent entre autres de base à la synthèse vocale *FipsVox* (Gaudinat & Wehrli, 1997; Gaudinat & Goldman, 1998; Goldman, 2001, §3.1.4), à la traduction automatique (Ramluckun & Wehrli, 1993; L'haire *et al.*, 2000; Laenzlinger *et al.*, 2000, §3.1.6), à l'extraction de collocations (Seretan, 2008) et à la traduction de mots et de collocations en contexte (Wehrli, 2004a, 2006; Seretan & Wehrli, 2006; Nerima *et al.*, 2006; Seretan & Wehrli, 2007).

---

6. V. p. 81.

5.2 Détection d'erreurs syntaxiques

Dans cette section, nous décrivons la détection d'erreurs syntaxiques à l'aide de l'analyseur *Fips*. Pour de plus amples informations, on lira une description détaillée des techniques dans la thèse de Vandeventer Faltin (2003), qui a rédigé les spécifications du relâchement de contraintes, de la réinterprétation phonologique ainsi que les algorithmes de classement des résultats. D'autres publications sont également parues sur le sujet (Vandeventer, 2000, 2001; L'haire & Vandeventer Faltin, 2003a,b; L'haire, 2004; Walther Green, 2004). Le tableau (5.1), repris de Vandeventer Faltin (2003), décrit les classes d'erreurs détectées par *Fips*.

Cette taxonomie des erreurs est fortement inspirée par celle du corpus *FRIDA* (Granger, 2003, §4). Examinons ces catégories plus en détail. Les erreurs d'auxiliaire (AUX) concernent la confusion entre auxiliaire *être* et *avoir*. La détection de l'emploi erroné du verbe *avoir* à la place du verbe *être* est rendue délicate par le cas des tournures passives. De même, les erreurs de voix (VOI), peu fréquentes dans le corpus, concernent principalement un mauvais emploi ou l'absence d'emploi de la variante pronominale d'un verbe. Par contre, les erreurs de classe (CLA) sont de nature différente. Dans cette catégorie entre la confusion entre article défini et indéfini (*le / un*) ou entre pronom démonstratif et possessif (*ces / ses*), etc.

De leur côté, les erreurs de complément d'adjectif (CPA) et de verbe (CPV) concernent les prépositions des compléments ou d'autres erreurs de type [7]. Les erreurs d'euphonie (EUF) sont très fréquentes et englobent les erreurs d'élision et de contraction.

Quant aux erreurs d'ordre des mots, elles impliquent le cœur même

---

[7]. *FRIDA* étiquette également les erreurs d'adjectifs prédicatifs comme des CPA.

5.2. Détection d'erreurs syntaxiques

Cat	Description	Exemple	R	P	A
AUX	Mauvais choix d'auxiliaire	*Il **a** venu hier	X		
CLA	Emploi d'une mauvaise classe de mot (catégorie lexicale ou sous-type de catégorie)	***Ce** me plaît.	X		
CPA	Complément d'adjectif incorrect	*Il est **fier à** Marie.	X		X
CPV	Complément verbal incorrect	*Il **lui** regarde.	X		X
EUF	Erreur d'euphonie	*J'expose **le** argument principal.	X		X
GEN	Erreur d'accord en genre	*Elle est **venu** hier.	X	X	X
HOM	Utilisation d'un homophone incorrect	*Il faut **maître** au monde des enfants.		X	
MAN	Elément manquant dans la phrase	*Ils ont de _ force.	X		X
NBR	Erreur d'accord en nombre	***Ils pose** les questions.	X	X	X
NEG	Négation superflue ou manquante	*C'_ est pas un problème.	X		
ORD	Mauvais ordre des mots	*Une **intelligente** femme.	X		X
OUB	Oubli de ponctuation	*Les pommes _ les poires et les raisins		X	X
PER	Erreur d'accord en personne	***Je dort**	X	X	X
VOI	Erreur de voix : utilisation incorrecte de la lecture pronominale d'un verbe	*J' _ évanouis.	X		

La colonne R reprend les erreurs détectées par relâchement de contraintes, la colonne P les erreurs détectées par relâchement phonologique et la colonne A les erreurs détectées par la méthode *ad hoc*.

TAB. 5.1 – *Fips – erreurs détectées et techniques en jeu*

d'un analyseur syntaxique, puisque celui-ci dépend des règles d'assemblage des constituants et de l'algorithme d'analyse. Dans notre système, les règles d'ordre sont subdivisées entre règles sur l'ordre des adjectifs (ORDAJ) et sur l'ordre des adverbes (ORDAV). En outre, dans une moindre mesure, l'ordre des verbes et des pronoms est traité dans certains cas. Comme nous l'avons déjà maintes fois signalé, le relâchement de contraintes doit être manipulé avec précaution, sous peine de voir une surgénération d'analyses.

En revanche, comme nous l'avons déjà constaté dans cet ouvrage,

5. L'analyseur Fips et son application à l'ALAO

les erreurs d'accord sont très fréquentes et particulièrement bien traitées par relâchement de contraintes. On y trouve les erreurs de genre (GEN), de nombre (NBR) et de personne (PER) : les apprenants ont souvent des difficultés à apprendre les genres des mots et se trompent également fréquemment de conjugaison. Quant aux erreurs d'homonymie (HOM), aussi très présentes, elles sont des confusions entre mots qui ont des prononciations analogues (*prémisses / prémices*, *son / sont*, etc.). Cependant, comme nous l'avons vu à la section 3.3.3.2, seules les erreurs portant sur des mots de différentes catégories lexicales peuvent être détectées à l'aide d'un analyseur syntaxique.

Enfin, nous pouvons ranger dans la même catégorie les erreurs d'élément manquant (MAN), d'oubli de ponctuation (OUB) et de négation (NEG). Bien que fréquentes, les erreurs d'élément manquant sont difficiles à détecter car il faut suppléer un élément qui n'est pas présent. Les erreurs de ponctuation, très fréquentes, concernent particulièrement l'oubli de la virgule ; l'emploi de la ponctuation est essentiellement une question de style et les règles en jeu ne sont pas très précises. Par contre, les erreurs de négation concernent l'omission des particules *ne* ou *pas*.

Dans cette section, nous décrivons la technique de relâchement de contraintes (§5.2.1). Puis nous poursuivons par la réinterprétation phonologique (§5.2.2) [8]. Ensuite, nous présentons l'ordre d'application des techniques (§5.2.3). Enfin, nous décrivons l'algorithme de classement des résultats (§5.2.4).

---

[8]. Prévue au début du projet, la méthode *ad hoc* de réinterprétation de morceaux présentée à la section 3.3.3 a finalement été abandonnée.

5.2.1 Relâchement de contraintes

Commençons par examiner comment *Fips* utilise le relâchement de contraintes, dont les principes sont énoncés à la section 3.3.2.2. Les entrées lexicales sont détaillées à l'annexe B. Prenons la phrase suivante, tirée du corpus FRIDA (Granger, 2003, §4) :

(31) *L'héritage du passé est très forte et le sexisme est toujours présent.

Dans la première partie de la phrase coordonnée, le syntagme adjectival *très forte* doit s'accorder avec le sujet *l'héritage du passé*. Le tableau en (§B.2) représente les entrées lexicales du mot *forte*. L'emploi adverbial, prononcé [fɔʁte], est utilisé dans un contexte musical (jouer *forte*). Le mot *héritage* contient une seule entrée, présentée en (§B.1). Enfin, le mot *est* correspond à pas moins de huit entrées, illustrées en (§B.3).

Examinons le processus d'analyse de la phrase (31). Ce processus est légèrement simplifié pour raisons de clarté.

  i. L'analyseur lit l'élément *l'* et projette un constituant DP, ainsi qu'un autre constituant pour le clitique.
  ii. Aucun élément n'existe dans l'agenda et aucune combinaison ne peut avoir lieu.
  iii. Le mot *héritage* est lu et est projeté dans un NP, avec les informations présentées en (§B.1).
  iv. Le constituant NP est adjoint à droite du DP présent dans l'agenda.
  v. Le mot *du* est lu et projeté dans un constituant $[_{PP}$ du $[_{DP}$ $]]$.
  vi. Le PP est attaché à droite du NP précédent.

5. L'analyseur Fips et son application à l'ALAO

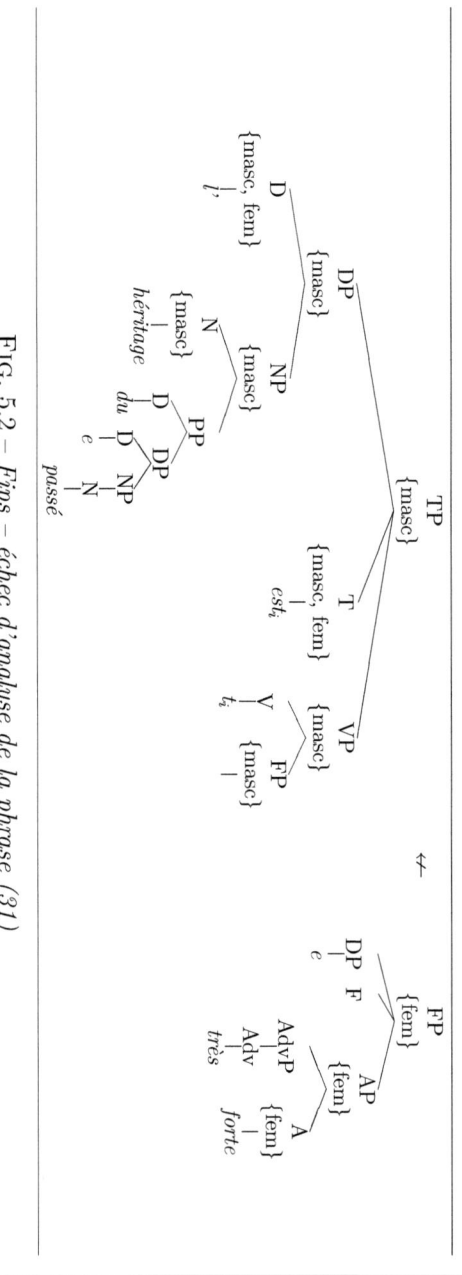

FIG. 5.2 – *Fips – échec d'analyse de la phrase (31)*

5.2. Détection d'erreurs syntaxiques

vii. Le mot *passé* est lu. Il est projeté en NP.

viii. Ce NP attaché à droite du DP le plus profond dans la liste. La structure analysée est
$[_{DP}\ l'\ [_{NP}\ \text{héritage}\ [_{PP}\ \text{du}\ [_{DP}\ [_{NP}\ \text{passé}]]]]]$

ix. Le mot *est* est lu. Chacune des huit variantes listées en (§B.3) donne lieu à une projection. Toutes les variantes verbales sont notamment projetées dans un constituant $[_{TP}\ \text{est}_i\ [_{VP}\ e_i]]$.

x. Le DP complexe dans l'agenda peut être attaché à gauche des TP présents dans l'agenda, ce qui donne la structure
$[_{TP}\ [_{DP}\ l'\ [_{NP}\ \text{héritage}\ [_{PP}\ \text{du}\ [_{DP}\ [_{NP}\ \text{passé}]]]]]\ [_{T}\ \text{est}_i]\ [_{VP}\ e_i]]$. Les autres lectures de *est* ne permettent pas de combinaison.

xi. Le mot *très* est lu. Il donne lieu à une projection AdvP.

xii. Ce constituant AdvP ne peut pas être combiné avec les constituants précédents.

xiii. Le mot *forte* est lu. Chacune des variantes en (§B.2) est projetée en des constituants AdvP et AP. Par ailleurs, comme les adjectifs peuvent donner lieu à des propositions réduites [9], un constituant $[_{FP}\ [_{DP}\ e]\ [_{F}\ [_{AP}\ [_{DP}\ e]\ [_{A}\ \text{forte}]]]]$ est également construit.

xiv. Le constituant $[_{AdvP}\ \text{très}]$ peut être adjoint à gauche des constituants AdjP et AP de l'étape précédente, y compris le AP inclus dans le FP.

xv. Le constituant FP peut être attaché à droite du VP projeté à partir de la lecture (3) du (§B.3). Cependant, l'accord en genre entre le VP et le FP ne peut être vérifié et l'attachement est impossible, comme l'illustre la figure (5.2).

xvi. Les contraintes d'accord sont relâchées. L'analyseur procède à l'union des traits de genre du verbe et de l'adjectif, au lieu d'en faire l'intersection. Les traits sont mis à jour et le constituant FP est attaché à droite du VP. Le diagnostic de l'erreur est déplacé vers le NP sujet. Ce procédé est illustré à la figure (5.3).

---

9. Les verbes au participe passé peuvent également donner lieu à une proposition réduite : *pressés par le temps, nous avons fait fausse route*.

5. L'analyseur Fips et son application à l'ALAO

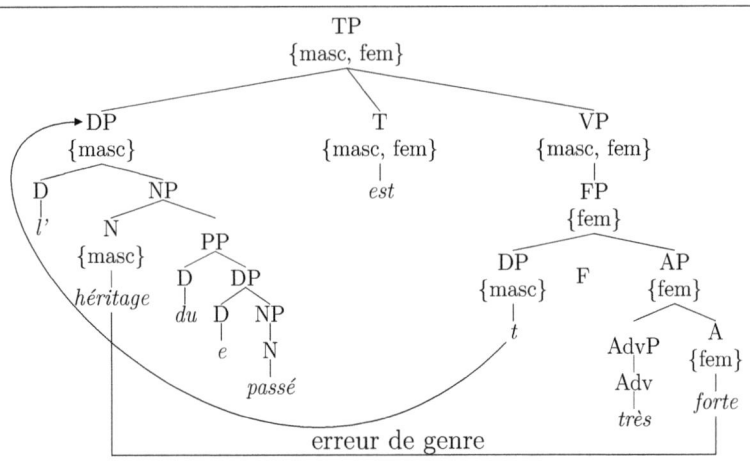

FIG. 5.3 – *Fips* – *analyse de la phrase (31) avec relâchement de contraintes*

Comme nous l'avons vu au paragraphe 3.3.2.2, il semble raisonnable de ne pas relâcher toutes les contraintes en même temps. Vandeventer Faltin (2003, p. 128) propose de sélectionner les catégories d'erreurs à traiter par relâchement de contraintes puis d'identifier les contraintes en jeu qui peuvent être relâchées. Ainsi, l'erreur de genre que nous venons d'analyser concerne l'accord sujet-adjectif prédicatif. Mais l'on trouve aussi des erreurs d'accord déterminant-syntagme nominal (*le maison) et d'accord du participe passé (**la pomme que j'ai mangé*). Dans *Fips*, les contraintes ne sont relâchées qu'après avoir vérifié les conditions nécessaires pour préciser le contexte. Comme nous l'avons vu dans notre exemple, ces conditions sont associées à des actions qui permettent d'attacher les constituants (ici, l'union des traits de genre) et de préciser le diagnostic (attachement du diagnostic d'erreur au sujet plutôt qu'au verbe).

D'autres types d'erreur peuvent également être traités par relâchement de contrainte. Une description plus détaillées peut être consultée chez

5.2. Détection d'erreurs syntaxiques

Vandeventer Faltin (2003). Examinons maintenant les différents types d'erreur et la couverture de celle-ci :

i. les erreurs d'emploi de l'auxiliaire (AUX) sont détectées de manière satisfaisante. Pour éviter une sur-détection, les erreurs d'emploi du verbe *être* à la place d'*avoir* ne sont signalées que pour les verbes qui n'acceptent pas la construction passive ;

ii. les erreurs de classe (CLA) sont difficiles à détecter sans traitement sémantique. Cependant, nous détectons l'emploi erroné du pronom *ce* en tant que sujet, ainsi que l'emploi d'un pronom de mauvaise catégorie (**qui sont **eux**?*) ;

iii. les erreurs de complément d'adjectif (CPA) causent une surdétection à cause de l'attachement du groupe prépositionnel : il est en effet difficile de distinguer compléments et ajouts ;

iv. les erreurs de complément verbaux (CPV) sont également difficiles à traiter. En effet, il est difficile de choisir le bon lexème du verbe lorsqu'il y a une erreur ; c'est pourquoi tous les lexèmes sont pris en considération et les arguments verbaux sont vérifiés un à un. En outre, dans ce cas aussi, l'attachement des groupes prépositionnels pose problème ;

v. les erreurs d'euphonie (EUF) couvrent les contraction préposition-déterminant (*du, au*), les élisions erronées et le *-t-* euphonique ;

vi. les erreurs d'accord en genre, nombre et personne (GEN, NBR, PER) sont traitées par paires de mots et dépendent des catégories lexicales des mots dont l'accord est vérifié ;

vii. les éléments manquants (MAN) ne sont pas détectés en tant que tels, mais entrent dans d'autres catégories (CPV, NEG, etc.) ;

viii. les erreurs de négation (NEG) sont détectées dans des cas simples, notamment lorsque l'un des éléments de la négation est présent et pas l'autre ;

ix. les erreurs d'ordre sont traitées catégorie par catégorie. L'ordre des adverbes (ORDAV) n'est que partiellement pris en compte,

5. L'analyseur Fips et son application à l'ALAO

lorsque certains types d'adverbe sont attachés dans une position agrammaticale. Pour l'ordre des adjectifs (ORDAJ), nous détectons les adjectifs postnominaux utilisés en position prénominale (*une rouge pomme) et vice-versa. L'ordre des verbes (ORD) est pris en compte partiellement ;

x. l'oubli de ponctuation (OUB) ne traite que le cas des traits d'union manquants, spécialement dans le cas de l'inversion du sujet dans une interrogative ;

xi. enfin, les erreurs de voix (VOI) ne sont que partiellement traitées : nous détectons les verbes essentiellement pronominaux qui sont utilisés sans pronom, ainsi que les verbes non pronominaux utilisés avec pronom réfléchi.

Le principal inconvénient de *Fips*, selon Vandeventer Faltin (2003), est paradoxalement sa sous-spécification des contraintes. En effet, l'analyseur est conçu pour être robuste et fournir une analyse complète ou partielle à la plupart des phrases. Ainsi, l'absence des arguments verbaux sont insuffisamment pris en compte. La phrase *je lui aide* est acceptée par la version standard de *Fips* ; le pronom clitique au Cas Datif est attaché comme ajout et l'absence d'un complément DP ou d'un clitique Accusatif n'entraîne pas de problème d'analyse. Tout au plus, le score de la phrase correcte *je l'aide* est nettement plus bas. Ainsi, pour fonctionner comme outil de diagnostic, de nouvelles contraintes ont dû être ajoutées. En outre, le lexique n'est pas toujours consistant. Par exemple, les adjectifs prénominaux ne sont pas toujours désignés comme tels et certaines sous-catégorisation de verbes manquent. Enfin, *Fips* rencontre également les problèmes de surgénération de structures et de sélection du bon diagnostic, dont nous avons parlé à la section 3.3.2.2. Nous reviendrons sur les solutions proposées au paragraphe 5.2.4.

5.2.2 Réinterprétation phonologique

Dans cette section, nous décrivons la technique de réinterprétation phonologique mise en place pour *Fips*. Cet analyseur dispose d'un lexique qui contient des correspondances phonétiques (§3.3.3.2) et d'un phonétiseur pour les chaînes de caractères qui ne sont pas dans le lexique (Gaudinat & Goldman, 1998; Goldman, 2001). De plus, *Fips* produit des analyses partielles en cas d'échec. Les conditions mentionnées par Vandeventer Faltin (2003) et reprises à la section 3.3.3.2 sont donc réunies. Prenons comme exemple la phrase suivante :

(32) *Elles peuvent maître au monde des enfants.

La phrase (32) ne peut pas être analysée complètement. *Fips* retrouve les morceaux suivants :

    i. [$_{DP}$ elles]
    ii. [$_{TP}$ [$_{DP}$ e] [$_{T}$ peuvent [$_{VP}$]]]
    iii. [$_{NP}$ maître [$_{AdvP}$ [$_{PP}$ au [$_{DP}$ [$_{NP}$ monde [$_{PP}$ des [$_{DP}$ [$_{NP}$ enfants]]]]]]]]

La première étape du processus de réinterprétation est de trouver les mots en bordure des morceaux d'analyse. Les mots en tête et en fin de phrase ne sont pas pris en considération lorsqu'ils ne forment pas un morceau à eux seuls. Ensuite, on recherche dans le lexique toutes les prononciations alternatives de chaque mot. Pour notre phrase (32), nous retrouvons les éléments suivants :

    i. elles [ɛl] : elles, aile, ailes.
    ii. peuvent [pœv]
    iii. maître [mɛtʁ] : mètre mètres, mettre maîtres.

5. L'analyseur Fips et son application à l'ALAO

Tous les mots réinterprétés sont insérés dans le graphe à condition qu'ils soient d'une autre catégorie lexicale que le mot original. Le pronom *elles* est de même catégorie (nom) que les autres propositions, dont aucune ne peut être retenue. Le verbe *peuvent* n'a aucun homophone. Par contre, le nom *maître* permet de trouver un verbe *mettre*. Ensuite, toutes les phrases possibles sont soumises à nouveau à l'analyseur, qui tente d'obtenir une ou plusieurs phrases complètes. Dans notre exemple, un seul élément peut être inséré dans le graphe. Ainsi, *Fips* peut analyser une phrase complète :

(33) Elles peuvent mettre au monde des enfants.

Soulignons que seules les analyses complètes sont retenues, car elles garantissent davantage un diagnostic correct. Par ailleurs, deux améliorations ont été apportées à cette technique. Le premier ajout concerne le traitement des consonnes latentes : si un mot est susceptible de contenir une consonne latente (§3.3.3.2, Hannahs, 2007), il est réinterprété à la fois avec et sans consonne latente. Ceci permet de trouver plusieurs alternatives. Le second ajout concerne les mots multiples. Il arrive parfois que deux mots à la frontière d'un morceau d'analyse puissent être combinés en un seul mot.

(34) *[Vous pouvez] [peut être] [dormir].

Dans la phrase (34), les morceaux sont délimités par des crochets. La technique de réinterprétation de mots multiples consiste à rechercher dans le lexique phonétique les valeurs des deux mots à la frontière d'un morceau d'analyse. Cette technique permet parfois de retrouver des mots existants, comme *peut-être* dans notre exemple, qui permettent d'obtenir une analyse complète.

5.2. Détection d'erreurs syntaxiques

Terminons par quelque considérations sur les avantages et inconvénients de cette approche. Tout d'abord, elle rencontre les mêmes problèmes de surgénération de structures que le relâchement de contraintes. De plus, elle génère une ambiguïté lexicale supplémentaire en multipliant les alternatives. Il devient alors plus difficile de sélectionner la proposition de correction la meilleure possible. Pire, cette technique prend un temps d'analyse considérable si les phrases sont trop longues. C'est pourquoi nous avons dû la désactiver au-delà d'un certain seuil afin d'éviter l'échec de l'application pour dépassement de limite temporelle d'exécution (*timeout*) ; la méthode n'est pas activée pour les phrases de plus de 26 mots et / ou dont l'analyse lors d'une première phase donne plus de cinq morceaux d'analyse. En outre, il n'a pas été possible de construire des prononciations approchantes, basées sur des confusions fréquentes chez les apprenants, comme nous le proposions à la section 3.3.3.2. Par contre, la technique obtient un taux raisonnable de détection d'erreurs et fonctionne de manière satisfaisante.

5.2.3 Combinaison des techniques

Dans cette section, nous décrivons l'ordre d'application des techniques présentées dans les sections précédentes. Vandeventer Faltin (2003) énumère trois techniques pour combiner de manière optimale les méthodes de détection d'erreurs :

- *approche indépendante* : les méthodes sont appelées indépendamment les unes des autres, dans n'importe quel ordre ;
- *approche en cascade* : les techniques sont appliquées l'une après l'autre, en fonction des résultats obtenus (par exemple, aucune erreur détectée ou analyse partielle) ;
- *approche heuristique* : les techniques ne sont appliquées que si aucune analyse complète n'a pu être obtenue en désactivant les

techniques de détection d'erreurs ; des heuristiques sur les morceaux d'analyse obtenus permettent de choisir les techniques de détection à utiliser.

Pour des raisons pratiques, l'approche en cascade a finalement été préférée aux deux autres. La réinterprétation phonologique n'est donc activée dans une seconde phase d'analyse que si aucune phrase complète n'a pu être obtenue avec le relâchement de contraintes ; comme la réinterprétation phonologique demande des analyses partielles, cet ordre a été simple à déterminer. Il a également été envisagé de permettre une application de la réinterprétation phonologique accompagnée du relâchement de contraintes. Cependant, cette solution générait trop de faux positifs, comme l'illustre l'exemple suivant :

(35) a. *set éléphants
 b. sept éléphants
 c. *cet éléphants

La phrase (35a) contient une erreur d'homonymie qui peut facilement être réinterprétée en (35b). Cependant, si le relâchement de contraintes est activé, l'analyse (35c) pouvait être sélectionnée alors qu'elle est nettement moins plausible à cause de l'erreur qu'elle contient. Comme le taux de faux positifs était particulièrement élevé, il a été décidé de désactiver le relâchement de contraintes lors de la réinterprétation phonologique.

5.2.4 Classement des résultats d'analyse et sélection de l'analyse préférentielle

Dans cette section, nous abordons le système de score qui permet de classer les résultats d'analyses et de sélectionner l'analyse et – le cas

5.2. Détection d'erreurs syntaxiques

échéant – le diagnostic le plus vraisemblable. Selon Vandeventer Faltin (2003), il est primordial de trouver un équilibre entre la promotion d'une analyse sans erreurs – mais peu vraisemblable compte tenu du profil des apprenants et de la complexité de la structure syntaxique – et la promotion d'analyses plus vraisemblables mais contenant des erreurs. Il est aussi essentiel de ne pas détecter des erreurs inexistantes. L'idée est donc de mesurer un score qui tient compte de la vraisemblance de la structure syntaxique, des erreurs détectées et de la rareté des éléments lexicaux.

Tout analyseur non déterministe doit être capable d'ordonner les analyses qu'il produit afin de sélectionner une ou plusieurs analyses préférentielles. La fréquence des structures d'analyse dépend du genre de texte analysé (texte journalistique, littérature enfantine, texte scientifique, etc.). Cette fréquence est dérivée à partir de l'étude de corpus simple (§3.1.7), de l'analyse statistique de corpus annoté, ou simplement de l'observation et de l'expérience des personnes qui écrivent les spécifications de la grammaire. Le score dépend généralement de la complexité syntaxique et donc du nombre de constituants. Certains lieux d'attachements sont préférés à d'autres. *Fips* sélectionne les analyses préférentielles à partir de la combinaison des scores de ses constituants et en pénalisant ou favorisant certains attachements d'après des critères d'observations psycholinguistiques. Concrètement, le score est calculé en soustrayant et en additionnant des points, en se basant sur les attachements, sur les mots eux-mêmes et sur certaines caractéristiques lexicales et syntaxiques.

Quant aux fréquences d'erreurs, elles sont basées sur l'étude du corpus FRIDA (Granger, 2003). Vandeventer Faltin (2003) a proposé un score selon la formule suivante :

5. L'analyseur Fips et son application à l'ALAO

$$\sum_{i=1}^{|e|} log(f(e_i)) \qquad (5.1)$$

Ici, e est une erreur dans la phrase et $|e|$ est le nombre d'erreurs dans la phrase. f est une fonction qui retourne la fréquence de l'erreur, entre 0 et 10%. Le logarithme de la fréquence, calculée sur quatre décimales, donne de petits nombres pour les erreurs fréquentes et des nombres plus élevés pour de petites fréquences [10]. Avec ce score, les analyses sans erreurs sont préférées, de même que les phrases contenant des erreurs fréquentes.

Maintenant, passons au calcul basé sur les fréquences de mots. Cette mesure permet de sélectionner la meilleure catégorie lexicale en cas d'ambiguïté. Là encore, les données statistiques doivent être extraites d'un corpus annoté. Les fréquence des mots aussi bien que des lexèmes (forme de base) sont utilisées. Les fréquences des mots sont additionnées, mais si un mot peut avoir plusieurs lexèmes, le score du mot est pondéré par la fréquence du lexème sélectionné dans l'analyse.

Ces techniques ont été testées sur un extrait du corpus FRIDA représentant environ 500 phrases ou 10 000 mots. Ces phrases ont été d'abord analysées par *Fips* et toutes les analyses possibles ont été entrées dans une base. La meilleure analyse a été ensuite sélectionnée manuellement par une experte. Enfin, l'analyse préférée a été comparée aux autres analyses afin de déterminer l'adéquation de chaque technique de classement, à travers deux séries de tests, l'un basé sur des statistiques et l'autre sur des inférences floues [11]. Ces test n'ont malheureusement pas permis de déterminer le calcul de poids opti-

---

[10]. L'échelle logarithmique permet d'espacer les petites valeurs et de rapprocher les grandes.
[11]. La logique floue (*fuzzy logic*) est une technique, utilisée notamment en intelligence artificielle, dont la principale caractéristique est d'accepter d'autres états de vérité que *vrai* et *faux*.

maux pour combiner les différentes méthodes de classement, notamment à cause d'une trop forte surgénération d'analyses. En revanche, les tests ont montré que le score calculé par *Fips* à l'origine donnait les meilleurs résultats.

Finalement, Potter (2002) et Vandeventer Faltin (2003) proposent les heuristiques suivantes :

i. blocage des constituants DP, PP et DP incomplets, des TP sans sujet, des sujets sans Cas et des chaînes A-barre incomplètes ;
ii. blocage du relâchement de contraintes sur l'auxiliaire si *avoir* est attaché à un FP contenant un participe passé ;
iii. le score de *Fips* n'est pas pénalisé lors du relâchement d'une contrainte ;
iv. préférence donnée aux analyses sans erreurs, sauf lorsque le score de *Fips* de la meilleure analyse sans erreur vaut plus du double du score de la meilleure analyse contenant des erreurs ;
v. les analyses contenant des erreurs sont classées d'après leur score d'erreur ;
vi. à score égal – score de *Fips* ou score d'erreur selon les cas – la préférence sera donnée à la meilleure analyse selon l'autre méthode de score.

5.3 Rétroaction

Dans cette section, nous examinons l'utilisation pédagogique des techniques présentées dans ce chapitre. Dans un premier temps, nous décrivons la sortie *XML* de l'analyseur en 5.3.1, puis nous décrivons les différentes applications qui en sont tirées et l'application pédagogique

5. L'analyseur Fips et son application à l'ALAO

qui en est faite [12] : grammaire en couleurs (§5.3.2), diagnostic d'erreurs (§5.3.3) et sortie d'arbre syntaxique (§5.3.4). Mentionnons que ces outils sont accessibles pour l'apprenant en tout temps et en production libre et que les différentes étapes sont précédées par une phase de vérification orthographique, basé sur le vérificateur d'orthographe du correcteur *Hugo 2000* (Burston, 1995 1996, v. n. 4 p. 197), développé par le partenaire commercial du projet et légèrement adapté pour la correction d'erreurs d'apprenants. Une fois les éventuelles erreurs d'orthographe corrigées, l'analyse et – le cas échéant – le diagnostic d'erreurs sont lancés.

5.3.1 Sortie XML

Dans cette section, nous décrivons la sortie *XML* produite par l'analyseur *Fips*. Nous avons vu au paragraphe 2.4.5 que le langage *XML* est flexible et évolutif, mais aussi suffisamment contraint pour permettre la validation de documents. Une première sortie *XML* sommaire de l'analyse de *Fips* existait avant le projet **FreeText**, notamment pour la synthèse vocale. Nous avons fortement étendu ce formalisme au cours du projet. Ainsi, un document *XML* complet et valide est produit à chaque activation de l'analyseur. En principe, l'analyseur est utilisé pour analyser une seul phrase et retourne l'analyse préférentielle ; cependant, la sortie *XML* est également prévue pour fournir toutes les analyses d'une phrase ou pour contenir l'analyse d'un document complet.

La figure (5.4) illustre une sortie *XML* simple. Ainsi, les projections syntaxiques sont représentées par la balise `<PROJ>`. La catégorie de la projection est représentée dans l'attribut *cat*. L'attribut *tree* contient

---

12. Précisons que notre participation personnelle au projet **FreeText** a porté particulièrement sur cet aspect et sur la vérification sémantique par comparaison de phrases (§7).

5.3. Rétroaction

```
<PROJ cat="DP" tree="GN">
<HEAD cat="D" tool="yes" gender="masc" number="sin"
lexeme="le" ortho="le" colorGrammLex="Det">
Le
</HEAD>
<PROJ cat="NP" attachedAs="comp" tree="hidden">
<HEAD cat="N" tool="no" gender="masc" number="sin"
lexeme="chat" ortho="chat" colorGrammLex="Nom">
chat
</HEAD>
</PROJ>
</PROJ>
```

FIG. 5.4 – *Extrait de la sortie* XML *pour* le chat

une étiquette simplifiée pour des applications pédagogiques, dont nous parlerons dans les paragraphes suivants. Les têtes lexicales sont représentées par la balise <HEAD>, dont les attributs illustrent les traits lexicaux. L'attribut *lexeme* permet d'afficher la forme de base du mot. Quant à *colorGramLex*, il contient une étiquette lexicale simplifiée pour les applications pédagogiques. Examinons maintenant la figure (5.5), qui représente la sortie d'une phrase contenant une erreur.

Comme nous avons une phrase complète, les fonctions grammaticales sont représentées dans l'attribut *colorGramm* de <PROJ>, pour les fonctions sujet, complément d'objet direct, prédicat, etc. La balise <PUNC> marque tous les signes de ponctuation. La balise <BAR> permet d'afficher un niveau intermédiaire, qui a disparu de la représentation X-barre simplifiée de *Fips* (fig. 5.1 p. 211), mais qui peut être utile pour afficher des informations pertinentes :

- le verbe de la phrase principale est au passé composé (*a dormi*). Or, l'information lexicale des têtes porte sur les deux parties de ce verbe, respectivement un auxiliaire et un participe passé. Dans une application pédagogique, il nous a paru important de pouvoir afficher qu'il s'agit d'un verbe à un temps composé. Cette

5. L'analyseur Fips et son application à l'ALAO

```
<PROJ cat="TP" tree="Ph">
<PROJ cat="DP" attachedAs="spec" colorGramm="sujet" tree="GN">
<HEAD cat="D" tool="yes" gender="masc" number="sin"
lexeme="le" ortho="le" colorGrammLex="Det">
<ERROR index="Aa01" manypart="yes" category="NBR">
Le
</ERROR>
</HEAD>
<PROJ cat="NP" attachedAs="comp" tree="hidden">
<HEAD cat="N" tool="no" gender="masc" number="plu"
lexeme="chat" ortho="chats" colorGrammLex="Nom">
<PARTERROR antecedent="Aa01">
chats
</PARTERROR>
</HEAD>
</PROJ>
</PROJ>
<BAR cat="T" colorGramm="pred" tree="GV" index="AAAAA"
number="sin" person="3" tense="passeCompose" mode="indicatif"
voice="active" lexeme="dormir">
<HEAD cat="V" tool="yes" coref="AAAAA" number="sin"
person="3" tense="present" mode="indicatif" lexeme="avoir"
ortho="a" colorGrammLex="Aux">
a
</HEAD>
<PROJ cat="VP" attachedAs="comp" tree="hidden">
<HEAD cat="V" tool="no" coref="AAAAA" gender="masc"
number="sin" tense="participePasse" lexeme="dormir"
ortho="dormi" colorGrammLex="Verbe">
dormi
</HEAD>
</PROJ>
<PUNC key="fullstop">.</PUNC>
</BAR>
</PROJ>
```

FIG. 5.5 – *Extrait de sortie* XML *pour* *le chats a dormi

information est donc contenue dans les informations de la balise <BAR>. De plus, l'attribut *index* contient un identifiant qui est repris par les attributs *antecedent* des deux parties du verbe. Ainsi, l'information peut être facilement accessible, même si des éléments, comme un adverbe, sont insérés entre l'auxiliaire et le

5.3. Rétroaction

participe.

– le niveau barre de la phrase est un niveau important au niveau syntaxique, car c'est là qu'apparaît le syntagme verbal dans la plupart des formalismes, comme nous l'avons constaté à la section 3.3.

Enfin, deux balises permettent le marquage des erreurs. <ERROR> est inclus dans la balise <HEAD> pour marquer la position des erreurs détectées et contient l'attribut *cat* pour marquer la catégorie de l'erreur. L'attribut *manypart* permet de signaler si une erreur porte sur plusieurs éléments. En outre, *warning* signale si l'erreur doit être marquée comme un avertissement (§5.3.3). L'attribut *correction* contient la proposition du système de diagnostic pour la réinterprétation phonétique (§5.2.2). Enfin, *index* contient l'identifiant de l'erreur. Comme une erreur porte généralement sur plus d'un élément, une balise <PARTERROR> marque le ou les éléments suivants et est coincidée avec la première partie de l'erreur à l'aide de l'attribut *antecedent*. Ainsi, il est possible de marquer plusieurs erreurs dans une même phrase et de repérer quel élément fait partie de quelle erreur.

En conclusion, la sortie *XML* tire parti des informations fournies par l'analyseur et par le lexique. De nombreuses indications sont disponibles afin de tirer partie de l'analyse riche et profonde fournie par *Fips*. Enfin, le format *XML* s'avère tout à fait adéquat par son caractère souple et flexible et par sa large utilisation dans le monde informatique, qui permet ensuite un traitement des résultats par de nombreux outils et formalismes informatiques.

5. L'analyseur Fips et son application à l'ALAO

5.3.2 Grammaire en couleurs

Décrivons à présent la grammaire en couleurs. Le principe est d'illustrer les différentes parties d'une phrase en utilisant différentes couleurs [13]. Examinons la figure (5.6).

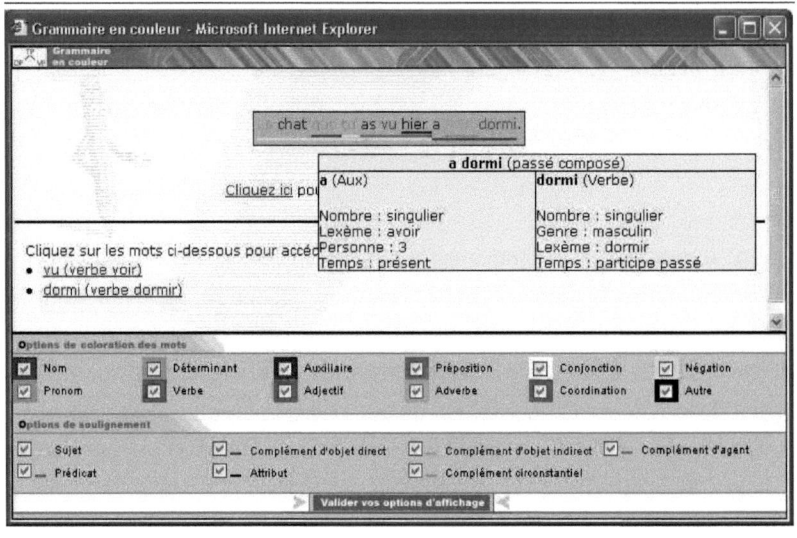

FIG. 5.6 – *Grammaire en couleur pour la phrase* le chat que tu as vu hier a bien dormi.

Les différentes catégories lexicales sont distinguées en changeant de couleur de police. Pour les fonctions grammaticales (sujet, prédicat, compléments circonstanciels), nous utilisons des soulignements de différentes couleurs. Différents niveaux de soulignement permettent de distinguer les niveau de subordination : la proposition relative *que tu as vu hier* est à un niveau inférieur et le sujet de la phrase principale est bien le syntagme nominal complexe *le chat que tu as vu hier*.

---

13. Cette méthode est en vigueur pour l'apprentissage de la grammaire chez les apprenants du français langue première, notamment dans les écoles primaires du canton de Genève.

5.3. Rétroaction

L'interface de la sortie est dynamique. En tout temps, l'apprenant peut sélectionner les catégories à afficher ou masquer grâce à l'interface, pour éviter d'être submergé par trop d'informations. L'apprenant peut vérifier sa phrase en cliquant sur un lien pour accéder au diagnostic d'erreurs. De plus, si la phrase contient des erreurs, un avertissement est affiché. En passant le curseur de la souris sur les différents mots, une infobulle affiche les informations lexicales. Remarquons dans notre exemple comment sont affichées les informations sur les verbes conjugués aux temps composés, alors que l'adverbe *bien* est inséré entre l'auxiliaire et le participe. Enfin, les différents verbes de la phrase sont listés et l'apprenant peut accéder à un conjugueur dynamique qui affiche leurs formes verbales à tous les temps et à tous les modes (§3.1.1.4).

Un test plus approfondi serait sans doute nécessaire pour améliorer la qualité du marquage des éléments. La sélection des mots et des lexèmes serait sans doute améliorée par une adaptation des statistiques de fréquences du lexique, notamment grâce à un apprentissage sur un corpus de phrase d'apprenants. Considérons la phrase suivante :

(36) Je suis un beau garçon.

Dans cet exemple, en l'absence du contexte de la phrase, il est impossible de déterminer notamment de l'identité du locuteur, si la forme *suis* provient du verbe *être* ou du verbe *suivre*. Il serait donc utile d'attirer l'attention de l'apprenant sur cette ambiguïté. Par ailleurs, il arrive malheureusement parfois que le lexème choisi soit erroné ; on éviterait certainement la plupart de ces erreurs en affichant toutes les formes possibles compatibles avec l'analyse préférentielle.

Passons maintenant aux améliorations possibles. En premier lieu, il serait souhaitable que les concepteurs d'exercices puissent paramétrer l'affichage et masquer les fonctions inutiles. Ensuite, il faudrait

5. L'analyseur Fips et son application à l'ALAO

également pouvoir analyser plusieurs phrases dans une même phase d'analyse et les afficher séparément. Par ailleurs, si une phrase n'a pas pu être analysée complètement, l'utilisateur devrait en être clairement informé, afin qu'il ne soit pas induit en erreur par un affichage incorrect. Les frontières de segments d'analyse pourraient être clairement indiquées. L'apprenant pourrait alors simplifier la phrase, afin d'obtenir une analyse complète. Par ailleurs, les phrases d'exemple de la grammaire de référence devraient pouvoir être analysées directement en cliquant sur un lien. Enfin, les couleurs devraient être mieux contrastées, par exemple grâce à différentes couleurs d'arrière-plan.

5.3.3 Diagnostic d'erreurs

Nous décrivons maintenant le diagnostic d'erreurs en soi, dans lequel les erreurs détectées dans la phrase sont énumérées et décrites. La figure (5.7) montre l'interface du système de diagnostic.

Lorsque l'on survole le mot *erreur* avec le curseur de la souris, comme dans la figure ci-dessus, les différents mots impliqués dans l'erreur apparaissent en surbrillance. Lorsque le curseur de la souris survole les mots de la phrase, les informations lexicales sont affichés comme pour la grammaire en couleurs (§5.3.2). Des liens invitent également l'apprenant à consulter le conjugueur et la grammaire en couleurs, afin de pouvoir corriger sa production.

Parfois, il est difficile de poser un diagnostic sûr. C'est notamment le cas de l'ordre de l'adverbe et de l'adjectif, comme l'illustre l'exemple suivant :

(37) a. ?Souvent il mange des glaces.

b. Un grand homme / ?un homme grand

5.3. Rétroaction

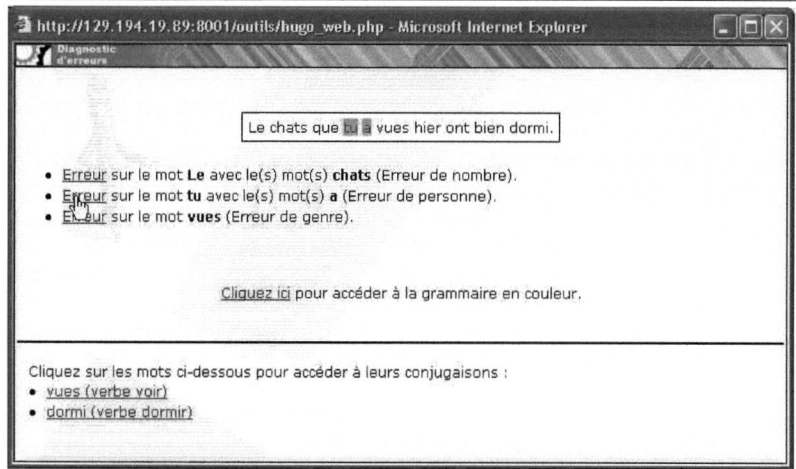

FIG. 5.7 – *Diagnostic d'erreurs pour la phrase* *Le chats que tu a vues hier ont bien dormi.

Ces phrases peuvent paraître fausses, ou du moins étranges, auprès de certains locuteurs natifs. Il s'agit d'un jugement normatif. Dans ce cas, le diagnostic n'affiche qu'un avertissement.

Enfin, nous avons vu au paragraphe 5.2.2 que lorsqu'un mot était réinterprété phonétiquement, une correction était proposée à l'apprenant. Malheureusement, dans le prototype final, cette proposition n'est pas signalée de manière suffisamment visible.

Poursuivons maintenant par des propositions d'amélioration. En premier lieu, il serait nécessaire de corriger les défauts d'affichage et de rendre le système un peu plus convivial. Comme la grammaire de référence a été finement indexée, il conviendrait de faire un lien direct vers le point de grammaire le plus précis possible, compte tenu du type de l'erreur et des parties du discours impliquées. En outre, il est important qu'un champ permette de modifier la phrase dans la fenêtre même du système de diagnostic, plutôt que de devoir jongler

5. L'analyseur Fips et son application à l'ALAO

avec de multiples fenêtres. Ceci facilitera l'autoremédiation, en ayant l'ensemble des données disponibles au même endroit.

Par ailleurs, il serait judicieux que les concepteurs d'exercices et même les apprenants puissent n'afficher que certains types d'erreurs. Il serait aussi envisageable de définir des erreurs prioritaires qui seraient affichées systématiquement, alors que la présence d'autres erreurs pourrait simplement être signalée; l'apprenant serait alors libre de demander leur affichage.

Bien entendu, l'approche pédagogique pourrait être améliorée. Un diagnostic progressif, comme celui proposé par Heift (2003, §2.2), serait envisageable : en affichant une seule erreur à la fois, dans un premier temps, le ou les lieux de l'erreur seraient mis en surbrillance; dans un second temps, on afficherait également le type de l'erreur; ensuite, les informations lexicales seraient affichées. D'autres niveaux pourraient être proposés, comme une correction automatique de l'erreur, dans les cas où il est possible et fiable de corriger l'erreur. Quant à elles, Girard & Voce (2003) proposent un diagnostic en trois temps : premièrement, la présence d'une ou plusieurs erreurs serait signalée (étape de *rétroaction*) ; puis l'étape de *localisation* signalerait la position des erreurs, avec accès aux infobulles lexicales; enfin l'étape d'*explication* donnerait un diagnostic du type *"vérifiez que vous avez bien accordé en genre (et en nombre) tous les mots en gras"* et donnerait des liens vers un point de la grammaire de référence, la grammaire en couleurs et le conjugueur.

Enfin, vu que plusieurs diagnostics d'erreurs peuvent souvent être proposés, on pourrait proposer plusieurs alternatives de diagnostic. Il serait cependant nécessaire de valider cette proposition à travers un test approfondi à l'aide d'un corpus, afin d'éviter un trop grand nombre d'analyses erronées, qui serait contre-productif.

Pour valider le diagnostic, il conviendrait d'en faire une analyse approfondie, afin d'évaluer notre stratégie pédagogique. Enfin, il devrait être possible d'affiner un peu le diagnostic en tenant compte du profil général des apprenants. Un apprenant germanophone aura tendance à utiliser *aider à quelqu'un*, par traduction directe de *helfen + datif*. Un profil de l'apprenant pourrait éventuellement influencer le choix de la meilleure analyse en fonction des erreurs fréquemment commises par l'apprenant.

5.3.4 Arbre syntaxique

Nous passons maintenant à l'arbre syntaxique. Ce type de représentation illustre les dépendances syntaxiques entre les différents syntagmes de la phrase. Une sortie arborescente de *Fips* existait déjà depuis plusieurs années et il nous est incombé d'adapter et d'améliorer cette sortie [14]. Les arbres ne sont disponibles qu'en cas d'analyse complète de la phrase. La figure (5.8) montre la fenêtre de l'arbre syntaxique comme affichée pour l'apprenant.

Nous utilisons une version simplifiée et francisées des étiquettes de *Fips*. La figure (5.9) montre l'arbre dans son ensemble.

Des arcs de couleurs soulignent les dépendances entre différents éléments comme le pronom relatif, son antécédent et la position canonique au sein de la subordonnée.

Nous n'avons malheureusement pas eu tout le temps nécessaire pour peaufiner cette sortie. Il nous a manqué également certaines compétences pour maîtriser le placement des étiquettes et des mots ainsi que le traçage des lignes et des courbes. Ainsi, pour éviter des chevau-

---

14. Le partenaire industriel ne disposait pas de personne compétente dans le domaine de la construction dynamique de graphiques.

5. *L'analyseur Fips et son application à l'ALAO*

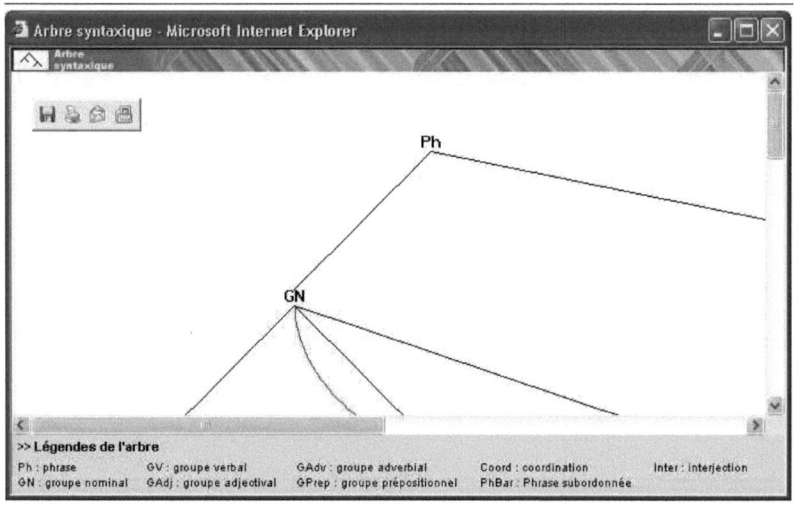

FIG. 5.8 – *Fenêtre de la sortie d'arbre syntaxique*

chements, l'arbre a dû être considérablement élargi par rapport à la version originale. Il s'ensuit un manque de lisibilité lorsque la phrase a une certaine complexité comme la phrase d'exemple. De plus, les arcs ne sont pas affichés correctement. Dans la figure (5.9), le premier arc devrait relier le groupe nominal *le chat* à celui contenant le pronom relatif *que* ; le second arc partirait du même nœud vers le groupe nominal objet de la subordonnée, qui est un nœud vide sans élément lexical.

Comme pistes d'amélioration, nous pourrions envisager d'afficher un arbre dynamique, dont seuls les éléments essentiels seraient détaillés au départ [15]. L'apprenant pourrait ensuite regarder les détails à sa guise. Les nœuds les plus intéressants pédagogiquement pourraient être mis en évidence, comme par exemple les nœuds contenant des traces.

---

15. Les linguistes illustrent souvent leurs exemples syntaxiques en réduisant les syntagmes non pertinents et en affichant leur contenu sous un triangle.

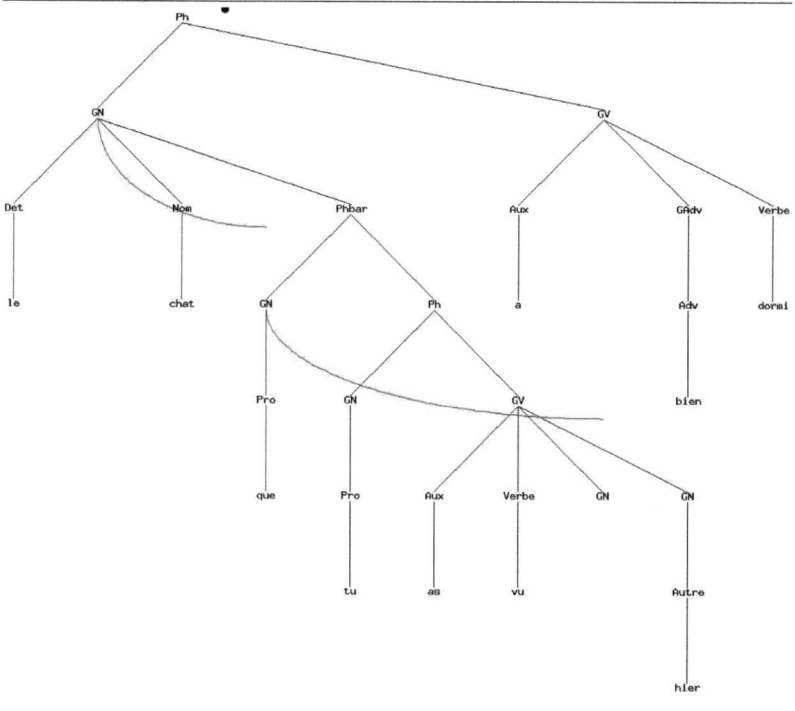

FIG. 5.9 – *Arbre syntaxique pour la phrase* Le chat que tu a vu hier a bien dormi.

5.4 Discussion

Pour conclure ce chapitre, nous faisons un rapide bilan de l'utilisation de *Fips* pour un diagnostic grammatical. Tout d'abord, le pari de modifier un analyseur à large couverture et à but généraliste a visiblement réussi (Vandeventer Faltin, 2003). L'utilisation d'un analyseur robuste permet d'obtenir au moins une analyse partielle des phrases. La large couverture et le lexique riche permettent également de traiter une grande variété de constructions et de pouvoir utiliser le système de diagnostic d'erreurs dans de nombreuses situations sans restreindre

5. L'analyseur Fips et son application à l'ALAO

la difficulté des textes ou des exercices. Avec ces résultats, nous confirmons l'adéquation de la théorie GB pour les applications de diagnostic et pour le relâchement de contraintes (§3.3.5), ou du moins la nécessité d'une analyse profonde qui tient en compte les dépendances à distance. Nous confirmons aussi les observations de la conclusion de la partie sur les théories grammaticales (§3.3.6), à savoir la nécessité d'un analyseur ascendant, basé sur l'analyse lexicale.

Quant à la couverture des erreurs, elle est globalement satisfaisante. Une évaluation interne a donné des résultats encourageants. La détection d'erreurs d'accord est encore problématique pour les structures complexes, notamment les DP coordonnés, les appositions, les mots inconnus etc. L'absence de ponctuation rend aussi parfois l'analyse fragile. Dans certains cas, le diagnostic fonctionne en plusieurs étapes : une première erreur est détectée et corrigée par l'apprenant ; lors d'une seconde analyse, le diagnostic d'autres erreurs peut être établi. Par ailleurs, dans certains cas, les lacunes de *Fips* empêchent un diagnostic correct :

(38) Je donne ma sœur une voiture.

Dans la phrase (38), calquée sur la structure de *to give* en anglais, le diagnostic détecte une erreur de complémentation avec *une voiture*. En effet, *ma sœur* peut être un complément valide de *donner*. Le filtre thématique n'a pas attribué le rôle de destinataire au bon constituant. Même avec un lexique cohérent et complet qui contiendrait tous les traits sémantiques, il serait probablement impossible d'établir des règles sûres qui permettent d'accepter toutes les combinaisons correctes et d'éliminer toutes les combinaisons incorrectes.

Par ailleurs, le système a quelques problèmes de stabilité ou ne fournit pas de résultat dans un temps acceptable, notamment à cause de la surgénéralisation de structures (Vandeventer Faltin, 2003). Le diagnostic en soi est parfois trompeur, comme dans le cas de l'accord de l'adjectif postposé avec le nom, où il est indiqué qu'il y a une erreur d'accord nom-adjectif, alors qu'on souhaite le contraire. En outre, le diagnostic est parfois erroné, à cause du fonctionnement de l'analyseur et de la technique du relâchement de contraintes: dans *toutes les étudiants étrangers, une erreur est détectées entre les et étudiants. En effet, ce déterminant peut être à la fois féminin et masculin et se combine parfaitement avec toutes, puis le mot étudiants est lu et ne peut être combiné. Il faudrait introduire des stratégies spécifiques pour revenir en arrière en cas de constituant complet sans erreur dans un DP complexe.

Au niveau pédagogique, le système fournit une analyse détaillée qui permet de nombreuses applications. Sur ce plan, **FreeText** offre une variété d'outils inégalée à notre connaissance. Les interfaces de grammaire en couleur et d'arbre syntaxique profond sont également inédites et semble-t-il appréciées par les apprenants et les enseignants. Pour les améliorer encore, de nouvelles techniques, en particulier sur *Internet*, permettent de présenter les informations de manière plus attractive et dynamique. Des technologies comme *Flash* (§2.4.5) permettraient de créer des animations sur la base d'analyses dynamiques. Parmi les outils utiles à intégrer pour un prochain projet, citons un dictionnaire avec définitions, muni d'un outil de recherche phonétique comme celui du DAFLES (§3.5.4). Enfin, mentionnons encore la nécessité d'un profil de l'apprenant, qui pourrait utiliser la richesse des informations contenues dans la sortie *XML* pour tracer un profil précis des lacunes de l'apprenant.

Poursuivons par quelques mots sur l'évaluation. Une version intermédiaire du prototype a été testée par des professeurs de français entre fin 2001 et début 2002 (Cassart *et al.*, 2002). Il en est ressorti que de tels outils seraient grandement utiles mais que des problèmes de

5. L'analyseur Fips et son application à l'ALAO

fiabilité grevaient encore trop le prototype. Parmi les problèmes relevés par les professeurs figuraient des problèmes de mauvais diagnostic, un manque de lisibilité de la grammaire en couleurs (contrastes, soulignements difficiles à distinguer, etc.) et l'absence de liens vers la grammaire de référence pour permettre à l'apprenant de remédier à ses erreurs. En outre, un testeur regrettait l'absence d'une véritable correction grammaticale, bien que cette option ait été délibérément écartée du concept pédagogique du logiciel. Par contre, la version finale des outils n'a pas pu être évaluée par des apprenants et des enseignants et n'a fait que l'objet d'une évaluation interne au projet, ce qui nous a empêchés de mesurer les progrès accomplis dans les outils de diagnostic et leur interface.

En conclusion, nous pouvons affirmer qu'il vaudrait la peine de poursuivre la recherche dans le domaine de la détection d'erreurs grammaticales. La structure actuelle de *Fips* est bien plus modulaire, avec une modélisation objet plus aboutie que lors de la réalisation du prototype de **FreeText**. Des améliorations du lexique et de la rapidité de traitement sont possibles, notamment grâce à une optimisation des algorithmes. Une seconde phase permettrait certainement de poursuivre la validation et l'amélioration des outils et d'affiner le traitement pédagogique.

CHAPITRE 6

FIPSORTHO : UN CORRECTEUR ORTHOGRAPHIQUE

Dans ce chapitre, nous décrivons le correcteur orthographique *FipsOrtho*. Notre apport personnel pour ce projet a consisté à poursuivre le développement du correcteur orthographique expérimental *FipsCorr*, destiné aux apprenants d'un langue étrangère (Ndiaye & Vandeventer Faltin, 2003, 2004), qui a été développé en parallèle au projet FreeText (§4) [1]. De 2005 à 2009, nous avons ensuite repris le travail, amélioré les techniques, récolté et annoté un corpus de phrases d'apprenants. Cette recherche est présentée ici.

Nous commençons par décrire les différentes techniques utilisées par le correcteur (§6.1). Nous poursuivons brièvement avec une description de la sortie *XML* du correcteur (§6.2). Ensuite, nous présentons une description générale du système (§6.3). Puis nous exposons les résul-

---

[1]. Le correcteur a été développé pendant le projet, mais le consortium a décidé d'utiliser une version du correcteur orthographique intégré au correcteur grammatical *Hugo 2000* (Burston, 1995 1996, v. n. 4 p. 197), légèrement adaptée pour des apprenants du français langue étrangère.

6. FipsOrtho : correcteur orthographique

tats des évaluations de notre correcteur (§6.4). Enfin, nous terminons ce chapitre par une discussion (§6.5).

6.1 Techniques de correction

Dans cette section, nous présentons les techniques de correction mises en œuvre dans le cœur de *FipsOrtho*, le correcteur orthographique proprement dit. La figure (6.1) présente le flux des techniques de correction, que nous allons décrire par la suite.

Considérons la phrase suivante :

(39) Les travails* sont difficiles.

Cette phrase contient une erreur orthographique, plus précisément une erreur morphologique sur *travails** au lieu du mot correct *travaux*. Tout au long de notre description des techniques de correction, nous nous servirons de cet exemple comme fil rouge pour illustrer le traitement d'une erreur.

Cette section est organisée comme suit. Nous examinons l'analyse syntaxique et lexicale (§6.1.1). Ensuite, nous décrivons les techniques fondamentales de correction, la recherche par alpha-code (§6.1.2), la réinterprétation phonétique (§6.1.3) et la méthode *ad hoc* (§6.1.4). Puis nous survolons les techniques mineures de détection d'apostrophe manquante (§6.1.5), de séparation des mots (§6.1.6) et de mise en majuscules (§6.1.7). Enfin, nous terminons par notre algorithme de classement des propositions (§6.1.8).

6.1. Techniques de correction

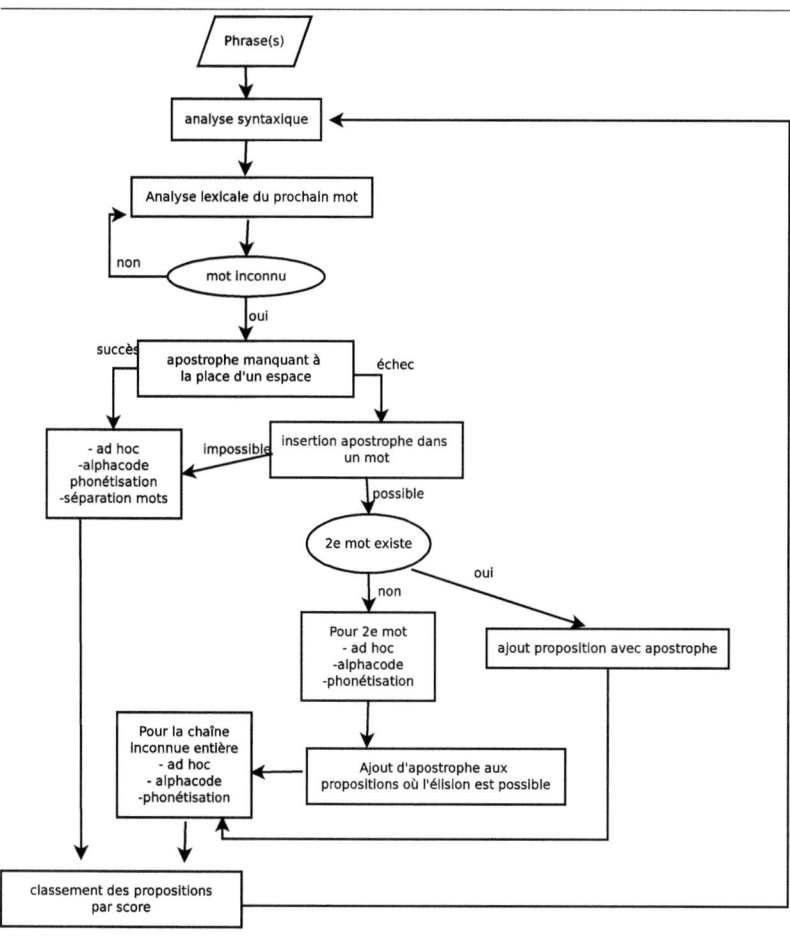

Fig. 6.1 – *Flux des techniques de correction orthographique*

6.1.1 Analyse syntaxique et lexicale

L'analyse syntaxique et lexicale précède les techniques de correction proprement dites. Il peut sembler curieux, au premier abord, de commencer le processus de correction par une analyse syntaxique (Berghel,

6. FipsOrtho : correcteur orthographique

1987). Comme nous l'avons vu aux sections 3.1.1.2 et 3.2.3.1, la segmentation des unités lexicales n'est pas un processus trivial et nécessite un traitement pour délimiter les phrases ou segments de phrases. Il semblerait *a priori* logique d'utiliser les routines d'analyse lexicale de *Fips* qui précèdent l'analyse syntaxique, afin de repérer les mots inconnus. Par contre, il est moins évident d'utiliser une analyse complète. Cependant, nous avons repris la technique de *FipsCorr*, qui reprenait l'analyse syntaxique d'une phrase.

Voici la justification de cette technique : l'analyseur lexical attribue aux mots inconnus toutes les catégories lexicales ouvertes, à savoir nom, adjectif, adverbe et verbe ; un analyseur robuste doit en effet pouvoir faire face mots inconnus ou aux erreurs et variantes orthographiques, qui sont très fréquents dans une phrase, notamment avec les noms propres. Lors du processus d'analyse, *Fips* tente de combiner chacun de ces éléments pour fournir une ou plusieurs analyses syntaxiques à la phrase. Ainsi, une catégorie lexicale est assignée au mot inconnu. Même si les résultats de cette heuristique ne sont pas très précis, cette indication est néanmoins utilisable et précieuse : comme nous le verrons à la section 6.1.8, cette catégorie est prise en compte par l'algorithme de classement des mots.

Ainsi, pour la phrase (39), nous obtenons la structure suivante :

(40) $[_{TP}\ [_{DP}\ [_{D}\ \text{Les}]\ [_{NP}\ [_{N}\ \text{travails*}]]]\ [_{T}\ \text{sont}]\ [_{FP}\ [_{DP}\ \text{e}]\ [_{F}\ [_{AP}\ [_{DP}\ \text{e}]\ [_{A}\ \text{difficiles}]]]]]$

Dans notre exemple, le mot inconnu est considéré de préférence comme un nom. Après l'analyse syntaxique, nous poursuivons le processus de correction orthographique et recherchons chaque mot dans le lexique, qui compte environ 200 000 formes lexicales (Ndiaye & Vandeventer Faltin, 2004). Si le mot existe, alors nous passons au mot suivant ; s'il n'existe pas, alors nous déclenchons le processus de correction, à la recherche de propositions.

6.1.2 Recherche par alpha-code

Comme nous l'avons vu à la section 3.2.3.2, la recherche par alpha-code consiste à classer les lettres d'un mot dans un certain ordre et de retrouver dans le lexique des mots ayant le même alpha-code ou un alpha-code approchant. Cette technique permet de trouver des propositions pour des erreurs d'insertion, d'omission et de substitution.

Nous avons repris la méthode et l'implémentation de *FipsCorr* (Ndiaye & Vandeventer Faltin, 2003, 2004). La chaîne est mise en minuscules et désaccentuée, puis les consonnes du mot sont listées par ordre alphabétique, suivies par les voyelles classées dans l'ordre alphabétique également ; chaque caractère n'est listé qu'une fois. Chaque entrée du lexique contient l'alpha-code du mot, qui peut être utilisé comme clé de recherche. Pour retrouver des alpha-codes proches, nous créons vingt-six nouveaux alpha-codes en introduisant une par une les lettres absentes de l'alpha-code original, puis en retirant une par une les lettres présentes [2]. Pour un exemple concret, nous renvoyons le lecteur aux exemples (6), (7) et (8) p. 106. Nous avons appelé l'élargissement de l'alpha-code *alpha-wide* (W) et la restriction *alpha-narrow* (N).

Par ailleurs, nous avons envisagé de calculer la substitution d'une lettre par une autre, pour traiter le cas où une erreur de substitution remplace une lettre correcte par une autre qui ne se trouve pas dans l'alpha-code, comme *troglodite* pour *troglodyte* (où les alpha-codes sont respectivement *dglrteio* et *dglrteoy*). Cette méthode reviendrait à introduire $(n \times (26 - n))$ nouveaux alpha-codes, où n est la taille de

---

2. Dans *FipsCorr*, la méthode de restriction d'alpha-code n'était pas présente.

6. FipsOrtho : correcteur orthographique

l'alpha-code d'origine. Ainsi, pour un alpha-code de 7 caractères, il y a 133 nouveaux alpha-codes (7 × 19), ce qui ralentirait considérablement le processus et multiplierait le nombre de propositions inutiles. Nous avons donc renoncé à introduire cette méthode.

Reprenons donc le mot *travails** de notre phrase d'exemple (39), qui donne les alpha-codes suivants :

(41) a. lrstvai
 b. *alpha-wide* : blrstvai, clrstvai, dlrstvai, lrstvaei, flrstvai, glrstvai, hlrstvai, jlrstvai, klrstvai, lmrstvai, lnrstvai, lrstvaio, lprstvai, lqrstvai, lrstvaiu, lrstvwai, lrstvxai, lrstvaiy, lrstvzai ;
 c. *alpha-narrow* : rstvai, lstvai, lrtvai, lrsvai, lrstai, lrstvi, lrstva.

Ainsi, pour chaque mot, vingt-sept recherches sont lancées dans le lexique. Pour notre exemple, nous retrouvons 148 mots, 6 par alpha-code, 93 par *alpha-wide* et 49 par *alpha-narrow*. Voici quelques exemples de mots retrouvés, accompagnés de la méthode utilisée :

- travail (N) ;
- travailla (N) ;
- travaillai (N) ;
- travaillais (A) ;
- travaillas (A) ;
- travaillasse (W) ;
- travaillât (N) ;
- travaillées (W) ;
- travaillés (W) ;
- travailles (W) ;
- allitératives (W) ;

6.1. Techniques de correction

- ravitaillais (A) ;
- etc.

La technique de l'alpha-code génère beaucoup de propositions, dont certaines sont très éloignées de la chaîne originale. Nous devons donc calculer le degré de proximité entre le mot inconnu et les propositions et déterminer un seuil au delà duquel les propositions ne sont pas retenues. Cette mesure est appelée *distance lexicographique* et fait l'objet de la section suivante.

6.1.2.1 Distance lexicographique

Nous avons ici également repris et amélioré la méthode de distance lexicographique utilisée dans *FipsCorr*. A la section 6.1.2, nous avons constaté que la méthode de l'alpha-code générait énormément de propositions différentes, dont certaines étaient trop éloignées du mot inconnu. Pour pallier ces défauts, Ndiaye & Vandeventer Faltin (2003, 2004) proposent une méthode de filtrage basée sur un calcul de distance, la *distance lexicographique*, basée sur la distance de Levenshtein (Levenshtein, 1966). Cette méthode simple, déjà décrite à la section 3.2.3.10 p. 120, détermine le nombre minimal d'opérations d'insertion, de suppression ou de substitution de lettres pour passer de la chaîne source à la chaîne cible. L'insertion ou la suppression d'une lettre ont un coût de 1, tandis que la substitution a un coût de 2 [3].

Nous avons adapté la méthode de calcul des distances en utilisant l'algorithme de Damerau-Levenshtein (Damerau, 1964; Levenshtein, 1966) présenté chez Wagner & Fischer (1974), Lowrance & Wagner (1975) et Jurafsky & Martin (2000, pp. 153 ss.). L'algorithme est ap-

---

[3]. Contrairement à ce qu'annonçaient Ndiaye & Vandeventer Faltin (2003), *FipsCorr* ne prévoyait qu'un coût de 1 pour les substitutions.

6. FipsOrtho: correcteur orthographique

pelé ainsi car la transposition est ajoutée aux opérations d'insertion, de suppression et de substitution [4].

L'algorithme crée une matrice de distances, où chaque symbole de la chaîne source représente une colonne et chaque symbole de la chaîne cible une ligne. Ainsi, la cible sera sur l'axe vertical et la source sur l'axe horizontal. Chaque cellule de la matrice *distance[source,cible]* contient la distance entre les *cible* premiers caractères de la cible et les *source* premiers caractères de la source.

La première ligne et la première colonne de la matrice sont initialisées avec les valeurs des indices, la première cellule ayant les coordonnées [0,0] ; dans la première matrice du tableau (6.1), ce sont les lignes marquées par le signe # ; nous avons volontairement omis ces valeurs dans les autres matrices du tableau pour des raisons de lisibilité. Ces valeurs correspondent à la comparaison d'une chaîne non nulle avec une chaîne nulle. Elles permettent de calculer la valeur de la distance selon la méthode suivante : chaque cellule est remplie en fonction des cellules avoisinantes, comme l'illustrent le tableau (6.1) ; pour remplir une cellule de la matrice, l'algorithme additionne un coût à la valeur des cellules à gauche, au dessus et en diagonale (en haut à gauche) de la cellule à remplir ; la valeur sélectionnée est la plus petite de ces trois valeurs.

Subs					Eff					Perm				Ins			
	#	c	o	u		a	t	r	e		a	p	s		a	t	e
#	0	1	2	3	a	**0**	1	2	3	a	**0**	1	2	a	**0**	1	2
c	1	**0**	1	2	t	1	**0**	**1**	2	s	1	1	1	t	1	**0**	1
o	2	1	**0**	1	e	2	1	1	**1**	p	2	1	(2) **1**	r	2	**1**	1
n	3	2	1	**1**										e	3	2	**1**

Les chemins sont marqués par les nombres en gras souligné.

TAB. 6.1 – *Opérations pour le calcul de distance entre deux chaînes*

---

[4]. Pourtant, aucune des références citées ici ne mentionne ou ne cite ni Damerau, ni Levenshtein.

6.1. Techniques de correction

Si l'algorithme sélectionne l'*effacement*, on additionne un certain coût au nombre immédiatement à *gauche* ; pour l'*insertion*, c'est le nombre immédiatement *au-dessus* ; pour la *substitution*, c'est le nombre dans la *diagonale* ; pour la *transposition* ou permutation de lettres, on utilise le *deuxième nombre dans la diagonale*, s'il est plus petit que le nombre obtenu grâce à la substitution (dans le tableau (6.1), le nombre entre parenthèses) ; enfin, si les lettres sont *identiques*, le nombre dans la diagonale est *copié*.

Dans la littérature, l'insertion et l'effacement ont généralement un coût de 1 ; la substitution a un coût de 1 ou 2 ; la transposition a généralement un coût de 1 ; enfin, si les lettres sont identiques, le coût est de 0. La distance finale correspond au nombre le plus en bas à droite de la matrice.

Nous avons modifié l'algorithme après une première phase de tests sur une liste de mots présentée à la section 6.4.1. Tout d'abord, lorsqu'une des chaînes comportait une double consonne et l'autre une seule, l'algorithme comptait une insertion ou un effacement selon les cas. Cette confusion entre consonnes doubles et consonnes simples est très courante. Ainsi, des chaînes moins proches selon notre jugement obtenaient une distance plus faible. Pourtant, intuitivement, la différence entre une consonne et une consonne doublée n'est pas aussi forte que l'insertion ou l'effacement d'une lettre différente de la lettre voisine.

C'est pourquoi nous avons ajouté à l'algorithme deux méthodes *ad hoc*. Ainsi, pour l'insertion d'une double consonne, on ajoute un coût de 0,1 au nombre immédiatement supérieur, comme l'illustrent les exemples du tableau (6.2) ; pour l'effacement d'une double consonne, on ajoute 0,1 au nombre immédiatement à gauche. Comme pour la transposition, on ne remplace le nombre obtenu par la méthode générale de calcul que si le nombre obtenu par l'ajout du score faible est inférieur. Ainsi

6. FipsOrtho : correcteur orthographique

le coût entre *addresse et adresse est de 0,1 au lieu de 1, et de 0,3 au lieu de 3 entre *proffesionel et professionnel.

	Ins dbl cons				Eff dbl cons			
	a	s	u		a	s	s	u
a	**0**	1	2	a	**0**	1	2	3
s	1	**0**	1	s	1	**0**	(1) **0,1**	2
s	2	(1) **0,1**	1	u	2	1	1	**0,1**
u	3	2	**0,1**					

Les chemins sont marqués par les nombres en gras souligné.

TAB. 6.2 – *Opérations pour le calcul de distance entre deux chaînes avec simple/double consonne*

Nous avons également opéré d'autres adaptations. Tout d'abord, la casse, les espaces, les apostrophes et les traits d'unions ne sont pas pris en compte : *angleterre a une distance de 0 avec *Angleterre*. Par ailleurs, nous avons introduit un coût très faible, de 0,1 au lieu de 1, pour les substitutions entre caractères accentués ou possédant un signe diacritique (ç, ñ, é, è, à, û, ù, etc.). En effet, une trop forte pénalité frappait ces fautes courantes, spécialement pour les mots courts, comme *tres pour *très*. Nous avions envisagé dans un premier temps de ne pas pénaliser du tout la substitution des caractères accentués, ce qui aurait donné une distance de 0 entre ces deux chaînes. Cependant, la solution d'un coût plus léger permet de souligner que les chaînes ne sont pas identiques mais très proches, par rapport à l'insertion ou la substitution d'un caractère [5]. Nous détaillerons ces exemples au tableau (C.1) p. 388.

Les algorithmes complets sont donnés à l'annexe C en (1) et (2) p. 390. La distance est pondérée en divisant l'addition des coûts par l'addition de la taille des deux chaînes comparées. L'annexe C contient aussi des exemples complets de matrices des distances.

---

[5]. L'erreur entre *tres et *très* a une distance de 0.1, tandis que *tres et *êtres* sont à une distance de 1.

6.1. Techniques de correction

Par ailleurs, il nous reste à définir le seuil au-delà duquel une proposition doit être rejetée. Le correcteur que nous avons adapté proposait la distance suivante :

$$\mathcal{D} = \frac{2}{longueur\ source + longueur\ cible} \qquad (6.1)$$

Ce seuil correspond donc à deux opérations de modification de la chaîne. Remarquons que la proposition *professionnel* pour le mot erroné **proffesionel* était rejetée, car elle dépassait le seuil de 0.08.

La version initiale du correcteur rejetait les propositions dont la distance était égale au seuil. Après étude de nos corpus de test, il nous a paru préférable d'accepter ces propositions à la limite du seuil, bien que le nombre de propositions – et, par conséquent, le taux de propositions inopportunes – augmente parfois de manière significative. Nous avons aussi augmenté le seuil comme suit :

$$\mathcal{D}\prime = \frac{2.3}{longueur\ source + longueur\ cible} \qquad (6.2)$$

Toutefois, nous appliquons deux restrictions :

i. Les propositions retrouvées par alpha-code et alpha-code élargi ne sont acceptées que si elles commencent par la même lettre que le mot inconnu et ont une distance inférieure ou égale au seuil ;
ii. Les propositions retrouvées par alpha-code restreint ne sont retenues que si elles sont en dessous du seuil et qu'elles commencent par la même lettre que le mot inconnu.

Ces deux restrictions s'appuient sur l'observation faite par de nombreux chercheurs qu'une erreur porte très rarement sur la première lettre de la phrase (Kukich, 1992). Nous avons aussi constaté que les propositions retrouvées par alpha-code restreint étaient souvent éloignées de la chaîne d'origine.

Pour notre exemple (39) avec *travails, nous retenons 10 propositions sur 148 résultats. Dans les détails, 2 propositions sur 6 sont retrouvés par alpha-code simple (33,3%), 4 propositions sur 93 par alpha-code élargi (4,3%) et 4 propositions sur 49 par alpha-code restreint (8,1%).

Nous parlerons en détail des résultats de notre approche à la section 6.4.

6.1.3 Réinterprétation phonétique

Comme nous l'avons déjà souligné à la section 3.2.3.5, beaucoup d'erreurs proviennent d'une écriture phonétique des mots : le mot est écrit comme il est prononcé, en utilisant une des manières d'écrire un son. Ainsi, en français, *ph* et *f* transcrivent le même son [f], de même que le son [o] se retranscrit *o, au, eau* [6]. Ndiaye & Vandeventer Faltin (2003) proposent un algorithme de réinterprétation phonologique qui consiste à créer une transcription phonétique du mot mal orthographié et de tenter de retrouver le mot correct à partir de sa prononciation stockée dans le lexique. Considérons l'exemple suivant, tiré de ce même article :

(42) a. *sau.
    b. [so].
    c. saut, seau, sceau, sot, sauts, seaux, sceaux, sots.

L'exemple (42a) est retranscrit phonétiquement en (42b). Une recherche dans le lexique donne les homophones en (42c). Certaines

---
6. Et *aux, ault, ot, ots, os, oc, ocs, aulx* etc. en fin de mot

6.1. Techniques de correction

variantes au pluriel semblent moins plausibles que les variantes au singulier et les mots plus rares comme *sceau* pourraient être écartés suivant le niveau des apprenants.

Pour améliorer cet algorithme, nous pouvons partir du constat que les apprenants ont souvent des difficultés à distinguer certains phonèmes. On peut penser notamment aux paires minimales phonologiques *pomme / paume* ([pɔm] / [pom]), *pré / près* ([pʁe] / [pʁɛ]), etc. Les voyelles nasales sont sources de maintes erreurs entre [ɔ̃ / ɑ̃ / ɛ̃ / œ̃]. Certaines consonnes ne sont pas bien distinguées par certains locuteurs, notamment [b / v] pour les hispanophones et [ʁ / l] pour les locuteurs de certaines langues asiatiques. Il serait alors judicieux de pouvoir tenir compte de ces confusions possibles dans la réinterprétation phonologique, voire de paramétrer le correcteur en fonction de la provenance du locuteur. Il serait aussi nécessaire de dériver plusieurs chaînes phonétiques d'un même mot erroné. Les *-s* et *-t* finaux peuvent être prononcés ou non selon les cas. Enfin, il serait bon de tenir compte des graphies de certains sons dans les langues maternelles des apprenants et des confusions de phonèmes [7].

L'analyseur *Fips* (§5) dispose d'environ 700 règles ordonnées de phonétisation (Gaudinat & Goldman, 1998; Goldman, 2001; Ndiaye & Vandeventer Faltin, 2004) qui procèdent à une phonétisation du mot grâce à une stratégie déterministe. Ce phonétiseur sert à la synthèse vocale *FipsVox* (§3.1.4) pour prononcer les mots inconnus ; il sert également à phonétiser automatiquement les nouveaux mots insérés dans le lexique, afin de gagner du temps ; le cas échéant, cette phonétisation doit être revue par un expert afin d'éviter les erreurs.

---

7. Les propositions esquissées ici ne sont basées que sur quelques observations et intuitions empiriques. Si l'on voulait les mettre en œuvre de manière efficace, l'analyse d'un large corpus d'erreurs d'apprenants serait indispensable pour pouvoir établir une typologie des erreurs en fonction de la provenance.

6. FipsOrtho: correcteur orthographique

La réinterprétation phonétique consiste donc à phonétiser la chaîne inconnue et de rechercher cette chaîne dans le lexique avec cette clé de recherche. Par ailleurs, pour améliorer la recherche, nous étendons la recherche en substituant certains sons de la chaîne originale par d'autres sons approchants :

- [a / ɑ];
- [ɔ / o];
- [e / ɛ];
- [ø / œ / ə];
- [ɔ̃ / ɑ̃];
- [œ̃ / ɛ̃].

En ce qui concerne cette méthode, nous nous sommes bornés à adapter *FipsCorr* en modifiant légèrement l'élargissement de la recherche phonétique. Pour notre exemple (39), *travails est phonétisé [tʁavaj]. Nous retrouvons les mots suivants :

- travail ;
- *travaille* ;
- *travaillent* ;
- travailles.

Les deux propositions en italiques sont de nouvelles propositions ; les deux autres ont également été retrouvées par alpha-code.

6.1.4 Méthode *ad hoc*

La méthode *ad hoc* de traitement d'erreurs morphologiques est un algorithme rudimentaire (Ndiaye & Vandeventer Faltin, 2003, 2004), adopté à défaut de temps pour adapter l'analyseur morphologique de *Fips* pour le traitement de mots inconnus. Comme nous l'avons vu à la section 3.2.3.6, ces erreurs sont très fréquentes chez les apprenants, qui créent de faux mots, par exemple en ajoutant un morphème inadéquat à une racine. L'erreur peut porter sur la déclinaison, la conjugaison etc. Ndiaye & Vandeventer Faltin (2003, 2004) décrivent les exemples suivants :

(43) a. *animals
   b. *devé
   c. *changeage

L'exemple (43a) est causé par une mauvaise dérivation flexionnelle, en appliquant la règle régulière du pluriel en *-s* à des noms en *-al*, dont le pluriel est *-aux*, suivant une dérivation exceptionnelle. L'exemple (43b) est une erreur de dérivation du verbe devoir, qui a un participe passé irrégulier *dû, due, dus* et *dues*. Ces deux premiers exemples peuvent être traités par des règles *ad hoc* : les mots en *-al* et *-ail* ont des pluriels en *-aux* ; l'erreur (43b) est traitée par une règle spécifique pour un verbe très courant de la langue.

Le troisième exemple (43c) est une mauvaise dérivation nominale à partir du verbe *changer*, avec le suffixe *-age* au lieu de *-ment*. Ndiaye & Vandeventer Faltin (2003, 2004) traitent également l'erreur courante suivante :

(44) a. *allerons
   b. all-
   c. -erons

Le verbe *aller* compte pas moins de quatre radicaux (*all-, ir-, va-* et *aill-*). Il est donc fréquent de trouver (44a) pour la forme correcte *irons*

6. FipsOrtho : correcteur orthographique

(indicatif futur 1e personne du pluriel). Un analyseur morphologique devrait trouver (44b) et (44c), respectivement une racine du verbe aller et une terminaison de l'indicatif futur 1e personne du pluriel des verbes du premier groupe.

Nous avons donc repris et amélioré la méthode présentée par Ndiaye & Vandeventer Faltin (2003, 2004) [8] qui tente de corriger les erreurs les plus fréquentes en retrouvant certains patrons dans un mot et en le remplaçant par une autre sous-chaîne, afin de trouver un mot connu. La table (6.3) liste les patrons que nous tentons de retrouver :

Patron	Chaîne remplacement	Exemple / commentaire
als#	aux	chevals* → chevaux
ails#	aux	travails* → travaux
#aller	ir	allerez* → irez
devé	dû	trouvé chez Mogilevski (1998)
#tenir	tiendr	teniras* → tiendras
#venir	viendr	venirais* → viendrais
#voir	verr	voirai* → verrai
#fair	fer	fairais* → ferais
age#	ment	changeage* → changement
ment#	age	repassement* → repassage

TAB. 6.3 – *Liste de sous-chaînes pour la méthode* ad hoc

Le signe # marque un début de mot lorsqu'il est à gauche et une fin de mot lorsqu'il est à droite. Lorsqu'il est absent, c'est tout le mot qui est remplacé.

Avec cette technique, il est fréquent de produire d'autres non-mots. C'est pourquoi nous recherchons chaque proposition dans le lexique et ne l'insérons dans la liste que si le mot existe.

---

8. Contrairement à ce que spécifient Ndiaye & Vandeventer Faltin (2004), l'application des autres méthodes de recherche n'est pas désactivée si la méthode *ad hoc* trouve des propositions.

La liste d'erreurs est bien évidemment très partielle et lacunaire. Elle est susceptible de croître avec le temps, au fur et à mesure de nouvelles observations dans un corpus d'apprenants.

Pour finir, examinons le résultat de la méthode *ad hoc* pour la phrase (39). La proposition *travaux*, qui n'a pas été trouvée par les autres méthodes, peut être ajoutée à la liste des propositions.

6.1.5 Apostrophe manquante

Comme nous l'avons souligné au paragraphe 3.2.3.7, l'apostrophe est un signe particulier, qui nécessite un traitement en tant que tel. Elle se retrouve en français dans *aujourd'hui*, *prud'homme*, *prud'hommal* et *presqu'île*. En outre, elle peut être insérée après les lettres *c*, *d*, *j*, *l*, *m*, *n*, *s* et *t* devant une voyelle ou un *h* muet (*l'habitation*, *d'habitude*, *l'arbre*, etc.). Enfin, certains mots comme *que*, *lorsque*, *jusque*, etc. peuvent être élidés devant une voyelle.

Une élision n'est possible que dans des cas précis :

- le mot après l'élision commence par une voyelle ou la lettre *h* ;
- si le mot est un adjectif ou un nom, il est au singulier et la consonne qui le précède est *l*, *c* ou *d* ;
- si le mot est un verbe, la consonne doit être *l*, *j*, *t*, *s*, *m*, *n* ou *c*.

Dans l'apprentissage des langues, l'étude de corpus d'apprenants permet de constater que l'apostrophe est souvent remplacée par un espace [9]. Parfois également, les mots ou parties de mots sont simplement collées ensemble, comme dans *aujourdhui**.

---

9. Nous n'avons pas trouvé ailleurs de théories expliquant ce phénomène. Nous faisons l'hypothèse de l'inaccessibilité relative de ce symbole sur certains claviers configurés pour des langues où il est rarement employé. Nous proposons également

6. FipsOrtho : correcteur orthographique

Pour traiter ce problème, nous utilisons, comme nous pouvons le constater à la figure (6.1) p. 247, deux méthodes. La première méthode intervient lorsqu'un mot inconnu contient un espace. Dans ce cas, nous insérons une apostrophe et tentons de trouver ce mot dans le lexique. Ce type d'erreur intervient parfois lorsqu'un début de mot contenant une apostrophe est lue par l'analyseur lexical de *Fips* (§§3.1.1.2 et 5) : ainsi, les chaînes "*prud homme*"* ou "*aujourd hui*"* sont considérées comme un seul mot inconnu [10].

Par contre, la seconde méthode examine si la première lettre d'un mot inconnu fait partie des lettres qui peuvent être suivies d'une apostrophe, que nous avons énumérées ci-dessus, ou si le mot commence par les lettres "*qu*". Si un des critères est rempli, nous regardons si le reste de la chaîne après les candidats à l'élision est trouvé dans le lexique. Si c'est le cas, nous insérons la proposition avec une apostrophe. Si le restant de la chaîne n'est pas trouvé dans le lexique, nous tentons d'appliquer les méthodes *ad hoc*, alpha-code et phonétique ; si un mot est trouvé, nous y ajoutons une apostrophe si l'élision est valide et filtrons la chaîne complète grâce à la distance lexicographique. Par ailleurs, les méthodes *ad hoc*, alpha-code et phonétique sont également appliquées à la chaîne complète sans apostrophe.

Mentionnons encore pour terminer que cette méthode ne trouve pas de proposition pour la phrase (39).

---

l'existence d'une mauvaise habitude engendrée par la cadence rapide de frappe des apprenants lors d'autres activités comme le clavardage ou l'envoi de courriels (§2.4.5).

10. Étonnamment, la recherche phonétique ne donne pas de proposition pour ces chaînes, sans doute par suite d'un dysfonctionnement du phonétiseur.

6.1.6 Séparation de mots

La méthode de séparation de mots est appliquée après les méthodes *ad hoc*, alpha-code et phonétique. Nous avons vu à la section 3.2.3.7 que ce problème est loin d'être trivial. Pour notre part, nous ne traitons que le cas où deux mots séparés sont collés l'un à l'autre.

Notre méthode procède comme suit. Nous séparons la chaîne en deux parties à chaque endroit possible. Nous tentons d'insérer un trait d'union (*portemonnaie** → *porte-monnaie*) et une apostrophe (*prud-homme** → *prud'homme*) et recherchons la chaîne dans le lexique. Par ailleurs, si la première sous-chaîne existe dans le lexique, nous recherchons également la seconde (*veuxpas** → *veux pas* [11]) et insérons les deux mots séparés par un espace comme proposition, le cas échéant.

Pour terminer, précisons encore que, comme la précédente, cette méthode ne trouve pas de proposition pour l'exemple (39).

6.1.7 Insertion de majuscule

La méthode d'insertion de la majuscule est triviale. Nous nous basons sur l'analyse de *Fips* et vérifions si le premier mot de la soumission est en majuscule. De plus, si le mot inconnu est mis en majuscule, les propositions éventuelles seront elles aussi mises en majuscule.

Cette méthode n'est pas idéale, mais nous avons jugé utile de la conserver. L'analyse lexicale de *Fips* ne se base pas sur les majuscules pour fixer les limites de phrases, afin de ne pas être déroutée par la lecture

---

[11]. ?*Je veux pas* est une phrase admise dans un registre oral informel, mais qui est généralement considérée comme agrammaticale à l'écrit et doit être corrigée dans une application d'ALIAO. Ceci n'est néanmoins pas possible avec un correcteur orthographique.

6. FipsOrtho: correcteur orthographique

de textes informels comme un courriel. Par contre, comme l'analyse lexicale présuppose que le texte est grammatical, elle perd de la précision avec des textes comportant des erreurs d'apprenants. Il nous a paru risqué de tenter de restituer les limites de phrases nous-mêmes et nous n'avions pas le temps ni les ressources linguistiques pour améliorer l'analyseur lexical pour le traitement d'erreurs. Il serait par contre important d'attirer l'attention de l'apprenant sur la faiblesse du traitement des erreurs de majuscules, par exemple en utilisant un avertissement demandant à l'apprenant de vérifier la correction [12].

Précisons pour finir que notre phrase (39) a déjà une majuscule au début et que *Fips* considère la phrase comme complète. Il n'y a donc aucune proposition pour cette méthode.

6.1.8 Ordre des propositions

Il est important de proposer les corrections dans un ordre de pertinence, comme nous l'avons vu à la section 3.2, et que la liste soit la plus courte et la plus pertinente possible (Rimrott & Heift, 2005). Ndiaye & Vandeventer Faltin (2003) proposent un nombre de cinq propositions dans un premier temps. Intuitivement, un faible nombre de proposition est souhaitable, car les utilisateurs ne veulent pas être submergés d'informations.

Pour *FipsOrtho*, nous avons largement repris et amélioré la méthode de *FipsCorr* (Ndiaye & Vandeventer Faltin, 2003, 2004)[13]. Nous clas-

---

12. D'une part, l'apprenant utilise souvent d'autres correcteurs grammaticaux et orthographiques dans sa langue première, qui ont certainement des performances supérieures aux nôtres à ce niveau. D'autre part, habitués à rédiger dans un style informel pour des courriels, des messages courts par téléphone mobile (textos ou sms), etc., ils oublient de s'adapter à un style plus formel. Enfin, les langues diffèrent dans l'usage de la majuscule, comme l'allemand qui l'emploie systématiquement pour les substantifs, ou l'anglais dans les titres de livres ou d'articles.
13. Contrairement à ce qui est affirmé dans ces articles, *FipsCorr* ne limite pas le

6.1. Techniques de correction

sons les propositions par score en tenant compte de la méthode ou des méthodes utilisées pour les retrouver, de la distance lexicographique et de l'adéquation du mot avec l'analyse de la phrase (partie du discours, valeurs d'accord). Les propositions sont ensuite classées par score décroissant et par distance lexicographique croissante.

Méthode	Valeur	Méthode	Valeur
Ad hoc	12	Apostrophe	10
Séparation	9	Phonologique	6
Alpha-code	5	Alpha-code élargi	3
Alpha-code restreint	2	Majuscule	0

TAB. 6.4 – FipsOrtho: *valeurs de score par méthode*

Le tableau (6.4) reprend les valeurs de score des méthodes de *FipsOrtho*. Si une proposition est retrouvée par plusieurs méthodes, les scores sont additionnés. Les valeurs ont été fixées d'après des observations sur la liste de mots (§6.4.1) et sur les phrases du corpus (§6.4.2). La méthode *ad hoc* a le plus gros score. Il s'agit de favoriser une correction par règles, destinée à pallier les défauts de la recherche de mots par clés alpha-code ou phonétique. Ensuite, les méthodes d'insertion d'espace, d'apostrophe ou de tiret ont aussi un score élevé, car ce type d'erreurs est courant et les propositions devaient ressortir. La méthode phonologique obtient un score légèrement plus haut que l'alpha-code. Enfin, l'élargissement et la restriction de l'alpha-code, générateurs de nombreuses propositions, sont clairement défavorisés.

Par ailleurs, nous avons favorisé les propositions les plus proches du mot inconnu. Ainsi, nous augmentons de 8 le score des propositions dont la distance lexicographique est inférieure à 0,1.

Enfin, comme nous l'avons dit à la section 6.1.1, nous favorisons les

---

nombre de propositions à 5 et n'élimine pas les propositions trouvées par plusieurs méthodes.

6. FipsOrtho : correcteur orthographique

propositions qui s'adaptent le mieux à l'analyse syntaxique de *Fips*. Ainsi, nous comparons certaines valeurs de traits attribuées au mot inconnu avec celles de chaque proposition. Les propositions d'une catégorie lexicale différente de celle attribuée par *Fips* ne sont pas écartées, à cause de la trop faible fiabilité de l'analyse. Le tableau 6.5 donne les valeurs de score par similarité de trait.

Trait	Valeur	Trait	Valeur
Catégorie	3	Nombre	3
Genre	3	Personne	2

TAB. 6.5 – FipsOrtho : *valeurs de score par similarité de trait*

Pour conclure, examinons l'ordre des propositions pour la phrase (39). Le mot *travails est considéré comme un nom, masculin ou féminin, au pluriel et à la troisième personne. Le tableau (6.6) donne la liste des propositions ainsi que leurs valeurs respectives.

Proposition	Cat.	Gen.	Nb.	Pers.	Méth.	Distance	Seuil	Score
travaux	N	m	P	3	AH	0.2	0.15333	23
travail	N	m	S	3	P, N	0.06666	0.15333	22
travailles	V	m, f	S	2	P, W	0.06111	0.12777	20
travaillés	V, A	m	P	1-3	W	0.06111	0.12777	19
travaille	V	m, f	S	1-3	P	0.06471	0.13529	17
travaillas	V	m, f	S	2	A	0.06111	0.12777	16
travaillent	V	m, f	P	3	P	0.16315	0.12105	14
travailla	V	m, f	S	3	N	0.06471	0.13529	13
travaillées	V, A	f	P	1-3	W	0.11052	0.12105	11
travaillais	V	m, f	S	1-2	A	0.11052	0.12105	8
travaillasse	V	m, f	S	1	W	0.11	0.115	6
travaillai	V	m, f	S	1	N	0.11666	0.12777	5
travaillât	V	m, f	S	3	N	0.11666	0.12777	5

TAB. 6.6 – FipsOrtho : *liste des propositions pour* *travails *(phrase 39)*

Au total, nous trouvons treize propositions, dont les plus pertinentes sont en tête. Nous reviendrons sur les résultats de nos listes de proposition au paragraphe 6.4.

6.2 Sortie XML

Comme pour *Fips*, la sortie de *FipsOrtho* est un document *XML* complet (§5.3.1) pour chaque soumission au correcteur. Nous verrons à la section 6.3 que ce document est ensuite enrichi pour être inclus dans le corpus. La figure (6.2) montre un extrait de la sortie *XML* de *FipsOrtho*.

```
<LATLCORR xml:lang="fr">
  <SUBMISSION>
    <SENTENCE sentenceId="1">
      <ITEM index="i00001" pos="1" projcat="DP" gender="masc fem" number="plu" pers="6">
        <ORIGINAL itemTag="i00001">Les</ORIGINAL></ITEM>
      <PUNC key="space"/>
      <ITEM index="i00002" pos="2" projcat="NP" gender="masc fem" number="plu" pers="6">
        <ORIGINAL itemTag="i00002">travails</ORIGINAL>
        <PROPS itemTag="i00002">
          <PROPOSAL index="p00001" itemTag="i00002" cat="N" gender="masc" number="plu" pers="6" method="ad_hoc" dist="0.2" thresh="0.1533333333333333" score="23">
            travaux</PROPOSAL></PROPS>
      </ITEM>
      <PUNC key="space"/>
      <ITEM index="i00003" pos="3" projcat="TP" gender="masc fem" number="plu" pers="6">
        <ORIGINAL itemTag="i00003">sont</ORIGINAL></ITEM>
      <PUNC key="space"/>
      <ITEM index="i00004" pos="4" projcat="AP" gender="masc fem" number="plu" pers="4 5 6">
        <ORIGINAL itemTag="i00004">difficiles</ORIGINAL>
      </ITEM>
      <PUNC pos="5">.</PUNC>
    </SENTENCE>
</SUBMISSION></LATLCORR>
```

FIG. 6.2 – *Extrait de sortie* XML *pour la phrase (39)*

Chaque soumission au système est incluse dans une balise <SUBMISSION> et chaque phrase délimitée par *Fips* est marquée par une balise <SENTENCE>. La balise <ITEM> contient chaque élément

6. FipsOrtho: correcteur orthographique

de la phrase. Nous incluons dans cette balise les valeurs de traits et d'analyse filtrées par l'analyseur. Par ailleurs, chaque élément dispose d'un identifiant unique dans l'attribut *index*.

Pour chaque élément de la phrase, nous incluons la chaîne originale dans l'élément <ORIGINAL>, qui est co-indicé avec <ITEM>. Si le mot est inconnu ou contient une erreur, nous ajoutons une balise <PROPS> qui contient la liste des propositions. Chaque proposition de correction est incluse dans la balise <PROPOSAL>, qui est co-indicée avec <ITEM> grâce à l'attribut *itemTag* et reçoit également un identifiant unique. Dans cette balise, nous ajoutons également les valeurs de la proposition, la ou les méthodes utilisées pour la retrouver, la distance lexicographique avec l'original (§6.1.2.1) et le seuil calculé entre ces deux éléments.

Après la correction interactive par l'apprenant, le document *XML* est modifié avant d'être sauvegardé dans une base de données. Si la proposition incluse est sélectionnée par l'apprenant, la balise <PROPOSAL> contient l'attribut *selected="yes"*. Si l'apprenant garde la proposition originale, cet attribut est ajouté à <ORIGINAL>. Si une correction est entrée manuellement, elle est incluse dans la balise <HUMAN_CORR>.

La validation pour le corpus (§6.3) donne lieu à une nouvelle modification du document *XML*. Si le document est sélectionné pour le corpus, on y ajoute les informations ajoutées et validées par l'expert. L'attribut *correctchoice="yes"* est ajouté aux balises <PROPOSAL> ou <ORIGINAL> de la proposition sélectionnée; si une correction manuelle est entrée, l'attribut *expert="yes"* est ajoutée à la balise <HUMAN_CORR>.

Enfin, si l'utilisateur – l'apprenant – s'est enregistré, nous ajoutons son âge, son pays, sa langue première, son niveau et la date et l'heure de la soumission dans la balise <SUBMISSION>.

6.3 Description du système

Dans cette section, nous décrivons le système du correcteur *FipsOrtho* en général. Nous commençons par une description de l'architecture du système (§6.3.1). Puis nous décrivons brièvement la typologie des erreurs dont nous nous sommes servi pour annoter notre corpus (§6.3.2).

6.3.1 Architecture générale

FipsOrtho a été conçu comme un outil disponible à travers une page web,[14] tant en mode individuel, libre et anonyme, ou comme utilisateur authentifié dans le cadre d'une utilisation en classe. La figure (6.3) illustre l'utilisation du correcteur par un apprenant[15] et la figure (6.4) montre l'interface du correcteur.

Après le processus de correction, le correcteur orthographique produit un document *XML* (§6.2). Ce document est alors traité par un script *PHP* (§2.4.5) qui en affiche les propositions. Une fois leur phrase corrigée, les apprenants doivent valider leurs corrections. Le document *XML* de la phrase est alors à nouveau parsé et la proposition choisie est marquée ou la correction manuelle y est introduite. Le document est également inséré dans une table de la base de données. La phrase corrigée est réaffichée. L'apprenant a alors le choix entre proposer une nouvelle phrase ou corriger à nouveau sa production. Il peut revenir en tout temps sur ses productions et accéder aux détails des corrections. Bien entendu, les enseignants ont accès aux mêmes informations pour les apprenants de leurs classes.

---

14. Pour des raisons techniques, ce service n'est malheureusement plus maintenu.
15. Les enseignants peuvent créer des classes et accéder aux productions de leurs apprenants. Les apprenants doivent s'identifier, ce qui nous permet de disposer de données comme leur âge, leur sexe, leur langue première et, s'ils sont inscrits dans une classe, de leur niveau de français.

6. FipsOrtho : correcteur orthographique

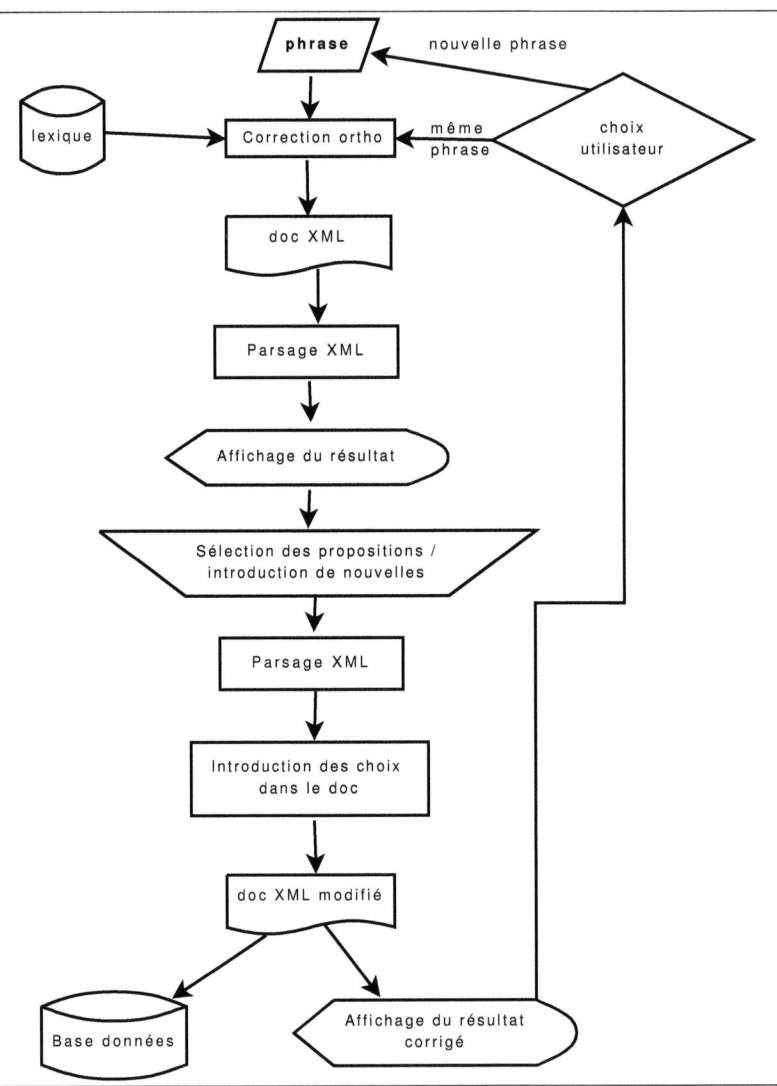

Fig. 6.3 – FipsOrtho : *vue d'ensemble du système, utilisation par l'apprenant*

Passons maintenant à la partie corpus de notre système, dont le fonc-

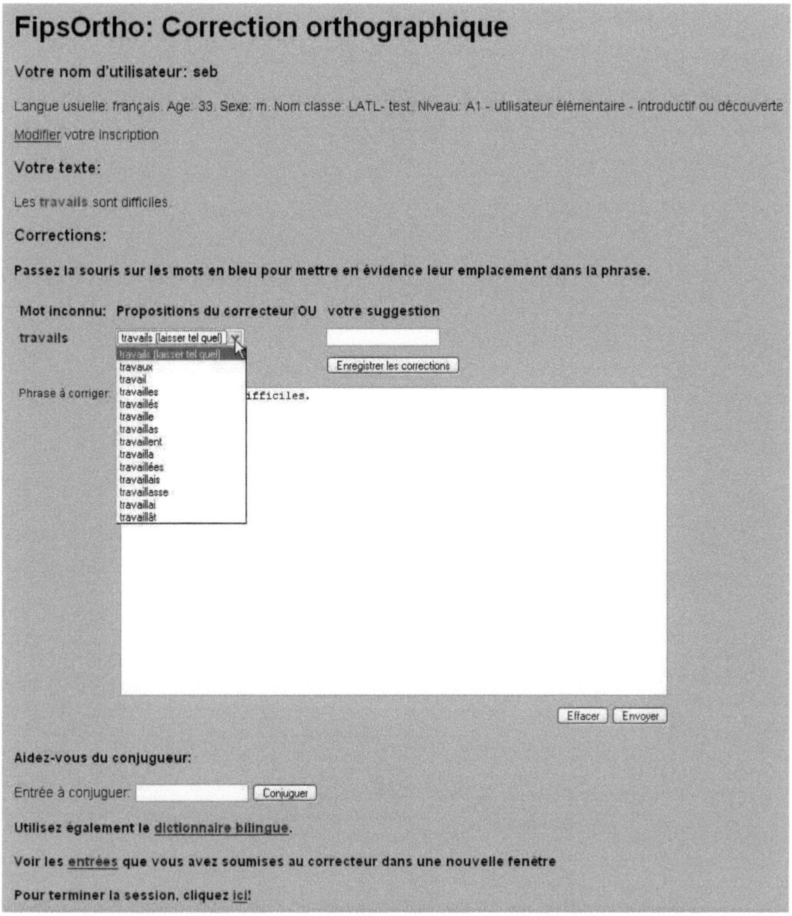

6.3. Description du système

FIG. 6.4 – FipsOrtho : *exemple de l'interface utilisateur*

tionnement est illustré par la figure (6.5). Chaque envoi au correcteur (segment[s] de phrase ou phrase[s]) est passé en revue par un expert et éventuellement inséré dans un corpus, selon le choix de l'expert d'après ses propres critères. Ainsi, les phrases de linguistes, les tests manifestes du correcteur et les phrases similaires ou identiques à d'autres entrées du corpus peuvent être écartés. Si la phrase est retenue, les choix des

6. FipsOrtho: correcteur orthographique

apprenants sont évalués par l'expert. En outre, celui-ci étiquette l'erreur en fonction d'une typologie que nous présenterons à la section 6.5. L'expert peut aussi baliser des erreurs non détectées. Ensuite, le système stocke chaque erreur et chaque proposition dans des tables de la base de données, afin de permettre de calculer des statistiques et pour en donner l'accès aux utilisateurs.

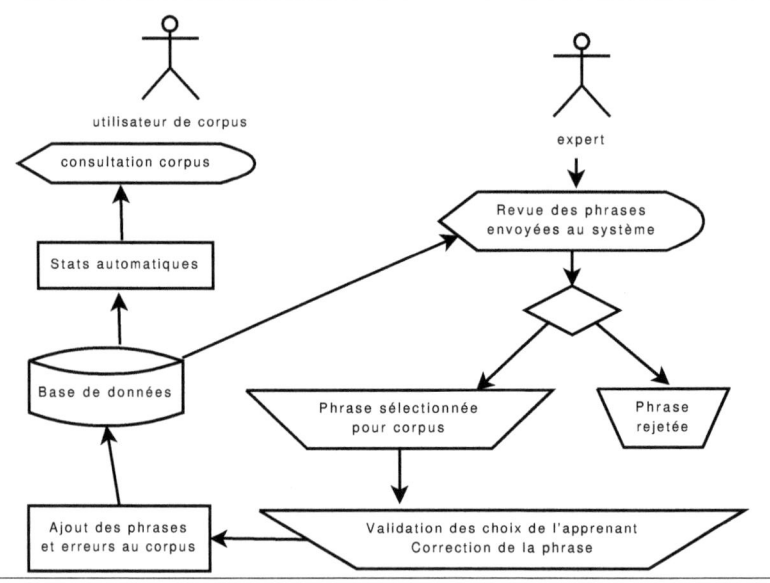

FIG. 6.5 – FipsOrtho : récolte et consultation du corpus

Terminons cette présentation par l'accès au corpus. Celui-ci est librement accessible sur le web.[16] Les utilisateurs ont libre accès aux statistiques générales et aux phrases du corpus. On peut accéder aux erreurs par la méthode utilisée ou par le type d'erreur. Enfin, toutes les propositions du correcteur sont listées.

---

16. http://www.lhaire.org/corpus/, dernier accès le 8.8.2012.

6.3.2 Typologie d'anotation du corpus

TAB. 6.7 – Typologie des erreurs du corpus d'erreurs orthographiques

Code	Désignation	Commentaire	Exemple
	Erreurs typographiques		
INS	Insertion	Caractère superflu	*cherval** → *cheval*
OMI	Omission	Caractère manquant	*a_bre** → *arbre*
SUB	Substitution	Touche voisine sur le clavier	*progrqme** → *programme*
INV	Inversion		*agneda** → *agenda*
	Erreurs lexicales		
LEX	Erreur lexicale	Mot existant mais inapproprié	*fonds* → *fondé*
NPR	Nom / adj. propre	Mot existant et correct, inconnu par le lexique	*Plymouth*
INC	Mot inconnu	Mot correct absent du lexique	*dravidien*
EMP	Emprunt	Emprunt de la langue maternelle	*trade* → *commerce*
	Erreurs phonétiques		
PHG	Err. phonogrammaticale	Mot inexistant mais pronociation correcte	*fonétique** → *phonétique*
PHO	Err. phonétique	Prononciation incorrecte d'un mot existant ou non	*londi** → *lundi*, **macasin* → *magasin*, **suivent* → à *suivant*

6. FipsOrtho : correcteur orthographique

Code	Désignation	Commentaire	Exemple
HPO	(quasi-) homophone	Mot existant inapproprié	*prémisses* → *prémices*, *est* → *et*
LNF	Lettres non fonctionnelles	Caractères non prononcés présents pour raisons historiques et étymologiques	*toujour** → *toujours*
DIA	Diacritiques	Accentuation	*Meme** → *même*
MOR	Err. morphologique	Erreurs morphologiques de conjugaison, formation de mots, marque du pluriel etc.	*rapident** → *rapides*
AGR	Accord		*les enfants sage**
CPL	Complémentation		*J'attends sur** *Anne*
Erreurs verbales			
AUX	Auxiliaire		*les invités sont** *dansé*
TPS	Temps	Temps verbal	*joué* → *a joué*
MOD	Mode		*Je veux que tu viens**
Erreurs de mots			
MAN	Mot manquant		*colonie _ tabac*
SUP	Mot superflu	Redondance	*les pêcheurs* ~~*entre*~~ *avec les Amérindiens*
Erreurs de signe			

6.3. Description du système

Code	Désignation	Commentaire	Exemple
CAS	Casse	Min./maj. incorrecte	*Français** (langue) → *français*
PNC	Ponctuation		
SPC	Séparation par espace	Espace manquant ou superflu	*fauxsauniers** → *faux sauniers*
SEP	Séparation par autre signe		*sinstaller** → *s'installer*
ORD	Ordre des mots		*arrives-tu* → *tu arrives*
BRU	Bruit	Fausse détection	Ex. : majuscule inadéquate

Comme nous l'avons vu à la section précédente, un expert est chargé d'annoter chaque mot de la phrase qui contient une erreur. Chaque erreur peut être annotée avec plusieurs catégories. Le tableau (6.7) liste les différentes catégories, avec leur code, leur description et des exemples. Lorsque cela était possible, nous avons regroupé les catégories dans des groupes. Les catégories séparées par des doubles lignes ne sont pas groupées avec d'autres et forment un groupe à membre unique.

Cette typologie a été inspirée par Catach *et al.* (1986), Cordier-Gauthier & Dion (2003) et Ndiaye & Vandeventer Faltin (2003). Précisons encore que certaines catégories sont détectées exclusivement par l'ordinateur, d'autres exclusivement par les humains, mais la majeure partie peut être détectée par les deux, comme nous le verrons en détail à la section 6.4.2.

6.4 Evaluation

Dans cette section, nous présentons les phases de test que nous avons fait passer à *FipsOrtho*. Nous présentons tout d'abord les résultats du test d'une liste de mots (§6.4.1), puis nous présentons notre corpus de phrases d'apprenants (§6.4.2). Enfin, nous terminons par quelques remarques finales sur l'évaluation (§6.4.3).

6.4.1 Test sur liste de mots

Nous avons en premier lieu testé notre correcteur avec une liste de 238 mots, tirée de Dinnematin *et al.* (1990), Burston (1998) et Softissimo (2002) avec des variations orthographiques de notre main. [17] Le tableau (6.8) récapitule les résultats globaux du test :

Méthodes	Score	%	Tot. cumulé	%
Alpha + phono	57	23,95		
Alpha-wide + phono	14	5,88		
Alpha-narrow + phono	10	4,2		
Alpha	57	23,95	114	47,9
Alpha-wide	13	5,46	27	11,34
Alpha-narrow	11	4,62	21	8,82
Phono	25	10,5	106	44,54
Pas de proposition	20	8,4		
Pas de proposition correcte	31	13,03		
TOTAL:	238	100		

TAB. 6.8 – *Résultats globaux de la liste d'erreurs*

Seules les méthodes alpha-code et phonologique ont été prises en compte pour ce test, car il a été mené en grande partie au début de nos travaux, afin de mettre au point la distance lexicographique ainsi

---

[17]. La liste complète des mots peut être consultée chez L'haire (2011).

6.4. Evaluation

que de paramétrer la réinterprétation phonétique. Dans cette section, nous commentons les résultats globaux dans un premier temps puis nous revenons sur certains cas particuliers.

Commençons par traiter des résultats globaux. Sans surprise, les méthodes les plus efficaces sont l'alpha-code et la phonétique, tant seules qu'en conjonction avec d'autres méthodes, comme le montre la troisième colonne du tableau (6.8), qui donne le total cumulé des méthodes, seules et combinées. A l'inverse, bien qu'utiles pour l'effacement ou l'insertion d'une lettre, les méthodes alpha-code élargi et restreint donnent des résultats plus faibles. De plus, nous échouons à donner une correction pour 51 mots (dont 20 sans proposition), soit 21,43%. Par ailleurs, 81 mots (34,03%) sont retrouvés par deux méthodes.

La méthode alpha-code fournit en moyenne 14,2 propositions, dont 1,61 passent le filtre de la distance lexicographique (11,37%). Pour l'alpha-code restreint, 57,9 propositions sont formulées en moyenne et 1,66 sont retenues (2,87%). En moyenne, 65,97% des alpha-codes restreints retournent des propositions, ce qui donne 10,64 propositions par alpha-code. Enfin, la méthode alpha-code élargie donne en moyenne 94,6 propositions, dont 2,56 sont sélectionnées (2,71%). En moyenne, 38,18% des alpha-codes élargis fournissent une proposition, ce qui donne une moyenne de 5,45 proposition par alpha-code. En considérant uniquement les chiffres, le rendement de la méthode peut sembler médiocre ; nous montrerons par la suite que les objectifs d'efficacité sont néanmoins atteints car les corrections souhaitées sont souvent sélectionnées.

Quant à la méthode phonétique, elle ne donne qu'une moyenne de 1,5 propositions, dont 0,61 nouvelles. L'algorithme génère entre 1 et 108 chaînes phonétiques à rechercher [18], soit une moyenne de 6,71 chaînes

---

18. La chaîne *developpenet* donne 108 chaînes phonétiques à partir de l'original

6. FipsOrtho : correcteur orthographique

phonétiques par mot. Cependant, seulement 0,6 chaîne en moyenne retrouve une proposition, ou 18,77% des chaînes. Fréquemment, la bonne correction est également retrouvée par une méthode alpha-code, car il ne s'agit pas d'erreurs phonétiques proprement dites, mais d'erreurs d'insertion ou d'omission. Par ailleurs, 111 mots n'aboutissent à aucune proposition de correction par méthode phonétique, soit 46,64% ; sur les 127 mots aboutissant à une ou plusieurs propositions, 59 ne trouvent aucune proposition supplémentaire par rapport aux alpha-codes, soit 46,46%. Le mot *gaité aboutit à 8 propositions supplémentaires trouvées par recherche phonétique, et *pens à 9, ce qui sont des cas exceptionnels sur lequel nous reviendrons.

En moyenne, 148,6 propositions sont trouvées par mot. Grâce au filtre de la distance lexicographique, la liste des propositions est réduite en moyenne à 6,49 mots (4,37%), ce qui constitue une moyenne raisonnable, comme nous l'avons discuté à la section 6.1.8. Le mot *pens compte toutefois 44 propositions, ce qui est excessif.

Passons maintenant aux détails de la liste. La liste contient des erreurs classiques, même chez les locuteurs natifs. Ainsi accueil est souvent orthographié *acceuil. Pour la variante *aceuil, la méthode alpha-code restreinte trouve écueil, qui a une distance inférieure au seuil, mais est rejetée par la contrainte de la première lettre identique. On peut aussi citer *addresse, fréquente chez les anglophones, et *aigüe pour aiguë.

Attachons-nous maintenant aux détails des méthodes. L'alpha-code s'avère une méthode efficace. Ainsi, elle est capable de corriger des inversions (*rénumération, *aéropage, *acceuil), des substitutions (*absorpsion, *subcidiaire), des insertions (*réddhibitoire, *subbit) et des omissions (*asujettir, *profesionel). Les techniques en jeu ne sont pas

---

[dəvələpənɛ], avec la substitution du [o], de chaque [ə] et du [ɛ]. La chaîne *coordonateur retourne 48 chaînes phonétiques car les trois [o] sont substitués, ainsi que le son [a] et [œ].

6.4. Evaluation

toujours les mêmes par type d'erreur : ainsi la substitution de *absorpsion est trouvée par élargissement de l'alpha-code par un t, celle de *subcidiaire par le retrait de c et celle de *simptomatique par l'ajout de y ; l'insertion de *réddhibitoire est trouvée par l'alpha-code original, tandis que celle d'*infarctusse l'est par le retrait du e ; l'omission de *chrysantème est trouvée par alpha-code original tandis que *control est trouvé par l'ajout du e. Par contre, lors de la substitution de sinthèse ou *troglodite, i remplace y et il n'y a ni insertion, ni retrait de lettre dans l'alpha-code [19]. Cette erreur n'est donc trouvée que par méthode phonétique.

Notre modification de la distance de Levenshtein pour les doubles lettres donne satisfaction, par exemple autour de *professionnel*, d'*imbécillité*, *intensément*, *charrette*, *souffle* etc. La proposition *voyagera* passe la rampe pour *voyera, ce qui est excessif[20]. Il nous a manqué du temps et des ressources pour faire une évaluation qualitative de la distance.

La correction phonétique n'est de loin pas optimale. Certains résultats sont satisfaisants : on peut citer *acolite pour *acolyte* [21], *algorythme, *cyprés [22], *négligeamment. Un mot retourne même huit nouvelles propositions par méthode phonétique : *gaité donne *guettait*, *guettaient*, *guettais*, *guettai*, *guetté(e)(s)*, *guetter* et *guettez*. Par contre, il n'est pas rare que des chaînes n'obtiennent pas de proposition, comme *aigue,

---

19. Nous avons renoncé à traiter ce type de substitution, comme expliqué en 6.1.2 p. 249.
20. Cependant, il s'agit de la seule proposition retenue, ce qui vaut mieux que rien. Cette erreur pourrait être traitée grâce à une règle supplémentaire de la méthode *ad hoc* (§6.1.4).
21. Relevons qu'une proposition *accolait*, trouvée par alpha-code restreint, est retenue, avec un score assez proche du seuil.
22. Pour cet exemple, la substitution de phonèmes [e / ɛ] a correctement fonctionné, mais pas pour *cipre, car le son [ə], qui est prononcé dans certaines circonstances et peut être substitué dans notre algorithme, ne se trouve pas dans la chaîne phonétisée par notre système ; le même cas se présente pour *malgre et *malgres.

6. FipsOrtho : correcteur orthographique

*barete, *bifteek, *boîter, *braîment, *contigüe [23], *piqure, *psiquédélique, *reswa, *angletterre, *presentimen, *raissonable, etc. De plus, le déterminisme du système expert de phonétisation pose parfois problème : il renvoie par exemple [cɔnɛksjɔ̃] pour *connection, alors que [cɔnɛktjɔ̃] est tout aussi vraisemblable. Enfin le système commet des erreurs, comme *attrapper ou *râtisser dont la fin est phonétisée en [-ɛʁ], *environment en [ãviʁõmã] ou *rest en [ʁɛs].

Passons maintenant aux cas particuliers. En premier lieu, des mots de la liste existent dans le lexique : appas est considéré dans la liste comme une erreur pour appât, mais est en fait une variante orthographique pour une acception vieillie du mot [24]. A l'inverse, certains dictionnaires acceptent pourcent, qui est absent du lexique. Le lexique contient parfois aussi des locutions comme c'est-à-dire ou il y a. Par contre l'inversion y a-t-il n'est pas dans le lexique [25].

En revanche, certains mots n'aboutissent à aucune proposition : les mots rares accessit, consonant, drolatique, séborrhée, becquée [26], appoggiature [27] et syzygie ne sont pas dans le lexique. *Malapris et *malapri ne donnent pas de correction valable, car malappris est absent du lexique ; cependant on retrouve malarias et malaria par suppression du p. Congrûment est également absent du lexique, mais la proposition congruent est sélectionnée par effacement du m. Entropie, pour *anthropie, est absent du lexique mais on propose anthropoïde. Le mot *cipre ne donne pas de proposition correcte mais chiper, cire, ciré, cirée et cirer. Idem pour *gueto qui donne guet, guette et guetté(e). Enfin

---

23. Contigu est retrouvé par méthode phonétique, mais pas contigüe, qui n'était pas dans le lexique.
24. Equivalent d'attraits ou de charme.
25. Il y a est parfois considéré comme une préposition (il est mort il y a deux ans) ou comme un présentatif (il y a de la bière dans le frigo).
26. buée est proposée pour *béquée ; quant à bec pour *beckee, il est rejeté à cause de la distance.
27. Certains dictionnaires admettent la variante *appogiature, qui est considérée comme une erreur dans la liste.

6.4. Evaluation

*employés ne donne aucune proposition phonétiques, mais les propositions erronées emplies, emplîmes, emplis, emploi, emploie, emplois et emplois.

Pour le mot *cettes, qui est en fait une erreur morphologique, la solution ces est trouvée par alpha-code restreint mais éliminée par la distance lexicographique. *Journals retrouve journal, ce qui est un bon compromis, comme une correction morphologique devrait trouver la forme correcte journaux. Au lieu de la correction attendue font, *faisent donne faisaient et *faissent fassent. Parmi les erreurs morphologiques, la méthode phonétique trouve croyant pour *croyent et prévoyant pour *prévoyent. Pour *devont, la méthode phonétique trouve devant. Pour *voirai, on a voir.

Le mot *esplication donne le pluriel explications par insertion de la lettre x dans l'alpha-code. *Quesque donne quelques et queue, mais pas la correction retenue. Ici, une méthode morphologique ou la méthode ad hoc feraient parfaitement l'affaire [28].

Parmi les mots qui donnent lieu à de nombreuses propositions, citons *asujettir pour assujettir, avec 22 propositions. Dans cette liste se retrouvent exclusivement les formes conjuguées du verbe, de même pour *address et *addresse. Quant à *marasm, il donne 19 propositions, dont la plupart sont trop éloignées comme marcs, marks, marais ou mari.

Enfin, certains mots comme *san ou *sau donnent lieu à plusieurs candidats vraisemblables, selon le contexte, comme sangs et cent pour l'un et sceau, sot pour l'autre. *Puit donne puits et puis et *touts donne tous et tout qui sont aussi vraisemblables les uns que les autres.

Signalons pour terminer certains mots introduits délibérément dans la

---

28. Faute de données sur les fréquences d'erreurs, nous avons renoncé à traiter davantage d'erreurs par la méthode ad hoc.

liste alors que les méthodes en jeu sont impuissantes pour les traiter. Les mots comme *nonpossibles, *experiment ou *votage pourraient être corrigés par analyse morphologique.

6.4.2 Corpus

Notre corpus consiste en 362 phrases ou séries de phrases soumises au correcteur, qui proviennent de différentes sources :

- phrases authentiques d'apprenants de Jamaïque, d'Australie et du Canada, provenant de textes libres, fournies par deux enseignants de langue ;
- phrases tirées d'articles scientifiques (Mogilevski, 1998; Cordier-Gauthier & Dion, 2003) ;
- phrases d'apprenants tirées d'un banc de test pour des correcteurs grammaticaux (Sanz, 1992), constituées de dictées du concours télévisé d'orthographe de Bernard Pivot, truffées d'erreurs artificielles ;
- texte d'un courriel de locuteur natif ;
- phrases authentiques d'apprenants d'un niveau plutôt avancé, recueillies pour le corpus FRIDA (§4) ;
- phrases entrées par des utilisateurs du correcteur en libre accès.

Malheureusement, malgré un appel sur une liste de discussion d'une association professionnelle et différentes tentatives auprès de collègues, il n'a pas été possible de recueillir des phrases directement saisies et corrigées par des apprenants. Nous avons donc dû sélectionner la solution correcte nous-mêmes à la place de l'apprenant. Puis nous avons joué le rôle de l'expert en corrigeant et en annotant les phrases.

6.4. Evaluation

Le corpus a été conçu de manière à conserver les indications sur l'âge, le sexe, la langue première, le pays de provenance et le niveau de langue. Si le corpus atteignait une taille suffisante et un échantillon significatif de niveaux et de provenances des apprenants, il serait possible d'en tirer des indications pour paramétrer le correcteur orthographique, afin de déterminer un ordre optimal des propositions et d'améliorer nos techniques. Nous avons dû renoncer à analyser le corpus en tenant compte des caractéristiques des apprenants, parce qu'il n'avait pas une taille suffisante, et surtout parce qu'aucun apprenant n'a corrigé ses productions lui-même.

Au final, nous avons un corpus de 1065 phrases, représentant 14 494 mots ; en moyenne, chaque entrée compte 40,04 mots et chaque phrase 13,61 mots. On peut attribuer plusieurs types à chaque erreur, soit lorsque plusieurs erreurs portent sur le même mot, soit lorsqu'il est possible d'attribuer plusieurs causes d'erreur sans pouvoir trancher. Le tableau (6.9) montre les statistiques du corpus.

Un peu plus du tiers des erreurs sont détectées par le correcteur, le reste est corrigé par l'expert. Le correcteur retourne une proposition correcte pour plus de la moitié des erreurs repérées ; parmi celles-ci, huit erreurs sur dix sont corrigées par une seule méthode. Dans la suite de cette section, nous examinerons de manière les résultats des méthodes (§6.4.2.1). Nous passons aux erreurs plus problématiques (§6.4.2.2), où une erreur a été détectée mais n'a pas pu obtenir de correction ou n'a pas été détectée et corrigée manuellement. Enfin nous analysons les résultats par type d'erreur (§6.4.2.3).

6.4.2.1 Résultats par méthodes

Le tableau (6.10) détaille les résultats par méthode utilisée pour trouver la proposition correcte. Globalement, les performances du correc-

6. FipsOrtho : correcteur orthographique

Nombres d'erreurs dans le corpus : 2468				
Mots inconnus détectés: 861 (sur 14 494 mots, soit 5,94%)				Erreurs non détectées, correction par exempert: 1607 (65,11%)
Proposition automatique correcte grâce aux méthodes du correcteur: 460 (53,43%)	Non-erreurs: (24,74%)	Erreurs corrigées manuellement: 188		
		213		
		Avec prop. de correction: 119 (55,87%)	Sans prop. de correction: 94 (44,13%)	Avec prop. de correction: 140 (74,47%)	Sans prop. de correction: 48 (25,53%)
Par une seule méthode: 368 (80%)	Par 2 méthodes ou plus: 92 (20%)			

TAB. 6.9 – *Statistiques du corpus*

6.4. Evaluation

teur sont satisfaisantes : en moyenne 7,86 propositions sont retournées, avec un pic de 54 ; la proposition correcte se trouve en moyenne à la position 1,61.

Nom	Score	Seule	Combi	% seul	Ord. moyen
ad hoc	5 (1,09%)	3 (0,65%)	2	60	2,75
alpha-code	373 (81,09%)	241 (52,39%)	132	64,61	1,4
alpha-narrow	60 (13,04%)	37 (8,04%)	23	61,67	2,24
alpha-wide	71 (15,43%)	50 (10,87%)	21	70,42	2,4
majuscule	7 (1,52%)	7 (1,52%)	0	100	1
apostrophe	4 (0,87%)	4 (0,87%)	0	100	1
phonétique	191 (41,52%)	23 (5%)	168	12,04	1,33
séparation	5 (1,09%)	3 (0,65%)	2	60	1

TAB. 6.10 – *Corpus: résultats par méthode pour les propositions sélectionnées*

Globalement, le corpus contient 6776 propositions en tout, pour 719 erreurs ; nous comptons 595 non-mots différents, dont parfois l'ordre des propositions diffère, selon la catégorie lexicale attribuée au mot inconnu d'après le contexte. Le tableau (6.11) résume les résultats de chaque méthode.

Nom	Score	Seule	Combi	Dist/seuil
ad hoc	5 (0,07%)	3 (60%)	2 (40%)	95,65%
alpha-code	1550 (22,87%)	1338 (86,32%)	212 (13,68%)	52,31%
alpha-narrow	1709 (25,22%)	1596 (93,39%)	113 (6,61%)	74,42%
alpha-wide	3341 (49,31%)	3205 (95,93%)	136 (4,07%)	76.03%
majuscule	27 (0,4%)	27 (100%)	0 (0%)	0%
apostrophe	14 (0,21%)	14 (100%)	0 (0%)	9.94%
phonétique	921 (13,59%)	464 (50,38%)	457 (49,62%)	74,74%
séparation	84 (1,24%)	82 (97,62%)	2 (2,38%)	0%

TAB. 6.11 – *Corpus: résultats par méthode pour l'ensemble des propositions*

Enfin, les tableaux (6.12) et (6.13) établissent les correspondances entre méthodes et types d'erreurs. Passons maintenant à l'examen détaillé des méthodes.

6. FipsOrtho: correcteur orthographique

Code / Mét	AGR	AUX	BRU	CAS	CPL	DIA	EMP	HPO	INC	INS	INV	LEX	LNF	MAN
ad hoc	-	-	-	-	-	-	-	-	-	-	-	-	-	-
alpha	21 (5,63%)	-	2 (0,54%)	5 (1,34%)	1 (0,27%)	224 (65,05%)	22 (5,9%)	-	1 (0,27%)	60 (16,09%)	9 (2,41%)	26 (6,97%)	2 (0,54%)	11 (2,95%)
alpha-narrow	10 (16,67%)	-	-	1 (1,67%)	3 (5%)	9 (15%)	9 (15%)	-	1 (1,67%)	20 (33,33%)	1 (1,67%)	5 (8,33%)	1 (1,67%)	-
alpha-wide	11 (15,49%)	-	-	1 (1,41%)	-	7 (9,86%)	5 (7,04%)	-	-	-	-	4 (5,63%)	2 (2,82%)	3 (4,23%)
maj	-	-	2 (28,57%)	5 (71,43%)	-	-	-	-	-	-	-	-	-	-
apostrophe	1 (25%)	-	-	-	-	-	-	-	-	-	-	-	-	-
phonétique	12 (6,28%)	-	-	1 (0,52%)	-	83 (43,46%)	9 (4,71%)	-	1 (0,52%)	30 (15,71%)	1 (0,52%)	14 (7,33%)	5 (2,62%)	4 (2,09%)
séparation	-	-	-	-	-	-	-	-	-	-	-	-	-	-

TAB. 6.12 – *Corpus: correspondances entre méthode et type d'erreur.*

Code / Mét	MOD	MOR	NPR	OMI	ORD	PHG	PHO	PNC	SEP	SPC	SUB	SUP	TPS
ad-hoc	1 (20%)	5 (100%)	-	-	-	-	-	-	-	-	-	-	1 (20%)
alpha	-	10 (2,68%)	2 (0,54%)	62 (16,62%)	2 (0,54%)	39 (10,46%)	58 (15,55%)	3 (0,8%)	12 (3,22%)	3 (0,8%)	7 (1,88%)	1 (0,27%)	1 (0,27%)
alpha-narrow	1 (1,67%)	6 (10%)	6 (10%)	2 (3,33%)	-	16 (26,67%)	18 (30%)	1 (1,67%)	-	1 (1,67%)	19 (31,67%)	-	2 (3,33%)
alpha-wide	2 (2,82%)	6 (8,45%)	-	42 (59,15%)	-	11 (15,49%)	28 (39,44%)	-	-	1 (1,41%)	10 (14,08%)	1 (1,41%)	3 (4,23%)
maj	-	-	-	-	-	-	-	-	-	-	-	-	-
apostrophe	-	-	-	1 (25%)	-	-	-	-	4 (100%)	-	-	-	-
phonétique	1 (0,52%)	7 (3,66%)	3 (1,57%)	37 (19,37%)	3 (1,57%)	49 (25,65%)	17 (8,9%)	-	9 (4,71%)	2 (1,05%)	23 (12,04%)	-	-
séparation	-	-	-	-	-	-	-	-	1 (20%)	4 (80%)	-	-	-

TAB. 6.13 – *Corpus: correspondances entre méthode et type d'erreur (2)*

6. FipsOrtho: correcteur orthographique

6.4.2.1.1 Alpha-code Nous pouvons considérer cette méthode comme la plus efficace, puisque elle permet de retrouver plus de huit propositions correctes sur dix, ou plus de la moitié des propositions si l'on ne considère que le cas où la méthode est seule à trouver la proposition correcte (dans près des deux tiers des cas). Pour le nombre global de propositions, la proportion est de plus d'une proposition sur cinq. Sans surprise, les propositions fournies par cette méthode sont les plus proches du mot inconnu, puisque les propositions trouvées par cette méthode sont par nature les plus proches de la chaîne erronée. L'ordre moyen des propositions correctes, légèrement supérieur à un, est également excellent.

En examinant les tableaux (6.12) et (6.13), on constate que la méthode permet de retrouver de nombreuses erreurs de diacritiques, puisque l'alpha-code ne tient pas compte des caractères accentués. Le bon score des erreurs d'omission, d'inversion, d'insertion et de substitution, pour lesquels cette méthode entre en jeu fréquemment, confirme nos assertions sur l'adéquation de cette méthode pour corriger des erreurs de ce type.

L'examen des propositions retenues nous permet également de constater que notre distance lexicographique fonctionne correctement et favorise souvent la bonne proposition. En effet, la méthode alpha-code trouve souvent les erreurs portant sur les doubles consonnes comme *languissament* ou *noctambulles*. Comme ces erreurs sont faiblement pénalisées et qu'une petite distance lexicographique donne un score plus élevé, ces propositions ressortent particulièrement.

Passons maintenant aux résultats globaux de la méthode. Comme nous avons déjà pu le souligner, la méthode permet de retrouver des erreurs variées : l'erreur d'insertion *millieurs* donne la proposition *meilleurs* et *devellopeds* → *développés*, les erreurs phonétiques *Vegetarian* → *végétarien* et *primière* → *première*, et les erreurs d'omission

6.4. Evaluation

*enchaterent → enchantèrent et *politque → politique, etc.

Dans certains cas, le nombre de propositions est excessif. Ainsi l'erreur *trés, qui est un mot court, donne pas moins de 49 propositions, dont tresses ou tressés, dont la distance est très proche du seuil. De même, pour *sure, le système retrouve susurre, Laissas et Lisais pour Lisa et pressés et presser pour *pres, pour *aiseé Asie et aies.

La distance lexicographique est également très grande dans le cas de fessaient pour l'erreur *faissaient, qui retourne dix propositions. On peut également rejeter les propositions défiant et défendait pour l'erreur *définait [29], qui sont également proches du seuil.

Examinons maintenant l'efficacité du seuil de distance pour sélectionner ou rejeter des propositions. Le seuil $\mathcal{D}$ (v. p. 255) accepterait de justesse accueillera et accueillir pour *accueiller, meilleur pour *mieulleur, travaille sur *travillie ou traditions pour *tradions. Pour *coute, on retrouve couette, qui est une proposition assez éloignée, mais néanmoins largement au dessous du seuil $\mathcal{D}$, à cause de la faible pénalisation des doubles consonnes. Par contre, ce seuil rejetterait recommander pour *recomendera, qui sont néanmoins en dessous du seuil. Ces faits plaident donc plutôt pour le maintien du seuil $\mathcal{D}\prime$.

En ce qui concerne la règle de la première lettre identique, on peut regretter *studes pour études, qui trouve la solution sud-est mais rejette la proposition correcte qui se trouve cependant au dessous du seuil. Le même constat vaut pour *vaient pour avaient.

Pour conclure, la méthode donne des résultats très bons ; elle se retrouve dans de nombreuses solutions, seule ou avec la méthode phonétique. L'ordre moyen des propositions retrouvées par alpha-code est aussi très satisfaisant.

---

29. Le contexte nous indique que l'apprenant voulait écrire définit - la première proposition de la liste qui a été sélectionnée - ou définissait.

6. FipsOrtho : correcteur orthographique

6.4.2.1.2 Alpha-code restreint Cette méthode, où une lettre de l'alpha-code original est retirée, retrouve un peu plus de treize pourcent des propositions correctes. Dans plus de huit pourcent des cas, cette méthode est la seule à intervenir pour trouver la proposition correcte. En revanche, elle intervient dans plus de vingt-cinq pourcent du total des propositions. L'ordre moyen des propositions sélectionnées est de deux.

Les erreurs d'insertion sont les plus fréquentes pour cette méthode, du fait qu'un caractère superflu est retiré, notamment lors de fautes de frappe, comme *loa pour *la*, *millieurs pour *milliers* ou *certainq [30]. Les erreurs phonogrammatiques et phonétiques arrivent en seconde position. Enfin, citons une proportion significative d'erreurs de substitution, comme *function, *specialization ou *précedante.

Venons-en maintenant aux résultats globaux de la méthode. Grâce à une lettre présente par erreur, on trouve des erreurs phonétiques *désastre* pour *disastre ou phonogrammatiques comme *exemple* pour *example. La méthode trouve également beaucoup de mots au singulier pour des pluriels erronés, comme *journal* pour *journals, *créneau* pour *crenaux ou *année* pour *anées. Même si la proposition n'est pas correcte, citons *intéressent* pour *interesant, *À travers* pour *Autravers et *tout* pour *touts.

On constate aussi de nombreuses propositions qui devraient être rejetées mais sont gardées bien que d'une distance proche du seuil $\mathcal{D}\prime$. Pour *acceuiller, la méthode donne *accueille* et *acculer* ; la première proposition atteint le seuil $\mathcal{D}$, mais la seconde proposition atteint une distance supérieure. On peut citer *fourrées* pour *fourures, *test, terré* ou *têtes* pour *trés, *unisson* pour l'erreur de séparation *unpoisson, etc. Pour *tristent, on obtient *triste* et *tristes*, toutes deux juste au

---

[30]. On constate le même cas pour l'erreur de substitution *cigareltes ou inversion (*receuillis).

seuil $\mathcal{D}$. En revanche, *défait* pour **définait* atteint ce seuil mais n'est pas une proposition souhaitable, de même que *Aérée*, *Aère* et *Aéré* pour *ARTE*. Pour **sure*, on retrouve 45 propositions, dont de nombreuses propositions comme *serre*, *suée* ou *sers* sont trop éloignées. Il serait judicieux de prévoir un traitement spécial pour les mots de faible longueur, où **coute* donne *coté*, *cotée* et *cote*, tous trois à distance inférieure ou égale au seuil $\mathcal{D}$.

En revanche, pour **éducationnel*, la méthode trouve l'unique proposition *éducation*, qui est au dessus de $\mathcal{D}$ [31]. Pour **partoger*, les six propositions *partager*, *partagera*, *partagea*, *partagée*, *partage* et *partagé*, toutes trouvées par cette méthode, peuvent être considérées comme pertinentes, bien que les cinq dernières soient soit égales, soit supérieures à $\mathcal{D}$. La remarque s'applique également à *prestigieuse* pour **préstigieux* et *sérieuse* pour **serieux*. Enfin, **finisent*, *finisse* et *finisses* sont au dessus de $\mathcal{D}$, en troisième et quatrième position. Ainsi, tant que les propositions sont peu nombreuses, moins de cinq par exemple, il est judicieux de garder même les propositions éloignées, au moins celles appartenant à un même lemme.

Pour **ingénière*, la méthode retrouve *ingénie*, au seuil $\mathcal{D}$ et *ingéniée*, qui le dépasse. Comme ces deux propositions appartiennent au verbe pronominal *s'ingénier*, une heuristique permettrait de les éliminer en fonction du contexte où il n'y a pas de pronom personnel.

La règle de pénalisation moindre des erreurs entre double et simple consonnes donne parfois lieu à des corrections absurdes : *déférente* pour **differente* est très largement au dessous de $\mathcal{D}$, alors que *déférent* en est très proche ; de même, *réelle* est donné pour **revélé*. En revanche, la règle est adéquate pour *acacia* pour **accacias* ou *quidam* pour **quiddams*. Il serait peut-être judicieux de ne déclencher cette règle que si les voyelles entourant la ou les consonnes sont identiques,

---

[31]. La proposition correcte est *éducatif*.

6. FipsOrtho : correcteur orthographique

accents compris. Cependant, le corpus manque encore de données pour juger de l'applicabilité d'une telle règle.

En fin de compte, cette méthode intervient dans un bon nombre de cas, mais bien que les propositions soient nombreuses, elles sont nettement plus rarement retenues. C'est pourquoi cette méthode peut être jugée comme moyennement efficace.

6.4.2.1.3 Alpha-code élargi

Cette méthode se retrouve dans près de quinze pourcent des propositions correctes. Dans près de onze pourcent des cas, elle est seule à intervenir. Par contre, près de la moitié des propositions globales sont trouvées par cette méthode, ce qui en fait la méthode la plus prolifique; ceci s'explique par le nombre élevé d'alpha-codes générés par cette méthode par rapport aux autres méthodes d'alpha-code et aux clés de recherche phonétique. Enfin, la moyenne de distance lexicographique par rapport au seuil est relativement élevée.

Les erreurs d'omission sont très fréquentes pour cette méthode. En effet, une lettre est ajoutée à l'alpha-code du mot inconnu. On trouve des erreurs comme *mangons* pour *mangeons*, *remarqable* pour *remarquable* ou *enfans* pour *enfants*. Les autres types d'erreur sont beaucoup moins fréquents, à l'exception des erreurs phonétiques, qui sont un type fréquent mais qui ne peuvent être corrélées avec la méthode; en effet, si l'omission d'une lettre aboutit à une erreur phonétique, ce n'est pas une relation de cause à effet.

Examinons maintenant les détails des résultats. Il est fréquent qu'une lettre soit manquante, comme dans *origin*, *exploration* pour *exporation* et *Thème* pour *Tem* [32]. *Connaître* pour *connetre* est à la limite

---

[32]. La proposition est à un ratio de distance de 91,3% du seul $\mathcal{D}\prime$, en troisième position.

6.4. Evaluation

du seuil $\mathcal{D}$ et seulement en treizième position. Comme une lettre est ajoutée, il est également fréquent que cette méthode retrouve des mots au pluriel comme *aéroports* pour *aeroport. Fortuitement, la méthode trouve aussi les solutions *viendras* [33] et *vendrais* [34], à une distance égale au seuil bas pour *veniras. Pour *plutot, on trouve *plus tôt* qui se trouvait en tant que locution dans le lexique.

Un trop grand éloignement de la chaîne d'origine conduit, ici aussi, à des résultats non désirés. Ainsi de nombreux résultats atteignent ou dépassent $\mathcal{D}$: *fourrières* ou *fourbes* pour *fourures, *pour que* pour *poque, *titres* et *tirets* pour *trés. Des mots sont absents du lexique et conduisent à des corrections absurdes. *Inca* donne notamment *Incita* et *Incisa*. *Caetera* donne notamment *citera*, *capter* et *carters*. De plus, *t-shirt* est absent du lexique : seuls *T-shirt* et *tee-shirt* [35] sont acceptés.

Certains mots donnent déjà lieu à des corrections assez surprenantes bien que d'une distance proche de la chaîne d'origine. Ainsi, pour *prefere, le correcteur propose *profère* et *pluviers* et *plumiers* pour *plusiers ; quant aux propositions *préfet* et *perforé*, elles sont au dessus du seuil $\mathcal{D}$. Enfin, signalons que la règle de la première lettre identique conduit parfois à l'absence de résultat correct : *poque est une erreur pour *époque*.

Pour terminer nous pouvons faire les mêmes constatations que pour la méthode d'alpha-code restreint et juger cette méthode comme d'efficacité moyenne.

6.4.2.1.4 Méthode phonétique Cette méthode intervient pour plus de quarante pourcent des propositions correctes, mais elle est seule

---

33. Nous analyserons ce cas en détail au paragraphe 6.4.2.1.5.
34. Cette dernière solution est beaucoup moins heureuse que la première.
35. Cette proposition atteint presque le seuil $\mathcal{D}\prime$ et est donc sélectionnée *in extremis*, puisqu'une proposition atteignant ce seuil serait rejetée.

6. FipsOrtho : correcteur orthographique

à intervenir dans seulement cinq pourcent des cas, ce qui en fait une méthode complémentaire aux méthodes d'alpha-code. En revanche, pour les résultats globaux de toutes les propositions, elle a un score moyen d'environ 13,5% et est seule à fournir une proposition dans plus de la moitié des cas. L'ordre moyen des propositions correctes est également bon, avec une moyenne de 1,7.

La méthode phonétique permet avant tout de retrouver les erreurs de diacritiques ; les erreurs de ce type font toujours intervenir une méthode d'alpha-code, ce qui explique en partie le fait que la méthode est efficace surtout en combinaison avec d'autres méthodes. Parmi ces cas, citons *economique, *problem, *ètudiants, etc. En seconde position viennent les erreurs phonogrammatiques, qui marquent les erreurs débouchant sur une prononciation correcte, comme *Cependent, *example, *famme ou *respet. Les erreurs d'insertion et d'omission débouchent sont également bien représentées dans les erreurs trouvées par la méthode phonétique, si les lettres omises ou insérées ne changement pas ou peu la prononciation, comme dans *amitiée, *noctambulles, *sussurrés, *nouriture, *heurese ou *seron. Enfin, les erreurs phonétiques débouchent, elles, sur une véritable erreur de prononciation, comme dans *Chére, *hautage ou *ein pour un.

Voyons à présent les détails des résultats de la méthode phonétique. Dans certains cas, elle est seule à découvrir la correction d'une erreur : pour *loix, *cosmopolytes, *jamaïquain, *hautage, *tros, etc., les méthodes d'alpha-code ne peuvent remplacer la ou les lettres substituées ; par contre, pour *arjan, *ensiennes, etc., on a le cas d'une écriture complètement phonétique. Lorsque la méthode trouve une proposition conjointement aux méthodes d'alpha-code, les chaînes erronées sont souvent très proches des solutions, comme dans *energies, *bientôt ou *sentance.

Pour *trés, on obtient très, trait, traie(s), trais, traits et traient. Le

6.4. Evaluation

calcul du score pousse judicieusement en tête la proposition *très*, qui se perdait auparavant au milieu d'une multitude de propositions ; en effet, cette erreur donne lieu à 49 propositions, dont beaucoup ont un score identique. En additionnant les scores des propositions, on arrive à un score de 11, qui est plus petit que les scores obtenus par d'autres propositions qui sont des noms, comme l'analyse de *Fips* l'a établi par erreur pour la chaîne inconnue, ce qui donne des points supplémentaires. En favorisant les propositions à distance très faible de la chaîne inconnue, le problème est résolu.

Parfois, les substitutions de phonèmes peuvent donner lieu à des effets non désirés. Par exemple, pour **onts*, la méthode donne *ans* en seconde position [36], tandis que la solution correcte *ont* vient en cinquième position ; le mot inconnu est considéré par *Fips* comme un nom, ce qui contribue à faire ressortir *ans*, *on* et *an* qui ont un score de 15, tandis que le bon choix a un score de 14. On peut également regretter *fessée* pour **faissaient*. Ici, la substitution [e / ɛ] n'est sans doute pas judicieuse, car la terminaison *-aient* est une indication que l'apprenant a une certaine maîtrise des terminaisons verbales. En revanche, l'élargissement des propositions donne de bons résultats pour **voe*, phonétisé comme [və/œ] et par conséquent [vɛ] et [vø].

Les emprunts à une langue étrangère sont parfois plutôt correctement phonétisés ; *sea* donne *ses*, *ces*, *sait* et *sais*. *Day* donne *Des*, *Dé(s)* et *Dès*. Par contre, *Last* donne *Lasse*, *Lacent*.

La méthode est aussi adéquate pour détecter des homophones et quasi-homophones lorsqu'un mot n'est pas correctement orthographié. Ainsi, pour **hotel*, on retrouve *hôtel(s)* et *autel(s)*.

Le déterminisme de la phonétisation empêche une plus grande effica-

---

36. La première position est occupée par la proposition *ont s*, grâce au poids de la méthode de séparation de mots. Nous y reviendrons.

6. FipsOrtho : correcteur orthographique

cité de la méthode. Ainsi, *courrent est phonétisé [kuʁɑ̃], alors que [kuʁ] est tout aussi vraisemblable. De même, des règles d'erreur pourraient encore ajouter la phonétisation [kuʁɑ̃t]. Le même phénomène touche *dancent et *pouvent. On peut citer aussi *fase phonétisé [faz] alors que [fas] était aussi possible et souhaitable. Pour *temp, on a [tãp], ce qui est discutable, et pas [tã], alors que pour *pens on a [pã] et pas [pãs]. Par contre, pour *siseaux, on obtient par chance la solution [sizo], alors que [siso] devrait être également trouvé par règle d'erreur, d'autant plus pour un correcteur orthographique. Une erreur est même à déplorer pour *dancer, phonétisé [dɑ̃sɛʁ] et trouve danseur par substitution du son [œ] [37]. Pour *pay, on trouve paye ([pɛj]), mais il serait sans doute également judicieux de phonétiser [peɪ]. Le mot *connettre est phonétisé [kɔnɛtʁ], mais pourrait aussi donner [kɔnetʁ] et même [kɔnətʁ] avec une erreur de prononciation. Le mot *travai donne [tʁave], mais devrait donner également [tʁavɛ] et, par une règle d'erreur, trouver la proposition correcte avec [tʁavaj]. Les règles d'erreur devraient intégrer les règles de phonétisation d'autres langues : pour *clear, on phonétise [klɛʁ], mais on devrait également avoir [klɪʁ].

Concluons en remarquant que les futurs travaux d'amélioration de FipsOrtho pourraient porter prioritairement dans cette direction. En effet, empiriquement, chacun peut remarquer que les erreurs phonétiques sont plutôt bien corrigées par les correcteurs orthographiques disponibles sur le marché. Si l'on comparait les performances de notre correcteurs avec d'autres logiciels – ce que nous n'avons malheureusement pas eu le loisir de faire – FipsOrtho ne se distinguerait pas, voire, probablement, aurait des performances inférieures. Il est donc essentiel de corriger les faiblesses soulignées ici. Cependant, les résultats de cette méthode peuvent tout de même être jugés comme satisfaisants.

---

[37]. Par contre, pour *protecter, au lieu de protéger, cette phonétisation permet de suggérer protecteur, conjointement avec l'alpha-code élargi, ce qui est sans doute la meilleure proposition possible. Il est en effet délicat de définir une règle morphologique pour éviter cette dérivation suite à emprunt à l'anglais to protect.

6.4. Evaluation

6.4.2.1.5 Méthode *ad hoc* Cette méthode n'est intervenue que dans un peu plus d'un pourcent des cas pour retrouver la proposition correcte, dont deux cas sur cinq en combinaison avec une autre méthode. Comme la méthode est très sélective, elle a trouvé la bonne proposition dans tous les cas où elle est intervenue. Si l'on tient compte de toutes les propositions, elle intervient donc dans 0,7 pour mille des cas. Ce faible score est dû à la faible couverture des cas et pourrait augmenter si l'on ajoute de nouvelles règles. Enfin, soulignons que l'ordre moyen de la proposition sélectionnée est de 2,75, à cause du calcul des scores et de l'ordre des propositions.

Examinons maintenant les types d'erreurs trouvés par la méthode *ad hoc*. Bien évidemment, on trouve en tête le type morphologique. Il s'agit d'erreurs de conjugaison, **veniras* pour *viendras* [38], **devé* pour *dû* et **journals* pour *journaux*.

Passons pour finir aux lacunes de la méthode. Par exemple, **éducationnel* n'a qu'une proposition erronée, mais la solution *éducatif* pourrait être corrigé par une règle *tionnel#* → *tif*. Vu la bonne qualité des performances de la méthode, il serait sans doute adéquat d'en augmenter le score et de placer les propositions trouvées par cette méthodes avant les autres en cas de score identique, même si la distance lexicographique est plus grande. Globalement, cette méthode fonctionne correctement mais ne couvre pas suffisamment de cas.

6.4.2.1.6 Apostrophe manquante Cette méthode n'intervient que dans quatre cas, soit moins d'un pourcent, et ne trouve jamais la solution correcte conjointement avec une autre méthode. Elle est toujours classée première des propositions. Si l'on prend en compte la

---

38. Nous avons comptabilisé une erreur de mode pour une des deux occurrences de cette erreur, car le subjonctif était nécessaire pour "*je suis très contente que tu viennes* [...]". Cette erreur est aussi corrigée par la méthode alpha-wide.

6. FipsOrtho : correcteur orthographique

totalité des propositions, la méthode intervient dans un peu plus de 2 pour mille des cas.

Sans surprise, toutes les erreurs trouvées par cette méthode sont des erreurs de séparation. Nous pouvons citer *sinstaller, *leau et *lécole. Quant à la proposition *J'a pour *Ja, elle a été sélectionnée bien que incorrecte. Il s'agit d'une première partie de correction, qui devrait être complétée par un correcteur grammatical pour l'erreur d'accord, si l'apprenant ne se rend pas compte de l'erreur par lui-même.

Parmi les propositions incorrectes, on peut citer L'aura pour le prénom Laura, inconnu du lexique, C'a pour Ca, qui est considéré comme une erreur, bien que les diacritiques soient optionnels pour les mots en majuscules [39], et *d'i pour di. L'abréviation JA pour le dollar jamaïquain est également corrigée J'A : il serait sans doute adéquat de prévoir une option pour ignorer les mots tout en majuscules.

En conclusion, soulignons que nous manquons de données pour évaluer la méthode et pour esquisser des pistes d'améliorations. Cependant, les résultats de cette méthode nous ont tout de même parus assez satisfaisants.

6.4.2.1.7 Séparation de mots

Cette méthode intervient dans cinq propositions correctes, dont trois en combinaison de méthode, soit un peu plus de un pourcent. Au niveau global des propositions, la proportion est *grosso modo* la même. La proposition correcte trouvée par cette méthode est toujours au premier rang.

La méthode retrouve, bien évidemment, les erreurs de séparation par un espace. Les erreurs trouvées sont *fauxsauniers (faux sauniers),

---

39. Même si l'utilisation de ça appartient au registre parlé, il serait judicieux de pouvoir relâcher un comportement trop normatif de Fips.

unpoisson (*un poisson*), *Haha* (*Ha ha*), *Autravers* (*Au travers*) [40], *plustôt* (*plus tôt*) et *weekend* (*week-end*). Comme les trois dernières erreurs portent sur des mots contenus dans le lexique, elles sont également trouvées par la méthode d'alpha-code.

Parmi les propositions non retenues, citons *A part* pour **Apart*, alors que *À part* est retenu et trouvé par les méthodes alpha-code et phonétique. On peut également citer *heure se* pour **heurese* et *ex ample* pour **example*, qui pourraient s'avérer correctes dans un contexte donné.

En revanche, d'autres propositions non retenues montre un fonctionnement inadéquat de la méthode. Par exemple, **onts* donne *ont s*, **Garden* donne *Gard en* et *Garde n*. Il est donc indispensable de modifier la méthode et de d'examiner que des segments de mots de deux caractères au minimum.

Pour terminer, les mots trouvés par cette méthode ont toujours une distance de 0, ce qui les favorise systématiquement. De plus, elle dispose déjà d'un poids élevé. Le score supplémentaire accordé aux faibles distances n'est donc pas justifié si cette méthode est seule à fournir la proposition.

6.4.2.1.8 Majuscule

Étonnamment, on ne trouve que sept propositions correctes pour la méthode de majuscule, toutes sans le concours d'une autre méthode. Par ailleurs, le score global de la méthode pour toutes les propositions est de quatre pour mille.

La grande majorité des erreurs trouvées par cette méthode sont des erreur de casse. Cependant, les erreurs de découpage des phrases de *Fips* entraînent de nombreuses fausses détections. Le problème est particulièrement aigu avec des majuscules demandées après les signes

---

40. Comme l'erreur commence par une majuscule, le système n'a pas détecté que *au travers* se trouve dans le lexique et compte deux propositions distinctes.

6. FipsOrtho: correcteur orthographique

de ponctuation ":" et ";". De même, les phrases agrammaticales donnent du fil à retordre au système : *Voyez-vous bientôt*, traduit littéralement de *see you later!*, est analysé comme deux phrases, avec une proposition sans verbe.

Au vu de ce qui précède, le fonctionnement de la méthode est insuffisant et doit être absolument amélioré. Néanmoins, le corpus ne contient pas assez d'exemples pour pouvoir décider s'il est judicieux de conserver cette méthode en mettant en place des heuristiques ou s'il faut simplement l'abandonner.

6.4.2.2 Erreurs problématiques

Dans cette section, nous discutons des cas problématiques où le correcteur est tenu en échec. Nous traitons successivement des non-erreurs, des erreurs corrigées manuellement et des erreurs non détectées.

6.4.2.2.1 Non-erreurs

Les non-erreurs sont des mots inconnus qui ont été laissés tels quels et considérés comme corrects. Ils n'ont donc pas été remplacés par une proposition, même si parfois des corrections ont été proposées. Il s'agit essentiellement de noms propres comme *Champlain*, *Nouvelle-France*, ou de mots inconnus du lexique comme *acadiennes*, *ferry*, *moucharabiehs*. Mentionnons aussi des abréviations de mots courantes dans le langage parlé, comme *dicos* ou *sympas*, ou les sigles et acronymes comme *TP* (ou *tp*), *NTIC* ou la somme d'argent en dollars jamaïquains notée *$JA2650*. Dans cette catégorie, nous rangeons aussi les nombreux emprunts aux langues étrangères, comme le titre de film *The Day After Tomorrow* ou les noms de restaurant comme *Guilt Trip*. Les ordinaux en chiffres romains comme *XVIe* sont également considérés comme inconnus. Enfin, on trouve les fausses détections, marquées par la catégorie bruit ; il s'agit essentiellement d'erreurs de fonctionnement de la méthode majuscules qui veut insérer une lettre majuscule de façon erronée.

Penchons-nous maintenant sur les erreurs causées par le segmenteur de phrases de *Fips* : lorsque un mot composé ou un mot en plusieurs parties est entré dans le lexique, *Fips* cherche à construire le mot complet. Or si le mot complet n'est pas trouvé, *Fips* considère hélas le mot suivant comme faisant partie d'un même mot inconnu en deux parties, même si le second mot est parfaitement connu.

(45) *Au fil des années, des campagnes lancées par Amnesty sont devenues mondiale[s] [...]*

L'organisation *Amnesty International* fait l'objet d'une entrée du lexique. Cependant, dans la phrase (45), l'apprenant a utilisé l'abréviation courante du nom de cette organisation. *Fips* considère cependant que *Amnesty* et *sont* forment un unique mot inconnu.

Pour conclure cette partie, remarquons que les non-erreurs sont courantes dans le domaine de la correction orthographique. Mais pour notre applications, il est important de s'attacher à réduire les fausses détections évitables, qui peuvent déstabiliser les apprenants.

6.4.2.2.2 Erreurs corrigées manuellement Les erreurs détectées mais corrigées manuellement forment plus de 20% des cas. Voici les différents cas de figure, par ordre de fréquence décroissant :

- erreurs (parfois multiples) rendant impossible la correction automatique. Nous en avons relevé 39 occurrences. Dans certains cas, le système fournit des propositions, dans d'autres pas. En

6. FipsOrtho : correcteur orthographique

voici quelques exemples :

- *fauxsaniers pour faux sauniers : ici, l'erreur d'insertion d'espace est doublée d'une erreur d'omission du u ;
- *définait pour a défini : ici, une erreur de morphologie pour l'imparfait a été doublée d'une erreur de temps ; autres exemple : *soyent pour soient ou *Cettes pour Ces ;
- *comfortable pour confortable : ici, l'apprenant a fait un emprunt à l'anglais, la phonétisation a échoué et la lettre n n'est pas présente dans l'alpha-code du mot erroné. On peut citer aussi les emprunts suivants à la langue de l'apprenant, qui sont trop éloignés de la correction ;
- première(s) lettre(s) absente(s) : *poque pour époque, *vaient pour avaient, *uvre pour œuvre ou usqu pour jusqu'. La règle qui élimine les propositions dont la première lettre n'est pas identique à celle du mot erroné devrait être assouplie ;
- autres exemples pêle-mêle : *rendable pour rentable, *pime pour première, *mosseau pour morceau, *déçai pour d'essai, *jétaît pour j'étais, *chalaourouse pour chaleureux et , *di pour de.

- erreur détectée et corrigée, mais une autre correction doit être introduite en même temps (33 occurrences) : *faime donne faim, *éspere donne espère que, *veniras donne viennes, etc.
- erreur classique doublée d'une erreur lexicale (25 occurrences) : *préténdée donne quelques propositions dérivées du verbe prétendre mais doit être corrigée en faisaient semblant [41], *ecoute devient apprendre, excitee est corrigée en je me réjouis pour éviter une rupture de construction entre deux adjectifs (Je suis très *heurese et *excitee), etc.

---

41. Ici, l'apprenant a voulu utiliser le verbe prétendre en pensant au sens du verbe anglais to pretend, qui est un faux ami.

6.4. Evaluation

- emprunts à une langue étrangère (22 occurrences) : *trade* pour *commerce*, *cuarante pour *quarante*, *emergences pour *urgences*, etc.
- mot inconnu du lexique, doublé d'erreurs (17 occurrences) : *Téophile pour *Théophile*, *aquillon pour *aquilon*, *colluseum* pour *Collisée*, etc.
- mot inconnu correct ou partiellement correct, et devant être corrigé (12 occurrences) : *Inca inca*, *Louvain la Neuve* en *Louvain-la-Neuve*, etc.
- erreur du correcteur avec correction d'une partie (7 occurrences) : *Amnesty entreprennent* pour *Amnesty entreprend*, **est-ce pa,* pour *n'est-ce pas?*, etc.
- erreur de ponctuation ou autre signe (6 cas) : *chez-moi, *weekend-là pour *week-end-là*, etc.
- mot superflu (4 cas) : *vous* dans *Voyez-vous bientôt* corrigé en *A bientôt*, etc.
- erreur de *Fips* : *Ecris-moi* n'est pas accepté ;
- une erreur s'ajoute à une fausse détection : une erreur de casse est faussement détectée pour *ou*, mais il y a une erreur de confusion lexical avec l'adverbe *où*.

Pour améliorer un peu ces résultats, il faudrait améliorer la couverture des erreurs phonétiques et morphologiques, ainsi de certains comportements de l'analyseur lexical de *Fips* et de nos algorithmes de sélection des propositions. Par contre, d'autres erreurs peuvent difficilement être corrigées, comme les erreurs lexicales.

6.4.2.2.3 Erreurs non détectées Dans la plupart des cas, les erreurs non détectées sont des erreurs indétectables par un correcteur orthographique, à savoir des erreurs d'accord, de ponctuation, morphologiques ou lexicales. Nous pouvons aussi citer les mots manquants ou

6. FipsOrtho: correcteur orthographique

superflus, qui sont en quelque sorte des erreurs lexicales. Considérons la phrase suivante :

(46) a. *Ils   sont   trouvent   des baleines   aux   Terres-Neuves.
         LEX   SUP   MOD   INS AGR   AGR   INS AGR LEX
         On   trouve   des baleines   à   Terre-Neuve.
     b. ?Il se trouve des baleines à Terre-Neuve.

La phrase (46a) ne contient qu'un seul mot inconnu, *Terres-Neuves, qui est corrigé correctement car le mot est dans le lexique [42]. L'apprenant voulait probablement utiliser la locution *il se trouve*, dont nous n'avons trouvé qu'une attestation dans la locution *il se trouve que*, mais pas dans un sens impersonnel comme en (46b). Ainsi la version corrigée à la dernière ligne de (46a) est nettement préférable. Sur sept mots, cinq sont balisés comme incorrects. Avec cet exemple, nous illustrons la complexité de la tâche ; nous montrons également qu'un traitement des mots inconnus uniquement aurait été insuffisant pour notre corpus, où de nombreuses erreurs n'auraient pas été corrigées. Un autre exemple ne contient que des mots connus :

(47) a. Après la cérémonie, Antoine et Amélie *a *pris une photo avec tous les invités. C'était la première image *mariée.
     b. Après la cérémonie, Antoine et Amélie ont posé pour une photo avec tous les invités. C'était la première image d'eux en tant que mariés.

La phrase (47a) contient des erreurs d'accord et des erreurs lexicales, indétectables par un correcteur orthographique, comme le montre la proposition de correction (47b). Parfois, des erreurs orthographiques

---

42. Le substantif *terre-neuve*, désignant une race de chien, est considéré comme invariable par les dictionnaires que nous avons consultés.

6.4. Evaluation

peuvent être indétectables comme **c'est à dire* [43]. Dans d'autres phrases, pour **haut de gamme* ou **de haute gamme*, nous devons compter deux erreurs de séparation pour la correction *haut-de-gamme*. Le même cas s'applique pour la correction de **Para Militaires* en *paramilitaires*. Nous reviendrons sur quelques autres exemples au cours de la section suivante.

6.4.2.3 Types d'erreurs

Pour terminer notre examen systématique du corpus, nous examinons les résultats sous l'angle des différents types d'erreur. Le tableau (6.14) p. 306 récapitule les résultats par type d'erreur.

6.4.2.3.1 Erreurs typographiques Les fautes classiques d'insertion, d'omission, de substitution et d'inversion sont relativement fréquentes et concernent globalement 390 fautes, soit 15,8%.

Les erreurs d'insertion et d'omission sont les plus fréquentes. Elles sont le plus souvent corrigées automatiquement par notre système :

- confusion entre consonne double et simple. Citons les erreurs **méditerrannéens*, **faissaient* ou **sussurrés* pour l'insertion et **fourures*, **languissament* et **masacre* pour l'omission.
- omission d'une voyelle, comme dans **heurese* ou **coleur* ou en insère comme dans **alizée* ou **amitiée*.
- insertion ou omission de lettres déjà présentes dans le mot, comme *p* dans **photopgraphie* ou *n* dans **recontrerai*.

---

43. Nous avons dû marquer des erreurs sur quatre mots pour cette unique erreur. Il fallait en effet effacer trois mots et noter la correction *c'est-à-dire* pour le mot qui reste.

6. FipsOrtho: correcteur orthographique

Nom	Nb err	1 type /err	> 1 err	Auto	Expert
Erreurs typographiques: 390 (15,8%)					
INS	121 (4,9%)	29 (23,97%)	92 (76,03%)	90 (74,38%)	31 (25,62%)
OMI	175 (7,09%)	48 (27,43%)	127 (72,57%)	130 (74,29%)	45 (25,71%)
SUB	83 (3,36%)	4 (4,82%)	79 (95,18%)	69 (83,13%)	14 (16,87%)
INV	11 (0,45%)	2 (18,18%)	9 (81,82%)	10 (90,91%)	1 (9,09%)
Erreurs lexicales: 916 (37,12%)					
LEX	549 (22,24%)	285 (51,91%)	264 (48,09%)	66 (12,02%)	483 (87,98%)
NPR	165 (6,69%)	142 (86,06%)	23 (13,94%)	161 (97,58%)	4 (2,42%)
INC	60 (2,43%)	29 (48,33%)	31 (51,67%)	59 (98,33%)	1 (1.67%)
EMP	142 (5,75%)	18 (12,68%)	124 (87,32%)	95 (66,9%)	47 (33,1%)
Erreurs phonétiques: 643 (26,05%)					
PHG	87 (3,53%)	5 (5,75%)	82 (94,25%)	85 (97,7%)	2 (2,3%)
PHO	199 (8,06%)	10 (5,03%)	189 (94,97%)	133 (66,83%)	66 (33,17%)
HPO	45 (1,82%)	3 (6,67%)	42 (93,33%)	0 (0%)	45 (100%)
LNF	6 (0,24%)	0 (0%)	6 (100%)	6 (100%)	0 (0%)
DIA	306 (12,4%)	140 (45,75%)	166 (54,25%)	249 (81,37%)	57 (18,63%)
MOR	89 (3,61%)	25 (28,09%)	64 (71,91%)	32 (35,96%)	57 (64,04%)
AGR	454 (18,4%)	319 (70,26%)	135 (29,74%)	51 (11,23%)	403 (88,77%)
CPL	161 (6,52%)	96 (59,63%)	65 (40,37%)	2 (1,24%)	159 (98,76%)
Erreurs verbales: 144 (5,83%)					
AUX	19 (0,77%)	14 (73,68%)	5 (26,32%)	0 (0%)	19 (100%)
TPS	80 (3,24%)	42 (52,5%)	38 (47,5%)	4 (5%)	76 (95%)
MOD	45 (1,82%)	16 (35,56%)	29 (64,44%)	3 (6,67%)	42 (93,33%)
Erreurs de mots: 338 (13,7%)					
SUP	189 (7,66%)	157 (83,07%)	32 (16,93%)	8 (4,23%)	181 (95,77%)
MAN	149 (6,04%)	78 (52,35%)	71 (47,65%)	16 (10,74%)	133 (89,26%)
Erreurs de signe: 251 (10,17%)					
SEP	87 (3,53%)	56 (64,37%)	31 (35,63%)	23 (26,44%)	64 (73,56%)
SPC	22 (0,89%)	10 (45,45%)	12 (54,55%)	12 (54,55%)	10 (45,45%)
CAS	76 (3,08%)	41 (53,95%)	35 (46,05%)	22 (28,95%)	54 (71,05%)
PNC	66 (2,67%)	48 (72,73%)	18 (27,27%)	10 (15,15%)	56 (84,85%)
ORD	44 (1,78%)	26 (59,09%)	18 (40,91%)	4 (9,09%)	40 (90,91%)
BRU	29 (1,18%)	24 (82,76%)	5 (17,24%)	29 (100%)	0 (0%)

La troisième colonne compte les mots où un seul type d'erreur est marqué. La quatrième compte les mots marqués par plusieurs types d'erreur. La cinquième marque les erreurs détectées automatiquement et la dernière les erreurs détectées par l'expert.

TAB. 6.14 – *Corpus: résultat par type d'erreur*

6.4. Evaluation

Remarquons aussi que les erreurs d'insertion et d'omission détectées automatiquement impliquent toujours une des méthodes d'alpha-code, accompagnée parfois de la méthode phonétique. Le plus souvent, le système retrouve la proposition correcte, mais parfois, la solution doit être corrigée manuellement :

- si le mot correct n'est pas dans le lexique, comme *mastif* pour *mastiff* ;
- si d'autres erreurs interviennent, par exemple une erreur d'accord pour *certainq* corrigé par *certaines*, d'espacement avec *fauxsaniers* pour *faux sauniers*, ou lexicale avec *despuis* corrigé par *il y a*.

Quant aux erreurs détectées par l'expert, il s'agit de mots existants comme *trouvent* pour *trouve*, *est* pour *et*, *irions* pour *irons*, etc.

Par ailleurs, les erreurs d'inversion sont naturellement corrélées à la méthode d'alpha-code simple, car l'inversion de lettres renvoie le même alpha-code. Citons les erreurs *receuille*, *souvenis*, *intrevenir* et *parcitipent*, où les syllabes sont inversées. L'erreur *receuillis* est corrigée en *recueilli*, avec une erreur d'inversion et d'insertion dans le même mot, qui sont également considérées respectivement comme une erreur phonétique et une erreur d'accord.

Enfin, on remarque deux causes principales pour les erreurs de substitution :

- confusion graphème-phonème, comme dans *function*, *cependent* ;
- erreurs morphologiques comme *lieus* ou *loix*.

Là encore, les méthodes alpha-code et phonétique interviennent dans la plupart des cas. Pour terminer, signalons que les erreurs de substitution non détectées concernent, comme dans les autres cas, des erreurs

6. FipsOrtho : correcteur orthographique

débouchant sur des mots connus comme *pas de tout* pour *pas du tout*, *sons* pour *sont*, *tous* pour *tout* ou *suivent* pour *suivant*.

6.4.2.3.2 Erreurs lexicales Les erreurs lexicales, de mots inconnus, de nom propres et d'emprunts sont de loin les plus nombreuses car elles représentent 916 erreurs, soit 37,12%. Commençons par les erreurs lexicales. La plupart d'entre elles ne sont pas détectées automatiquement. Lorsqu'une erreur lexicale est signalée par le système, il s'agit de mots mal orthographiés doublés d'un mauvais choix lexical. Considérons les extraits suivants :

(48) a. *Ils préténdée que la chaise étaient un train de voyageurs [...].
→ Ils faisaient semblant que la chaise était un train de voyageurs.

b. *J'etais très jolie à ecoute que tu vas venir en Australie!
→ J'étais très heureuse d'apprendre que tu vas venir en Australie!

En (48a), l'apprenant a écrit *préténdée* par erreur pour *prétendaient*. Cependant, il a commis une erreur lexicale en utilisant le verbe *prétendre* à la place de son faux ami *to pretend*. Dans le même cas, citons *prevenir* pour *empêcher* par confusion lexicale avec *to prevent* ou *emergences* pour *urgence*. En (48b), l'erreur *ecoute* pour *écoute* est finalement corrigée en *apprendre* ; signalons aussi l'erreur lexicale non signalée de *jolie* corrigée en *heureuse*, qui entraîne une correction du complément *à* en *de*.

Dans d'autres cas, l'apprenant insère des mots de sa langue comme *much more* pour *bien d'autres choses*. Enfin, citons l'erreur lexicale *heurs* corrigée en *heures* [44].

---

[44]. Le mot *heurs* existe dans l'expression *heurs et malheurs*, mais il est absent du lexique

6.4. Evaluation

Pour les erreurs non détectées, nous constatons également de nombreuses erreurs de choix lexicaux comme *débarcadère* à la place de *débarquement*, *tout* pour *tous*, etc. Mentionnons pour terminer l'erreur d'usage de *chambre* au lieu de *Chambre*, lorsque le mot est utilisé pour un organe parlementaire, en l'occurrence la Chambre des représentants de Belgique.

Passons maintenant aux erreurs de noms propres. La grande majorité de celles-ci est détectée automatiquement. Il s'agit avant tout de lacunes du lexique, comme *Samuel*, *Inca*, *Plymouth*, etc. Parfois cependant, ces noms propres contiennent une véritable erreur d'orthographe, comme **Terres-Neuves*, **trevi* pour *Trevi* ou **farenheit* pour *Fahrenheit*. Nous avons également compté comme nom propre les adjectifs ethniques comme *dravidien*, ou des sigles techniques comme *XML*, *DTD*, etc., qui ne sont pas dans le lexique. Quant aux erreurs non détectées automatiquement, citons *George*, incorrectement orthographié pour *Georges Clémenceau*.

Examinons maintenant les mots inconnus. Il s'agit essentiellement de mots absents du lexique comme *ferry*, *acadiennes* ou *caetera*, mais aussi des emprunts comme *vegemeats*, *patty* etc, que l'apprenant substitue aux mots français qu'il ne connaît pas [45]. De plus, nous avons compté comme mots inconnus les chiffres romains comme *XVIe* et les abréviations comme *km2* pour km^2. Signalons enfin que la catégorie des mots inconnus est également utilisée pour les véritables erreurs d'orthographe qui n'ont pas pu être corrigées pour cause de lacune lexicale, comme **tuyas* pour *thuyas*.

Terminons par les erreurs d'emprunts, qui désignent toute erreur due à une contamination de la langue première de l'apprenant. Il peut s'agir d'une substitution complète (**origin*, **trade* pour *commerce*),

---

[45]. Ici, il s'agit de spécialités culinaires jamaïcaines, dont il n'existe probablement pas de traduction française.

6. FipsOrtho: correcteur orthographique

mais aussi d'une francisation d'un mot comme *historie* (pour *histoire*, incorrectement adapté de l'anglais *history*) ou *actualment* pour *actuellement* (adapté de l'espagnol *actualmente*). Nous avons également déjà commenté l'erreur *préténdra* au paragraphe 6.4.2.2.2. Parfois, l'apprenant cite un titre de film dans sa langue, *The Day After Tomorrow*, dans un exercice de critique de film [46]. Quant aux erreurs non détectées automatiquement, elles sont causées par les mêmes phénomènes, avec *moment*, traduit directement du substantif anglais *while*, alors qu'il faut employer la conjonction avec le sens de *tandis que*.

6.4.2.3.3 Erreurs phonétiques Les erreurs phonétiques, phonogrammaticales, d'homophonie, de diacritiques et de lettres non fonctionnelles représentent 643 erreurs, soit 26,05%. Les erreurs phonétiques et phonogrammaticales sont essentiellement repérées automatiquement, tandis que les erreurs d'homophonie ne sont généralement pas repérées par notre système.

Commençons par les erreurs phonogrammaticales, qui concernent les mauvaises transcription d'une prononciation correcte. Dans de très nombreux cas, les erreurs de ce type portent également sur les diacritiques, comme **aeroport* ou **specialite*. Les techniques en jeu pour trouver la proposition correcte sont les méthodes d'alpha-code ou la méthode phonétique, souvent combinées. Ce phénomène est facilement explicable car les chaînes d'alpha-code sont quasi-identiques et obtiennent un score élevé. Lorsqu'aucune méthode ne trouve de proposition, c'est à cause d'une lacune du lexique, comme dans **antant* pour *antan* ou de lacune du système de phonétisation comme dans **soyent* pour *soient*. Quant aux erreurs non détectées, elles sont combinées avec d'autres erreurs. Ainsi, *joué* est selon nous une erreur pour *jouaient*,

---

[46]. Il serait difficile de compter ceci comme une faute, car il est malaisé de traduire un titre de film. Le titre officiel de ce film en français est *Le jour d'après*, ce qui ne correspond pas à la traduction littérale de *surlendemain*.

mais est doublée d'une erreur de temps et doit être corrigée en *a joué*.
L'autre erreur porte sur la confusion entre *s'* et *c'*.

Quant aux lettres non fonctionnelles, qui concernent les lettres qu'on ne prononce pas, elles sont une catégorie marginale qui se confond avec les erreurs phonogrammatiques [47]. Cette catégorie est évidemment détectée à l'aide des méthodes d'alpha-code, parfois secondées par la méthode phonologique. Mentionnons les erreurs **badaus* et **clochars*.

Les erreurs phonétiques, qui concernent des erreurs de prononciation débouchant sur une mauvaise transcription ou, parfois, sur un mot connu dont la prononciation est différente. Lorsqu'elles sont détectées automatiquement, là aussi, c'est grâce aux méthodes phonétique et d'alpha-codes. On trouve des erreurs comme **chaleureaux*, **cheres*, ou **plussieurs*, qui ont le même alpha-code que la chaîne correcte. La même remarque vaut pour les erreurs d'accord ou de morphologie et même de substitution (**acceuiller*, **evetement*). Parfois, l'erreur provient d'un emprunt à la langue première de l'apprenant, comme **vegetarian*, **function*, **cuarante* ou **intérior*. Lorsque le mot correct n'est pas trouvé, il s'agit souvent d'une lacune du lexique, comme pour **tuyas* (*thuyas*), ou de limites et mauvais fonctionnement de la méthode phonétique. Quant aux erreurs non détectées, il s'agit de mots existants qui sont mal prononcés, comme *conduisant* (*conduisaient*), *suivent* (*suivante*), *peut* (*pour*), *ferras* (*faudra*) ou *paye* (*pays*).

Les erreurs de diacritiques sont souvent combinées avec des erreurs phonogrammatiques ou phonétiques. Tantôt. les diacritique sont absents (**problemes* pour *problèmes*), tantôt superflus (**préstigieux* pour *prestigieux*), inadéquats (**trés* pour *très*) ou une combinaison de ces cas (**éspere* pour *espère*). Le même constat vaut pour les erreurs non

---

[47]. Peu facile à isoler, cette catégorie n'a sans doute pas été utilisée avec toute la rigueur et la cohérence voulue. C'est pourquoi elle pourrait facilement être éliminée de notre typologie.

6. FipsOrtho : correcteur orthographique

détectées qui débouchent sur des mots existants comme *passes* pour *passés, dure* pour *duré*, etc.

Les erreurs d'homophonie ou quasi-homophonie sont exclusivement détectées manuellement. Il s'agit de mots dont la prononciation est identique, ou quasi-identique. Ainsi, *tout* est homophone de *tous* dans le cas de **tout les restaurants*. On peut également citer *oubli* pour *oublie* [48], mais aussi les paires minimales *prés / près, et / est* ou *été / était*, que nous avons choisi de tolérer comme quasi-homophone plutôt que comme erreur phonétique.

Signalons pour terminer qu'il a souvent été ardu de distinguer entre ces trois catégories. Il est donc probable que le marquage de ces catégories souffre d'incohérences.

6.4.2.3.4 Erreurs morphologiques Les erreurs morphologiques sont relativement fréquentes dans notre corpus (89 erreurs, soit 3,61%). Seul un tiers environ de ces erreurs sont détectées automatiquement. Elles dénotent une maîtrise insuffisante des règles morphologiques de la langue.

Commençons notre examen par les erreurs détectées automatiquement. La méthode *ad hoc* n'intervient que dans cinq cas, que nous avons déjà analysés au paragraphe 6.4.2.1.5. Dans les autres cas, on trouve les méthode d'alpha-code, parfois en association avec la méthode phonétique. Il s'agit d'erreurs suffisamment proches du mot correct, comme *tristent, *onts ou *acceuiller. Enfin, dans cinq cas, aucune méthode ne propose de solution correcte : *cettes (à deux reprises), *soyent, *protecter et *réligionale.

---

48. Ces deux mots se prononcent de la même manière en français standard, mais pas en Suisse romande, avec [ublıjə]. Même remarque pour *montée* ([mõtej]) pour *monter*.

6.4. Evaluation

Les erreurs repérées par l'expert portent sur l'emploi erroné d'un mot connu. On peut les séparer en deux catégories :

- erreurs vraiment morphologiques, qui débouchent sur un mot existant : *trouves* pour *trouvent*, *fonds* pour *fondé*, *tues* pour *tuer*, *demande* pour *demander*, etc.
- erreurs phonétiques, basées sur un son approchant : *fréquente pour *fréquentée*, *utilisée* pour *utilisaient*, *suivent* pour *suivante*, *étaient* pour *été*, etc.

Ces dernières erreurs sont classées tout de même comme morphologiques, car elles sont basées sur une forme incorrecte d'un même mot, notamment d'un verbe, ou de la même racine.

6.4.2.3.5 Erreurs d'accord Les erreurs d'accord sont très présentes dans notre corpus avec 454 erreurs, soit 18,4%. Moins de 11% de ces erreurs sont signalées par le correcteur, car elles s'ajoutent à d'autres erreurs. Ainsi, *Terres-Neuves est compté comme erreur d'accord pour le mot invariable *Terre-Neuve* et *Inca* en tant qu'adjectif comme erreur pour *incas*, *educationnelle pour *éducatif*, *réfuse pour *refusent*, *Ja pour *J'ai*, etc.

Le gros des erreurs sont repérées manuellement sur les verbes (*trouvent* pour *trouve*, *fréquente* pour *fréquentée*), les prépositions (*aux* pour *à*, *du* pour *de*) les adjectifs (*hollandaise* pour *hollandais*), les déterminants (*la* pour *le*), des noms (*cloche* pour *cloches*). Parfois, l'apprenant combine une erreur d'accord avec d'autres erreurs, comme une erreur lexicale (*sont* pour *dure*), morphologique (*serez* pour *serait*), d'homophonie (*cette* pour *cet*), d'élément manquant (*priés* pour *avons prié*), etc.

Notons encore pour terminer que les erreurs d'insertion ou d'omission

313

6. FipsOrtho : correcteur orthographique

du *e* ou du *s* débouchant sur une erreur d'accord ne sont la plupart du temps balisées que comme une erreur d'accord. Ainsi, par exemple, *femme* pour *femmes* et *écrites* pour *écrits* n'ont qu'une seule marque d'erreur, ce qui facilite le travail de l'expert.

6.4.2.3.6 Erreurs de complémentation Les erreurs de complémentation représentent 161 erreurs, soit 6,52%. Deux cas sont détectés automatiquement car une deuxième erreur a causé un mot inconnu :

- l'absence de la conjonction *que* s'ajoute à l'erreur de diacritique **éspere* pour *espère* ;
- **Autravers de plusieurs manifestations* est corrigé par *à travers plusieurs manifestations*.

Quant aux erreurs marquées manuellement, elles sont de plusieurs types :

- complément du nom ou du groupe nominal : *le contact *les pêcheurs* pour *le contact des pêcheurs*, *le shopping à Sidney n'est pas le même *à Paris* pour *le même qu'à Paris* ;
- complément de verbe ou locution verbale : **La function de Québec à cette poque est le débarcadère* corrigé par *la fonction de Québec à cette époque est d'être le débarcadère* [49], **nés à l'Angleterre* pour *nés en Angleterre* ;
- complément d'adjectif : *pertinents *aux régions* au lieu de *pertinent pour le régions* ;
- complément d'adverbe : *beaucoup *des* pour *beaucoup de* ;
- complément de présentatif : *il y a *autre *lieus* pour *il y a d'autres lieux* ;

---

[49]. Ici, l'erreur est probablement causée par une tournure empruntée à l'anglais, où, d'après nous, une tournure comme *Quebec's function is a wharf* serait acceptable.

6.4. Evaluation

— complément de locution conjonctives : *jusqu'*a tu *arriveras* pour *jusqu'à ce que tu arrives*.

Parfois, nous avons étiqueté des erreurs complexes comme erreur de complémentation, comme la deuxième phrase dans l'exemple (47) p. 304, où le simple adjectif *mariée* doit être corrigé par une périphrase, ou encore les phrases suivantes :

(49) a. Antoine et Amélie *sont dansé *par la musique des violons.
    → Antoine et Amélie ont dansé au son de la musique des violons.
 b. La clientèle *dans le restaurant *est *le bourgeoises...
    → La clientèle du restaurant est constituée par des bourgeois

Dans la phrase (49a), la préposition *par* est corrigé par *au son de*. Pour la phrase (49b), nous avons estimé qu'il y a une erreur lexicale sur le verbe *est*, accompagnée d'une erreur de complémentation entraînée par la correction de ce verbe [50]. Enfin des ajouts ou compléments non obligatoires peuvent aussi connaître des erreurs de complémentation :

(50) a. *Mais cette proposition a connu des obstacles *des* plusieurs partis.
    → Mais cette proposition a connu des obstacles *de la part de* plusieurs partis.
 b. ... augmentation des accidents autoroutes
    → augmentation des accidents sur les autoroutes.

Dans la phrase (50a), l'ajout *des plusieurs partis* n'est pas obligatoire. Toutefois, la prépositions *des* n'est pas adéquate, d'une part parce

---
50. Remarquons aussi l'erreur de complément du nom *clientèle*.

6. FipsOrtho: correcteur orthographique

qu'elle n'est pas correcte devant *beaucoup* (erreur d'accord), et d'autre part du point de vue sémantique pour exprimer la provenance pour *obstacles*. Quant à l'extrait (50b), on peut imaginer un oubli de l'apprenant, ou éventuellement une erreur lexicale pour l'adjectif *autoroutier*.

Pour conclure, cette catégorie couvre de nombreux cas et nécessiterait d'être affinée en plusieurs catégories si le corpus était orienté vers les erreurs syntaxiques. Toutefois, comme nous avons choisi de ne pas restreindre notre examen du corpus aux simples erreurs d'orthographe, les erreurs de complémentation s'avèrent particulièrement nombreuses, ce qui confirme les résultats du corpus FRIDA (*French Interlanguage Database*, §4.1, Granger, 2003) dont nous avons repris certaines données.

6.4.2.3.7 Erreurs verbales Les erreurs verbales (auxiliaire, temps et mode) représentent 144 erreurs, soit 5,83%. Ces erreurs sont en majorité détectées manuellement. Les erreurs d'auxiliaire marquent la confusion entre les auxiliaires *être* et *avoir*, comme dans *sont dansé* ou *il y a été* pour *c'était*.

Quant aux erreurs de temps, elles sont un peu plus fréquentes. On y trouve fréquemment des erreurs sur les participes passés, comme dans *commence* pour *commencé* ou *visite* pour *visité*, qui sont également considérées comme des erreurs de diacritique. Dans le cas de *dansé* pour *ont dansé*, nous avons renoncé à l'explication d'une erreur phonétique pour l'imparfait *dansaient*. Au demeurant, le choix du passé composé est plus adéquat pour une narration d'un événement ponctuel. Quant aux erreurs détectées automatiquement, elles s'expliquent par un mot inconnu dont la correction la plus probable déboucherait sur une erreur de temps : ainsi, l'erreur *définait peut être corrigée en *définit* ou éventuellement *définissait*[51], mais les temps de ces propo-

---
51. Cette correction n'est pas retenue par le correcteur car elle est trop éloignée de

sitions ne sont pas adéquats dans ce contexte, où le passé composé est meilleur. La phrase suivante illustre un autre cas d'erreur de temps :

(51) a. *La salle de bain tu à *partoger* avec moi.
   b. La salle de bain, tu la partageras avec moi.
   c. La salle de bain est à partager avec moi.
   d. La salle de bain, tu vas la partager avec moi.
   ...

La phrase (51a) est difficile à corriger. Le contexte est une lettre d'un étudiant australien à son correspondant francophone qui vient lui rendre visite. Dès lors, la phrase peut être corrigée par exemple par les propositions (51b), (51c) ou (51d). Notre choix portera sur (51b) : nous corrigeons dans un premier temps *partoger* par *partager*, mais vu le contexte, nous devons ajouter une erreur de temps.

Enfin, les erreurs de mode, qui concernent plusieurs domaines :

- verbes pronominaux ou constructions pronominales : *ils sont trouvent* pour *il se trouve*, *occupe* pour *s'occupe* ou *se concerne* pour *concerne* ;
- confusion entre subjonctif, indicatif, infinitif, conditionnel ou impératif : *soutienne* pour *soutient*, *me dire* pour *dis-moi*, *irions* pour *irons* ou *deviendrait* pour *devienne*.

Quant aux erreurs détectées automatiquement, elles comprennent d'autres erreurs qui débouchent sur un mot inconnu. Ainsi, l'erreur morphologique *veniras* débouche sur *viendras*, qui est inadéquat après la conjonction *que* qui demande le subjonctif. *Recomendera* est corrigé en *recommenderai* grâce à la méthode d'alpha-code élargi, mais

la chaîne originale.

6. FipsOrtho : correcteur orthographique

dans le contexte, le conditionnel *recommanderais* est meilleur. Enfin, considérons l'exemple suivant :

(52) Je crois qu'il faut en parler, s'exprimer, discuter pour arriver à un accord qui *plait le *mieulleur possible à tous les participants.
→ Je crois qu'il faut en parler, s'exprimer, discuter pour arriver à un accord qui plaise le mieux possible à tous les participants.

Ici, *plait* devrait être corrigé en *plaît*, mais dans le contexte, le subjonctif *plaise* apporte une nuance nécessaire au sens de la phrase.

Signalons pour terminer que parfois, il arrive que les erreurs verbales portent sur plusieurs types à la fois. Ainsi le verbe *soit* doit être corrigé en *a été* et porte donc les marques d'erreur de mode et de temps.

6.4.2.3.8 Erreurs de mots Les erreurs de mots manquants ou superflus représentent 338 erreurs, soit 13,7%. Là encore, ces erreurs ne peuvent pas être détectées automatiquement, et quelques erreurs détectées automatiquement comprennent en plus des mots superflus ou manquants.

Commençons par les mots manquants. Toutes les catégories lexicales peuvent manquer, comme un verbe ([a] *joué, se* [trouve]), une préposition ([de] *tabac*), un déterminant ([les] *attaques* , [une] *grande*), un pronom ([t']*apprendre, est*[-ce]), une particule négative (*je ne me souviens* [pas]), etc.

Dans certains cas, les corrections sont plus complexes :

(53) a. *Les problèmes des passagers sont doivent se contenter de nourriture froide et de couchages détrempés.
→ Les problèmes des passagers sont [qu'ils] doivent se contenter de nourriture froide et de couchages détrempés.

b. *Là-bas magnifique surtout le soir.
  → Là-bas [l'ambiance est] magnifique surtout le soir.
c. *une au pair
  → une [jeune fille] au pair.

Quant aux mots superflus, le principe est similaire :

(54) a. *L'origin du commerce des peaux et des fourures est le contact les pêcheurs entrent avec les Amérindiens.
  → L'*origine* du commerce des peaux et des fourrures est le contact *des* pêcheurs ~~entre~~ avec les Amérindiens.
b. après 3 décennies ~~de plus~~

Pour la phrase (54a), nous avons interprété le verbe *entrent* comme une erreur d'homophonie et lexicale à corriger par la préposition *entre*, qui devient superflue dans ce contexte. Dans le cas (54b), *de plus* est redondant. Par contre, nous avons beaucoup utilisé cette catégorie pour des corrections complexes. Dans le cas de *Para Militaires*, on compte une faute d'espace et un mot superflu pour *paramilitaires*. Les mots *de haute gamme* comptent comme une erreur lexicale pour *haut-de-gamme*, où *haute* porte une erreur lexicale, et les deux autres mots comme des mots superflus. Dans le cas de *d'améliorer moi-même*, nous corrigeons en *de m'améliorer* et comptons une erreur de mode et de mot manquant sur *améliorer* et supprimons *moi-même* en le considérant comme superflu. Parfois une correction complexe est marquée à la fois par des mots manquants et superflus.

(55) a. Absolument a voir.
  → ~~Absolument~~ *À* voir [absolument].
b. hier semaine
  → ~~hier~~ [la] semaine [passée]

6. FipsOrtho : correcteur orthographique

    c. L'entrée a été soupe de poulet
       → L'entrée *était* ~~été~~ [une] soupe de poulet.

Pour conclure, on peut remarquer qu'à cause du phénomène des corrections complexes, le score de la catégorie des mots superflus est un peu gonflé et devrait être considéré à part.

6.4.2.3.9 Erreurs de signe Les erreurs de casse, de ponctuation, de séparation et d'espacement représentent 251 erreurs, soit 10,17%. Dans près de 30% des cas, les erreurs de casse sont détectées automatiquement. La méthode d'ajout de majuscules intervient cinq fois, comme nous avons déjà eu l'occasion de le signaler au paragraphe 6.4.2.1.8. Dans cinq cas, on trouve la méthode d'alpha-code : **t-shirt* est corrigé en *T-shirts*, **pyrennes Pyrénées*, **Regionales* en *régionales*, **amerique* en *Amérique*. Pour *President*, la méthode d'alpha-code trouve *Présidentes*, mais nous devons corriger manuellement en *présidentes*. Dans la même veine, pour **jamaïquain*, la méthode phonétique trouve *jamaïcain*, mais nous devons corriger par *Jamaïque*. Pour la méthode alpha-code élargie, on trouve *Thème* pour **Tem*, qui doit être corrigé en *thème*. Enfin, la méthode alpha-code restreinte trouve *Maroc* pour **maroce*.

Parmi les mots inconnus sans proposition correcte dans la catégorie des erreurs de casse, nous trouvons des mots existants sans entrée dans le lexique comme *Inca* pour *inca*, ou des mots mal orthographiés qui comportent en outre une erreur de casse comme **China* pour *chinoise* ou **farenheit* pour *Fahrenheit*. Quant aux cas non détectés, on peut distinguer plusieurs cas. Tantôt une majuscule de début de phrase n'a pas pu être détectée à cause d'une analyse partielle de la phrase et/ou d'autres erreurs, comme dans **grande* pour *Une grande* ou **mais* pour *Mais*. Dans d'autres cas, il s'agit d'une confusion entre un adjectif et un nom ethnique, comme **indien* pour *Indien*, *espagnole* pour *Espagnole*

6.4. Evaluation

ou entre le substantif ethnique et le substantif désignant une langue, comme *Anglais* pour *anglais* et *Français* pour *français*. Parfois aussi, des majuscules sont insérées dans des titres, ce qui ne correspond pas à l'usage de la langue française. Signalons encore des erreurs dans des noms propres ou des noms d'institutions, comme **père Noël* pour *Père Noël*, **mosquée bleue* pour la *Mosquée Bleue* d'Istamboul, ou les variantes d'erreurs autour des Chambres du Parlement belge, la *Chambre des Représentants*[52] et le *Sénat*.

Les erreurs de ponctuation sont des erreurs d'emploi de la virgule et des points d'interrogation et d'exclamation, mais aussi des points, deux-points etc. Signalons également les difficultés pour l'emploi des abréviations comme **S.A* pour *SA*.

Nous avons déjà vu les résultats de la méthode d'espacement au paragraphe 6.4.2.1.7. Signalons que cette méthode ne permet pas de détecter **fauxsaniers*, où un *u* est omis en même temps que l'erreur d'espacement. Dans d'autres cas, l'erreur est détectée par d'autres méthodes, comme **Apart* pour *à part* ou **parce-que* pour *parce que* (méthodes alpha-code et phonétique). Enfin, quelques espaces manquants après la ponctuation de fin de phrase sont détectés, mais aucune correction n'est proposée. Quant aux erreurs marquées manuellement, il s'agit d'espaces incorrectement insérés et donnant deux mots valides séparément, comme dans **Il s* pour *Ils* ou **tout jour* pour *toujours*. Parfois également, le segmenteur de phrase est mis en difficulté par l'absence d'espace, par exemple pour le cas de "*soir.Cette*" où un seul mot est compté.

Enfin, plus d'un quart des erreurs de séparation sont détectées automatiquement. En premier lieu, ces erreurs sont détectées par la méthode d'alpha-code, comme **parce-que*, **bien-tôt* ou **weekend*. De même, nous avons déjà eu l'occasion d'analyser les résultats de la méthode

---

52. Cette institution est parfois aussi nommée simplement la *Chambre*.

6. FipsOrtho : correcteur orthographique

d'apostrophe manquante au paragraphe 6.4.2.1.6. Par contre, d'autres erreurs empêchent de trouver la proposition correcte dans des cas comme *déçai pour *d'essai* ou *jétaît pour *j'étais*. Remarquons pur ce cas qu'il est difficile de faire des propositions si deux mots sont collés, de même que pour l'erreur *chez-moi*.

En ce qui concerne les erreurs de séparation non détectées, signalons l'abondance d'erreurs d'élision comme *je* pour *j'*, *me* pour *m'*, etc. En second lieu, on remarquera l'abondance d'erreurs de séparation par le tiret, comme *peut être pour *peut-être* ou *mille neuf cent quatre-vingt quatorze* pour *mille neuf cent quatre-vingt-quatorze*.

6.4.2.3.10 Erreurs d'ordre des mots

Les erreurs d'ordre des mots représentent 44 erreurs, soit 1,78%. Comme il s'agit d'une erreur de syntaxe, nous la repérons essentiellement manuellement. Comme dans le corpus FRIDA (§4, Granger, 2003), nous repérons de nombreuses erreurs d'ordre des adverbes (*que *vraiement elle mérite*) et des adjectifs (*mes *favories plats*). Mais il y a aussi des erreurs concernant d'autres catégories, comme dans la phrase suivante :

(56) [...] je ne me souvenis, dans lequel avion arrives-*tu?
→ je ne me souviens pas dans quel avion tu arrives.

Nous ne nous attarderons pas plus sur cette catégorie, qui n'intéresse que peu le but de notre corpus, mais que nous avons toutefois jugée utile afin de pouvoir proposer une correction complète de notre corpus.

6.4.2.3.11 Fausses erreurs ou bruit

Les fausses erreurs ou bruit représentent 1,18% des erreurs. Comme il s'agit d'un mauvais fonctionnement du correcteur, cette catégorie est repérée exclusivement automatiquement. Nous avons déjà parlé du mauvais fonctionnement du correcteur aux paragraphes 6.4.2.1.8 et 6.4.2.2.1. Nous pouvons également remarquer les erreurs de mise en majuscule d'*Etant*, corrigé en *Étant*, ce qui devrait être une suggestion spécifiquement marquée comme non obligatoire. Enfin, l'erreur *mnombrables* pour *innombrables* a été marquée comme bruit, car nous suspectons un logiciel de reconnaissance de caractères d'avoir introduit cette erreur, car ce type de logiciel voit fréquemment un seul caractère là où il y en a deux.

6.4.3 Remarques finales sur les évaluations du correcteur

Dans cette courte section, nous terminons l'évaluation de notre correcteur par quelques remarques finales. Dans le cadre de la liste de mot, nous nous trouvons devant des erreurs entièrement artificielles, tandis que le corpus est majoritairement constitué de phrases authentiques. La liste de mots ne nous permet de comparer les résultats uniquement sur les principales méthodes, les alpha-codes et la méthode phonologique.

Dans la liste de mot, les mots sont répartis de manières relativement homogène. En effet, des variantes orthographiques ont été introduites dans certains mots pour tester l'efficacité des différentes méthodes, par exemple en doublant certaines consonnes ou au contraire en enlevant certaines consonnes doubles, ou encore en écrivant un mot phonétiquement. Enfin, les mots sans proposition correcte sont dans une proportion bien moindre que pour le corpus.

Par contre, le corpus confirme et accentue encore la suprématie de la méthode alpha-code simple et de la méthode phonétique constatés dans la liste de mots. Cela corrobore les observations mentionnées à la section 3.2.3.1 sur les fréquences des erreurs très proches de la chaîne correcte. En revanche, comme nous traitons un corpus d'apprenants, la fréquence des erreurs phonétiques est probablement plus élevée que dans un corpus constitué d'erreurs de locuteurs natifs. Enfin, les méthodes d'alpha-code restreint et élargi obtiennent une proportion relativement proche dans les deux corpus.

6.5 Discussion

Nous concluons ce chapitre par une discussion sur les performances de notre correcteur et sur les améliorations qui peuvent y être apportées. Nous commençons par une discussion sur les méthodes utilisées et sur l'ordre des propositions (§6.5.1). Nous poursuivons avec une évaluation de l'interface et sur les pistes d'amélioration de celle-ci (§6.5.2). Enfin, nous concluons notre chapitre en discutant de la qualité et de l'utilité de notre corpus (§6.5.3).

6.5.1 Méthodes et ordre des propositions

Parmi les méthodes que nous avons présentées ici, les méthodes d'alpha-code sont les plus efficaces, notamment parce qu'elles sont relativement simples à implémenter et parce qu'elles couvrent des erreurs très fréquentes, comme les inversions, substitution, omissions et insertion. Nous nous bornerons à suggérer de supprimer notre règle qui élimine les propositions dont la première lettre n'est pas la même que celle du mot inconnu. En effet, dans de rares cas, cette restriction a empêché la correction de l'erreur. En outre, la distance lexicographique semble être un filtre efficace pour prévenir les erreurs trop éloignées de la chaîne originale.

Comme nous l'avons signalé, il serait judicieux de revoir l'algorithme

6.5. Discussion

de la méthode phonétique pour autoriser à phonétiser plusieurs propositions à partir de la même chaîne. Dans une première phase, seules des règles valides pourraient être mises en œuvre. Puis, si aucune proposition n'a été trouvée, des règles de substitution de phonèmes et / ou des règles d'erreurs pourraient intervenir.

Une étude approfondie serait nécessaire pour affiner les règles de phonétisation et les règles d'erreur. D'autres règles de substitutions pourraient être suggérées, notamment la substitution des sons [s] et [z]. Par exemple, pour *faissaient, le son [ɛ] est déduit de la terminaison -aient. On peut en déduire que l'apprenant maîtrisait cette terminaison verbale complexe et n'a pas confondu ce phonème avec [e], ce qui exclura la proposition *fessée*.

Il serait sans doute judicieux de mettre en place une distance phonétique, dont nous esquissons ici l'algorithme. Chaque proposition serait évaluée par rapport à la phonétisation du mot erroné [53]. Chaque substitution serait alors plus ou moins pénalisée selon les cas. Au cas où plusieurs phonétisations sont possibles, il suffirait probablement de faire une moyenne des distances. Pour que ce système fonctionne correctement, il faudrait disposer d'un lexique où toutes les entrées sont phonétisées et validées par un expert. Bien évidemment, l'algorithme devrait être évalué par un test approfondi sur un corpus représentatif des erreurs phonétiques.

Enfin, à l'évidence, la méthode *ad hoc* n'est qu'une ébauche. Idéalement, comme nous l'avons déjà souligné, il faudrait un analyseur morphologique capable de décomposer un mot en racines et affixes. A défaut, on pourrait ajouter des règles supplémentaires pour traiter par exemple *devenira*, *voyera*, *notres*, *cettes*, *leures ou *leure. Toutefois, un grand nombre de règles pourrait rendre le système ingé-

---

53. Dans ce cas, bien évidemment, il ne faudrait utiliser aucune substitution ni règle d'erreur.

6. FipsOrtho : correcteur orthographique

rable et risquerait de ralentir considérablement le fonctionnement du correcteur.

Passons maintenant aux améliorations de nos algorithmes de classement et de filtrage des propositions. En premier lieu, il serait judicieux de bloquer le nombre de propositions à cinq. En effet, la position moyenne de la proposition correcte est bien au dessous de ce seuil, quelle que soit la méthode utilisée. Cette restriction est souhaitable, du moins dans une première phase [54]. En outre, il serait judicieux de favoriser les propositions trouvées par plusieurs méthodes. En effet, la plupart des propositions ne sont trouvées que par une seule méthode. En revanche, près de trente pourcent des propositions correctes sont trouvées par deux méthodes ou plus, mais l'addition des scores de chaque méthode semble parfois insuffisant pour faire ressortir la proposition correcte. De même, les propositions trouvées par certaines méthodes plus rares, *ad hoc* ou autre, pourraient être placées systématiquement dans les premières places. Il nous a manqué du temps et des ressources pour étudier l'adéquation des différents scores.

Pour les distances, à score égal, nous classons les propositions d'après la distance. Or il serait plus judicieux de classer les propositions d'après le pourcentage de cette distance par rapport au seuil : pour *souvenis*, *souviens* vient en septième position à cause d'un score de 10 et d'une distance élevée de 0,125 ; *souviennes* a le même score mais a une distance plus faible, bien que plus proche du seuil $\mathcal{D}\prime$. En outre, la faible pénalité frappant les différences entre consonne unique et doublée devrait peut-être n'intervenir que si cette consonne est entourée par des voyelles, voire même exactement les mêmes voyelles. De plus, l'insertion ou l'omission d'un espace devrait être pénalisée. Enfin, rappelons qu'il pourrait être utile d'utiliser une distance phonétique, y compris pour les propositions trouvées par d'autres méthodes que la méthode

---

54. Nous reviendrons sur la correction en plusieurs temps au paragraphe 6.5.2.

6.5. Discussion

phonétique.

Pour les filtres, il serait envisageable de mettre en place des heuristiques. En premier lieu, il serait souhaitable de s'aider davantage de la syntaxe pour éliminer les propositions en fonction des mots environnants : nous avons déjà signalé (§6.4.2.1.2) le problème d'*ingénie*, qui est un verbe pronominal proposé pour **ingénière*; sans pronom à sa gauche, cette proposition pourrait être éliminée. Par ailleurs, les fréquences d'occurrence des mots devrait être prises en compte pour pénaliser les mots rares, voire les éliminer de la liste des propositions. De plus, il conviendrait de ne pas proposer un mot en majuscule si le mot en minuscule existe et que le mot erroné est en minuscules : *Société* est proposé, à côté de *société* pour **societé*, ce qui est inutile. Enfin, le correcteur ne devrait probablement pas être déclenché pour les mots en une seule lettre.

Relevons à présent les différents problèmes du lexique. Certains non-mots y figurent : **oportune* apparaît au lieu d'*opportune*. Par contre, certains mots y manquent, comme *caetera*, *heurs*, ou les prénoms courants *Georges*, *Michelle*, *Liam* ou *Pete* [55].

Pour éviter le bruit, il serait peut-être judicieux d'enlever les mots trop rares ; nous avons relevé l'absence de *heurs* dans le lexique, qui, dans le cas d'espèce, a permis de relever une erreur lexicale, car ce mot était employé à la place de *heures*. En revanche, le substantif rare *adjective* devrait être banni [56].

Nous devrions aussi améliorer notre système de classement des propo-

---

[55]. Plus délicat, le mot *Van*, préposition faisant partie d'un nom propre néerlandais, n'est pas dans le lexique. Pourtant, *van* est un substantif qui figure dans certains dictionnaires mais pas dans notre lexique, ce qui pose la question de la couverture du lexique et de ce qu'on souhaite y trouver.
[56]. Dans l'état actuel du correcteur, aucune méthode ne permettrait de trouver *adjectif* à partir de *adjective*, mais une règle morphologique ou *ad hoc* pourrait faire l'affaire, à moins qu'elle ne produise trop de faux positifs.

6. FipsOrtho : correcteur orthographique

sitions. En effet, à partir de *Autravers, la méthode alpha-code trouve *au travers*, dont la première lettre est mise en majuscule. Or l'insertion de majuscules permet aussi de trouver cette proposition, mais notre système ne fusionne pas les propositions, et deux chaînes identiques apparaissent.

Enfin, le découpage des mots par *Fips* pose parfois problème. Ainsi, *eme* attaché à un nombre n'est pas considéré comme une marque d'ordinal. De même, *Etant* est considéré comme une erreur, alors que l'accent est facultatif en début de phrase, si ce n'est interdit. La gestion des parenthèses et de la ponctuation laisse à désirer. Ainsi, dans la chaîne *Le parlementaire P.H. du parti socialiste*, les initiales P. H. sont simplement effacées. De même, les signes comme l'étoile (*) posent problème. Enfin, signalons quelques problèmes avec des caractères spéciaux comme le oe ligaturé (œ) ou des signes typographiques insérés par des traitements de texte.

6.5.2 Interfaces

Le prototype de correcteur et corpus étaient avant tout des projets de recherche en linguistique informatique, dans le but premier d'évaluer des techniques de recherche de propositions. De plus, lors de la phase de test, il s'est rapidement avéré qu'il serait très difficile de trouver des apprenants pour tester le correcteur et récolter le corpus. Il y a donc de grandes possibilités d'améliorations, tant du point de vue technique que pédagogique.

Commençons par l'interface pour les apprenants, qui pourrait être améliorée grâce aux derniers développement des interfaces *web*, qui permettent une plus grande interactivité. Ainsi, l'apprenant pourrait plus ou moins retrouver l'interface familière des correcteurs orthographiques des traitement de texte. Le mot inconnu pourrait être souligné

6.5. Discussion

et les propositions apparaîtraient si le curseur de la souris survole le mot.

Le fonctionnement en soi du correcteur pourrait aussi être amélioré et paramétré. Ainsi, un petit nombre de proposition devrait être présenté dans un premier temps, les cinq premières par exemple ; le cas échéant, une icône ou une autre forme d'avertissement devrait signaler à l'apprenant qu'il existe d'autres propositions. De même, le seuil de distance pourrait varier. Dans un premier temps, seuls les mots à distance inférieure ou égale à $\mathcal{D}$ devraient être proposées, à mois que le nombre de propositions soit inférieur à cinq. Ensuite, si l'apprenant le souhaite, les propositions entre $\mathcal{D}$ et $\mathcal{D}\prime$ pourraient être affichées. Par ailleurs, des options courantes dans les correcteurs orthographiques usuels devraient être offertes : un dictionnaire personnel devrait pouvoir être constitué ; si la même erreur apparaît plusieurs fois dans une session de travail ou du moins dans la même phrase, elle devrait être corrigée automatiquement ou semi-automatiquement (après confirmation) ; enfin, les mots tout en majuscules comme *ARTE* devraient pouvoir être ignorés automatiquement.

Pour son auto-correction, l'apprenant devrait avoir à disposition des outils comme des dictionnaires bilingues et monolingues, un conjugueur, etc. Un reconnaisseur de langue (§3.1.1.3) pourrait signaler, au fur et à mesure de la frappe, les mots potentiellement étrangers. L'apprenant devrait aussi pouvoir entendre la prononciation ou les prononciations possibles des mots inconnus. Si l'apprenant ne corrige pas un mot, il devrait pouvoir indiquer s'il connaît le mot, si c'est un emprunt à sa langue pour pallier ses lacunes ou s'il n'a pas pu choisir parmi les propositions. Ainsi, il serait plus aisé de connaitre le degré de confiance de l'apprenant en ses propres capacités.

Pour chaque soumission, un score indicatif pourrait être indiqué, par exemple en fonction de la proportion de mots inconnus par rapport

6. FipsOrtho: correcteur orthographique

au total des mots. Ensuite, après une correction manuelle par un expert – l'enseignant habituel de l'apprenant, par exemple – la phrase corrigée devrait aussi être affichée avec le diagnostic des erreurs, afin de permettre à l'apprenant d'améliorer sa production.

Pour la gestion des apprenants, un profil des erreurs typiques pourrait être dégagé à l'aide du marquage des erreurs. Il serait également utile de montrer l'évolution des connaissances au cours de l'utilisation du système.

Passons maintenant à l'interface de l'expert. Il faudrait également une interface plus moderne, qui permette une validation et un diagnostic plus rapide. Il devrait être possible d'affiner le diagnostic en groupant plusieurs mots dans une même erreur, voire en déplaçant des mots. Comme pour *Fips* et **FreeText** (§5.3.1), on devrait pouvoir lier deux mots pour expliquer en quoi le mot est erroné (comme avec la balise `<PARTERROR>`), particulièrement dans le cas des erreurs d'accord. Mais un cas particulier mérite réflexion :

(57) *J'éspere vous aimez le bifteck parce-que c'est le cuisine prefere d'Australiens.
→ J'espère que vous aimez le bifteck parce que c'est le plat préféré des Australiens.

Ici, nous avons marqué une erreur d'erreur sur *le* par rapport à *cuisine* ; or ce dernier mot n'est pas approprié (erreur lexicale) et doit être corrigé en *plat*. Il faudrait probablement pouvoir indiquer optionnellement que l'erreur n'est valable qu'en lien avec le mot lié original, et non avec sa correction.

Enfin, signalons que, globalement, l'interface de consultation du corpus est satisfaisante. Il faudrait néanmoins proposer plus d'outils de recherche et de navigation dans le corpus. De plus, les utilisateurs du

6.5.3 Corpus

Nous n'avons pu récolter qu'un corpus de taille moyenne, voire faible, qui permet de dégager certaines tendances. Nous nous sommes efforcés de varier les niveaux et les différentes provenance des apprenants et des autres textes, sans pouvoir distinguer l'âge, le niveau et le sexe des apprenants ; bien que nous avons pu noter quelque fois la provenance et le niveau, ces indications ne sont pas suffisamment fiables et précises pour pouvoir être exploitées. Il faudrait considérablement augmenter la taille du corpus, en variant les provenances et les niveaux, afin d'affiner nos observations et d'augmenter les performances des méthodes phonétique et *ad hoc*, en essayant de couvrir un maximum d'erreurs.

Pour les aspects positifs, le corpus nous donne une mesure assez précise des résultats du correcteur :

- taux de rappel des erreurs (erreurs détectables par rapport aux autres erreurs) ;
- efficacité des méthodes de recouvrement des propositions [57] ;
- efficacité de l'algorithme de classement des propositions ;
- erreurs qui devraient être détectées.

Du point de vue pédagogique, le corpus nous permet d'évaluer :

- la manière d'écrire des apprenants ;
- les catégories d'erreurs commises et leur fréquence ;

---

57. Et inversement, une étude détaillée d'un corpus devrait permettre d'améliorer les performances de ces méthodes.

6. FipsOrtho : correcteur orthographique

- la manière d'utiliser les outils d'aide à l'apprentissage ;
- les choix parmi les propositions ;
- si les données étaient suffisantes, l'influence de la langue maternelle, de la langue du pays de provenance, de l'âge, du sexe et du niveau.

Notre corpus répond donc bien aux définitions (§3.1.7) d'un corpus d'apprenant et de son utilisation. Malheureusement, il nous a manqué du temps et des ressources pour analyser et exploiter tout le potentiel de ce corpus, malgré sa taille plutôt modeste.

Enfin, soulignons qu'il manque une évaluation de notre outil par les apprenants eux-mêmes et par des enseignants. Il serait utile de connaître l'appréciation subjective des apprenants sur la facilité d'utilisation de l'interface, et même sur le fonctionnement des différents outils, notamment du correcteur lui-même (Rüschoff, 1998; Chapelle, 2001; Jamieson et al., 2004). Le dispositif de test à envisager comprendrait un pré- et post-test afin de mesurer le gain d'apprentissage. Les apprenants ne devraient avoir à disposition que des outils autorisés, à savoir le correcteur lui-même et divers outils d'aides, comme un conjugueur ou un dictionnaire (électronique ou papier). On pourrait aussi séparer les apprenants en divers groupes, dont les aides à l'apprentissage ne seraient pas les mêmes. Enfin, on pourrait faire trois groupes d'apprenants, les uns travaillant seuls, les autres en tandem de niveau de français comparable et les derniers en tandems de niveau divergent. La tâche à réaliser devrait forcer les apprenants à collaborer et les entrées de chacun devraient être différenciées. Mais un tel dispositif dépassait hélas de beaucoup le temps et les ressources dont nous disposions et nous avons dû renoncer à ce test.

CHAPITRE 7

OUTILS "SÉMANTIQUES" POUR L'ALAO

La syntaxe s'avère parfois insuffisante pour évaluer les réponses des apprenants. Considérons les exemples suivants :

(58) a. – As-tu vu la voiture rouge?
      i. – Oui je l'ai vu.
      ii. – Oui, je l'ai vue.
   b. – De quelle couleur est le chien?
      i. – Le chien est blanc et noir.
      ii. – Il est noir.
      iii. – Le caniche est noir et blanc.
   c. – Qu'est-ce que Jean a acheté?
      i. – Jean a acheté un perroquet.
      ii. – Jean a acheté un oiseau.
   d. – Qu'est-ce que Paul a fait?
      i. – Il a lu ses livres.
      ii. – Il a lu ces livres.

7. Outils "sémantiques"

  e. – Quelle langue est parlée au Québec?
   i. – Le français est parlé au Québec.
   ii. – On parle français au Québec.
   iii. – On parle le français au Québec.
   iv. – Le français.
   v. – Le français se parle au Québec.

Pour la phrase (58a), la réponse (i) est incorrecte dans ce contexte, bien que parfaitement grammaticale ; c'est la réponse (ii) qui est correcte, avec le participe passé accordé au féminin singulier et le clitique *la* qui est élidé. Il est impossible de détecter l'erreur et d'en poser un diagnostic avec un simple vérificateur grammatical. En (58b), on peut imaginer un exercice de description d'une image d'un chien noir et blanc : la réponse (i) est correcte et la réponse elliptique (ii) peut être jugée correcte ou incomplète. Pour la réponse (58b.iii), deux problèmes se posent : tout d'abord, il est nécessaire de disposer d'un lexique qui encode qu'un caniche est une race de de chien, autrement dit un hyponyme [1] ; par contre, si l'apprenant se trompe de race de chien, sa description est fausse, mais aucun outil informatique actuel à notre connaissance ne serait capable d'opérer une telle distinction [2].

En (58c), si (i) est la réponse attendue, (ii) illustre l'utilisation d'un hyperonyme. Il serait judicieux de prévoir un diagnostic particulier pour les hyponymes et les hyperonymes. Pour la phrase (58d), on trouve la confusion fréquente entre *ces* et *ses*, qui touche également les locuteurs natifs. Enfin, en (58e), on trouve différentes variations de voix : si la phrase attendue est (i), (ii) pourra être considérée comme strictement équivalente ; en (iii), on pourra signaler l'insertion d'un déterminant ; en (iv), l'ellipse est acceptable ; enfin, (v) est plus problématique car il est à peu près équivalent aux autres mais ne répond pas tout à fait

---

1. *WordNet* (§3.5.3) peut être un outil adéquat pour ce type d'application.
2. Par contre, si la réponse attendue par le système concerne une race de chien et que l'apprenant répond avec le nom générique *chien*, le diagnostic est possible.

à la question ; en effet, cette tournure correspondrait plutôt à la question *Où parle-t-on français?* et à la réponse *Le français se parle au Québec, en France, en Suisse, en Belgique, au Luxembourg etc.*, mais notre système ne permettrait pas de faire cette distinction.

Pour tous ces exemples, la correction intelligente d'un exercice va au-delà de la syntaxe. Dans des cas simples, il serait sans doute envisageable de comparer l'analyse syntaxique de deux réponses et de lister les différences. Avec une analyse riche telle que celle de *Fips* (§5), cette tâche serait possible. Cependant, il peut arriver que des structures soient trop différentes pour être comparées syntaxiquement. Dans le cadre d'exercices à réponse prévisible, il s'agit donc de comparer une réponse de référence à celle de l'apprenant et d'en évaluer la pertinence sémantique, autant que faire se peut. Par ailleurs, même si ce type d'exercice est peu courant, nous avons élaboré quelques réflexions autour d'un outil de manipulation du sens qui permette d'observer l'effet du changement de certains paramètres sur la structure des phrases.

Dans ce chapitre, nous présentons deux outils à composante sémantique développés en marge du projet **FreeText** (§4), l'un expérimental et l'autre resté à une description théorique. Nous avons repris des structures de représentation sémantique de phrases (§3.4) utilisées pour un système de génération (§3.1.5). Nous commençons par décrire les *Structures Pseudo-Sémantiques*, le formalisme que nous avons utilisé pour élaborer nos outils. (§7.1). Nous continuons par une description de la comparaison de phrases (§7.2). Puis nous poursuivons par une application théorique, la reformulation de phrases (§7.3). Enfin nous terminons par une discussion (§7.4).

7. Outils "sémantiques"

7.1 Les structures pseudo-sémantiques (PSS)

Dans cette partie, nous décrivons les structures sémantiques que nous utilisons pour la comparaison sémantique de phrases (§7.2) et la reformulation de phrase (§7.3). Nous expliquons brièvement notre modélisation informatique de ces structures. Les structures pseudo-sémantiques (*Pseudo-Semantic Structures*, PSS, Clark, 1993; Wehrli & Clark, 1995; Etchegoyhen, 1997; Etchegoyhen *et al.*, 1999) sont des structures hybrides qui combinent des informations sémantiques abstraites avec des informations lexicales portant sur les classes lexicales ouvertes (noms, verbes, adverbes et adjectifs). Elles sont nommées *pseudo*-sémantiques du fait qu'elles ne donnent pas une interprétation complète du sens des propositions, en restant à un niveau proche de la syntaxe. Les PSS offrent une couverture étendue de la langue. Conçues pour la génération automatique de phrases (§3.1.5), elles permettent de s'affranchir des structures et des données d'une langue particulière, tout en ne nécessitant pas la création d'un formalisme sémantique complet. Ainsi, pour la traduction automatique, le passage d'une langue à une autre est théoriquement facilité, car il n'est nécessaire de traduire que les éléments lexicaux ; les différences de structures sont ensuite gérées par le processus de génération (Laenzlinger *et al.*, 2000; L'haire *et al.*, 2000).

Extraites à partir d'une analyse produite par *Fips* (§5) grâce à un parcours descendant et récursif de la structure de la phrase, les PSS sont utilisées comme entrées du générateur *GBGen* (Etchegoyhen, 1997; Etchegoyhen & Wehrle, 1998; Etchegoyhen & Wehrli, 1998; Etchegoyhen *et al.*, 1999), qui, comme *Fips*, est basé sur la théorie du Gouvernement & Liage (§3.3.5). Lors du processus de génération, les différents éléments des PSS sont projetés dans une structure profonde par une

7.1. Les structures pseudo-sémantiques (PSS)

procédure déterministe ; puis au moyen de règles de mouvement, on déplace les différents éléments dans leur position finale, notamment pour les structures passive ou interrogatives ; enfin un module morphologique procède aux flexions, élisions et contractions pour produire la forme finale. Ces opérations s'avèrent efficaces et d'une complexité computationnelle faible (Etchegoyhen *et al.*, 1999).

Les PSS sont des structures hiérarchiques, qui comportent des descendants contenus dans une liste de *satellites*, qui sont eux-mêmes des PSS. Elles peuvent être de type générique ou appartenir aux sous-types que nous décrivons maintenant.

Tout d'abord, les *structures-DP* (*Determiner Phrase Structures* ou *DP-Structures*, DPS) représentent les groupes nominaux et contiennent bien évidemment les noms comme élément lexical ; dans le cas des clitiques, l'élément lexical est vide et représenté par la valeur Δ. Les éléments abstraits sont les suivants : l'*opérateur* sémantique définit la détermination de l'élément lexical et représente les déterminants (indéfinis, définis, démonstratifs, etc.), les quantifieurs (*tous, chaque, quelques, aucun*, etc.), des valeurs numériques définies (*trois pommes*) ou des ordres de grandeur (*au plus n, moins de n, à peu près, entre n et m*, etc.). Dans certains cas, l'opérateur peut être vide et reçoit la valeur Δ. Les DPS contiennent aussi des traits lexicaux de genre, de nombre et de personne [3]. Par ailleurs, ces structures contiennent aussi un indice référentiel unique, qui permet de coréférencer les éléments dans la phrase, comme nous le verrons plus loin.

Les *structures de caractéristiques* (*Characteristic Structures*, CHS) représentent les modifieurs des syntagmes et contiennent les adverbes et les adjectifs. Les informations abstraites sont la portée de l'adverbe (phrase ou prédicat) et le degré de l'adjectif (positif, comparatif, su-

---

[3]. Malheureusement, lorsqu'un élément peut avoir les deux genres, seul le masculin est conservé.

7. Outils "sémantiques"

perlatif).

Quant aux *structures de clause* (*Clause Structures*, CLS), elles représentent les événements et les états et correspondent au prédicat. Elles ont pour noyau les verbes (à l'infinitif) et parfois les adjectifs quand elles représentent un état (avec le verbe *être*). Survolons maintenant les différents éléments abstraits qui composent ces CLS.

Le type énonciatif permet de faire la distinction entre phrases déclaratives, exclamatives, interrogatives globales (questions oui/non) et interrogatives partielles. Le mode de jugement sert à distinguer les constructions impersonnelles (*thétiques*) des constructions classiques avec sujet (*catégoriques*). Le mode distingue les phrases non tensées et tensées. Ces dernières sont divisées en phrases au mode réel (indicatif), irréel (subjonctif et conditionnel) et impératif. Quant à la modalité, elle peut être de type possibilité, obligation, recommandation, permission ou indéfinie [4]. On trouve aussi un trait pour la voix (active ou passive), pour la négation (nié, non nié) et pour les phrases causatives comme *Jean fait se laver les dents aux enfants*.

Pour l'aspect, qui ne concerne que les temps finis, on peut définir le caractère progressif ou non et perfectif ou non. Pour le temps, un système inspiré du système de Reichenbach (Reichenbach, 1947) distingue le point de l'événement (E) et celui de l'énonciation (S) [5] et utilise des relations de précédence ($<$) et de simultanéité. La table (7.1) résume la représentation des temps dans *GBGen*.

Notons que les éléments lexicaux sont en forme normale (infinitif pour les verbes, singulier pour les noms et masculin singulier pour les adjectifs) sauf dans les CHS. Pour terminer, signalons que dans le cas

---

[4]. Cette distinction est surtout utile pour les modaux en anglais et allemand, respectivement *must / müssen, should* ou *ought / sollen, can / können, may / dürfen*.

[5]. Reichenbach utilise aussi le point de référence (R). Voir Etchegoyhen (1997) pour la justification de cette simplification.

7.1. Les structures pseudo-sémantiques (PSS)

E <S			E=S			S <E		
indéf.	perf.	prog.	indéf.	perf.	prog.	indéf.	perf.	prog.
passé simp., +subj. imp.	PQP, +subj. pqp	imp.	pres, subj. pres	p.c, +subj passé	pres. prog.	fut, +cond	fut. ant., +cond passé	fut. prog.

La deuxième ligne définit l'aspect. Le signe + indique le mode irréel

TAB. 7.1 – GBGen: *représentation des temps dans les CLS*

des coordonnées, les PSS n'appartiennent à aucun sous-type.

Poursuivons maintenant par la combinaison des PSS dans une structure hiérarchique. Comme nous l'avons déjà signalé, les PSS contiennent une liste d'autres PSS qui en dépendent et sont appelées *satellites*. Les satellites possèdent aussi des valeurs et de traits que nous allons présenter maintenant. Les traits permettent de repérer les topicalisations (*moi, j'ai faim*) et les focalisations ou clivées (*c'est Jean qui t'a donné la balle*). On attribue aussi parfois un rôle thématique (v. p. 155) à certains satellites qui représentent des arguments. En outre, les satellites peuvent prendre de nombreuses valeurs qui représentent la relation entre le satellite et la PSS qui le contient ; ces valeurs peuvent être réalisées par exemple par des prépositions, des complémenteurs ou un adverbe. Ces valeurs peuvent être spatiales (lieu, direction), temporelles (périodes, antériorité, simultanéité etc.), ou générales (cause, manière, conséquence, etc.).

Examinons maintenant la figure (7.1). Le prédicat contient trois satellites, qui représentent les trois arguments du verbe *donner*. L'adjectif épithète *rouge* est noté comme satellite de *pomme*, avec une valeur sémantique de restriction d'ensemble. Pour représenter la phrase passive "*Une pomme rouge m'est donnée par Jean*", il suffit de changer uniquement le trait de voix de la CLS. Pour la phrase clivée "*C'est une pomme rouge que Jean me donne*", le trait *focus* devra être ajouté

7. Outils "sémantiques"

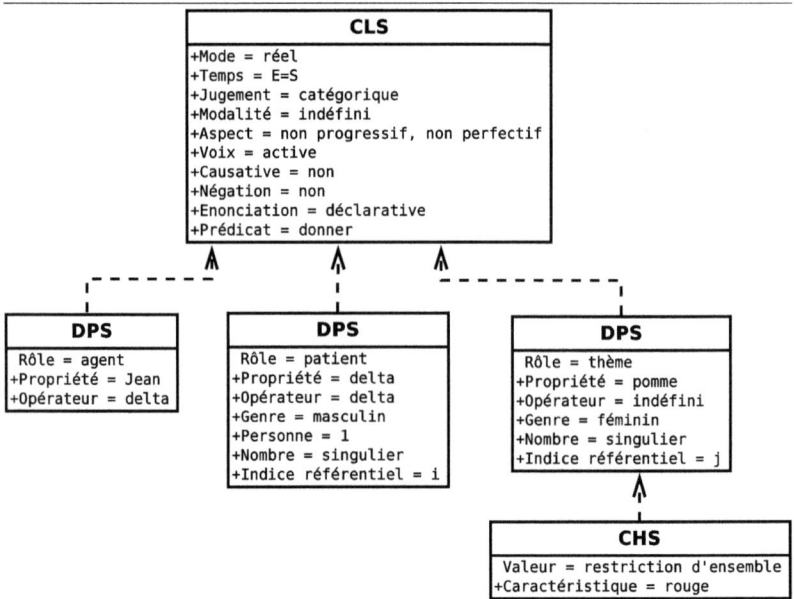

La flèche dénote la relation "est satellite de". Les traits précédés de + concernent les sous-types de PSS et les autres concernent les PSS elles-mêmes.

FIG. 7.1 – *PSS pour* Jean me donne une pomme rouge.

à *pomme*.

À la figure (7.2), la relative est un satellite qui n'a pas de rôle thématique mais une valeur de restriction d'ensemble. On peut noter que le terme *voiture* repris par le pronom relatif figure deux fois dans la structure et est coréférencé par l'indice.

Pour le complément du nom, Etchegoyhen (1998) propose quatre cas différents, représentés par les phrases suivantes :

(59) a. la correction des examens par Eric ;
   b. le fait que les Suisses ont interdit les minarets a provoqué une belle pagaille ;

7.1. Les structures pseudo-sémantiques (PSS)

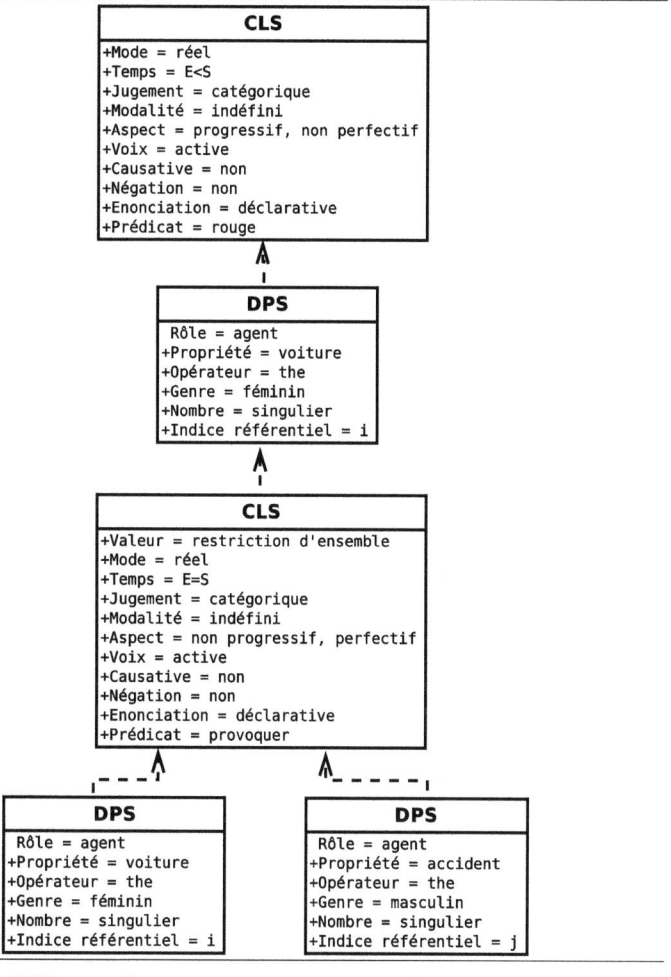

FIG. 7.2 – *PSS pour* La voiture qui a provoqué l'accident était rouge.

c. la thèse de Sébastien / sa thèse ;

d. le bord du lac ; la photo des enfants.

En (59a), les déverbaux sont des noms dérivés d'un verbe. A ce titre, ils partagent la même grille thématique que le verbe dont ils sont

7. Outils "sémantiques"

dérivés. Les compléments seront donc des satellites : pour notre phrase, *examens* aura le rôle de thème, et *Eric* d'agent. En (59b), le nom principal *fait* assigne aussi un rôle thématique de *prédication*, comme l'illustre la figure (7.3).

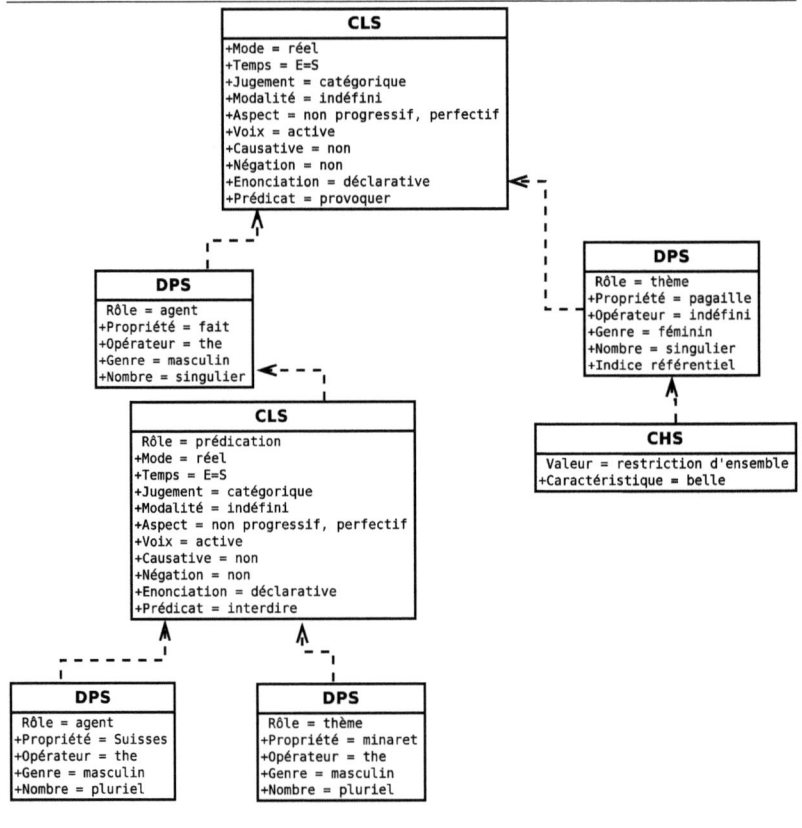

Fig. 7.3 – *PSS pour* Le fait que les Suisses ont interdit les minarets a provoqué une belle pagaille. *(ex. 59b)*

En (59c), nous illustrons le traitement des possessifs. Dans ces deux cas, le possesseur sera représenté par un satellite qui porte la valeur de possession, qui est attaché au possédé. Pour le déterminant possessif,

7.1. Les structures pseudo-sémantiques (PSS)

le satellite sera une DPS avec une propriété et un opérateur vides. Enfin, en (59d) se retrouvent les nombreux cas où le complément ne dénote pas la possession. Dans le premier cas, il est simple de déterminer qu'un complément inanimé ne peut avoir de valeur possessive. En revanche, dans le second exemple, nous illustrons l'interprétation possible de *des enfants* comme exprimant le sujet – au sens non grammatical – de la photo. Ici, le traitement d'une telle interprétation va au delà de la sémantique. C'est pourquoi le traitement des compléments génitifs en *de* est rudimentaire et parfois imprécis : les compléments inanimés reçoivent la valeur de *relation* et les compléments la valeur de *possession*.

Poursuivons ce survol par le cas des verbes à montée, comme *sembler*, *paraître*, ou *s'avérer* :

(60) a. il semble que Jean dort ;
b. plusieurs étudiants semblent dormir en classe.

En (60a), la position du sujet est remplie par un *il* explétif, tandis qu'en (60b), le sujet est réalisé. Dans les deux cas, la structure sera la même, comme illustré à la figure (7.4). Le verbe *sembler* n'a qu'un seul argument, qui a le rôle de prédication.

Enfin, en (7.5), notre dernier exemple aborde les question globales et les hypothétiques, qui sont marquées par quelques traits spécifiques. Pour les questions partielles, le pronom interrogatif est marqué par un opérateur "WH" pour les pronoms en "qu"[6] ou par les adverbes interrogatifs.

Ainsi, les PSS sont des structures simples qui peuvent facilement être parcourues, que ce soit pour générer des phrases ou pour comparer

---
[6]. Les pronoms interrogatifs sont parfois appelés WH en référence aux pronoms anglais *who*, *which*, *whom*, *where*, etc.

7. Outils "sémantiques"

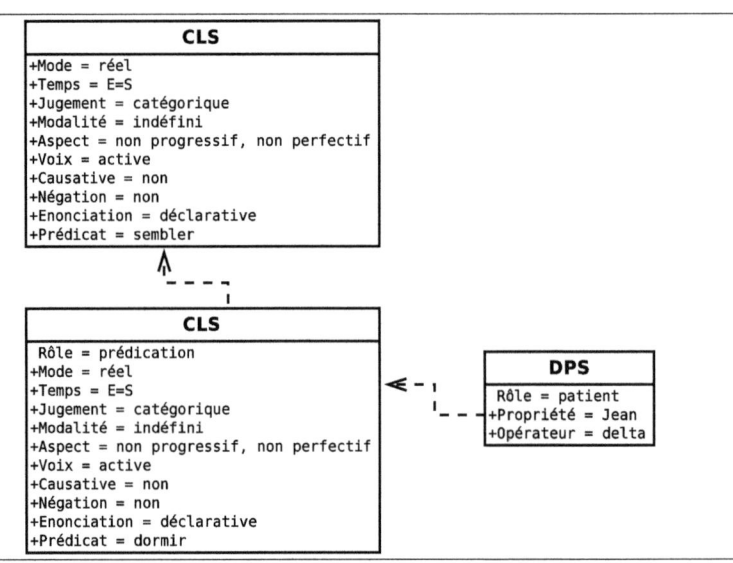

FIG. 7.4 – *PSS pour* Il semble que Jean dort. *(ex. 60a)*

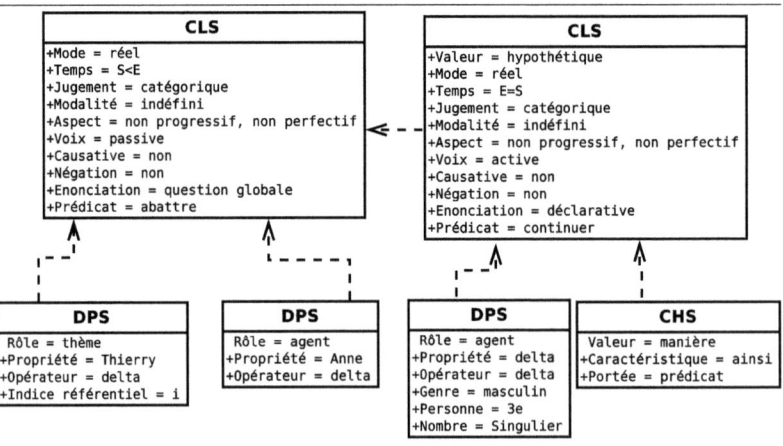

FIG. 7.5 – *PSS pour* Est-ce qu'Anne abattra Thierry s'il continue ainsi?

7.1. Les structures pseudo-sémantiques (PSS)

les PSS de plusieurs phrases. Les PSS se parcourent de la manière suivante :

i. On lit l'élément de tête ;
ii. On appelle récursivement la procédure de parcours de PSS sur chacun des satellites.

Les derniers développements du générateur *GBGen* et de l'extraction de PSS ont eu lieu en l'an 2000. Au moment où nous avons commencé nos travaux en 2002, l'analyseur *Fips* (§5) avait connu de grands changements structurels, notamment dus à une remodélisation en programmation orientée objet (Meyer, 2008). Nous avons donc élaboré un modèle orienté-objet pour les PSS en réécrivant l'extraction des PSS pour la langue française à partir de l'analyse de *Fips* et en ignorant la partie génération et l'extraction d'autres langues qui n'étaient plus directement utiles. Un objet PSS contient les éléments communs à toutes les PSS, rôle, valeur, traits et liste de satellites. L'objet PSS peut être étendu en objets CHS, CLS et DPS, qui contiennent les propriétés propres à chaque sous-type. L'analyse sélectionnée par *Fips* est ensuite parcourue pour en extraire les informations. Au final, nous avons dû nous contenter de réécrire le code sans toutefois réussir à bâtir toutes les constructions qu'extrayait l'ancien système, par manque de temps, de connaissances linguistiques et de personnes de référence pour élaborer ou valider des stratégie d'extraction des structures. Toutefois, la couverture était suffisante pour pouvoir extraire des structures significatives et élaborer notre stratégie de comparaison de phrases.

Poursuivons cette section par un bilan. Les PSS sont des structures relativement simples mais qui permettent de représenter une grande variété de phénomènes linguistiques et couvrent une large étendue de la langue. Par contre, leur extraction et leur précision repose sur un lexique riche et consistant en ce qui concerne les traits sémantiques, ce qui n'est hélas pas toujours le cas du lexique dont nous disposons.

7. Outils "sémantiques"

En outre, l'ordre des constituants, qui est parfois significatif, ne peut être préservé. Enfin, ces structures ne permettent pas de tenir compte des collocations (v. p. 81) comme *break a record* ↔ *battre un record*. C'est une des raisons principales pour lesquelles cette approche a été abandonnée en ce qui concerne la traduction automatique.

Il nous reste encore à comparer les PSS avec d'autres systèmes. Zock (1992) présente un système de graphes conceptuels organisés entre eux de manière hiérarchique afin de représenter la phrase. Comme *GBGen*, les graphes mélangent traits abstraits (mode, voix, etc.) et valeurs lexicales. De même, le verbe est relié à différents actants avec des valeurs sémantiques (agent, objet, etc.). Quant aux LCS (§3.4.2), elles sont de véritables structures sémantiques, beaucoup plus abstraites puisque les mots sont représentés sous forme de combinaisons de primitives au lieu de formes lexicales. Vu la complexité du formalisme, nous nous attendons à une procédure d'extraction des LCS qui nécessite de nombreuses vérifications et un filtrage de structures erronées, par rapport à *GBGen* qui est beaucoup plus proche des structures syntaxiques. Par contre, comme *GBGen*, les LCS s'affranchissent de la syntaxe en utilisant des listes d'arguments et de modifieurs et en utilisant des traits pour la voix, etc. Notons encore que, pour les deux formalismes, il est relativement simple de comparer différentes structures entre elles pour relever les différences sémantiques.

Terminons par les QLF (§3.4.3) qui sont aussi une structure intermédiaire destinées à la traduction automatique. Basées sur des structures logiques, elles forment des combinaisons de formules composées de prédicats et d'arguments, reliées entre elles par des connecteurs. Ces structures sont plus éloignées des structures syntaxiques que les PSS. *GBGen* propose un modèle plus simple avec des valeurs qui caractérisent la dépendance hiérarchique du satellite par rapport à son parent. De plus, les rôles des différents éléments de la phrase sont plus explicitement mentionnés. Nous estimons tout de même qu'il demeure possible de comparer les QLF entre elles afin de déterminer les différences entre deux phrases.

7.2 Comparaison "sémantique" de phrases

Après cette présentation des PSS dans les grandes lignes, cette section aborde la technique de comparaison "sémantique" de phrases et ses résultats préliminaires. Nous avons expliqué la motivation de cette technique en début de chapitre. Ici, nous esquissons la technique de comparaison proprement dite. Nous poursuivons par une réflexion sur le diagnostic et terminons par une comparaison avec d'autres techniques existantes.

Pour comparer des phrases, les PSS présentent l'avantage d'une plus grande abstraction que les structures syntaxiques, avec des éléments lexicaux qui se limitent à des classes ouvertes et des structures de dépendance simples. Tous ces éléments rendent plus aisées les comparaisons. Nous avons successivement développé deux techniques de comparaison sémantique. Au cours même du projet FreetText (§4), nous avons esquissé un premier algorithme de diagnostic, qui comparait deux structures de PSS en se basant sur des listes des différents types de PSS. Nous essayons d'intégrer le diagnostic dans la sortie *XML* du système de diagnostic (5.3.1), qui représente une structure syntaxique, en ajoutant des balises d'erreurs. Cependant, après réexamen au moment de rédiger ce chapitre, cette technique nous a paru insuffisante. Il fallait traiter plus efficacement les constituants manquants et supplémentaires. L'ellipse posait également problème. Par conséquent, le formalisme utilisé pour le diagnostic d'erreurs syntaxiques nous a paru inadéquat pour notre diagnostic "sémantique", bien que le diag-

7. Outils "sémantiques"

nostic soit parfois proche de la syntaxe, comme dans l'exemple (58a) p. 333. Nous avons donc décidé de réécrire la partie de comparaison des phrases en corrigeant certaines erreurs dans l'extraction des PSS.

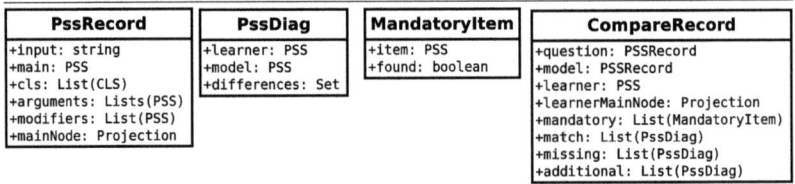

FIG. 7.6 – *Comparaison sémantique : structures utilisées*

La figure (7.6) montre les structures que nous utilisons pour comparer des phrases. Le concepteur d'exercice peut, de manière facultative, inclure dans la base de données la question de l'exercice, qui nous sert ensuite à déterminer les composants obligatoires de la question. Les structures des phrases sont stockées dans des objets *PssRecord* ; ceux-ci contiennent la PSS principale de la phrase, l'analyse de la phrase par *Fips* et des listes de PSS, une pour les CLS, une pour les arguments – les PSS qui ont un rôle thématique – et l'autre pour les modifieurs. Ces listes permettent de trouver plus rapidement des correspondances entre PSS. L'objet principal dont nous nous servons pour comparer les phrases est appelé *CompareRecord* : il contient deux objets *PssRecord* pour la question et la phrase modèle ; les PSS de la phrase de l'apprenant ne sont pas stockées dans un *PssRecord* puisqu'elles sont directement parcourues et comparées aux listes de la phrase modèle. L'objet *CompareRecord* contient quatre listes :

- *match* : liste des éléments appariés où l'on a trouvé une correspondance entre le modèle de réponse et celle de l'apprenant ;
- *missing* : liste des éléments manquants ne figurant pas dans la phrase de l'apprenant [7] ;

---

7. Au début du processus, la liste contient toutes les PSS de la phrase modèle, puis cette liste est vidée petit à petit au fur et à mesure des correspondances.

7.2. Comparaison "sémantique" de phrases

- *additional* : liste des éléments additionnels qui ne figurent pas dans la phrase modèle ;
- *mandatory* : le cas échéant, liste des éléments obligatoires.

Quant aux objets *PssDiag*, ils contiennent les PSS des éléments correspondants et la liste des différences sous forme d'un ensemble. Enfin, les objets *MandatoryItem* permettent de stocker les éléments obligatoires de la phrase et de vérifier leur présence à la fin du processus de comparaison.

Notre stratégie de comparaison est résumée par la figure (7.7). Si l'apprenant a donné exactement la même réponse que la phrase modèle, le processus s'arrête. De même, si l'une des phrases contient une erreur, le système ne va pas plus loin car il est difficile d'extraire des PSS d'une phrase incorrecte.

Si la question a été fournie au système, une première phase cherche à déterminer les éléments obligatoires dans la réponse modèle. Il faut remplir deux conditions :

i. la phrase de la question doit être une question partielle ;
ii. les CLS principales des deux phrases doivent avoir le même élément lexical.

Si ces conditions sont remplies, on essaye de faire correspondre les arguments des deux phrases. En cas de correspondance de deux DPS, si celle de la question a un opérateur 'WH' qui marque les éléments interrogatifs, alors la DPS correspondante de la réponse modèle sera considérée comme un élément obligatoire.

Ensuite, on lance la comparaison proprement dite entre la phrase modèle et celle de l'apprenant. Dans une première phase, les PSS de la

7. Outils "sémantiques"

réponse de l'apprenant sont parcourues en établissant les correspondances les plus évidentes entre les phrases.

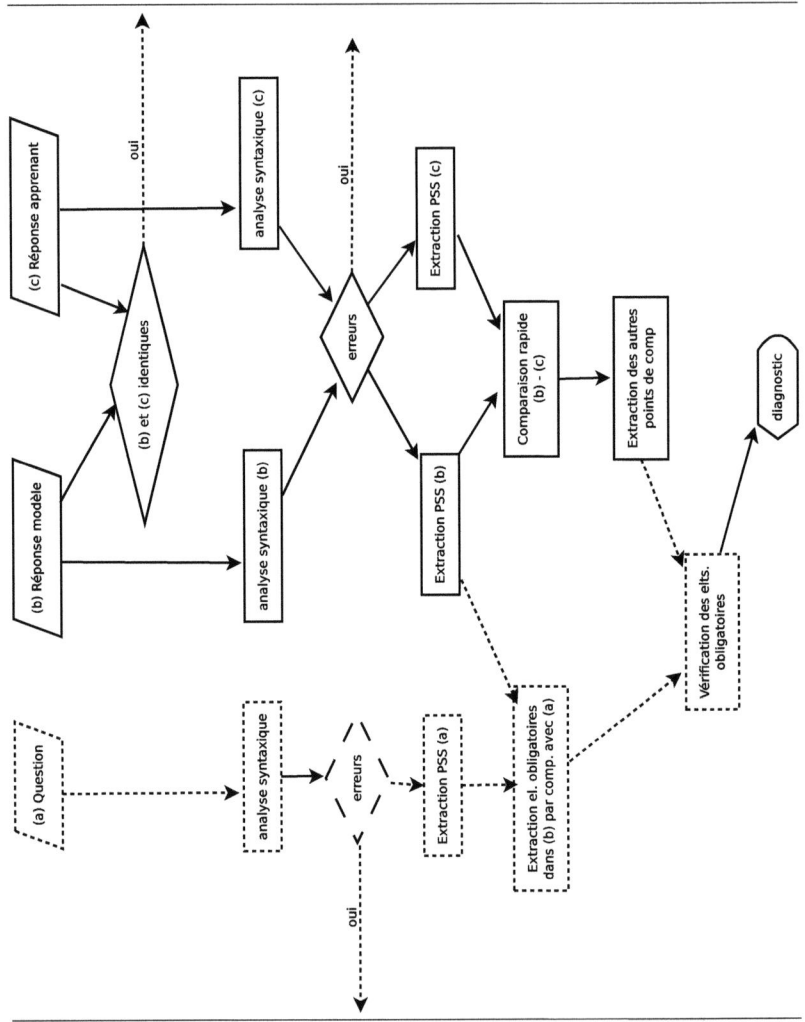

FIG. 7.7 – *Comparaison sémantique : processus*

Les CLS sont comparées à d'autres CLS et aux CHS, car les CLS peuvent contenir des adjectifs. On recherche donc un élément qui

7.2. Comparaison "sémantique" de phrases

contient la même tête lexicale dans les listes de CLS et de modifieurs du modèle. En cas de succès, l'élément retrouvé est retiré des listes du modèle et de la liste des éléments manquants de l'objet de comparaison. Les DPS ne sont comparées qu'à d'autres DPS, et sont recherchées dans la liste des arguments (avec le même rôle thématique) et des modifieurs. Pour les CHS, c'est le même principe que pour les CLS. Si aucun élément correspondant n'est trouvé, la PSS de l'apprenant est ajoutée à la liste des éléments additionnels. Ainsi, après cette première phase de comparaison, les correspondances entre structures partageant la même tête lexicale sont retrouvées.

Puis nous tentons une seconde phase en parcourant la liste des éléments manquants, si cette liste n'est pas vide. Pour chaque élément de cette liste, nous parcourons la liste des éléments additionnels. Si les types des deux éléments comparés sont compatibles entre eux – d'après les règles de la première phase – nous tentons deux types de comparaisons. Tout d'abord, nous parcourons la liste des éléments appariés pour trouver le parent de l'élément manquant. Si ce parent est également le parent de l'élément additionnel et si leurs rôles thématiques correspondent, nous les ajoutons aux éléments appariés. Si aucun élément n'est trouvé ou si la liste des éléments appariés est vide, on tente de retrouver une correspondance dans les éléments obligatoires.

Enfin, nous pouvons procéder à un diagnostic. Pour l'instant, nous nous contentons d'afficher les quatre listes que nous avons élaborées. Nous affichons en outre les différences entre les éléments appariés. Ce diagnostic est très sommaire et devrait être affiné sur le plan pédagogique. Par manque de temps et de compétences didactiques et pédagogiques, nous avons renoncé à développer plus loin nos travaux. Nous reviendrons plus tard sur diverses propositions dans ce domaine.

Pour évaluer grossièrement notre prototype, nous lui avons soumis quelques phrases de test. On trouvera les résultats détaillés du test

7. Outils "sémantiques"

chez L'haire (2011).

(61) a. Qui mange la souris grise?
    b. Le chat noir mange la souris grise.
    c. Le chat noir.

En (61), nous illustrons un cas simple d'ellipse. La question (61a) fournie par le concepteur de l'exercice porte sur le sujet de la phrase, l'agent, qui est lexicalisé par un pronom interrogatif marqué par le trait WH. La réponse attendue (61b) est la plus complète possible. Par contre, la réponse de l'apprenant (61c) est elliptique, avec un simple groupe nominal, où figure l'élément obligatoire *chat*. Aucun élément supplémentaire n'est extrait de la phrase de l'apprenant. En revanche, des éléments manquants sont signalés (*manger, souris, grise*). Le feedback pourrait soit valider la réponse, soit la signaler comme incomplète, par exemple selon les paramètres de l'exercice.

(62) a. Qu'est-ce que le chat mange?
    b. Le chat mange une souris grise.
    c. Une souris blanche.

La phrase (62) est très similaire. La question porte sur l'objet (thème) de la phrase. La comparaison de phrases trouve *souris* comme élément obligatoire et apparie les deux adjectifs *blanche* et *grise*. Ici, une erreur lexicale devrait être signalée, ainsi que l'ellipse selon les exercices. Pour les adjectifs, en se basant sur un lexique contenant des traits sémantiques riches et consistants, notre algorithme d'appariement de phrases devrait idéalement n'accepter l'appariement que sur la base de traits indiquant qu'il s'agit d'un adjectif de couleur.

Pour l'exemple (58a) p. 333, aucun élément obligatoire ne peut être extrait. Les deux réponses ne diffèrent que par le genre du clitique.

7.2. Comparaison "sémantique" de phrases

Une différence de genre est détectée. Ici, le feedback pourrait facilement reprendre le diagnostic syntaxique comme celui présenté à la section 5.3.3.

(63) a. C'est Jean qui m'a donné cette belle pomme rouge.
   b. La pomme m'a été donnée par Jean.

En (63), l'exemple compare des structures assez différentes. La réponse attendue (63a) a un sujet focalisé. La réponse de l'apprenant (63b) est une structure passive qui reprend la plupart des éléments de la réponse attendue, mais dans une structure syntaxique très différente. On détecte l'absence de focalisation de *Jean*, la différence de voix de *donner* et une différence de déterminant pour *pomme*. Les éléments manquants (*belle, rouge*) sont bien repérés et les éléments appariés sont corrects [8].

(64) a. Qu'est-ce que Jean a acheté?
   b. Jean a acheté un perroquet bleu.
   c. un oiseau bleu.

En (64), on repère l'élément obligatoire *perroquet* grâce à la réponse attendue (64b). La réponse (64c) révèle différence lexicale importante entre *perroquet* et *oiseau*. Les éléments manquants sont *acheter* et *Jean*. L'algorithme d'appariement devrait idéalement disposer d'un dictionnaire de synonymes et de relations sémantiques comme présentés au chapitre 3.5, afin de valider le rapprochement entre les deux termes.

---
8. Une erreur de l'extraction des PSS attribue un trait féminin au clitique, ce qui amène notre système à détecter une différence de genre qui n'a pas lieu d'être, surtout si l'on considère que la DPS d'un élément au genre ambigu ne devrait pas être marqué uniquement comme masculin.

7. Outils "sémantiques"

Passons à l'exemple (58d) p. 333. La question n'est pas entrée dans le système. *Ces* est représenté comme un pronom démonstratif sur *livres*. En revanche, comme nous l'avons justifié à la page 340s., *ses* est dénoté comme une DPS possessive satellite de *livres*. Le système détecte donc deux différences, une sur l'opérateur de *livres* et la présence d'un satellite additionnel. Un traitement particulier devra donc traiter ce type de diagnostic.

Traitons maintenant l'exemple (58e) p. 334. Pour la question, nous repérons la présence d'un élément WH qui a une tête lexicalisée, *langue*, alors que les exemples précédents avaient une tête vide. La réponse attendue est la phrase passive (58e.i). La première réponse (58e.ii) a une structure active avec le pronom impersonnel *on* [9]. On repère l'ajout d'un agent alors que celui-ci a été omis dans la réponse attendue. En outre, la DPS *français* a une différence d'opérateur. Pour la seconde réponse (58e.iii), les structures sont pratiquement identiques, hormis la présence d'un agent. La réponse (58e.iv), elliptique, est également validée grâce à la présence de l'élément obligatoire. Quant à la dernière réponse (58e.v), elle utilise une voix pronominale, avec une erreur d'extraction des PSS qui compte le pronom *se* comme thème.

(65) a. Est-ce que Jean a lu ce livre ?
     b. Jean a-t-il lu ce livre ?

L'exemple (65) traite de constructions strictement équivalentes. Aucune différence n'est donc détectée entre les deux phrases. Si le concepteur d'exercice veut obligatoirement cette construction particulière, l'interface du logiciel devra prévoir un feedback particulier pour cette situation.

(66) a. la sœur du capitaine qui a été tuée.

---

[9]. Une erreur dans l'extraction des PSS attribue le rôle de thème à l'agent.

7.2. Comparaison "sémantique" de phrases

b. la sœur du capitaine qui a été tué.

La phrase (66) présente un cas proche du cas (58a) : nous avons un cas d'accord du participe passé avec l'antécédent. Cependant, ici, il s'agit aussi d'identifier l'antécédent du pronom relatif. Ce pronom représente le thème du verbe *tuer*, qui est un satellite qui représente une valeur de restriction d'ensemble ; ce satellite est rattaché dans un cas à *sœur* et dans l'autre à *capitaine*. Notre algorithme repère des différences d'arguments du verbe *tuer*. Une autre tactique serait aussi de repérer plutôt que le verbe n'est pas rattaché au même élément. A ce stade, nous manquons de données pour déterminer quelle stratégie est la plus efficace et la moins sujette aux erreurs.

(67) a. Avec ses jumelles, Jean a regardé cet homme.
    b. Jean a regardé cet homme avec ses jumelles.

L'exemple (67) illustre les structures focalisées. En (a), *jumelles* porte le trait de focalisation. Dans certains cas, on pourra juger les phrases comme équivalentes. Dans d'autres types d'exercices, ce trait pourrait être signalé comme obligatoire.

(68) a. Jean a observé cet homme avec ses jumelles.
    b. Jean a observé cet homme.

Pour l'exemple (68), nous détectons le manque d'un ajout rattaché à la phrase. Celui-ci figure dans la liste des constituants manquants. Un feedback fin sera nécessaire pour les constituants manquants. Ici, nous avons un DPS qui est analysé comme modifieur du prédicat et porte le trait de *withManner*. Ces relations sémantiques permettent de fournir un feedback plus riche et complet que les techniques usuelles

7. Outils "sémantiques"

de reconnaissance de patrons (§3.1.1.1), en montrant la fonction des éléments.

(69) a. Le chien est noir.
    b. Il est noir.
    c. Noir.

En (69), nous illustrons le cas de l'ellipse. Pour la réponse attendue (69a), le prédicat CLS contient un adjectif. Une réponse possible est (69b), pour autant qu'on accepte les pronoms. Enfin, (69c) est une réponse complètement elliptique ; *noir* est une CHS au lieu d'une CLS et *chien* manque. Dans ce cas simple, notre système ne demande qu'une seule réponse type, là où un exercice de logiciel avec *pattern matching* demanderait l'élaboration d'une formule.

(70) a. Les enfants que tu as vus hier dorment.
    b. Les gamins mangent une pomme.
    c. Les gamins dorment.

Enfin, en (70), nous avons introduit des réponses (70b) et (70c) bien différentes de la réponse attendue, afin de tester l'efficacité du système. Dans le premier cas, aucun élément n'a pu être associé ; *dormir* et *manger* n'ont aucune relation, bien que *gamins* et *enfants* soient synonymes. Il n'y a donc aucune structure commune entre les deux phrases. En revanche, dans le second cas, le verbe *dormir* permet de trouver une structure commune, avec deux patients différents attachés ; il faudrait un dictionnaire des synonymes pour accepter que *gamin* correspond à *enfant*.

Pour finir, la table (7.2) récapitule les constructions que notre technique pourrait traiter et ébauche une proposition de feedback.

7.2. Comparaison "sémantique" de phrases

Construction	Réponse modèle	Réponse apprenant	Rétroaction
Accord du participe	Je les ai vues.	Je les ai vus	Erreur de genre sur le pronom.
Erreur de signification	La grosse souris est grise.	La grosse souris est blanche	Erreur de signification sur l'adjectif
Question globale (oui/non)	Jean a-t-il lu ce livre?	Est-ce que Jean a lu ce livre?	Construction équivalente
Question partielle	Quel livre est-ce que Jean lit?	Quel livre Jean lit-il?	Construction équivalente
Erreur de voix	Le chat poursuit la souris.	La souris est poursuivie par le chat.	Erreur de voix sur le verbe
Propositions relatives	La sœur du capitaine qui a été tuée.	La sœur du capitaine qui a été tué.	Erreur d'accord pronom relatif-verbe
Constructions clivées	C'est Pierre que Jean a vu.	Jean a vu Pierre	Erreur de focalisation.
Topicalisation	Avec ses jumelles, Jean a regardé cet homme.	Jean a regardé cet homme avec ses jumelles.	Erreur de focalisation
Ajout	Jean a observé cet homme avec ses jumelles.	Jean a observé cet homme.	Constituant manquant.
Montée du sujet	Jean semble dormir.	Il semble que Jean dort.	Construction équivalente.
Pronominalisation	Le chien est blanc et noir.	Il est blanc et noir	Avertissement sur le pronom
Ellipse	Le chien est blanc et noir	Blanc et noir	Avertissement : verbe manquant

TAB. 7.2 – *Constructions traitées par la comparaison de phrase.*

Ces exemples illustrent bien le potentiel de notre technique. Nous avons manqué de temps et de moyens pour affiner notre algorithme, tant pour l'extraction des PSS que pour la technique de comparaison proprement dite. Un projet de recherche pourrait sans doute, sans moyens démesurés, arriver à un prototype testable et exploitable. De plus en plus de ressources linguistiques peuvent être librement exploitées à des fins de recherche et nous pourrions procéder à des vérifications sémantiques au moins pour une couverture significative de la

7. Outils "sémantiques"

langue.

Dans le cadre du projet **FreeText** (§4), nous avons évalué les possibilités d'exploitation de notre technique dans le cadre d'un tutoriel. Certaines question du contexte de production pourraient être évaluées, pour autant que les réponses ne soient pas trop complexes, comme dans l'exemple :

(71) a. Qui a écrit ce document ?
 b. Il a été écrit par le docteur Varonnier et la Société Suisse d'Aérobiologie (SSA).

En revanche, les exercices de manipulation sont tout à fait traitables par notre technique, avec des transformations de l'actif au passif, transformation de phrases complètes en phrase nominale et inversement, impérative en complétive, phrases impératives vers le futur simple, création de phrases hypothétiques à partir de deux mots etc. Finalement, l'on peut constater que la comparaison sémantique de phrases est plutôt rarement compatible avec les exercices et l'approche pédagogique de **FreeText**, qui est plus communicative que grammaticale. L'outil serait plus ciblé pour des apprenants un peu moins avancés, afin de disposer d'exercices de transformation et de compréhension où les réponses attendues sont assez précises et d'une complexité grammaticale relativement simple [10].

Pour terminer, comparons notre technique avec une stratégie similaire. Nous avons déjà évoqué la technique de *MILT* (Holland et al., 1993), basée sur les LCS (§3.4.2), où la réponse de l'apprenant est également

---

10. Après la présentation de nos premiers résultats, le consortium de **FreeText** a décidé de laisser de côté le développement de cette technique pour porter les priorités sur d'autres outils plus utiles et immédiatement utilisables. De plus, le temps nécessaire développement de l'outil ne laissait pas le temps d'élaborer des exercices pertinents afin de tester l'utilité pédagogique de l'outil.

comparée à une réponse stockée. Nous avons constaté que les LCS étaient beaucoup plus abstraites que les PSS, qui sont plus simples et plus orientées vers la syntaxe (§7.1). La couverture de la langue des PSS est vraisemblablement plus large, puisqu'il ne faut pas représenter le sens des phrases. Avec les LCS, on peut s'attendre à ce qu'une petite variation syntaxique entraîne de grandes différences de structures, ce qui est moins le cas avec les PSS. Enfin, pédagogiquement, les buts des deux approches sont différents : MILT porte sur un champ plutôt restreint de la langue, où il s'agit de diriger un agent dans un micromonde, alors que notre approche vise à corriger des phrases dans un contexte beaucoup plus large.

Murray (1995) décrit un formalisme conceptuel indépendant de la langue. Le but est de fournir des indications à un micromonde dans le cadre du projet *Athena*. Les informations sont extraites des structures fournies par un analyseur GB (§3.3.5) et sont proches des LCS (§3.4.2). Pour agir sur un micromonde, Mulford (1989) utilise également un formalisme sémantique (qui n'est pas décrit dans l'article) qui sert aussi à générer une phrase correcte et à demander confirmation à l'apprenant.

DiBEx (Klenner, 2004) compare la phrase de l'apprenant à la phrase stockée dans le système mais semble ne pas utiliser de système sémantique. *VINCI* (Levison & Lessard, 1996) compare également une phrase attendue avec celle de l'apprenant, mais seulement sur la base de la distance entre les deux chaînes, sans syntaxe ni sémantique.

7.3 Reformulation de phrases

Dans cette section, nous esquissons d'autres utilisations théoriquement possibles du générateur *GbGen* pour des applications d'ALAO. Le pro-

7. Outils "sémantiques"

jet **FreeText** proposait l'idée d'un reformulateur de phrases, également basé sur les structures et la génération de phrase de *GbGen* (Vandeventer & Hamel, 2000). L'idée générale est de fournir un outil qui permette à l'apprenant d'agir sur certains paramètres d'une phrase, d'essayer de prédire les changements syntaxiques sur sa phrase et de comparer sa production avec le résultat produit par le générateur de phrase. Une autre variante possible serait de générer la phrase sans demander à l'apprenant de prédire les changements de structure. De même, la phrase de départ pourrait être fournie par un concepteur d'exercice ou par l'apprenant lui-même.

En soi, les PSS sont trop complexes pour être exploitées telles quelles. Cependant, en permettant de manipuler certains paramètres, il est possible d'exploiter la puissance du générateur. Certaines options seraient cachées et les notions des différentes structures devraient être adaptées au niveau de grammaire de l'apprenant. Enfin, certaines options par défaut devraient faciliter le travail des apprenants. Les transformations possibles sont :

  i. Voix : active ou passive ;
  ii. Négation : phrase négative ou non négative ;
  iii. Type d'énoncé : affirmatif, question oui/non, question partielle, exclamatif ;
  iv. Topicalisation : éléments topicalisés ou non dans le texte ;
  v. Modes : réel, irréel, impératif ;
  vi. Temps : présent, passé, futur,...

Le tableau 7.3 donne un exemple d'une série de transformations. Il n'est pas nécessaire de commencer par une phrase simple. Il serait possible de transformer une interrogative passive en phrase affirmative active. Pour que le système fonctionne, l'apprenant doit participer activement en faisant des choix, aidé de diverses aides telles que des

7.3. Reformulation de phrases

Transformation	Phrase
Phrase d'entrée	Les acariens envahissent la literie.
Voix	La literie est envahie par les acariens.
Voix et négation	La literie n'est pas envahie par les acariens.
Énoncé interrogatif (question oui/non)	Est-ce que les acariens envahissent la literie?
Focalisation obj. direct	C'est la literie que les acariens envahissent.

TAB. 7.3 – *Exemples de transformation de phrases*

dictionnaires en ligne, les tutoriels du logiciel, etc. Il devra notamment penser aux différentes unités de la phrase, ce qui peut l'aider à acquérir les structures grammaticales par une compréhension de la langue.

Vandeventer & Hamel (2000) identifient les avantages suivants pour cette approche :

- elle développe l'autonomie de l'apprenant en réclamant sa participation active ;
- elle concerne à la fois la production et la compréhension de la langue ;
- elle permet à l'apprenant d'identifier ses lacunes ;
- elle facilite les stratégies d'autoremédiation.

Esquissons maintenant les interfaces possibles. Selon Vandeventer & Hamel (2000), l'apprenant devrait être guidé par un dialogue qui lui simplifie la tâche. Certaines options comme la focalisation pourraient n'être activées qu'en fin de processus. Lors d'une première étape, l'apprenant devrait avoir le choix d'écrire la phrase cible qu'il a en tête. Cette phrase pourrait être vérifiée grâce à un visualiseur de phrase comme une grammaire en couleurs (§5.3.2). Dans une seconde étape, l'apprenant construirait l'aspect général de sa phrase. A ce stade,

7. Outils "sémantiques"

il devrait choisir le type de phrase (affirmative, interrogative, négative, impérative). A la troisième étape, il définirait le type de prédicat (verbe ou adjectif), le mode, le temps, etc. Ensuite, il faudrait définir le nombre de satellites en distinguant entre arguments et ajouts. Enfin, chaque satellite serait défini.

Selon Dillenbourg (communication personnelle, 1999), il est à craindre cependant que cette tâche soit trop compliquée pour des apprenants, qui ne maîtrisent souvent qu'imparfaitement les structures grammaticales leur propre langue et n'apprennent plus ou peu les règles de grammaire. Un tel outil ne serait pas adéquat pour développer les capacités de production et de compréhension écrite et orale. Il s'agirait donc davantage d'un outil de linguiste, difficile à intégrer dans une séquence pédagogique. Nous ne pouvons qu'aller dans son sens en craignant que la construction d'un tel dispositif de test ne donne que de très maigres et décourageants résultats.

Comme pour *Swim* (Zock, 1992), il est probablement préférable de concevoir un système beaucoup plus guidé, basé sur un lexique. Un dialogue devrait permettre, à l'aide de notions grammaticales simples en lien avec une grammaire de référence et divers dictionnaires, de construire un squelette. De plus, une interface graphique attractive pourrait servir à manipuler les éléments. Plusieurs niveaux de difficulté et plusieurs interfaces et mode de fonctionnement pourraient co-exister, adaptés à l'âge ou au niveau de connaissance de l'apprenant, y compris en langue première. Comme scénario, imaginons une activité autour d'un texte sur la révolution française, avec des apprenants universitaires d'un bon niveau de langue. Une question de compréhension d'un texte demanderait pourquoi Louis XVI a déménagé à Paris. L'apprenant veut répondre que la foule a exigé le départ de Versailles du roi.

7.3. Reformulation de phrases

L'apprenant serait d'abord invité à choisir le prédicat de sa phrase :

(72) – Votre phrase principale est-elle :

    i. un énénement ? (ex: le chien *mange* la souris)
    ii. un état ? (ex: le ciel est *bleu*)

Après avoir choisi un événement, l'apprenant sélectionnerait le verbe *demander*, qui est un verbe connu, mais veut trouver un verbe plus fort. Grâce à un dictionnaire sémantique, il trouverait le verbe *exiger*. L'étape suivant est de sélectionner la bonne construction du verbe :

(73) – Le verbe *exiger* peut avoir plusieurs utilisations. Quel est son objet :

    i. un nom ?
    ii. une phrase ?

Si nécessaire, la notion d'objet serait expliquée par un glossaire et / ou une grammaire de référence. L'apprenant choisit la seconde solution. Ensuite, le système lui demande le sujet. Il sélectionne le nom *foule*. Comme l'apprenant a demandé un objet de type phrase, le système lui demande quel est le prédicat de la phrase objet. L'apprenant choisit alors le verbe *quitter*. Comme sujet, il sélectionne *roi*, puis comme objet il sélectionne *Versailles*. Alors, le système demande si d'autres éléments doivent modifier les phrases. Après une réponse négative, le générateur peut produire la phrase (74) :

(74) La foule exige que le roi quitte Versailles.

7. Outils "sémantiques"

Ensuite, l'apprenant peut décider de mettre la phrase principale au passé. A travers des choix, il peut sélectionner les traits propres au passé composé. Le dialogue lui demande alors s'il veut encore renforcer un des composants de la phrase : il choisit de marquer *foule*. Enfin, après réflexion, il choisit encore d'ajouter un modifieur pour la phrase subordonnée. Parmi les modifieurs possibles, il choisit un modifieur de temps. Parmi les possibilités, il choisit d'utiliser un adverbe et peut obtenir une liste d'adverbes de temps fréquemment utilisés. Il choisit l'adverbe *immédiatement*. Au final, la phrase devient :

(75) C'est la foule qui a exigé que le roi quitte immédiatement Versailles.

Cette première ébauche de scénario est très sommaire et un projet de recherche devrait élaborer un système plus complet, élaborer divers scénarios d'utilisation et tester un prototype avec des apprenants. Dans l'idéal, il faudrait disposer de plusieurs publics cibles et varier les scénarios [11].

7.4 Discussion

Ce chapitre a présenté des outils beaucoup moins aboutis, mais aussi plus novateurs. La comparaison sémantique a pu faire l'objet d'un premier prototype qui a pu donner des premiers résultats. Ceux-ci, selon nous, confirment la faisabilité de l'outil. Sans moyens démesurés, il serait possible de développer un prototype de recherche et de procéder à un test approfondi pour valider cette approche.

---
11. Pour les mêmes raisons que la comparaison "sémantique" de phrases, le reformulateur de phrases n'a pas non plus pu être réalisé dans le cadre du projet **FreeText**. Ajoutons également qu'au moment de la décision du consortium, aucun développement n'avait pu être fait sur cette partie, qui nécessitait en plus le développement de la partie génération.

7.4. Discussion

En revanche, la seconde technique est encore très floue. Il est difficile d'imaginer des scénarios pédagogiques simples pour inciter les apprenants à construire des phrases. Il est aussi difficile de concevoir une interface facile à utiliser. Il serait envisageable de concevoir une application destinée à des étudiants en linguistique ou en didactique des langues, ou encore des apprenants universitaires de L2 avec un profil littéraire ou linguistique.

Il serait aussi envisageable d'utiliser le reformulateur comme outil de correction grammaticale (Vandeventer, 1998). Dans des cas précis où la détection d'erreur fonctionne correctement, une correction pourrait être proposée à l'apprenant. Dans d'autres cas, le générateur pourrait servir à générer des questions de désambiguïsation, afin de pouvoir choisir entre plusieurs corrections possibles et proposer une remédiation ou une correction. Enfin, ajoutons aussi que l'apprenant pourrait être amené à écrire une phrase dans sa langue première. Ensuite, un dialogue interactif pourrait l'aider à transposer la phrase dans la langue cible, de manière plus ou moins directive, que ce soit une simple traduction automatique passant par des PSS – avec une éventuelle désambiguïsation du sens – ou une simple aide à la rédaction.

Une autre technique serait d'utiliser le générateur comme aide à la rédaction pour compléter une phrase, comme dans *ILLICO* (Pasero & Sabatier, 1998). Par ailleurs, ce système permet également de gérer un dialogue. *Robo Sensei* (Nagata, 2009) génère les réponses possibles à un exercice à partir d'un schéma syntaxique de réponse et de la phrase de l'apprenant, pour ensuite comparer les réponses correctes à celle de l'apprenant et poser un diagnostic. La stratégie de triangulation didactique d'*ExoGen* (Blanchard et al., 2009) compare également une réponse attendue à celle de l'apprenant, mais en annotant les deux phrases à l'aide d'outils de base comme un étiqueteur. Bailey & Meurers (2008) utilisent une technique d'alignement sémantique entre deux phrases, en tenant compte de la question.

7. Outils "sémantiques"

Dans le domaine peu exploré de la génération syntaxique, nous avons exploré plusieurs pistes d'utilisation d'un générateur syntaxique à large couverture. Le potentiel est intéressant, mais dans une niche pédagogique méconnue. Nous avons aussi rencontré la difficulté de devoir réécrire un outil complexe ; l'ampleur de la tâche dans un temps limité nous a empêché d'aller plus loin dans la réflexion pédagogique.

CHAPITRE 8

CONCLUSION

Dans cet ouvrage, nous avons tout d'abord survolé l'état de l'art de l'ALAO, sur le plan historique, des méthodes d'évaluation automatique des connaissances des apprenants, de la typologie de l'ALAO et des technologies de réseau d'ordinateurs. Nous avons constaté que le domaine est vaste et plutôt prolixe. Cependant, les techniques d'évaluation traditionnelles telles que les Questionnaires à Choix Multiples ne sont ni satisfaisantes, ni suffisantes pour l'enseignement des langues.

Puis nous sommes passés au survol des technologies du TAL appliquées à l'ALAO, en examinant particulièrement la correction orthographique, l'analyse syntaxique et la détection d'erreur ainsi que les formalismes sémantiques et lexicaux. Là encore, de nombreux outils existent, avec une couverture plus ou moins grande de la langue et une fiabilité variable. Les résultats sont encourageants, bien que pas encore suffisamment probants aux yeux des enseignants de langues.

Dans la partie pratique, nous avons décrit nos travaux personnels. Nous avons commencé par une description générale du projet de re-

8. Conclusion

cherche **FreeText**, qui a été à l'origine des outils présentés ici. Nous avons ensuite montré les applications d'analyse syntaxique et de détection d'erreurs et les interfaces d'aide à l'apprenant du logiciel **FreeText** (grammaire en couleurs, interface du diagnostic d'erreurs, analyse syntaxique arborescente).

Le chapitre suivant a décrit le correcteur orthographique *FipsOrtho* ; cet outil utilise des techniques variées (recherche de mots par alphacode, recherche phonologique, correction morphologie *ad hoc*, etc.) destinées à corriger les erreurs typiques des apprenants en langue ; des techniques de classements des résultats permettent ensuite de sélectionner les meilleures propositions. Nous avons également présenté deux évaluations de notre correcteur et le corpus qui a servi de base à l'une d'entre elles.

Enfin, le dernier chapitre nous a permis de montrer les premiers essais d'une technique de comparaison "sémantique" de phrases, qui permet d'évaluer les réponses à des exercices en tenant compte du contenu, et non seulement de la syntaxe ; en utilisant un formalisme pseudo-sémantique qui combine les éléments lexicaux des classes ouvertes à des informations abstraites, nous comparons une réponse type à celle de l'apprenant. Nous avons aussi esquissé un outil de reformulation de phrases, sans en réaliser l'implémentation.

Dans cette conclusion, nous commençons évaluons notre contribution au domaine (§8.1). Nous poursuivons par les perspectives de recherche (§8.2) et terminons par des remarques finales (§8.3).

8.1 Contributions au domaine

L'originalité du projet FreeText était surtout l'utilisation de nombreux outils de TAL (synthèse vocale, correction orthographique, conjugueur, analyseur syntaxique, détection d'erreurs syntaxiques). Vandeventer Faltin (2003) a déjà montré que l'objectif d'étendre un analyseur robuste à large couverture pour la détection d'erreurs a été atteint ; les limites de l'approche sont essentiellement le trop grand nombre d'analyses à filtrer et les erreurs de diagnostic. Notre contribution personnelle a consisté à tirer partie de la riche analyse syntaxique fournie par l'analyseur *Fips*. Des interfaces riches et variées permettent de visualiser les structures des phrases de plusieurs manières.

Pour la correction orthographique, nous avons construit un système fiable et robuste orienté vers la correction orthographique d'erreurs d'apprenants du français langue seconde. Ce champ de recherche est plutôt délaissé par la recherche. Reprenant la technique connue des alpha-codes, nous avons ensuite amélioré la technique de filtrage des propositions par distance lexicographique. Les résultats que nous avons obtenus montrent que cette méthode est plutôt efficace. Les autres méthodes sont moins innovatrices mais, globalement et en combinaison, offrent un outil performant. En outre, nous avons construit un corpus annoté d'une taille moyenne, qui est librement utilisable pour les chercheurs.

La comparaison sémantique de phrases est une technique plus originale. Nous comparons la phrase de l'apprenant à la réponse attendue par le concepteur de l'exercice. En outre, si elle est disponible, nous utilisons la question de l'exercice pour isoler les éléments obligatoires et facultatifs. Pour ces comparaisons, nous disposons de structures pseudo-sémantiques qui sont suffisamment abstraites mais donnent des informations lexicales qui évitent de lourds calculs sémantiques.

8. *Conclusion*

Même si notre outil n'est qu'à l'état de prototype et n'a pas été testé en profondeur, nous traitons des structures variées qui couvrent un champ important de la langue.

Enfin, un outil de reformulation de phrase semble peu utilisable par les apprenants et sans application pédagogique évidente. Il est très probable que des apprenants de langue seconde soient vite rebutés par de telles applications, même en simplifiant l'interface au maximum. Nous avons toutefois esquissé quelques scénarios d'utilisation qui peuvent être testés.

8.2 Perspectives de recherche

Commençons par les perspectives de la détection d'erreurs et de l'analyse. En premier lieu, les techniques d'analyse de *Fips* ont considérablement évolué. Le travail sur les collocations pourrait donner naissance à un outil important pour l'aide à l'apprentissage et l'aide à l'acquisition de vocabulaire. Il serait d'ailleurs intéressant de construire un outil de recherche des collocations en contexte comme aide à l'apprentissage, notamment du vocabulaire. Une étude de corpus permettrait sans doute d'améliorer la couverture de la détection d'erreurs ; d'autres heuristiques pourraient également être extraites. Les techniques de diagnostic sont perfectibles et des diagnostics déroutants peuvent être évités. Enfin, grâce aux progrès techniques, les interfaces pédagogiques peuvent être améliorées et étendues.

Pour la correction orthographique, le filtrage des propositions du correcteur peut être amélioré, comme nous l'avons déjà souligné. Les travaux devraient davantage porter vers les méthodes phonétiques et *ad hoc*. Quant au corpus, il pourrait être étendu en faisant utiliser notre outil par les apprenants eux-mêmes. Ceci permettrait d'avoir enfin des indications précises sur les apprenants afin de déterminer s'il est possible de paramétrer le correcteur, par exemple en fonction de leur origine. Il reste également à faire un test d'utilisabilité du correcteur en soi.

En ce qui concerne la comparaison "sémantique" de phrases, les perspectives sont nombreuses. Tout d'abord, notre adaptation de l'extraction des PSS est imparfaite et incomplète et il faudrait atteindre au minimum la couverture des structures atteinte par la première version du générateur *GBGen*. Bien entendu, la partie génération devrait aussi être implémentée, afin de pouvoir construire de nouveaux outils. Après ces améliorations techniques, il serait indispensable de créer des exercices adaptés aux possibilités de cet outil, afin de mener un test réel. Quant aux perspectives de la reformulation de phrases, elles sont plus floues. Il serait possible de développer plusieurs outils autour des scénarios que nous avons présentés, afin d'infirmer ou confirmer le scepticisme sur l'utilisabilité et l'utilité de tels outils. Il vaudrait peut-être mieux destiner de tels outils à des apprenants universitaires en linguistique ou en didactique du français. Il serait éventuellement possible d'utiliser *GBGen* comme traducteur à partir d'une phrase en langue première de l'apprenant, pour ensuite élaborer des exercices d'exploration de phrases, où l'apprenant peut manipuler certains paramètres. D'autres pistes d'utilisation du générateur méritent d'être explorées, comme la génération de questions de désambiguïsation ou l'aide à la rédaction.

8.3 Remarques finales

Comme nous l'avons passablement montré, l'application du TAL à l'ALAO suscite à la fois craintes et espoirs. D'un côté, les besoins d'exercices ouverts sont immenses et une correction automatique est

8. Conclusion

nécessaire, d'une part parce que les apprenants ne disposent pas toujours d'un enseignant, d'autre part parce qu'il est préférable de disposer d'un feedback immédiat. En revanche, de l'autre côté, plus la phrase est complexe et / ou contient des fautes, plus les outils sont fragiles et peu fiables. Dans de nombreux cas, la connaissance de la langue par les apprenants est insuffisante [1] pour qu'il puisse détecter les erreurs de diagnostic.

A travers cet ouvrage, nous espérons avoir montré la diversité des techniques de TAL et leur apport potentiel pour l'ALAO. La reconnaissance vocale est déjà une technique imparfaite pour les locuteurs natifs. Toutefois, de nombreuses améliorations sont déjà possibles, notamment en augmentant la qualité pédagogique du feedback. Par contre, pour la détection d'erreurs, c'est au niveau technique que le potentiel est le plus fort. D'une part, les analyseurs profonds à large couverture améliorent leurs performances sur des textes corrects et les nouvelles avancées dans ce domaine peuvent être appliquées à l'ALAO. Vu que les méthodes statistiques produisent de bons résultats sur des erreurs très locales, l'avenir se situe sans doute dans les combinaisons de méthodes. Compte tenu de l'augmentation de puissance des ordinateurs personnels, même dans le bas de gamme, des techniques de traitement parallèle donneraient sans doute de bons résultats.

Depuis une dizaine d'années, l'emprise des ordinateurs et des réseaux de communication ne cesse d'augmenter. Les téléphones mobiles augmentent en capacités et en puissance et pourront de plus en plus embarquer des applications complexes. D'un autre côté, la connaissance des langues étrangères est de plus en plus importante, avec un enseignement scolaire désormais précoce. Aujourd'hui plus que jamais, il est important de multiplier les recherches en didactique des langues, en psycholinguistique et en TAL pour faire avancer la recherche. Cer-

---

1. Parfois, notamment chez les anglophones, les notions grammaticales de leur langue première par les apprenants est faible.

taines applications de TAL sont utilisables à large échelle ou en passe de l'être. Quant aux autres applications – notamment celles à plus large couverture ou utilisant des techniques complexes – il est important de poursuivre les recherches dans tous les domaines, afin de faire progresser les connaissances et, sans doute un jour, de vaincre les réticences et de trouver des applications intelligentes.

8. Conclusion

ANNEXE A

PRINCIPALES ABRÉVIATIONS

AI Artificial Intelligence

ALAO Apprentissage des Langues Assisté par Ordinateur

ALIAO Apprentissage des Langues Intelligemment Assisté par Ordinateur

CALL Computer-Assisted Language Learning

CHS Characteristic Structure

CLS Clause Structure

CMS Content Management System

DCG Definite Clause Grammar

DPS Determiner Phrase Structure

HMM Hidden Markov Model

HPSG Head-driven Phrase Structure Grammar

HTML Hypertext Markup Language

IA Intelligence Artificielle

IRC Internet Relay Chat

LFG Lexical Functional Grammar

A. Principales abréviations

LSA Latent Semantic Analysis
LMS Learning Management System
LOM Learning Objects Model ou Learning Objects Model
NLP Natural Language Processing
PSS Pseudo-Semantic Structure
RSS Really Simple Syndication
SCORM Sharable Content Object Reference Model
TAL Traitement Automatique des Langues
URL Uniform Resource Locator
XML Extended Markup Language

ANNEXE B

FIPS: INFORMATIONS LEXICALES

B.1 Informations lexicales pour *héritage*

$$\begin{bmatrix} \textit{héritage} \\ \text{CATÉGORIE} & \text{nom} \\ \text{VALEURS D'ACCORD} & \begin{bmatrix} \text{NOMBRE} & \text{sing} \\ \text{GENRE} & \text{masculin} \\ \text{PERSONNE} & 3 \end{bmatrix} \\ \text{CARACTÉRISTIQUES} & \text{nom commun, comptable, déverbal} \end{bmatrix}$$

TAB. B.1 – *Fips – informations lexicales pour* héritage

B.2 Informations lexicales pour *forte*

(1)
$$\begin{bmatrix} \textit{forte} \\ \text{CATÉGORIE} & \text{adjectif} \\ \text{VALEURS D'ACCORD} & \begin{bmatrix} \text{NOMBRE} & \text{sing} \\ \text{GENRE} & \text{féminin} \\ \text{PERSONNE} & 1\ 2\ 3 \end{bmatrix} \\ \text{DEGRÉ} & \text{positif} \end{bmatrix}$$

(2)
$$\begin{bmatrix} \textit{forte} \\ \text{CATÉGORIE} & \text{adjectif} \\ \ldots \\ \text{POSITION} & \text{prénominal} \\ \text{DEGRÉ} & \text{positif} \end{bmatrix}$$

(3)
$$\begin{bmatrix} \textit{forte} \\ \text{CATÉGORIE} & \text{adjectif} \\ \ldots \\ \text{DEGRÉ} & \text{positif} \\ \text{SOUS-CAT} & \begin{bmatrix} \_\ \text{PP} & \begin{bmatrix} \text{VALEUR PREP} & \text{en} \\ \text{RÔLE} & \text{thème} \\ \text{TYPE PREP} & \text{cause} \end{bmatrix} \end{bmatrix} \end{bmatrix}$$

(4)
$$\begin{bmatrix} \textit{forte} \\ \text{CATÉGORIE} & \text{adverbe} \end{bmatrix}$$

TAB. B.2 – *Fips – informations lexicales pour* forte

B.3 Informations lexicales pour *est*

TAB. B.3 – Fips – informations lexicales pour *est*

(1) $\begin{bmatrix} est \\ \text{CATÉGORIE} & \text{verbe} \\ \text{TYPE} & \text{auxiliaire} \\ \text{FORME DE BASE} & \hat{e}tre \\ \text{VALEURS VERBALES} & \begin{bmatrix} \text{TEMPS} & \text{présent} \\ \text{MODE} & \text{indicatif} \end{bmatrix} \\ \text{VALEURS D'ACCORD} & \begin{bmatrix} \text{NOMBRE} & \text{sing} \\ \text{GENRE} & \text{masculin, féminin} \\ \text{PERSONNE} & 3 \end{bmatrix} \\ \text{TRAITS} & \text{verbe être} \end{bmatrix}$

suite page suivante...

TAB. B.3 – Fips – informations lexicales pour *est* (suite)

(2)
$$\begin{bmatrix} est \\ \text{CATÉGORIE} & \text{verbe} \\ \text{TYPE} & \text{ordinaire} \\ \ldots \\ \text{TRAITS} & \text{contrôle sujet, sans passif, verbe être, verbe d'état} \\ \text{SOUS-CAT} & \text{NP} \begin{bmatrix} \text{FONCTION} & \text{sujet} \\ \text{RÔLE} & \text{agent} \end{bmatrix} - \text{FP} \begin{bmatrix} \text{FONCTION} & \text{obj. pred} \\ \text{RÔLE} & \text{prédication} \\ \text{TRAITS SÉLECT.} & \text{Pred AP, AdvP,} \\ & \text{PP, NP, DP} \end{bmatrix} \end{bmatrix}$$

suite page suivante...

TAB. B.3 – Fips – informations lexicales pour *est* (suite)

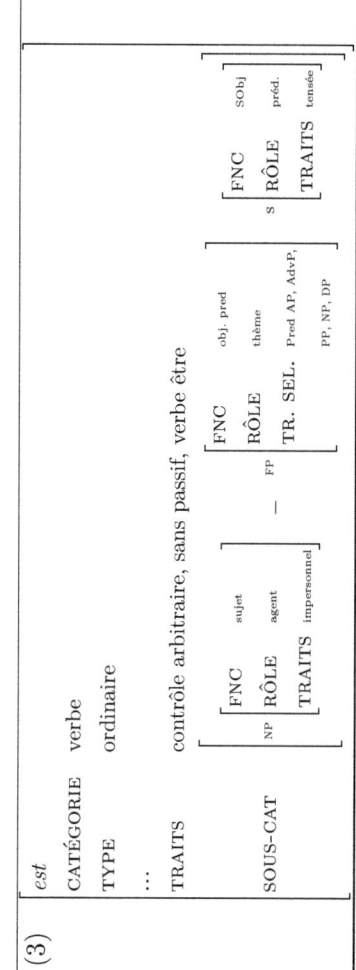

suite page suivante...

TAB. B.3 – Fips – informations lexicales pour *est* (suite)

$$
(4) \begin{bmatrix} est \\ \text{CATÉGORIE} & \text{verbe} \\ \text{TYPE} & \text{ordinaire} \\ \vdots \\ \text{TRAITS} & \text{verbe être} \\ \text{SOUS-CAT} & \begin{bmatrix} \text{NP} \begin{bmatrix} \text{FNC} & \text{sujet} \\ \text{RÔLE} & \text{thème} \\ \text{TRAITS} & \text{inanimé} \end{bmatrix} - \text{S} \begin{bmatrix} \text{FNC} & \text{SObj} \\ \text{RÔLE} & \text{prédication} \\ \text{TRAITS} & \text{tensée} \end{bmatrix} \end{bmatrix} \end{bmatrix}
$$

suite page suivante...

TAB. B.3 – Fips – informations lexicales pour *est* (suite)

(5) $\begin{bmatrix} est \\ \text{CATÉGORIE} & \text{verbe} \\ \text{TYPE} & \text{ordinaire} \\ \dots \\ \text{TRAITS} & \text{contrôle arbitraire, verbe être} \\ \text{SOUS-CAT} & \text{NP} \begin{bmatrix} \text{FNC} & \text{sujet} \\ \text{RÔLE} & \text{thème} \\ \text{TRAITS} & \text{inanimé} \end{bmatrix} - \text{S} \begin{bmatrix} \text{FNC} & \text{SObj} \\ \text{RÔLE} & \text{prédication infinitive,} \\ \text{TRAITS} & \text{complément de} \end{bmatrix} \end{bmatrix}$

suite page suivante...

TAB. B.3 – Fips – informations lexicales pour *est* (suite)

(6) $\begin{bmatrix} est \\ \text{CATÉGORIE} & \text{verbe} \\ \text{TYPE} & \text{ordinaire} \\ \dots \\ \text{TRAITS} & \text{verbe être} \\ \text{SOUS-CAT} & \begin{bmatrix} \text{NP} & \begin{bmatrix} \text{FNC} & \text{sujet} \\ \text{RÔLE} & \text{thème} \\ \text{TRAITS} & \text{inanimé} \end{bmatrix} - \end{bmatrix} \end{bmatrix}$

(7) $\begin{bmatrix} est \\ \text{CATÉGORIE} & \text{nom} \\ \text{TYPE} & \text{commun} \\ \text{VALEURS D'ACCORD} & \begin{bmatrix} \text{NOMBRE} & \text{sing} \\ \text{GENRE} & \text{masculin} \\ \text{PERSONNE} & 3 \end{bmatrix} \\ \text{CARACTÉRISTIQUES} & \text{lieu, point cardinal} \end{bmatrix}$

suite page suivante...

TAB. B.3 – Fips – informations lexicales pour *est* (suite)

(8) $\begin{bmatrix} est \\ \text{CATÉGORIE} & \text{adjectif} \\ \text{VALEURS D'ACCORD} & \begin{bmatrix} \text{NOMBRE} & \text{sing, plur} \\ \text{GENRE} & \text{masculin, féminin} \\ \text{PERSONNE} & 3, 6 \end{bmatrix} \end{bmatrix}$

B. Fips: informations lexicales

ANNEXE C

DISTANCE LEXICOGRAPHIQUE

C.1 Algorithmes

```
Fonction EstCarProche( a, b : char) : booléen
  c, d : char
  EnleverAccent(a, c)
  EnleverAccent(b, d)
  Retourner c=d
Fin
```

Algorithme 1: Fonction EstCarProche

C.2 Matrices des distances

Voici quelques exemples de matrices au tableau (C.1). La distance entre *manger* et *changer* est de $\frac{2}{6+7} = 0{,}1\overline{153846}$. Pour **tres* et *très*, elle est de $\frac{0{,}1}{4+4} = 0.0125$, ou de $0{,}125$ si on ne traite pas les caractère accentués de manière particulière. Entre **coutumace* et *contumace*, elle

C. Distance lexicographique

est de $\frac{1}{9+9} = 0.0\overline{5}$. Enfin, entre *huereux et heureux, la distance est de $\frac{1}{7+7} = 0.0\overline{714285}$.

cib	src	0 #	1 m	2 a	3 n	4 g	5 e	6 r
0	#	0,0	1,0	2,0	3,0	4,0	5,0	6,0
1	c	1,0	1,0	2,0	3,0	4,0	5,0	6,0
2	h	2,0	2,0	2,0	3,0	4,0	5,0	6,0
3	a	3,0	3,0	2,0	3,0	4,0	5,0	6,0
4	n	4,0	4,0	3,0	2,0	3,0	4,0	5,0
5	g	5,0	5,0	4,0	3,0	2,0	3,0	4,0
6	e	6,0	6,0	5,0	4,0	3,0	2,0	3,0
7	r	7,0	7,0	6,0	5,0	4,0	3,0	2,0

cib	src	0 #	1 t	2 r	3 e	4 s	0 #	1 t	2 r	3 e	4 s
0	#	0,0	1,0	2,0	3,0	4,0	0	1	2	3	4
1	t	1,0	0,0	1,0	2,0	3,0	1	0	1	2	3
2	r	2,0	1,0	0,0	1,0	2,0	2	1	0	1	2
3	è	3,0	2,0	1,0	0,1	1,1	3	2	1	1	2
4	s	4,0	3,0	2,0	1,1	0,1	4	3	2	2	1

cib	src	0 #	1 c	2 o	3 u	4 t	5 u	6 m	7 a	8 c	9 e
0	#	0,0	1,0	2,0	3,0	4,0	5,0	6,0	7,0	8,0	9,0
1	c	1,0	0,0	1,0	2,0	3,0	4,0	5,0	6,0	7,0	8,0
2	o	2,0	1,0	0,0	1,0	2,0	3,0	4,0	5,0	6,0	7,0
3	n	3,0	2,0	1,0	1,0	2,0	3,0	4,0	5,0	6,0	7,0
4	t	4,0	3,0	2,0	2,0	1,0	2,0	3,0	4,0	5,0	6,0
5	u	5,0	4,0	3,0	2,0	2,0	1,0	2,0	3,0	4,0	5,0
6	m	6,0	5,0	4,0	3,0	3,0	2,0	1,0	2,0	3,0	4,0
7	a	7,0	6,0	5,0	4,0	4,0	3,0	2,0	1,0	2,0	3,0
8	c	8,0	7,0	6,0	5,0	5,0	4,0	3,0	2,0	1,0	2,0
9	e	9,0	8,0	7,0	6,0	6,0	5,0	4,0	3,0	2,0	1,0

cib	src	0 #	1 h	2 u	3 e	4 r	5 e	6 u	7 x
0	#	0,0	1,0	2,0	3,0	4,0	5,0	6,0	7,0
1	h	1,0	0,0	1,0	2,0	3,0	4,0	5,0	6,0
2	e	2,0	1,0	1,0	1,0	2,0	3,0	4,0	5,0
3	u	3,0	2,0	1,0	2,0	3,0	3,0	3,0	4,0
4	r	4,0	3,0	2,0	2,0	2,0	3,0	4,0	4,0
5	e	5,0	4,0	3,0	2,0	3,0	2,0	3,0	4,0
6	u	6,0	5,0	4,0	3,0	3,0	3,0	2,0	3,0
7	x	7,0	6,0	5,0	4,0	4,0	4,0	3,0	2,0

TAB. C.1 – *Exemple de matrices des distances*

C. Distance lexicographique

Dans le tableau (C.2) p. 389, entre *proffesionel* et *professionnel*, la distance est de $\frac{0.3}{12+13} = 0.012$, au lieu de $\frac{3}{12+13} = 0{,}12$.

Matrice avec traitement spécial des doubles consonnes

	src	0	1	2	3	4	5	6	7	8	9	10	11	12
cib		#	p	r	o	f	f	e	s	i	o	n	e	l
0	#	0,0	1,0	2,0	3,0	4,0	5,0	6,0	7,0	8,0	9,0	10,0	11,0	12,0
1	p	1,0	0,0	1,0	2,0	3,0	4,0	5,0	6,0	7,0	8,0	9,0	10,0	11,0
2	r	2,0	1,0	0,0	1,0	2,0	3,0	4,0	5,0	6,0	7,0	8,0	9,0	10,0
3	o	3,0	2,0	1,0	0,0	1,0	2,0	3,0	4,0	5,0	6,0	7,0	8,0	9,0
4	f	4,0	3,0	2,0	1,0	0,0	0,1	1,1	2,1	3,1	4,1	5,1	6,1	7,1
5	e	5,0	4,0	3,0	2,0	1,0	1,0	0,1	1,1	2,1	3,1	4,1	5,1	6,1
6	s	6,0	5,0	4,0	3,0	2,0	2,0	1,1	0,1	1,1	2,1	3,1	4,1	5,1
7	s	7,0	6,0	5,0	4,0	3,0	3,0	2,1	0,2	1,1	2,1	3,1	4,1	5,1
8	i	8,0	7,0	6,0	5,0	4,0	4,0	3,1	1,2	0,2	1,2	2,2	3,2	4,2
9	o	9,0	8,0	7,0	6,0	5,0	5,0	4,1	2,2	1,2	0,2	1,2	2,2	3,2
10	n	10,0	9,0	8,0	7,0	6,0	6,0	5,1	3,2	2,2	1,2	0,2	1,2	2,2
11	n	11,0	10,0	9,0	8,0	7,0	7,0	6,1	4,2	3,2	2,2	0,3	1,2	2,2
12	e	12,0	11,0	10,0	9,0	8,0	8,0	7,0	5,2	4,2	3,2	1,3	0,3	1,3
13	l	13,0	12,0	11,0	10,0	9,0	9,0	8,0	6,2	5,2	4,2	2,3	1,3	0,3

Matrice sans traitement spécial des doubles consonnes

	src	0	1	2	3	4	5	6	7	8	9	10	11	12
cib		#	p	r	o	f	f	e	s	i	o	n	e	l
0	#	0,0	1,0	2,0	3,0	4,0	5,0	6,0	7,0	8,0	9,0	10,0	11,0	12,0
1	p	1,0	0,0	1,0	2,0	3,0	4,0	5,0	6,0	7,0	8,0	9,0	10,0	11,0
2	r	2,0	1,0	0,0	1,0	2,0	3,0	4,0	5,0	6,0	7,0	8,0	9,0	10,0
3	o	3,0	2,0	1,0	0,0	1,0	2,0	3,0	4,0	5,0	6,0	7,0	8,0	9,0
4	f	4,0	3,0	2,0	1,0	0,0	1,0	2,0	3,0	4,0	5,0	6,0	7,0	8,0
5	e	5,0	4,0	3,0	2,0	1,0	1,0	1,0	2,0	3,0	4,0	5,0	6,0	7,0
6	s	6,0	5,0	4,0	3,0	2,0	2,0	2,0	1,0	2,0	3,0	4,0	5,0	6,0
7	s	7,0	6,0	5,0	4,0	3,0	3,0	3,0	2,0	2,0	3,0	4,0	5,0	6,0
8	i	8,0	7,0	6,0	5,0	4,0	4,0	4,0	3,0	2,0	3,0	4,0	5,0	6,0
9	o	9,0	8,0	7,0	6,0	5,0	5,0	5,0	4,0	3,0	2,0	3,0	4,0	5,0
10	n	10,0	9,0	8,0	7,0	6,0	6,0	6,0	5,0	4,0	3,0	2,0	3,0	4,0
11	n	11,0	10,0	9,0	8,0	7,0	7,0	7,0	6,0	5,0	4,0	3,0	3,0	4,0
12	e	12,0	11,0	10,0	9,0	8,0	8,0	7,0	7,0	6,0	5,0	4,0	3,0	4,0
13	l	13,0	12,0	11,0	10,0	9,0	9,0	8,0	8,0	7,0	6,0	5,0	4,0	3,0

TAB. C.2 – *Autres exemples de matrices des distances*

C. Distance lexicographique

Fonction Distance-lexicographique(source : **car**[] cible : **car**[]) : **entier**
    cib, src, longCib, longSrc : **entier**
    distance : **réel**[]
    longCib ← **Longueur**(*cible*); longSrc ← **Longueur**(*source*);
    Minuscules(cible); Minuscules(source);
    [Affecte dynamiquement la longueur de la matrice]
    AffecterLongueur(distance, longSrc+1, longCib+1)
    Pour cib **de** 0e **à** longCib **faire**
        | distance[0,cib] ← cib; *[Initialisation de la première colonne]*
    Fin Pour
    Pour src **de** 0 **à** longSrc **faire**
        | distance[src,0] ← src; *[Initialisation de la première ligne]*
    Fin Pour
    Pour src **de** 1 **à** longSrc **faire**
        Pour cib **de** 1 **à** longCib **faire**
            Si (source[src] =cible[cib]) **Alors**
                | coût ← 0;
            Sinon
                Si (EstCarProche(source[src],cible[cib])) **Alors**
                    | coût ← 0,1;
                Sinon
                    | coût ← 1;
                Fin Si
            Fin Si
            distance[src,cib] ←
                min(distance[src-1, cib]   +   1, *[insertion]*
                        distance[src-1, cib-1]   +   coût,
                        distance[src, cib-1]   +   1) *[effacement]*
            Si (cib > 1 **ET** src > 1) **Alors**
                Si (source[src] = cible[cib-1] **ET** source[src -1] = cible[cib]) **Alors**
                    distance[src ,cib] ← *[permutation]*
                        min(distance[src, cib]   ,
                            distance[src-2, cib-2]   +   coût)
                Fin Si
                Si (EstConsonne(cible[cib])) **ET** (cible[cib] = source[src])) **Alors**
                    Si ((cible[cib] = cible[cib-1]) **ET** (cible[cib-1] ≠ source[src-1])) **Alors**
                        distance[src][cib] ← *[insertion 2^e consonne]*
                        min(distance[src, cib]   ,
                              distance[src-1][cib-2]   +   0,1)
                    Fin Si
                    Si ((source[src] = source[src-1]) **ET** (cible[cib-1] ≠ source[src-1])) **Alors**
                        distance[src][cib] ← *[suppression 2^e cons.]*
                        min(distance[src, cib]   ,
                              distance[src-2][cib-1]   +   0,1)
                    Fin Si
                Fin Si
            Fin Si
        Fin Pour
    Fin Pour
    Retourner distance[longSrc, longCib] / longSource + longCible
Fin

Algorithme 2: Fonction Distance-lexicographique

BIBLIOGRAPHIE

ABEILLÉ A. (1993). *Les nouvelles syntaxes: grammaires d'unification et analyse du français*. Linguistique. Paris: Armand Colin.

ABNEY S. P. (1989). A Computational Model of Human Parsing. *Journal of Psycholinguistic Research*, **18**(1), 129–144.

ABNEY S. P. (1997). Part-of-speech tagging and partial parsing. In S. YOUNG & G. BLOOTHOOFT, Eds., *Corpus-based methods in language and speech processing*, p. 118–136. Dordrecht: Kluwer.

ADURIZ I., ALEGRIA I., ARTOLA X., EZEIZA N., SARASOLA K. & URKIA M. (1991). A spelling corrector for Basque based on morphology. *Literary and Linguistic Computing*, **12**(1).

AGIRRE E., ALEGRIA I., ARREGI X., ARTOLA X., DIAZ DE ILARRAZA A., MARITXALAR M., SARASOLA K. & URKIA M. (1992). XUXEN: A Spelling Checker / Corrector for Basque Based on Two-Level Morphology. In *Proceedings of ANLP-92*, p. 119–125, Trento, Italy: Association for Computational Linguistics.

AGIRRE E., GOJENOLA K., SARASOLA K. & VOUTILAINEN A. (1998). Towards a single proposal in spelling correction. In *Proceedings of Coling-ACL '98*, volume 1, p. 22–28, Montréal, Canada: Université de Montréal.

AIST G. (1999). Speech Recognition in Computer-Assisted Language Learning. In K. CAMERON, Ed., *Computer-Assisted Language Learning (CALL): Media, Design and Application*, p. 165–181. Lisse, The Netherlands: Swets & Zeitlinger Publishers.

ALDEZABAL I., ALEGRIA I., ANSA O., ARRIOLA J. M., EZEIZA N., ADURIZ I. & DA COSTA A. (1999). Designing spelling correctors for inflected languages using lexical transducers. In *Proceedings of EACL'99*, p. 265–266, Bergen, Norway: Association for Computational Linguistics.

ALEGRIA I., ARRIETA B., DÍAZ DE ILARRAZA A., IZAGIRRE E. & MARITXALAR M. (2006). Using Machine Learning Techniques to Build a Comma Checker for Basque. In *Proceedings of the COLING/ACL 2006 Main Conference Poster Sessions*, p. 1–8, Sydney, Australia: Association for Computational Linguistics.

ALLEN J. R. (1997). Ten Desiderata for Computer-Assisted Language Learning Programs: The Example of ELSE. *Computers and the Humanities*, **30**, 441–455.

ALLODI A., DOKTER D. & KUIPERS E. (1998). WELLS: Web-Enhanced Language Learning. In S. JAGER, J. NERBONNE & A. VAN ESSEN, Eds., *Language Teaching and Language Technology*, p. 123–135. Lisse, The Netherlands: Swets & Zeitlinger Publishers.

ALSHAWI H. (1990). Resolving Quasi Logical Forms. *Computational Linguistics*, **16**(3), 133–144.

H. ALSHAWI, Ed. (1992). *The Core Language Engine*. Cambridge Mass.: MIT Press.

ALSHAWI H. & CARTER D. (1994). Training and Scaling Preference Functions for Disambiguation. *Computational Linguistics*, **20**(4), 635–660.

ALSHAWI H., CARTER D., RAYNER M. & GAMBÄCK B. (1991). Translation by Quasi Logical Form Transfer. In *Proceedings of ACL-91*, p. 161–168, Berkeley: University of California, Berkeley Association for Computational Linguistics.

Bibliographie

ALSHAWI H. & VAN EIJCK J. (1989). Logical Forms in the Core Language Engine. In *Proceedings of ACL-89*, p. 25–32, Vancouver, Canada: University of British Columbia Association for Computational Linguistics.

ALTMAN J. & POLGUÈRE A. (2003). La BDéf : base de définitions dérivée du dictionnaire explicatif et combinatoire. In *Actes de la première conférence internationale de théorie Sens-Texte (MTT2003)*, p. 43–54, Paris.

AMSILI P. & HATHOUT N. (1998). Systèmes de types pour la ($\lambda-$)DRT ascendante. In *Actes de TALN-RECITAL-98*, p. 92–101. Paris: ATALA.

ANGELL R. C., FREUND G. E. & WILLETT P. (1983). Automatic spelling correction using a trigram similarity measure. *Information Processing and Management*, **19**(4), 255–261.

ANGELOVA G., STRUPCHANSKA A., KALAYDIJEV O., YANKOVA M., BOYTCHEVA S., VITANOVA I. & NAKOV P. (2004). Towards deeper understanding and personalisation in CALL. In L. LEMNITZER, D. MEURERS & E. HINRICHS, Eds., *Proceedings of COLING-04. Workshop eLearning for Computational Linguistics and Computational Linguistics for eLearning*, p. 45–52, Geneva, Switzerland: COLING.

ANTONIADIS G., ECHINARD S., KRAIF O., LEBARBÉ T., LOISEAU M. & PONTON C. (2004a). NLP-based scripting for CALL activities. In L. LEMNITZER, D. MEURERS & E. HINRICHS, Eds., *Proceedings of COLING-04. Workshop eLearning for Computational Linguistics and Computational Linguistics for eLearning*, p. 18–25, Geneva, Switzerland: COLING.

ANTONIADIS G., ECHINARD S., KRAIF O., LEBARBÉ T. & PONTON C. (2004b). Modélisation de l'intégration de ressources TAL pour l'apprentissage des langues: la plateforme MIRTO. In *Journée d'étude de l'ATALA "TAL & Apprentissage des langues" (TAL&AL): Actes*, p. 57–70, Grenoble: LIDILEM ATALA - XRCE.

Bibliographie

ARIEW R. (1982). A management system for foreign language tests. *Computers & Education*, **6**, 117–120.

ARMITAGE N. & BOWERMAN C. (2005). The LOM Approach – A CALL for Concern? *Computer Assisted Language Learning (CALL): An International Journal*, **18**(1-2), 109–118.

ARNEIL S. & HOLMES M. (1999). Juggling Hot Potatoes: decisions and compromises in creating authoring tools for the Web. *ReCALL*, **11**(2), 12–19.

ASHER N. (1993). *Reference to abstract objects in discourse*. Dordrecht: Kluwer Academic Publ.

ASHER N., AURNAGUE N., BRAS M., SABLAYROLLES P. & VIEU L. (1994). Computing the Spaciotemporal Structure of Discourse. In H. BUNT, R. MUSKENS & G. RENTIER, Eds., *Proceedings of IWCS' 94*, p. 1–10, Tilburg, NL: International Workshop on Computational Semantics.

ASHER N., DENIS P., KUHN J., LARSON E., MCCREADY E., PALMER A., REESE B. & WANG L. (2004). Extracting and Using Discourse Structure to Resolve Anaphoric Dependencies: Combining Logico-Semantic and Statistical Approaches. In *Workshop SDRT TALN-04, Fès, 22 avril 2004*, p. sans pagination, Fès: ATALA.

ASHER N. & LASCARIDES A. (2003). *Logics of conversation*. Studies in natural language processing. Cambridge, UK: Cambridge University Press.

ATWELL E. & ELLIOTT S. (1987). Dealing with ill-formed English text. In R. GARSIDE, G. LEECH & G. SAMPSON, Eds., *The computational analysis of English: a corpus-based approach*, p. 120–138. London & New York: Longman.

AUDRAS I. & GANASCIA J.-G. (2006). Le TALN au service de la didactique du français langue étrangère écrit. In P. MERTENS, C. FAIRON, A. DISTER & P. WATRIN, Eds., *Actes de TALN-RECITAL 2006*, volume 2, p. 825–834, Leuven: Université Catholique de Louvain UCL Presses.

AUSTIN J. L. (1962). *How to do things with Words*. Oxford: Urmson.

AYOUN D. (2007). The second language acquisition of grammatical gender and agreement. In D. AYOUN, Ed., *French Applied Linguistics*, p. 130–170. Amsterdam, Philadelphia: John Benjamins.

BAILEY S. & MEURERS D. (2006). Using Foreign Language Tutoring Systems for Grammatical Feedback. In *Proceedings of Eurocall 2006*, p. 67, Granada: Eurocall.

BAILEY S. & MEURERS D. (2008). Diagnosing meaning errors in short answers to reading comprehension questions. In *Proceedings of the Third Workshop on Innovative Use of NLP for Building Educational Applications*, p. 107–115, Columbus, Ohio: Association for Computational Linguistics.

BAILIN A. (1995). AI and Language Learning: Theory and Evaluations. In V. M. HOLLAND, J. D. KAPLAN & M. R. SAMS, Eds., *Intelligent Language Tutors: Theory Shaping Technology*, p. 327–343. Mahwah, NJ: Lawrence Erlbaum Associates.

BAILIN A. & LEVIN L. (1989). Introduction: Intelligent Computer-Assisted Language Instruction. *Computers and the Humanities*, **23**, 3–11.

BAILIN A. & THOMSON P. (1988). The Use of Natural Language Processing in Computer-Assisted Language Instruction. *Computers and the Humanities*, **22**(2), 99–110.

BANGS P. & SHIELD L. (1999). Why change authors into programmers? *ReCALL*, **11**(1), 19–29.

BÄNZIGER T., GRANDJEAN D., BERNARD P.-J., KLASMEYER G. & SCHERER K. R. (2001). Prosodie de l'émotion : étude de l'encodage et du décodage. *Cahiers de Linguistique Française*, **23**, 11–37.

BATEMAN J. & ZOCK M. (2003). Natural Language Generation. In R. MITKOV, Ed., *The Oxford handbook of computational linguistics*, p. 284–304. Oxford: Oxford Univ. Press.

Bibliographie

BATES M. & INGRIA R. (1981). Controlled Transformational Sentence Generation. In *Proceedings of ACL-81*, Stanford, CA, USA: Stanford University Association for Computational Linguistics.

BEN OTHMANE ZRIBI C. & ZRIBI A. (1999). Algorithmes pour la correction des erreurs orthographiques en arabe. In *Actes de TALN-RECITAL-99*, p. 223–232, Cargèse, Corse: ATALA.

BENDER E. M., FLICKINGER D., OEPEN S., WALSH A. & BALDWIN T. (2004). Arboretum: Using a precision grammar for grammar checking in CALL. In *Proceedings of InSTIL/ ICALL 2004*, Venice.

BERGHEL H. L. (1987). A logical framework for the correction of spelling errors in electronic documents. *Information Processing and Management*, **23**(5), 477–494.

BERNARD P., DENDIEN J. & PIERREL J.-M. (2004). A computerized dictionary : Le trésor de la langue française informatisé (TLFi). In M. ZOCK, Ed., *COLING 2004 Enhancing and using electronic dictionaries*, p. 40–43, Geneva, Switzerland: COLING.

BERTHOUZOZ C. (2000). Le Modèle Directionnel d'Interprétation du Discours. *Cahiers de Linguistique Française*, **22**, 101–146.

BIAIS M. (2005). *GRAC GRAmmar Checker*. Rapport interne, SourceForge.

BIGERT J. (2004). Probabilistic Detection of Context-Sensitive Spelling Errors. In *Proceedings of LREC 2004*, volume 5, p. 1633–1638, Lisbon, Portugal: ELRA - European Language Resources Association.

BLACHE P. (2005). Combiner analyse superficielle et profonde : bilan et perspectives. In *Actes de TALN-RECITAL 2005*, p. 93–102, Dourdan.

BLANCHARD A., KRAIF O. & PONTON C. (2009). Mastering Overdetection and Underdetection in Learner-Answer Processing: Simple Techniques for Analysis and Diagnosis. *Calico Journal*, **26**(3), 592–610.

Bibliographie

BLANCHE-BENVENISTE C. & CHERVEL A. (1978). *L'orthographe*. Paris: Maspéro, 3e edition.

BOITET C. (2000). Traduction assistée par ordinateur. In J.-M. PIERREL, Ed., *Ingéniérie des langues*, p. 271–291. Paris: Hermès Science Publications.

BOLT P. & YAZDANI M. (1998). The Evolution of a Grammar-Checking Program: LINGER to ISCA. *Computer Assisted Language Learning (CALL): An International Journal*, **11**(1), 55–112.

BORCHARDT F. L. (1987). Neural Network Computing and Natural Language Processing. *Calico Journal*, **5**(4), 63–75.

BORCHARDT F. L. (1995). Language and Computing at Duke University: or, Virtue Triumphant, for the Time Being. *Calico Journal*, **12**(4), 57–83.

BORIN L. (2002). *What have you done for me lately? The fickle alignement of NLP and CALL*. Rapport interne 2, Uppsala Learning Lab, Uppsala. Paper accepted for presentation at the EuroCALL 2002 pre-conference workshop on NLP in CALL, August 14, 2002, Jyväskylä, Finland.

BOS E. (1994). Error Diagnosis in a Tutoring System for the Conjugation and Spelling of Dutch Verbs. *Computers in Human Behavior*, **10**(1), 33–49.

P. BOUILLON, F. VANDOOREN & S. LEHMANN, Eds. (1998). *Traitement automatique des langues naturelles*. Universités francophones. Champs linguistiques. Recueils. Bruxelles: Duculot.

BOURAOUI J.-L., BOISSIÈRE P., MOJAHID M., VIGOUROUX N., LAGARRIGUE A., VELLA F. & NESPOULOUS J.-L. (2009). Problématique d'analyse et de modélisation des erreurs en production écrite. Approche interdisciplinaire. In *Actes de TALN-RECITAL 2009*, Senlis.

BOWERMAN C. (1990). ICALL: An Underview of the State of the Art in CALL. *Computer Assisted Language Learning (CALL): An*

International Journal, **3**, 45–54.

BRANTS T. (2000). TnT – A Statistical Part-of-Speech Tagger. In *Proceedings od ANLP-NAACL 00*, p. 224–231, Seattle, WA: Association for Computational Linguistics.

BREIDT E. & FELDWEG H. (1997). Accessing Foreign Languages with COMPASS. *Machine Translation*, **12**(1-2), 153–174.

BRETT D. (2004). Drag'n'drop Exercises Made Easy. In *Proceedings of Eurocall 04*, p. 83, Vienna: EUROCALL.

BRETT D. (2006). Conductor: a Flash-based tool for the creation of rich and varied CALL material. In *Proceedings of Eurocall 2006*, p. 81, Granada: Eurocall.

BRILL E. (1995). Transformation-Based-Error-Driven Learning and Natural Language Processing: A Case Study in Part-of-Speech Tagging. *Computational Linguistics*, **21**(4), 543–565.

BROCKETT C., DOLAN W. B. & GAMON M. (2006). Correcting ESL Errors Using Phrasal SMT Techniques. In *Proceedings COLING/ACL-06*, p. 249–256, Sydney, Australia: Association for Computational Linguistics.

BRUN C., PARMENTIER T., SÁNDOR Á. & SEGOND F. (2002). Les outils de TAL au service de la e-formation en langues. In F. SEGOND, Ed., *Multilinguisme et traitement de l'information*, p. 223–250. Paris: Hermès Science.

BRUNELLE E. (2004). Antidote: correcteur, dictionnaire et plus. *BULAG*, **29**, 25–31.

BURSTEIN J. & MARCU D. (2000). Towards Using Text Summarization for Essay-Based Feedback. In *Actes de TALN-RECITAL 2000*, p. 51–59, Lausanne: ATALA.

BURSTON J. (1989). Towards Better Tutorial CALL: A Matter of Intelligent Control. *Calico Journal*, **6**(4), 75–89.

BURSTON J. (1993). Exploiting Available Technology. *Calico Journal*, **11**(1), 47–52.

Bibliographie

BURSTON J. (1995-1996). A comparative evaluation of French grammar checkers. *Calico Journal*, **13**(2&3), 104–111.

BURSTON J. (1998). Antidote 98. *Calico Journal*, **16**(2), 197–212.

BURSTON J. L. (1990). Maximizing Intelligent Use of Unintelligent Response Handling Devices. *Calico Journal*, **8**(2), 77–90.

BUSH V. (1945). As we may think. *The Atlantic Monthly*, **July**.

BUVET P.-A. & ISSAC F. (2006). TAEMA: Traitement Automatique de l'Écriture de Mots Affectifs. In P. MERTENS, C. FAIRON, A. DISTER & P. WATRIN, Eds., *Actes de TALN-RECITAL 2006*, volume 2, p. 856–867, Leuven: Université Catholique de Louvain UCL Presses.

CAMPIONE E., VÉRONIS J. & DEULOFEU J. (2005). The French corpus. In E. CRESTI & M. MONEGLIA, Eds., *C-ORAL-ROM, Integrated Reference Corpora for Spoken Romance Languages*, p. 111–133. Amsterdam: John Benjamins.

CANDIDO A., MAZIERO E., SPECIA L., GASPERIN C., PARDO T. & ALUISIO S. (2009). Supporting the Adaptation of Texts for Poor Literacy Readers: a Text Simplification Editor for Brazilian Portuguese. In *Proceedings of the Fourth Workshop on Innovative Use of NLP for Building Educational Applications*, p. 34–42, Boulder, Colorado: Association for Computational Linguistics.

CARBONELL J. G. & HAYES P. J. (1984). Coping with Extragrammaticality. In *Proceedings of Coling-ACL 84*, p. 437–443, Stanford University, CA: Association for Computational Linguistics.

CARSON-BERNDSEN J. (1998). Computational autosegmental phonology in pronunciation teaching. In S. JAGER, J. NERBONNE & A. VAN ESSEN, Eds., *Language Teaching and Language Technology*, p. 11–20. Lisse, The Netherlands: Swets & Zeitlinger Publishers.

CASSART A., GRANGER S. & HUSQUET C. (2002). *Validation du prototype FreeText par des professeurs de français*. Rapport interne,

Université Catholique de Louvain, Centre for English Corpus Linguistics.

CATACH N. (1978). *L'orthographe.* Que sais-je? Paris: Presses Universitaires de France.

CATACH N. (1989). *Les délires de l'orthographe.* Paris: Plon.

CATACH N., DUPREZ D. & LEGRIS M. (1980). *L'enseignement de l'orthographe : l'alphabet phonétique international, la typologie des fautes, la typologie des exercices.* Dossiers didactiques : formation initiale et continue. Paris: Nathan.

CATACH N., GRUAZ C. & DUPREZ D. (1986). *L'orthographe française. Traité théorique et pratique.* Paris: Nathan, 2e edition.

CAWS C. (2005). Application de principes cognitivistes et constructivistes à l'enseignement de l'écrit assisté par ordinateur : perception des étudiants. *Alsic*, **8**.

CAZADE A. (1999). De l'usage des courbes sonores et autres supports graphiques pour aider l'apprenant en langues. *Alsic*, **2**(2), 3–31.

CERRI S. A., CHELI E. & MCINTYRE A. (1992). Nobile: Object-based user model acquisition for second language learning. In M. L. SWARTZ & M. YAZDANI, Eds., *Intelligent Tutoring Systems for Foreign Language Learning: The Bridge to International Communication*, p. 171–190. Berlin: Springer-Verlag, NATO Scientific Affairs Division.

CHAMBERS A. & O'SULLIVAN I. (2004). Advanced learners' writing skills in French: the role of corpus consultation skills. In *Actes d'UNTELE 2004*, Compiègne.

CHAN T. & LIOU H. (2005). Effects of web-based concordancing instruction on EFL students' learning of verb-noun collocations. *Computer Assisted Language Learning (CALL): An International Journal*, **18**(3), 231–250.

CHANIER T., PENGELLY M., TWIDALE M. & SELF J. (1992). Conceptual Modelling in Error Analysis in Computer-Assisted Languge Learning Systems. In M. L. SWARTZ & M. YAZDANI, Eds., *Intelligent Tutoring Systems for Foreign Language Learning: The Bridge to International Communication*, p. 125–150. Berlin: Springer-Verlag, NATO Scientific Affairs Division.

CHANIER T. & VETTER A. (2006). Multimodalité et expression en langue étrangère dans une plate-forme audio-synchrone. *Alsic*, **9**.

CHAPELLE C. A. (1998). Multimedia CALL: Lessons to be Learned from Research on Instructed SLA. *Language Learning & Technology*, **2**(1), 22–34.

CHAPELLE C. A. (2001). *Computer Applications in Second Language Acquisition: Foundations for teaching, testing and research*. Applied Linguistics. Cambridge, UK: Cambridge University Press.

CHAPELLE C. A. (2003). *English Language Learning and Technology: Lectures on applied linguistics in the age of information and communication technology*. Amsterdam/Philadelphia: John Benjamins.

CHARNIAK E. (2000). A Maximum-entropy-inspired parser. In *Proceedings of NAACL-00*, p. 132–139, Seattle, WA, USA: Association for Computational Linguistics.

CHEN H. & CHEN C. T. (2004). A Report on Using Wireless Tablet PCs in a Language Classroom. In *Proceedings of Eurocall 04*, p. 95, Vienna: EUROCALL.

CHEN L., TOKUDA N. & HOU P. (2005). A Table Look-Up Parser in Online ILTS Applications. *Computer Assisted Language Learning (CALL): An International Journal*, **18**(1-2), 49–62.

CHEN L., TOKUDA N. & XIAO D. (2002). A POST Parser-Based Learner Model for Template-Based ICALL for Japanese-English Writing Skills. *Computer Assisted Language Learning (CALL): An International Journal*, **15**(4), 357–372.

CHEN L., ZECHNER K. & XI X. (2009). Improved pronunciation features for construct-driven assessment of non-native spontaneous speech. In *Proceedings of NAACL-HLT-09*, p. 442–449, Boulder, Colorado: Association for Computational Linguistics.

CHEVALIER M., DANSEREAU J. & POULIN G. (1978). *TAUM-METEO: description du système*. Technical report, groupe de recherche en traduction automatique, groupe TAUM, Université de Montréal, Montréal.

CHINNERY G. M. (2006). Going to the MALL: Mobile Assisted Language Learning. *Language Learning & Technology*, **10**(1), 9–16.

CHINNERY G. M. (2008). You've Got some GALL: Google-Assisted Language Learning. *Language Learning & Technology*, **12**(1), 3–11.

CHOMSKY N. (1957). *Syntactic Structures*. The Hague: Mouton and Co.

CHOMSKY N. (1981). *Lectures on Government and Binding*. Dordrecht: Foris Publications.

CHOMSKY N. (1995). *The Minimalist Programm*. Cambridge, Mass.: MIT Press.

CHOMSKY N. & LASNIK H. (1995). The Theory of Principles and Parameters. In N. CHOMSKY, Ed., *The Minimalist Programm*, p. 13–127. Cambridge, Mass.: MIT Press.

CHUN D. M. (1998). Signal analysis software for teaching discourse intonation. *Language Learning & Technology*, **2**(1), 61–77.

CHURCH K. W. & GALE W. A. (1991). Probability scoring for spelling correction. *Statistics and Computing*, **1**, 93–103.

CLANCY P. (1973). A visit to the Plato computer teaching project for French. *Babel*, **9**(2), 13–17.

CLARK R. (1993). *Semantics for Computers*. Rapport interne 9, Université de Genève, Laboratoire d'Analyse et de Technologie du Langage, Genève.

CLAVEAU V. & SÉBILLOT P. (2004). From efficiency to portability: acquisition of semantic relations by semi-supervised machine learning. In *Proceedings of COLING-04*, volume 1, p. 261–267, Geneva, Switzerland: COLING.

CLAVEAU V., SÉBILLOT P., BOUILLON P. & FABRE C. (2001). Acquérir des éléments du lexique génératif : quels résultats et à quel coût? *Traitement automatique des langues*, **42**(3), 729–753.

CLEAR J. (2000). Do you believe in Grammar? In L. BURNARD & T. MCENERY, Eds., *Rethinking language pedagogy from a corpus perspective : Papers from the Third International Conference on Teaching and Language Corpora*, p. 19–30, Frankfurt: Peter Lang.

CLÉMENT L., GERDES K. & MARLET R. (2009). Grammaires d'erreur – correction grammaticale avec analyse profonde et proposition de corrections minimales. In *Actes de TALN-RECITAL 2009*, Senlis.

COBB T. (1999). Breadth and depth of lexical acquisition with hands-on concordancing. *Computer Assisted Language Learning (CALL): An International Journal*, **12**(4), 345–360.

COHEN R. (1993). The use of voice synthesizer in the discovery of the written language by young children. *Computers & Education*, **21**(1-2), 25–30.

CONIAM D. (1997). A preliminary inquiry into using corpus word frequency data in the automatic generation of English language cloze tests. *Calico Journal*, **14**(2-4), 15–33.

CONIAM D. (1998). The use of speech recognition software as an English language oral assessment instrument: an exploratory study. *Calico Journal*, **15**(4), 7–23.

COOK V. (1988). Designing a BASIC parser for CALL. *Calico Journal*, **6**(1), 50–67.

CORDIER-GAUTHIER C. & DION C. (2003). La correction et la révision de l'écrit en français langue seconde : médiation humaine, médiation informatique. *Alsic*, **6**(1), 29–43.

CORNU E. (1997). *Correction automatique des erreurs morphologiques et syntaxiques produites à l'écrit en langue seconde.* PhD thesis, Université de Neuchâtel, Faculté des Lettres, Neuchâtel.

COSI P., DELMONTE R., BISCETTI S., COLE R. A., PELLOM B. & VAN VUREN S. (2004). Italian Litteracy Tutor: tools and technologies for individuals with cognitive disabilities. In *Proceedings of InSTIL/ ICALL2004*, Venice.

COURTIN J., DUJARDIN D., KOWARSKI I., GENTHIAL D. & DE LIMA V. L. (1991). Towards a complete detection/correction system. In *International Conference on Current Issues in Computational Linguistics*, p. 158–173, Penang, Malaysia.

M. A. COVINGTON, Ed. (1994). *Natural Language Processing for Prolog Programmers.* Englewood Cliffs, NJ: Prentice-Hall.

CULICOVER P. W. & JACKENDOFF R. (2005). *Simpler Syntax.* Oxford University Press.

CULICOVER P. W. & JACKENDOFF R. (2006). The simpler syntax hypothesis. *Trends in Cognitive Sciences*, **10**(9), 413–18.

CUTTING D., KUPIEC J., PEDERSEN J. & SIBUN P. (1992). A Practical Part-of-Speech Tagger. In *Proceedings of ANLP-92*, p. 133–140, Trento, Italy: Association for Computational Linguistics.

DAHLGREN K. (1988). *Naive Semantics for Natural Language Understanding.* Boston, Dordrecht: Kluwer Academic Publishers.

DALBY J. & KEWLEY-PORT D. (1999). Explicit Pronunciation Training Using Automatic Speech Recognition Technology. *Calico Journal*, **16**(3), 425–445.

DAMERAU F. J. (1964). A Technique for Computer Detection and Correction of Spelling Errors. *Communications of the Association for Computing Machinery*, **7**(3), 171–176.

DANIELS P. (2006). Mobile Media Projects for the Web. In *Proceedings of Eurocall 2006*, p. 107, Granada: Eurocall.

DANLOS L. & EL GHALI A. (2002). A complete integrated NLG system using AI and NLU tools. In S.-C. TSENG, T.-E. CHEN & Y.-F. LIU, Eds., *Proceedings of COLING-02*, volume 1, p. 211–217, Taipei, Taiwan: Howard International House.

DANLOS L., GAIFFE B. & ROUSSARIE L. (2001). Document Structuring à la SDRT. In *Proceedings of the ACL 2001 Eight European Workshop on Natural Language Generation (EWNLG)*, Toulouse: Association for Computational Linguistics.

DANLOS L. & ROUSSARIE L. (2000). Génération automatique de textes. In J.-M. PIERREL, Ed., *Ingéniérie des langues*, p. 311–330. Paris: Hermès Science Publications.

DANNA F. (1997). *Modélisation de l'apprenant dans un logiciel d'Enseignement Intelligemment Assisté par Ordinateur. Application à un tutoriel intelligent dédié aux composés anglais*. PhD thesis, Université de Rennes I.

D'AOUST D. (1990). Instructional Software for the Introductory Composition Classroom: One Teacher's Review and Recommandations. *Computers and Composition*, **7**(3), 109–127.

DAVIDSON N. & ISENBERG F. (2005). Speech recognition software and University students of EFL. In *Proceedings of Eurocall 05*, p. 81, Kraków, Poland: Jagiellonian University.

DAVIES G. (2003). Computer Assisted Language Learning: Where are we now and where are we going? *futurelab*.

DAVIES G. (2006). Lessons from the past, lessons for the future: 20 years of CALL. Resource on the web.

DE FELICE R. & PULMAN S. (2009). Automatic detection of preposition errors in learner writing. *Calico Journal*, **26**(3), 512–528.

DE FELICE R. & PULMAN S. G. (2008). A Classifier-Based Approach to Preposition and Determiner Error Correction in L2 English. In *Proceedings of Coling 2008*, p. 169–176, Manchester, UK: Coling 2008 Organizing Committee.

DE HAAN A. & OPPENHUIZEN T. (1994). SPELLER: A Reflexive ITS to Support the Learning of Second Language Spelling. *Computers in Human Behavior*, **10**(1), 21–31.

DE HEER T. (1982). The application of the concept of homeosemy to natural language information retrieval. *Information Processing and Management*, **18**(5), 229–236.

R. DEBSKI & M. LEVY, Eds. (1999). *WORLDCALL: Global Perspectives on Computer-Assisted Language Learning*. Lisse, The Netherlands: Swets & Zeitlinger B. V.

DECROZANT L. & VOSS C. R. (1999). Dual Use of Linguistic Resources: Evaluation of MT Systems and Language Learners. In M. BROMAN OLSEN, Ed., *Proceedings of the ACL99 Workshop on. Computer-Mediated Language Assessment and Evaluation*, p. 32–37, College Park, Maryland USA: University of Maryland Association for Computational Linguistics.

DEFAYS J.-M. & DELTOUR S. (2003). *Le français langue étrangère et seconde. Enseignement et apprentissage*. Liège: Mardaga.

DELMONTE R. (2003). Linguistic Knowledge and Reasoning for Error Diagnosis and Feedback Generation. *Calico Journal*, **20**(3), 513–532.

DELMONTE R. (2004). Evaluating Students' Summaries with GETARUNS. In *Proceedings of InSTIL/ ICALL2004*, Venice.

DEMAIZIÈRE F. (1982). An experiment in Computer Assisted Learning of English grammar at the University of Paris VII. *Computers & Education*, **6**, 121–125.

DEMAIZIÈRE F. & DUBUISSON C. (1992). *De l'EAO aux NTF: utiliser l'ordinateur pour la formation*. Paris: Ophrys.

DENDIEN J. & PIERREL J.-M. (2003). Le Trésor de la Langue Française informatisé : un exemple d'informatisation d'un dictionnaire de langue de référence. *Traitement automatique des langues*, **44**(2), 11–37.

DESCLÈS J.-P. & MINEL J.-L. (2000). Résumé automatique et filtrage sémantique des textes. In J.-M. PIERREL, Ed., *Ingéniérie des langues*, p. 253–270. Paris: Hermès Science Publications.

DESMARAIS L. & BISAILLON J. (1998). Apprentissage de l'écrit et ALAO. *Etudes de linguistique appliquée*, **110**, 193–202.

DESMEDT W. H. (1995). Herr Kommissar: An ICALL Conversation Simulator for Intermediate German. In V. M. HOLLAND, J. D. KAPLAN & M. R. SAMS, Eds., *Intelligent Language Tutors: Theory Shaping Technology*, p. 153–174. Mahwah, NJ: Lawrence Erlbaum Associates.

DESMET P. & HÉROGUEL A. (2005). Les enjeux de la création d'un environnement d'apprentissage électronique axé sur la compréhension orale à l'aide du système auteur IDIOMA-TIC. *Alsic*, **8**.

DESSUS P. & LEMAIRE B. (2002). Using Production to Assess Learning: An ILE That Fosters Self-Regulated Learning. In S. A. CERRI, G. GOUARDÈRES & F. PARAGUAÇU, Eds., *Proceedings of ITS 2002*, p. 772–781, Berlin: Springer.

DEVILLE G. & DUMORTIER L. (2004). Evaluation d'un outil en ligne d'aide à la lecture de textes en langue étrangère. In *Journée d'étude de l'ATALA "TAL & Apprentissage des langues" (TAL&AL): Actes*, p. 93–102, Grenoble: LIDILEM ATALA - XRCE.

DÍAZ DE ILARRAZA A., MARITXALAR M. & ORONOZ M. (1998). An Implemented Interlanguage Model for Learners of Basque. In S. JAGER, J. NERBONNE & A. VAN ESSEN, Eds., *Language Teaching and Language Technology*, p. 149–166. Lisse, The Netherlands: Swets & Zeitlinger Publishers.

DILLENBOURG P. (1989). The Design of a Self-Improving Tutor: PROTO-TEG. *Instructional Science*, **18**(3), 193–216.

DILLENBOURG P. (1994). Evolution épistémologique en EIAO. *Sciences et techniques éducatives*, **1**(1), 39–52.

DILLENBOURG P. & SCHNEIDER D. (1995). Mediating the mechanisms which make collaborative learning sometimes effective. *International Journal of Educational Telecommunications*, **1**(2–3), 131–146.

DINA L. & MALNATI G. (1993). Weak constraints and preference rules. In P. BENNETT & P. PAGGIO, Eds., *Preference in EUROTRA*. Luxembourg: European Commission.

DINNEMATIN S., SANZ D. & BONNET A. (1990). Sept correcteurs pour l'orthographe et la grammaire. *Science et Vie Micro*, (78), 118–130.

DODIGOVIC M. (2005). *Artificial Intelligence in Second Language Learning: Raising Error Awareness*. Number 13 in Second Language Acquisition. Clevedon UK: Multilingual Matters Ltd.

DOKTER D. & NERBONNE J. (1998). A Session with Glosser-RuG. In S. JAGER, J. NERBONNE & A. VAN ESSEN, Eds., *Language Teaching and Language Technology*, p. 88–94. Lisse, The Netherlands: Swets & Zeitlinger Publishers.

DOLL F. & COULOMBE C. (2004). L'avenir des correcteurs grammaticaux: un point de vue industriel. *BULAG*, **29**, 33–50.

DONALDSON R. P. & KÖTTER M. (1999). Language Learning in Cyberspace: Teleporting the Classroom into the Target Culture. *Calico Journal*, **16**(4), 531–557.

DORR B., HENDLER J., BLANKSTEEN S. & MIGDALOFF B. (1995). On Beyond Syntax: Use of Lexical Conceptual Structure for Intelligent Tutoring. In V. M. HOLLAND, J. D. KAPLAN & M. R. SAMS, Eds., *Intelligent Language Tutors: Theory Shaping Technology*, p. 289–309. Mahwah, NJ: Lawrence Erlbaum Associates.

DORR B. J. (1990). *Lexical Conceptual Structures and Machine Translation*. PhD thesis, Massachussets Institute of Technology.

DORR B. J. (1994). Machine Translation Divergences: A Formal Description and Proposed Solution. *Computational Linguistics*, **20**(4),

597–633.

DORR B. J. (1997). Large-Scale Acquisition of LCS-Based Lexicons for Foreign Language Tutoring. In *Proceedings of ANLP-97*, p. 139–146, Washington, DC.

DOUGLAS S. A. (1995). LingWorlds: An Intelligent Object-Oriented Environment for Second Language Tutoring. In V. M. HOLLAND, J. D. KAPLAN & M. R. SAMS, Eds., *Intelligent Language Tutors: Theory Shaping Technology*, p. 201–220. Mahwah, NJ: Lawrence Erlbaum Associates.

DRUARD S. (1993). Les correcteurs d'orthographe et de syntaxe. Master's thesis, Université Libre de Bruxelles, Philosophie et Lettres, Bruxelles.

DUMAIS S. T., FURNAS G. W., LANDAUER T. K., DEERWESTER S. & HARSHMAN R. (1988). Using Latent Semantic Analysis to improve access to textual information. In *Human Factors in Computing Systems, CHI'88 Conference Proceedings (Washington DC)*, p. 281–285, New-York: ACM.

DUREL P. (2006). Utilisation de l'assistant grammatical Antidote dans le cadre d'activités de révision - Analyse exploratoire de protocoles d'observation. *Alsic*, **9**.

DUTOIT T., COUVREUR L., MALFRÈRE F., PAGEL V. & RIS C. (2002). Synthèse vocale et reconnaisance de la parole : Droites gauches et mondes parallèles. In *Actes du 6e Congrès Français d'Acoustique*, Lille.

DUTOIT T. & STYLIANOU Y. (2003). Text-To-Speech synthesis. In R. MITKOV, Ed., *The Oxford handbook of computational linguistics*, p. 323–338. Oxford: Oxford Univ. Press.

EGAN K. B. (1999). Speaking: a critical skill and a challenge. *Calico Journal*, **16**(3), 277–293.

EHSANI F. & KNODT E. (1998). Speech Technology in Computer-Aided Language Learning: Strengths and Limitations of A New

CALL Paradigm. *Language Learning & Technology*, **2**(1), 45–60.

EMIRKANIAN L. & BOUCHARD L. H. (1989). La correction des erreurs d'orthographe d'usage dans un analyseur morpho-syntaxique du français. *Langue française*, **83**, 106–122.

ENGUEHARD C. & MBODJ C. (2004). Des correcteurs orthographiques pour les langues africaines. *BULAG*, **29**, 51–68.

ESKENAZI M. (1999a). Using a Computer in Foreign Language Pronunciation Training: What Advantages? *Calico Journal*, **16**(3), 447–469.

ESKENAZI M. (1999b). Using automatic speech processing for foreign language pronunciation tutoring : some issues and a prototype. *Language Learning & Technology*, **2**(2), 62–76.

ESLING J. H. (1992). Speech Technology Systems in Applied Linguistics Instruction. In M. C. PENNINGTON & V. STEVENS, Eds., *Computers in applied linguistics: an international perspective*, p. 244–272. Multilingual Matters.

ETCHEGOYHEN T. (1997). Génération automatique de phrases : le système GBGen. Mémoire de diplôme d'etudes supérieures, Université de Genève, Faculté des Lettres, Genève.

ETCHEGOYHEN T. (1998). *Traitement des compléments du nom dans GBGen*. Rapport interne 2, Université de Genève, Laboratoire d'Analyse et de Technologie du Langage, Genève.

ETCHEGOYHEN T., MENGON J., VANDEVENTER A. & WEHRLE T. (1999). Une approche efficace à la génération syntaxique mutlilingue : le système GBGen. In *Actes de GAT99*, p. 135–144, Grenoble: Université Stendhal-Grenoble 3.

ETCHEGOYHEN T. & WEHRLE T. (1998). Overview of GBGen: A Large-Scale, Domain Independent Syntactic Generator. In *Proceedings of the 9th ACL International Workshop on Natural Language Generation*, p. 288–291, Niagara-on-the-Lake: Association for Computational Linguistics.

ETCHEGOYHEN T. & WEHRLI E. (1998). Traduction automatique et structures d'interface. In *Actes de TALN-RECITAL-98*, p. 2–11. Paris: ATALA.

FAIRFIELD J. (1999). Speech comparison in The Rosetta Stone. In M. BROMAN OLSEN, Ed., *Proceedings of the ACL99 Workshop on. Computer-Mediated Language Assessment and Evaluation*, p. 12–15, College Park, Maryland USA: University of Maryland Association for Computational Linguistics.

FARRINGTON B. (1982). Computer based exercises for language learning at University level. *Computers & Education*, **6**, 113–116.

FARRINGTON B. (1994). Bon Accord revisited. In J. THOMPSON & G. CHESTERS, Eds., *Emancipation through learning technology. Selected papers from the EUROCALL'93 conference, University of Hull, UK, 15-17 September 1993. A special double issue of Computers and Education, Vol 23, No. 1/2, 1994*, p. 21–26, Oxford: EUROCALL Pergamon.

FAULK R. D. (1964). An inductive approach to language translation. *Communications of the ACM*, **7**, 647–653.

C. FELLBAUM, Ed. (1998). *WordNet, an electronic lexical database*. Cambridge, Mass.: The MIT Press.

FELLBAUM C. & MILLER G. A. (2003). Morphosemantic Links in WordNet. *Traitement automatique des langues*, **44**(2), 69–80.

FENG C., OGATA H. & YANO Y. (2000). Mark-up Based Writing Error Analysis Model in an On-line Classroom. *Computer Assisted Language Learning (CALL): An International Journal*, **13**(1), 79–97.

FEUERMAN K., MARSHALL C., NEWMAN D. & RYPA M. (1987). The CALLE Project. *Calico Journal*, **4**, 25–34.

FISCHER W. B. (1986). Master(')s Voice: The Victor 9000 and High-Fidelity Voice Reproduction for CALI. *Calico Journal*, **3**(4), 21–31.

FLOWERDEW J. (1996). Concordancing In Language Learning. In M. C. PENNINGTON, Ed., *The Power of CALL*, p. 97–113. Houston: Athelstan.

FLUHR C. (2000). Indexation et recherche d'information textuelle. In J.-M. PIERREL, Ed., *Ingéniérie des langues*, p. 235–251. Paris: Hermès Science Publications.

FONTENELLE T. (2006). Les nouveaux outils de correction linguistique de Microsoft. In P. MERTENS, C. FAIRON, A. DISTER & P. WATRIN, Eds., *Actes de TALN-RECITAL 2006*, volume 1, p. 3–19, Leuven: Université Catholique de Louvain UCL Presses.

FORBES-RILEY K. & LITMAN D. (2005). Correlating Student Acoustic-Prosodic Profiles with Student Learning in Spoken Tutoring Dialogues. In *Proceedings 9th European Conference on Speech Communication and Technology (Interspeech-2005/Eurospeech)*, Lisbon, Portugal.

FORBES-RILEY K. & LITMAN D. (2006). Modelling User Satisfaction and Student Learning in a Spoken Dialogue Tutoring System with Generic, Tutoring, and User Affect Parameters. In *Proceedings of HTL-NAACL-06*, p. 264–271, New York City, USA: Association for Computational Linguistics.

FOSTER J. (2004). Parsing Ungrammatical Input: An Evaluation Procedure. In *Proceedings of LREC 2004*, volume 6, p. 2039–2042, Lisbon, Portugal: ELRA - European Language Resources Association.

FOUCOU P.-Y. & KÜBLER N. (2000). A web-based environment for teaching technical English. In L. BURNARD & T. MCENERY, Eds., *Rethinking language pedagogy from a corpus perspective: Papers from the Third International Conference on Teaching and Language Corpora*, p. 65–73, Frankfurt: Peter Lang.

FREDERIKSEN C. H., DONIN J. & DÉCARY M. (1995). A Discourse Processing Approach to Computer-Assisted Language Learning. In V. M. HOLLAND, J. D. KAPLAN & M. R. SAMS, Eds., *Intelligent*

Language Tutors: Theory Shaping Technology, p. 99–120. Mahwah, NJ: Lawrence Erlbaum Associates.

FREDERIKSEN C. H., DONIN J., DÉCARY M. & HOOVER M. (1992). Semantic Discourse Processing and Tutoring Systems for Second Language Learning. In M. L. SWARTZ & M. YAZDANI, Eds., *Intelligent Tutoring Systems for Foreign Language Learning: The Bridge to International Communication*, p. 103–121. Berlin: Springer-Verlag, NATO Scientific Affairs Division.

FUCHS C., DANLOS L., LACHERET-DUJOUR A., LUZZATI D. & VICTORRI B. (1993). *Linguistique et Traitement Automatique des Langues*. Hachette Université : Langue Linguistique Communication. Paris: Hachette Supérieur.

GAGNON M. & DA SYLVA L. (2005). Text Summarization by Sentence Extraction and Syntactic Pruning. In *Proceedings of CliNE'05: 3rd Workshop on Computational Linguistics in the North East*, Gatineau: Université du Québec en Outaouais.

GAIFFE B. (2006). Références. In G. SABAH, Ed., *Compréhension des langues et interaction*, p. 171–193. Paris: Hermes Science, Lavoisier.

GARMAN J., MARTIN J., MERLO P. & WEINBERG A. (1993). A Principle-based Parser for Foreign Language Training in German and Arabic. In *Third International Workshop on Parsing Technologies. IWPT3*, p. 73–87, Tilburg, NL & Durbuy BE: Association for Computational Linguistics Special Interest Group on Parsing.

GARRETT N. (1995). ICALL and Second Language Acquisition. In V. M. HOLLAND, J. D. KAPLAN & M. R. SAMS, Eds., *Intelligent Language Tutors: Theory Shaping Technology*, p. 345–358. Mahwah, NJ: Lawrence Erlbaum Associates.

GARSIDE R. (1987). The CLAWS word-tagging system. In R. GARSIDE, G. LEECH & G. SAMPSON, Eds., *The computational analysis of English: a corpus-based approach*, p. 30–41. London & New York: Longman.

GAUDINAT A. & GOLDMAN J.-P. (1998). Le système de synthèse FipsVox : syntaxe, phonétisation et prosodie. In *Actes des XXIIe Journées d'études sur la parole*, p. 139–142, Martigny: IDIAP.

GAUDINAT A. & WEHRLI E. (1997). Analyse syntaxique et synthèse de la parole : le projet *FipsVox*. *Traitement automatique des langues*, **38**(1), 121–134.

GAZDAR G. & MELLISH C. S. (1989). *Natural language processing in LISP : an introduction to computational linguistics*. Workingham, etc.: Addison-Wesley.

GIBBON F. E., HARDCASTLE W. J. & SUZUKI H. (1991). An electropalatographic study of the /r/, /l/ distinction for Japanese learners of English. *Computer Assisted Language Learning (CALL): An International Journal*, **4**(3), 153–171.

GIRARD M.-C. & VOCE J. (2003). *Recommandations pour l'implémentation de feedbacks dans le système de diagnostic d'erreurs de UGEN*. Rapport interne, UMIST, Manchester.

GLENCROSS M. (1993). Grammar and CALL: a review of current practice in some French language programs. *ReCALL*, **8**, 21–26.

GLENCROSS M. (1995). Using the Robert Electronique as a language learning resource. *ReCALL*, **7**(1), 54–58.

GODWIN-JONES R. (2003). Blogs and Wikis: Environments for Online collaboration. *Language Learning & Technology*, **7**(2), 12–16.

GODWIN-JONES R. (2004a). Language in Action: From Webquests to Virtual Realities. *Language Learning & Technology*, **8**(3), 9–14.

GODWIN-JONES R. (2004b). Learning Objects: Scorn or SCORM? *Language Learning & Technology*, **8**(2), 7–12.

GODWIN-JONES R. (2005). Skype and Podcasting: Disruptive Technologies for Language Learning. *Language Learning & Technology*, **9**(3), 9–12.

GOLDING A. R. & SCHABES Y. (1996). Combining Trigram-based and Feature-based Methods for Context-Sensitive Spelling Correction. In *Proceedings of ACL-96*, p. 71–78, Santa Cruz, CA: University of California, Santa Cruz Association for Computational Linguistics.

GOLDMAN J.-P. (2001). De l'analyse syntaxique à la synthèse de la parole dans le système FipsVox : phonétisation et génération de la prosodie. *Cahiers de Linguistique Française*, **23**, 211–234.

GOLDMAN J.-P., GAUDINAT A. & WEHRLI E. (2000). Utilisation de l'analyse syntaxique pour la synthèse de la parole, l'enseignement des langues et l'étiquetage grammatical. In *Actes de TALN-RECITAL 2000*, p. 427–430, Lausanne: ATALA.

GOODFELLOW R., LAMY M.-N. & JONES G. (2001). Assessing learners' writing using lexical frequency. *ReCALL*, **14**(1), 133–145.

GRANGER R. H. (1983). The NOMAD System: Expectations-Based Detection and Correction of Errors during Understanding of Syntactically and Semantically Ill-Formed Text. *American Journal of Computational Linguistics*, **9**(3–4), 188–196.

GRANGER S. (2003). Error-tagged Learner Corpora and CALL: A Promising Synergy. *Calico Journal*, **20**(3), 465–480.

GRANGER S., VANDEVENTER A. & HAMEL M.-J. (2001). Analyse de corpus d'apprenants pour l'ELAO basée sur le TAL. *Traitement automatique des langues*, **42**(2), 609–621.

GREENE C., KEOGH K., KOLLER T., WAGNER J., WARD M. & VAN GENABITH J. (2004). Using NLP Technology in CALL. In *Proceedings of InSTIL/ ICALL 2004*, Venice.

GROBET A. & SIMON A.-C. (2001). Différents critères de définition des unités prosodiques maximales. *Cahiers de Linguistique Française*, **23**, 143–163.

GROVER C., MATHESON C., MIKHEEV A. & MOENS M. (2000). LT TTT - A Flexible Tokenisation Tool. In M. GAVRILIDOU, G. CARAYANNIS, S. MARKANTONATOU, S. PIPERIDIS & G. STAIN-

HAOUER, Eds., *Proceedings of LREC 2000*, Athens: ELRA - European Language Resources Association.

GUREVICH O. & DEANE P. (2007). Document similarity measures to distinguish native vs. non-native essay writers. In *Proceedings of NAACL-HLT-07. Companion Volume, Short Papers*, p. 49–52, Rochester, New York: Association for Computational Linguistics.

GUYOMARD M., SIROUX J., PERNICI D. & ROYER C. (1997). A General Public Application of Pedagogic and Linguistic Vocations of Speech Synthesis: Ordictée. In *Proceedings of ROCLING97*, p. 316–324.

HABERT B. (2006). TAL sur corpus: histoire, acquis, défis. In G. SABAH, Ed., *Compréhension des langues et interaction*, p. 249–275. Paris: Hermes Science, Lavoisier.

HACKENBERG R. G. (1985). Generate: A Natural Language Generator. *Calico*, **2**(2), 5–8.

HAMBUGER H., SCHOELLES M. & REEDER F. (1999). More Intelligent CALL. In K. CAMERON, Ed., *Computer-Assisted Language Learning (CALL): Media, Design and Application*, p. 183–202. Lisse, The Netherlands: Swets & Zeitlinger Publishers.

HAMEL M.-J. (1996). NLP Tools in CALL for error diagnosis. *Computer Assisted Language Learning (CALL): An International Journal*, **18**(2), 125–142.

HAMEL M.-J. & GIRARD M.-C. (2004). Une exploitation pédagogique de la typologie des textes en ALAO. In *Journée d'étude de l'ATALA "TAL & Apprentissage des langues" (TAL&AL): Actes*, p. 103–112, Grenoble: LIDILEM ATALA - XRCE.

HAMEL M.-J., NKWENTI-AZEH B. & ZÄHNER C. (1995). The Conceptual Dictionary in CALL. In A. GIMENO, Ed., *Proceedings of EUROCALL 95*, p. 329–349, Valencia: Universidad Politécnica de Valencia.

HAMEL M.-J. & VANDEVENTER A. (2000). Adapter un analyseur syntaxique et l'intégrer dans un système d'ELAO : le cas *FipsGram* dans SAFRAN. In L. DUQUETTE & M. LAURIER, Eds., *Apprendre une langue dans un environnement multimédia*, p. 117–136. Outremont: Ed. Logiques.

HAMEL M.-J. & WEHRLI E. (1997). Outils de TALN en EIAO: le projet SAFRAN. In *Journées Scientifiques et Techniques du Réseau FRANCophone de l'Ingénierie de la Langue de l'Aupelf-Uref (JST'97)*, p. 277–282, Avignon, France: Aupelf-Uref.

HAMMING R. W. (1950). Error-detecting and error-correcting codes. *Bell System Technical Journal*, **29**(2), 147–160.

HAN N.-R., CHODOROW M. & LEACOCK C. (2004). Detecting Errors in English Article Usage with a Maximum Entropy Classifier Trained on a Large, Diverse Corpus. In *Proceedings of LREC 2004*, volume 5, p. 1625–1628, Lisbon, Portugal: ELRA - European Language Resources Association.

HANDLEY Z. & HAMEL M.-J. (2005). Establishing a methodology for benchmarking speech synthesis for Computer-Assisted Language Learning (CALL). *Language Learning & Technology*, **9**(3), 99–119.

HANNAHS S. J. (2007). French phonology and L2 acquisition. In D. AYOUN, Ed., *French Applied Linguistics*, p. 50–74. Amsterdam, Philadelphia: John Benjamins.

HARASHIMA H. D. (2006). Integrating Text-To-Speech Conversion Technology with Moodle. In *Proceedings of Eurocall 2006*, p. 128, Granada: Eurocall.

HARLESS W. G., ZIER M. A. & DUNCAN R. C. (1999). Virtual dialogues with native speakers: the evaluation of an interactive multimedia method. *Calico Journal*, **16**(3), 313–337.

HARROFF S. (1986). Die Sprachmaschine: A Microworld for Language Experimentation. *Calico Journal*, **3**, 32–34.

HART R. S. (1995). The Illinois PLATO foreign language project. *Calico Journal*, **12**(4), 15–37.

HARVEY B. (1986). *Computer science Logo style*. Cambridge, Mass: MIT Press.

HAYES P. J. & MOURADIAN G. V. (1981). Flexible Parsing. *American Journal of Computational Linguistics*, **7**(4), 232–242.

HEIDORN G. E. (2000). Intelligent Writing Assistance. In R. DALE, H. MOISL & H. SOMERS, Eds., *Handbook of Natural Language Processing*, p. 181–207. New York, Basel: Marcel Dekker, Inc.

HEIDORN G. E., JENSEN K., MILLER L. A., BIRD R. J. & CHODOROW M. S. (1982). The EPISTLE text-critiquing system. *IBM Systems Journal*, **21**(3), 305–326.

HEIFT T. (2003). Multiple Learners Errors and Meaningful Feedback: A Challenge for ICALL Systems. *Calico Journal*, **20**(3), 513–532.

HEIFT T. & MCFETRIDGE P. (1999). Exploiting the student model to emphasize language pedagogy in natural language processing. In M. BROMAN OLSEN, Ed., *Proceedings of the ACL99 Workshop on Computer-Mediated Language Assessment and Evaluation*, p. 55–61, College Park, Maryland USA: University of Maryland Association for Computational Linguistics.

HEIFT T. & SCHULZE M. (2005). Intelligent CALL – Back to the Future. In *Proceedings of Eurocall 05*, p. 110, Kraków, Poland: Jagiellonian University.

HEIFT T. & SCHULZE M. (2007). *Errors and Intelligence in Computer-Assisted Language Learning. Parsers and Pedagogues*. New York, Oxnon: Routledge.

HEILMAN M., COLLINS-THOMPSON K., CALLAN J. & ESKENAZI M. (2007). Combining lexical and grammatical features to improve readability measures for first and second language texts. In *Proceedimgs of NAACL-HLT-07*, p. 460–467, Rochester, New York: Association for Computational Linguistics.

HELM C. E. & MCIVER C. (1974). Automated Sentence Analysis for Language Instruction. *Computers and the Humanities*, **8**, 239–2454.

HENDRICKS H., BENNION J. L. & LARSON J. (1983). Technology and Language Learning at BYU. *Calico*, **1**(3), 23–30.

HENDRIX G. G., SACERDOTI E. D., SAGALOWICZ D. & SLOCUM J. (1978). Developing a natural language interface to complex data. *ACM Transactions on Database Systems*, **3**(2), 105–147.

HERMET M. & ALAIN D. (2009). Using first and second language models to correct preposition errors in second language authoring. In *Proceedings of the Fourth Workshop on Innovative Use of NLP for Building Educational Applications*, p. 64–72, Boulder, Colorado: Association for Computational Linguistics.

HERMET M., SZPAKOWICZ S. & DUQUETTE L. (2006). Automated Analysis of Students' Free-text Answers for Computer-Assisted Assessment. In P. MERTENS, C. FAIRON, A. DISTER & P. WATRIN, Eds., *Actes de TALN-RECITAL 2006*, volume 2, p. 835–845, Leuven: Université Catholique de Louvain UCL Presses.

HILLER S., ROONEY E., VAUGHAN R., ECKERT M., LAVER J. & JACK M. (1994). An automated system for computer-aided pronunciation learning. *Computer Assisted Language Learning (CALL): An International Journal*, **7**(1), 51–63.

HINCKS R. (2003). Speech technologies for pronunciation feedback and evaluation. *ReCALL*, **15**(1), 3–20.

HIRST G. (1987). *Semantic Interpretation and the resolution of ambiguity*. Studies in Natural Language Processing. Cambridge: Cambridge University Press.

HIRST G. & BUDANITSKY A. (2005). Correcting real-word spelling errors by restoring lexical cohesion. *Natural Language Engineering*, **11**(1), 87–111.

HIRST G. & ST-ONGE D. (1998). Lexical Chains as Representations of Context for the Detection and Correction of Malapropisms. In

C. FELLBAUM, Ed., *WordNet, an electronic lexical database*, p. 305–332. Cambridge, Mass.: The MIT Press.

HOLDICH C. E., CHUNG P. W. H. & HOLDICH R. G. (2004). Improving children's written grammar and style: revising anf editing with HARRY. *Computers & Education*, **42**(1), 1–23.

HOLLAND V. M., KAPLAN J. D. & SABOL M. A. (1999). Preliminary tests of language learning in a speech-interactive graphics microworld. *Calico Journal*, **16**(3), 339–360.

HOLLAND V. M., MAISANO R., ALDERKS C. & MARTIN J. (1993). Parsers in Tutors: What Are They Good For? *Calico Journal*, **11**(1), 28–46.

HOUSER C. (2006). How to make educational web sites for mobile phones. In *Proceedings of Eurocall 2006*, p. 133, Granada: Eurocall.

HOUSER C. & THORNTON P. (2006). Using Mobile Phones for Foreign Language Education. In *Proceedings of Eurocall 2006*, p. 134, Granada: Eurocall.

HOVY E. (2003). Text summarization. In R. MITKOV, Ed., *The Oxford handbook of computational linguistics*, p. 583–598. Oxford: Oxford Univ. Press.

HOVY E. H. (1988). Planning coherent multisentential texts. In *Proceedings of ACL-98*, p. 179–186, Buffalo, NY: State University of New York at Buffalo Association for Computational Linguistics.

HU Q., HOPKINS J. & PHINEY M. (1998). Native English Writing Assistant – A CALL Product fot English Reading and Writing. In S. JAGER, J. NERBONNE & A. VAN ESSEN, Eds., *Language Teaching and Language Technology*, p. 95–100. Lisse, The Netherlands: Swets & Zeitlinger Publishers.

HUANG X., ALLEVA F., HON H.-W., HWANG M.-Y. & ROSENFELD R. (1993). The SPHINX-II speech recognition system: an overview. *Computer Speech and Language*, **7**(2), 137–148.

HUBBARD P. (2004). Using Google as a tool for writing instruction. In *Proceedings of Eurocall 04*, p. 133, Vienna: EUROCALL.

P. HUBBARD & M. LEVY, Eds. (2006). *Teacher Education in CALL*. Number 14 in Language Learning & Language Teaching. Amsterdam / Philadelphia: John Benjamins.

HUTCHINS J. (2003). Machine Translation: general overview. In R. MITKOV, Ed., *The Oxford handbook of computational linguistics*, p. 501–511. Oxford: Oxford Univ. Press.

IMLAH G. & DU BOULAY J. B. H. (1985). Robust natural language parsing in computer-assisted language instruction. *System: an international journal of educational technology and applied linguistics*, **13**(2), 137–147.

ISHIOKA T. & KAMEDA M. (2006). Automated japanese essay scoring system based on articles written by experts. In *Proceedings COLING/ACL-06*, p. 233–240, Sydney, Australia: Association for Computational Linguistics.

ISSAC F. & HÛ O. (2002). Formalism for Evaluation: Feedback on Learner Knowledge Representation. *Computer Assisted Language Learning (CALL): An International Journal*, **15**(2), 183–199.

IZUMI E., UCHIMOTO K., SAIGA T., SUPNITHI T. & ISAHARA H. (2003). Automatic error detection in the Japanese learners' English spoken data. In *Proceedings of ACL-03*, p. 145–148, Morristown, NJ, USA: Association for Computational Linguistics.

JACKENDOFF R. (1975). A System of Semantic Primitives. In *Theoretical Issues in Natural Language Processing*, p. 24–29: Association for Computational Linguistics.

JACKENDOFF R. S. (1983). *Semantics and Cognition*. Cambridge MA, USA: MIT Press.

JACKENDOFF R. S. (1990). *Semantic Structures*. Cambridge MA, USA: MIT Press.

JAFFRÉ J.-P. (1992). *Didactiques de l'orthographe*. Pédagogies pour demain. Didactiques 1er degré. Paris: INRP Hachette.

JAGER S. (2001). From gap-filling to filling the gap: A re-assessment of Natural Language Processing in CALL. In A. CHAMBERS & G. DAVIES, Eds., *ICT and language learning: a European perspective*, p. 101–110. Lisse, The Netherlands: Swets & Zeitlinger Publishers.

JAMES C. (1998). *Errors in Language Learning and Use: Exploring Error Analysis*. London and New York: Longman.

JAMIESON J., CHAPELLE C. A. & PREISS S. (2004). Putting principles into practice. *ReCALL*, **16**(2), 396–415.

JENSEN K., HEIDORN G., MILLER L. & RAVIN Y. (1993). Prose fitting and prose fixing. In K. JENSEN, G. E. HEIDORN & S. D. RICHARDSON, Eds., *Natural language processing: the PLNLP approach*, p. 53–64. Dordrecht: Kluwer ed.

JENSEN K., HEIDORN G. E., MILLER L. A. & RAVIN Y. (1983). Parse Fitting and Prose Fixing: Getting a Hold on Ill-formedness. *American Journal of Computational Linguistics*, **9**(3–4), 147–160.

JI H., PLOUX S. & WEHRLI E. (2003). Lexical Knowledge Representation with Contexonyms. In *Proceedings of the 9th Machine Translation Summit*, p. 194–201.

JONES M. P. & MARTIN J. H. (1997). Contextual Spelling Correction Using Latent Semantic Analysis. In *Proceedings of ANLP-97*, p. 166–173, Washington Marriott Hotel, Washington, DC, USA: Association for Computational Linguistics.

JONES R. L. (1995). TICCIT and CLIPS: The Early Years. *Calico Journal*, **12**(4), 84–96.

JURAFSKY D. & MARTIN J. H. (2000). *Speech and language processing: an introduction to natural language processing, computational linguistics, and speech recognition*. Prentice Hall series in artificial intelligence. Upper Saddle River N.J: Prentice Hall, cop.

KAHANE S. (2001). Grammaires de dépendance formelles et théorie sens-texte. In *Actes de TALN-RECITAL-01*, volume 2, p. 17–76, Tours: ATALA.

KAMP H. (1981). Evénements, représentations discursive et référence temporelle. *Langages*, **64**, 34–64.

KANG Y. S. & MACIEJEWSKI A. A. (2000). A student model of technical Japanese reading proficiency for an intelligent tutoring system. *Calico Journal*, **18**(1), 9–40.

KAPLAN R. M. (2003). Syntax. In R. MITKOV, Ed., *The Oxford handbook of computational linguistics*, p. 70–90. Oxford: Oxford Univ. Press.

KAPLAN R. M. & BRESNAN J. (1982). LFG: a formal system for grammatical representation. In J. BRESNAN, Ed., *The Mental Representation of grammatical relations*. Cambridge MA, USA: MIT Press.

KAY M. (1985). Parsing in functional unification grammar. In D. R. DOWTY, L. KARTTUNEN & A. M. ZWICKY, Eds., *Natural Language Parsing: Psychological, computational, and theoretical perspectives*, p. 251–278. Cambridge: Cambridge University Press.

KAY M. (1992). Unification. In M. ROSNER & R. JOHNSON, Eds., *Computational linguistics and formal semantics*, p. 1–29. Cambridge, UK: Cambridge University Press.

KELLER F. (2000). *Gradience in Grammar: Experimental and Computational Aspects of Degrees of Grammaticality*. PhD thesis, University of Edinburgh.

KEMPEN G. (1992). Language Technology and Language Instruction: Computational Diagnosis of Word Level Errors. In M. L. SWARTZ & M. YAZDANI, Eds., *Intelligent Tutoring Systems for Foreign Language Learning: The Bridge to International Communication*, p. 191–198. Berlin: Springer-Verlag, NATO Scientific Affairs Division.

KEMPEN G. (1999). Visual Grammar: Multimedia for Grammar and Spelling Instruction in Primary Education. In K. CAMERON, Ed., *Computer-Assisted Language Learning (CALL): Media, Design and Application*, p. 223–238. Lisse, The Netherlands: Swets & Zeitlinger Publishers.

KEOGH K., KOLLER T., WARD M., UÍ DHONNCHADHA E. & VAN GENABITH J. (2004). CL for CALL in the Primary School. In L. LEMNITZER, D. MEURERS & E. HINRICHS, Eds., *Proceedings of COLING-04. Workshop eLearning for Computational Linguistics and Computational Linguistics for eLearning*, p. 53–60, Geneva, Switzerland: COLING.

KIRSCHNING I. (2004). CSLU Toolkit-based Vocabulary Tutors for the Jean Piaget Special Education School. In *Proceedings of InSTIL/ ICALL2004*, Venice.

KLENNER M. (2004). Tutorial Dialogue in DiBEx. In *Proceedings of InSTIL/ ICALL2004*, Venice.

KNILL K. & YOUNG S. (1997). Hidden Markov Models in Speech and Language Processing. In S. YOUNG & G. BLOOTHOOFT, Eds., *Corpus-based methods in language and speech processing*, p. 27–68. Dordrecht: Kluwer.

KNUTSSON O., CERRATTO PARGMAN T., SEVERINSON EKLUNDH K. & WESTLUND S. (2007). Designing and developing a language environment for second language writers. *Computers & Education*, **49**(4), 1122–1146.

KOLLER T. (2003). Knowledge-based intelligent error feedback in a Spanish ICALL system. In *Proceedings of The 14th Irish Conference on Artificial Intelligence & Cognitive Science*, p. 117–121, Dublin: Trinity College.

KOLLER T. (2004). Creation and evaluation of animated grammars. In *Proceedings of Eurocall 04*, p. 153, Vienna: EUROCALL.

KOSKENNIEMI K. (1994). A General Computational Model for Wordform Recognition and Production. In *Proceedings of COLING-94*,

p. 178–181, Kyoto, Japan.

KRAIF O., ANTONIADIS G., ECHINARD S., LOISEAU M., LEBARBÉ T. & PONTON C. (2004). NLP Tools for CALL: the Simpler the Better. In *Proceedings of InSTIL/ ICALL2004*, Venice.

KUKICH K. (1992). Techniques for Automatically Correcting Words in Text. *ACM Computing Surveys*, **24**(4), 377–439.

KWASNY S. C. & SONDHEIMER N. K. (1981). Relaxation Techniques for Parsing Gramatically Ill-Formed Input in Natural Language Understanding Systems. *American Journal of Computational Linguistics*, **7**(2), 99–108.

LA TORRE M. D. (1999). A web-based resource to improve translation skills. *ReCALL*, **11**(3), 41–49.

LAENZLINGER C. (2003). *Initiation à la syntaxe formelle du français: le modèle "Principes et paramètres" de la grammaire générative transformationnelle*. Berne: Peter Lang.

LAENZLINGER C., L'HAIRE S. & MENGON J. (2000). Generic Pasing and Hybrid Transfer in Automatic Translation. In D. N. CHRISTODOULAKIS, Ed., *Proceedings of NLP-2000*, p. 304–314, Berlin: Springer.

LAENZLINGER C. & WEHRLI E. (1991). Un analyseur interactif pour le français. *T.A. Informations*, **32**(2), 35–49.

LAMEL L. & GAUVAIN J.-L. (2003). Speech recognition. In R. MITKOV, Ed., *The Oxford handbook of computational linguistics*, p. 305–322. Oxford: Oxford Univ. Press.

LAMY M.-N. & GOODFELLOW R. (1998). "Conversations réflexives" dans la classe de langues virtuelle par conférence asynchrone. *Alsic*, **1**(2), 81–101.

LAMY M.-N., KARLSKOV MORTENSEN H. J. & DAVIES G. (2005). ICT4LT Module 2.4: Using concordance programs in the Modern Foreign Languages classroom. Resource on the web.

LAPALME G. & MACKLOVITCH E. (2006). Compréhension et multi-linguisme. In G. SABAH, Ed., *Compréhension des langues et interaction*, p. 357–374. Paris: Hermes Science, Lavoisier.

LAROCCA S. A., MORGAN J. J. & BELLINGER S. M. (1999). On the path to 2x learning: exploring the possibilities of advanced speech recognition. *Calico Journal*, **16**(3), 295–310.

LASCARIDES A. & ASHER N. (1991). Discourse Relations and Defeasible Knowledge. In *Proceedings of ACL-91*, p. 55–62, Berkeley: University of California, Berkeley Association for Computational Linguistics.

LECHELT M. (2005). Analyse et conception d'un correcteur grammatical libre pour le français. Rapport de stage de master, Université Stendhal-Grenoble 3, Grenoble.

LELOUCHE R. (1991). Using multiple knowledge bases to help teach some pragmatic aspects of French. *Computer Assisted Language Learning (CALL): An International Journal*, **4**(1), 29–40.

LEMNITZER L. & KUNZE C. (2002). Adapting GermaNet for the Web. In *Proceedings of the First Global Wordnet Conference*, p. 174–181, Mysore, India: Central Institute of Indian Languages.

LEVENSHTEIN V. I. (1966). Binary codes capable of correcting deletions, insertions, and reversals. *Soviet Physics Doklady*, **10**(8), 707–710.

LEVI T., STOKOWSKI S., KOSTER N. & RYCSHKA A. (2004). Voice Recognition Feature of the German Express Courseware: Conceptualization, Specification and Prototyping – Model Elaboration through Phases. In *Proceedings of InSTIL/ ICALL 2004*, Venice.

LEVIN L. S. & EVANS D. A. (1995). ALICE-chan: A Case Study in ICALL Theory and Practice. In V. M. HOLLAND, J. D. KAPLAN & M. R. SAMS, Eds., *Intelligent Language Tutors: Theory Shaping Technology*, p. 77–97. Mahwah, NJ: Lawrence Erlbaum Associates.

LEVISON M. & LESSARD G. (1996). Using a language generation system for second language learning. *Computer Assisted Language Learning (CALL): An International Journal*, **9**(2–3), 181–189.

LEVISON M. & LESSARD G. (2004). Generated Narratives for Computer-aided Language Teaching. In L. LEMNITZER, D. MEURERS & E. HINRICHS, Eds., *Proceedings of COLING-04. Workshop eLearning for Computational Linguistics and Computational Linguistics for eLearning*, p. 26–31, Geneva, Switzerland: COLING.

LEVY M. (1997). *Computer-assisted language learning: context and conceptualization*. Oxford: Clarendon Press.

L'HAIRE S. (2000). L'Enseignement Assisté par Ordinateur et le Traitement Automatique du Langage Naturel. Mémoire de DES, Université de Genève, Faculté des Lettres, Genève.

L'HAIRE S. (2004). Vers un feedback plus intelligent. Les enseignements du projet Freetext. In *Journée d'étude de l'ATALA "TAL & Apprentissage des langues" (TAL&AL). 22 octobre 2004, Grenoble. Actes*, p. 1–12, Grenoble: ATALA.

L'HAIRE S. (2011). *Traitement Automatique des Langues et Apprentissage des Langues Assisté par Ordinateur: bilan, résultats et perspectives*. PhD thesis, Université de Genève, Faculté des Lettres, Genève.

L'HAIRE S., MENGON J. & LAENZLINGER C. (2000). Outils génériques et transfert hybride pour la traduction automatique sur Internet. In *Actes de TALN-RECITAL 2000*, p. 253–262, Lausanne: ATALA.

L'HAIRE S. & VANDEVENTER FALTIN A. (2003a). Diagnostic d'erreurs dans le projet FreeText. *Alsic*, **6**(2), 21–37.

L'HAIRE S. & VANDEVENTER FALTIN A. (2003b). Error Diagnosis in the FreeText Project. *Calico Journal*, **20**(3), 481–495.

LIOU H.-C. (2004). Corpora-based NLP technologies for an online EFL learning environment. In *Proceedings of Eurocall 04*, p. 163,

Vienna: EUROCALL.

LISTER R. & RANTA L. (1997). Corrective Feedback and Learner Uptake. *Studies in Second Language Acquisition*, **20**, 37–66.

LIU A. L.-E., WIBLE D. & TSAO N.-L. (2009). Automated suggestions for miscollocations. In *Proceedings of the Fourth Workshop on Innovative Use of NLP for Building Educational Applications*, p. 47–50, Boulder, Colorado: Association for Computational Linguistics.

LIU C.-L., WANG C.-H., GAO Z.-M. & HUANG S.-M. (2005). Applications of lexical information for algorithmically composing multiple-choice cloze items. In *Proceedings of the Second Workshop on Building Educational Applications Using NLP*, p. 1–8, Ann Arbor, Michigan: Association for Computational Linguistics.

LORITZ D. (1987). An Introductory Lisp Parser. *Calico Journal*, **4**(4), 51–70.

LORITZ D. (1995). GPARS: A Suite of Grammar Assesment Systems. In V. M. HOLLAND, J. D. KAPLAN & M. R. SAMS, Eds., *Intelligent Language Tutors: Theory Shaping Technology*, p. 121–133. Mahwah, NJ: Lawrence Erlbaum Associates.

LOTHERINGTON H. & XU Y. (2004). How to chat in English and Chinese: Emerging digital language conventions. *ReCALL*, **16**(2), 308–329.

LOWRANCE R. & WAGNER R. A. (1975). An Extension of the String-to-String Correction Problem. *Journal of the Association for Computing Machinery*, **22**(2), 177–183.

MALONE S. & FELSHIN S. (1991). GLR parsing for erroneous input. In M. TOMITA, Ed., *Generalized LR parsing*, p. 129–139. Boston, Dordrecht: Kluwer.

MANGENOT F. (1998a). Classification des apports d'Internet à l'apprentissage des langues. *Alsic*, **1**(2), 133–146.

MANGENOT F. (1998b). Réseau Internet et apprentissage du français. *Etudes de linguistique appliquée*, **110**, 205–214.

MANGEOT M. & THEVENIN D. (2004). Online Generic Editing of Heterogeneous Dictionary Entries in Papillon Project. In *Proceedings of COLING-04*, volume 1, p. 1029–1035, Geneva, Switzerland: COLING.

MANGU L. & BRILL E. (1997). Automatic rule acquisition for spelling correction. In *Proceedings of 14 th International Conference on Machine Learning*, p. 187–194: Morgan Kaufmann.

MANN W. C. & THOMPSON S. A. (1987). Rhetorical Structure Theory: description and construction of text structures. In G. KEMPEN, Ed., *Natural Language Generation: new results in Artificial Intelligence, Psychology and Linguistics*, p. 85–95. Dordrecht, NL: Martinus Nijhoff.

MANNING C. D. & SCHÜTZE H. (2000). *Foundations of Statistical Natural Language Processing*. Cambridge MA and London: MIT Press, 3rd edition.

MARQUET P. (2004). *Informatique et enseignement: progrès ou évolution?* Sprimont: Mardaga.

MARSHALL I. (1987). Tag selection using probabilistic methods. In R. GARSIDE, G. LEECH & G. SAMPSON, Eds., *The computational analysis of English: a corpus-based approach*, p. 42–56. London & New York: Longman.

MARTIN P. (2004a). WinPitch Corpus: A text to speech Alignment Tool for Multimodal Corpora. In *Proceedings of LREC 2004*, volume 2, p. 537–540, Lisbon, Portugal: ELRA - European Language Resources Association.

MARTIN P. (2004b). WinPitch LTL II, a Multimodal Pronunciation Software. In *Proceedings of InSTIL/ ICALL2004*, Venice.

MARTIN P. (2004c). WinPitch LTL, un logiciel d'enseignement de la prosodie multimédia. In *Journée d'étude de l'ATALA "TAL &*

Apprentissage des langues" (TAL&AL): Actes, p. 71–82, Grenoble: LIDILEM ATALA - XRCE.

MATTHEWS C. (1992). Going AI. Foundations of ICALL. *Computer Assisted Language Learning (CALL): An International Journal*, **5**(1-2), 13–32.

MATTHIESEN C. & THOMPSON S. A. (1988). The structure of discourse and 'subordination'. In J. HAIMAN & S. A. THOMPSON, Eds., *Clause Combining in Grammar and Discourse*, p. 275–329. Amsterdam: John Benjamins.

MCENERY T. (2003). Corpus linguistics. In R. MITKOV, Ed., *The Oxford handbook of computational linguistics*, p. 448–463. Oxford: Oxford Univ. Press.

MCENERY T. & WILSON A. (1993). The role of corpora in Computer-Assisted Language Learning. *Computer Assisted Language Learning (CALL): An International Journal*, **6**(3), 233–248.

MCENERY T. & WILSON A. (1997). Teaching and language corpora (TALC). *ReCALL*, **9**(1), 5–14.

MCENERY T. & WILSON A. (2005). ICT4LT Module 3.4: Corpus linguistics. Resource on the web.

MCENERY T., WILSON A. & BARKER P. (1997). Teaching grammar again after twenty years: corpus-based help for teaching grammar. *ReCALL*, **9**(2), 8–16.

MCILROY M. D. (1982). Development of a spelling list. *IEEE Transactions on Communications*, **COM-30**(1), 91–99.

MEL'ČUK I. A. (1997). Vers une linguistique Sens-Texte. Collège de France, chaire internationale, discours inaugural.

MEL'ČUK I. A. (2001). *Communicative organization in natural language: the semantic-communicative structure of sentences*. Amsterdam: J. Benjamins, cop.

MEL'ČUK I. A., ARBATCHEWSKY-JUMARIE N., DAGENAIS L., ELNITSKY L., IORDANSKAJA L., LEFEBVRE M.-N. & MANTHA S.

(1988). *Dictionnaire explicatif et combinatoire du français contemporain: recherches lexico-sémantique*, volume II. Montréal: Les Presses de l'Université de Montréal.

MEL'ČUK I. A., ARBATCHEWSKY-JUMARIE N., ELNITSKY L., IORDANSKAJA L. & LESSARD A. (1984). *Dictionnaire explicatif et combinatoire du français contemporain: recherches lexico-sémantique*, volume I. Montréal: Les Presses de l'Université de Montréal.

MEL'ČUK I. A., ARBATCHEWSKY-JUMARIE N., IORDANSKAJA L. & MANTHA S. (1992). *Dictionnaire explicatif et combinatoire du français contemporain: recherches lexico-sémantique*, volume III. Montréal: Les Presses de l'Université de Montréal.

MEL'ČUK I. A., ARBATCHEWSKY-JUMARIE N., IORDANSKAJA L., MANTHA S. & POLGUÈRE A. (1999). *Dictionnaire explicatif et combinatoire du français contemporain: recherches lexico-sémantique*, volume IV. Montréal: Les Presses de l'Université de Montréal.

MENDELSOHN P. & JERMANN P. (1997). *Les technologies de l'information appliquées à la formation: rapport de tendances*. Bern, Aarau: Direction du Programme National de Recherche PNR33 et Centre suisse de Coordination pour la Recherche en Education (CSRE).

MENZEL W. (1988). Error diagnosis and selection in a training system for second language learning. In *Proceedings of COLING-88*, volume 2, p. 414–419, Budapest: J. von Neumann Society for Computing Science.

MENZEL W. (2004). Errors, Intentions, and Explanations: Feedback Generation for Language Tutoring Systems. In *Proceedings of InSTIL/ ICALL 2004*, Venice.

MENZEL W., HERRON D., MORTON R., PEZZOTTA D., BONAVENTURA P. & HOWARTH P. (2001). Interactive pronunciation training. *ReCALL*, **13**(1), 67–78.

MENZEL W. & SCHRÖDER I. (1998). Error Diagnosis for Language Learning Systems. In *Actes de TAL + AI 98*, p. 45–51, Moncton, Canada: GRÉTAL: Groupe d'étude sur le traitement automatique des langues.

MERTENS P., AUCHLIN A., GOLDMAN J.-P., GROBET A. & GAUDINAT A. (2001). Intonation du discours et synthèse de la parole : premiers résultats d'une approche par balises. *Cahiers de Linguistique Française*, **23**, 189–209.

METCALF V. & MEURERS D. (2006). Generating Web-based English Preposition Exercises from Real-World Texts. In *Proceedings of Eurocall 2006*, p. 174, Granada: Eurocall.

MEYER B. (2008). *Conception et programmation orientées objet*. Paris: Eyrolles, 3 edition.

MICHEL J. & LEHUEN J. (2004). Un analyseur hypotético-déductif non déterministe pour l'apprentissage et la pratique d'une langue. In *Journée d'étude de l'ATALA "TAL & Apprentissage des langues" (TAL&AL): Actes*, p. 13–22, Grenoble: LIDILEM ATALA - XRCE.

MIKHEEV A. (2003). Text segmentation. In R. MITKOV, Ed., *The Oxford handbook of computational linguistics*, p. 201–218. Oxford: Oxford Univ. Press.

MILIĆEVIĆ J. & HAMEL M.-J. (2005). Un dictionnaire de reformulation pour les apprenants du français langue seconde. In *Actes du 29ᵉ colloque annuel de l'Association de Linguistique des Provinces Atlantiques (ALPA)*, Moncton, NB.

MILLER G. A. & FELLBAUM C. (1992). WordNet and the Organization of Lexical Memory. In M. L. SWARTZ & M. YAZDANI, Eds., *Intelligent Tutoring Systems for Foreign Language Learning: The Bridge to International Communication*, p. 89–102. Berlin: Springer-Verlag, NATO Scientific Affairs Division.

MIRZAIEAN V. & RAMSAY A. (2005). Content-based support for Persian learners of English. *ReCALL*, **17**(1), 139–154.

MITTON R. (1987). Spelling checkers, spelling correctors and the misspellings of poor spellers. *Information Processing and Management*, **23**(5), 495–505.

MITTON R. (1996). Spellchecking by computers. *Journal of the Simplified Spelling Society*, **20**(1), 4–11.

MOGILEVSKI E. (1998). Le Correcteur 101 (A Comparative Evaluation of Version 2.2 and Version 3.5 Pro). *Calico Journal*, **16**(2), 183–196.

MONSON C., LEVIN L., VEGA R., BROWN R., FONT LLITJOS A., LAVIE A., CARBONELL J., CAÑULEF E. & HUISCA R. (2004). Data Collection and Analysis of Mapundungun Morphology for Spelling Correction. In *Proceedings of LREC 2004*, volume 5, p. 1629–1632, Lisbon, Portugal: ELRA - European Language Resources Association.

MORGAN J. J. (2004). Making a Speech Recognizer Tolerate Non-native Speech through Gaussian Mixture Merging. In *Proceedings of InSTIL/ ICALL2004*, Venice.

MORRIS R. & CHERRY L. L. (1975). Computer detection of typographical errors. *IEEE Transactions on Professional Communication*, **PC-18**(1), 54–64.

MORTON H. & JACK M. A. (2005). Scenario-Based Spoken Interaction with Virtual Agents. *Computer Assisted Language Learning (CALL): An International Journal*, **18**(3), 171–191.

MOSTOW J. & AIST G. (1999). Giving Help and Praise in a Reading Tutor with Imperfect Listening - Because Automated Speech Recognition Means Never Being Able to Say You're Certain. *Calico Journal*, **16**(3), 407–424.

MOSTOW J., AIST G., BECK J., CHALASANI R., CUNEO A., JIA P. & KADARU K. (2002). A La Recherche du Temps Perdu, or As Time Goes By: Where Does the Time Go in a Reading Tutor That Listens? In S. A. CERRI, G. GOUARDÈRES & F. PARAGUAÇU, Eds., *Proceedings of ITS 2002*, p. 300–329, Berlin: Springer.

MOTE N., JOHNSON L., SETHY A., SILVA J. & NARAYANAN S. (2004). Tactical Language Detection and Modeling of Learner Speech Errors: The case of Arabic tactical language training for American English speakers. In *Proceedings of InSTIL/ ICALL2004*, Venice.

MULFORD G. W. (1989). Semantic Processing for Communicative Exercises in Foreign-Language Learning. *Computers and the Humanities*, **23**, 31–44.

MURRAY J. H. (1995). Lessons Learned from the Athena Language Learning Project: Using Natural Language Processing, Graphics, Speech Processing, and Interactive Video for Communication-Based Language Learning. In V. M. HOLLAND, J. D. KAPLAN & M. R. SAMS, Eds., *Intelligent Language Tutors: Theory Shaping Technology*, p. 243–256. Mahwah, NJ: Lawrence Erlbaum Associates.

MURRAY T. (1999). Authoring Intelligent Tutoring Systems: An Analysis of the State of the Art. *International Journal of Artificial Intelligence in Education*, **10**, 98–129.

NABER D. (2003). A Rule-Based Style and Grammar Checker. Diplomarbeit, Technische Fakultät, Universität Bielefeld, Bielefeld.

NADASDI T. & SINCLAIR S. (2009). Anything I can do, CPU can do better: a comparison of human and computer grammar correction for L2 writing using BonPatron.com. *Journal of French Language Studies*, (19), 406–409.

NAGATA N. (2009). Robo-Sensei's NLP-Based Error Detection and Feedback Generation. *Calico Journal*, **26**(3), 562–579.

NAGATA R., KAWAI A., MORIHIRO K. & ISU N. (2006). A Feedback-Augmented Method for Detecting Errors in the Writing of Learners of English. In *Proceedings COLING/ACL-06*, p. 241–248, Sydney, Australia: Association for Computational Linguistics.

NAMER F., BOUILLON P. & JACQUEY E. (2007). Un Lexique Génératif de référence pour le français. In F. BENAMARA, N. HATHOUT,

P. MULLER & S. OZDOWSKA, Eds., *Actes de TALN-RECITAL-07*, volume 2, p. 233–242, Toulouse: Association pour le Traitement Automatique des Langues.

NAVARRO G. (2001). A Guided Tour to Approximate String Matching. *ACM Computing Surveys*, **33**(1), 31–88.

NAZARENKO A. (2006). Le point sur l'état actuel des connaissances en traitement automatique des langues (TAL). In G. SABAH, Ed., *Compréhension des langues et interaction*, p. 31–70. Paris: Hermes Science, Lavoisier.

NDIAYE M. & VANDEVENTER FALTIN A. (2003). A Spell Checker Tailored to Language Users. *Computer Assisted Language Learning (CALL): An International Journal*, **16**(2–3), 213–232.

NDIAYE M. & VANDEVENTER FALTIN A. (2004). Correcteur orthographique adapté à l'apprentissage du français. *BULAG*, **29**, 117–134.

NEEDLEMAN S. & WUNSCH C. (1970). A general method applicable to the search for similarities in the amino acid sequences of two proteins. *Journal of Molecular Biology*, **48**, 444–453.

NELSON T. H. (1965). Complex information processing: a file structure for the complex, the changing and the indeterminate. In *ACM '65: Proceedings of the 1965 20th national conference*, p. 84–100, New York, NY, USA: Association of Computing Machinery (ACM).

NERBONNE J. (2003). Natural Language Processing in Computer-Assisted Language Learning. In R. MITKOV, Ed., *The Oxford handbook of computational linguistics*, p. 670–698. Oxford: Oxford Univ. Press.

NERIMA L., SERETAN V. & WEHRLI E. (2003). Creating a Multilingual Collocation Dictionary from Large Text Corpora. In *Proceedings of EACL-03*, p. 131–134, Budapest, Hungary.

NERIMA L., SERETAN V. & WEHRLI E. (2006). Le problème des collocations en TAL. *Nouveaux cahiers de linguistique française*, **27**,

95–115.

NEUWIRTH C. M. (1989). Intelligent Tutoring Systems: Exploring Issues in Learning and Teaching Writing. *Computers and the Humanities*, **23**(1), 45–57.

NICHOLAS N., DEBSKI R. & LAGERBERG R. (2004). Skryba: An Online Orthography Teaching Tool for Learners from Bilingual Backgrounds. *Computer Assisted Language Learning (CALL): An International Journal*, **17**(3–4), 441–458.

NIÑO A. (2005). Using machine translation output to enhance proficiency in foreign language written production. In *Proceedings of Eurocall 05*, p. 169, Kraków, Poland: Jagiellonian University.

ODELL M. K. & RUSSELL R. C. (1918, 1922). Patent Numbers 1,261,167 (1918) and 1,435,663 (1922). U.S. Patent Number, U.S. Patent Office.

OFLAZER K. (2003). Lenient morphological analysis. *Natural Language Engineering*, **9**(1), 87–99.

OLIVER J. J. (1993). Decision graphs - an extension of decision trees. In *Proceedings of the Fourth International Workshop on Artificial Intelligence and Statistics*, p. 343–350.

OTT H., RODRÍGUEZ PRADOS F. J., LUDWIG B. & HARRIE-HAUSEN-MÜHLBAUER B. (2005). Language e-Learning with role-based mobile phone games. In *LIT Leipzig 05 proceedings*, Leipzig.

PAIN H. (1981). A computer aid for spelling error classification in language teaching. In B. LEWIS & D. TAGG, Eds., *Computers in education: proceedings of the IFIP TC-3: 3rd World Conference on Computers in Education-WCCE 81*, volume 1, p. 297–302, Lausanne: IFIP - International Federation for Information Processing North Holland.

PANKHURST J. (2005). LIPSTIC: A Limited Intelligence Parser Seeking Typical Interference Constructions. *The EUROCALL Review*, **8**.

PAPERT S. (1970). *Teaching children thinking.* Rapport interne 247 (Logo Memo 2), MIT Artificial Intelligence Laboratory Memo, Cambridge, MA.

PAPINENI K., ROUKOS S., WARD T. & ZHU W.-J. (2002). Bleu: a Method for Automatic Evaluation of Machine Translation. In *Proceedings of ACL-EACL-02*, p. 311–318, Philadelphia.

PARAMSKAS D. M. (1999). The Shape of Computer-Mediated Communication. In K. CAMERON, Ed., *Computer-Assisted Language Learning (CALL): Media, Design and Application*, p. 13–34. Lisse, The Netherlands: Swets & Zeitlinger Publishers.

PAROUBEK P. & RAJMAN M. (2000). Étiquetage morpho-syntaxique. In J.-M. PIERREL, Ed., *Ingéniérie des langues*, p. 131–150. Paris: Hermès Science Publications.

PASERO R. & SABATIER P. (1998). Linguistic Games for Language Learning: A Special Use of the ILLICO Library. *Computer Assisted Language Learning (CALL): An International Journal*, **11**(5), 561–585.

PASKALEVA E. & MIHOV S. (1998). Second Language Acquisition from aligned corpora. In S. JAGER, J. NERBONNE & A. VAN ESSEN, Eds., *Language Teaching and Language Technology*, p. 43–52. Lisse, The Netherlands: Swets & Zeitlinger Publishers.

PAYETTE J. (1990). Intelligent Computer-Assisted Instruction in Syntactic Style. Master's thesis, Computer Systems Research Institute, University of Toronto, Toronto.

PEDLER J. (2001). Computer spellcheckers and dyslexics – a performance survey. *British Journal of Educational Technology*, **32**(1), 23–37.

PENNINGTON M. C. & ESLING J. H. (1996). Computer-Assisted Development of Spoken Language Skills. In M. C. PENNINGTON, Ed., *The Power of CALL*, p. 153–189. Houston: Athelstan.

PEREIRA F. C. N. & SHIEBER S. M. (1987). *Prolog and Natural-Language Analysis*. Number 10 in CSLI Lecture Notes. Stanford: CSLI Publications.

PETERSON J. L. (1980). Computer Programs for Detecting and Correcting Spelling Errors. *Communications of the Association for Computing Machinery*, **23**(12), 676–687.

PHILIPS L. (2000). The Double Metaphone Search Algorithm. *C/C++ Users Journal*, (6).

PHINNEY M. (1996). Exploring the Virtual World: Computers in the Second Language Writing Classroom. In M. C. PENNINGTON, Ed., *The Power of CALL*, p. 137–152. Houston: Athelstan.

PIERREL J.-M. & ROMARY L. (2000). Dialogue homme-machine. In J.-M. PIERREL, Ed., *Ingéniérie des langues*, p. 331–349. Paris: Hermès Science Publications.

PIJLS F., DAELEMANS W. & KEMPEN G. (1987). Artificial intelligence tools for grammar and spelling instruction. *Instructional Science*, **16**(4), 319–336.

POLGUÈRE A. (1998). La théorie sens-texte. *Dialangue*, **8-9**, 9–30.

POLGUÈRE A. (2003). Etiquetage sémantiques des lexies dans la base de données DiCo. *Traitement automatique des langues*, **44**(2), 39–68.

POLLARD C. & SAG I. (1994). *Head-driven Phrase Structure Grammar*. CSLI Series. Chicago: University of Chicago Press.

POLLOCK J. L. & ZAMORA A. (1984). Computer Programs for Detecting and Correcting Spelling Errors. *Communications of the Association for Computing Machinery*, **27**(4), 358–368.

POTTER K. R. (2002). Taming overgeneration in a constraint-relaxed parser. Communication to 13th meeting of Computational Linguistics in the Netherlands.

PRÉVOT L., MULLER P., DENIS P. & VIEU L. (2002). Une approche sémantique et rhétorique du dialogue. un cas d'étude: l'explication d'un itinéraire. *Traitement automatique des langues*, **43**(2), 43–70.

PROBST K., KE Y. & ESKENAZI M. (2002). Enhancing foreign language tutors — In search of the golden speaker. *Speech Communication*, **37**, 161–173.

PROST J.-P. (2008). *Modelling Syntactic Gradience with Loose Constraint-based Parsing*. PhD thesis, Macquarie University & Université de Provence, Sidney, Australia & Aix-en-Provence, France.

PUSTEJOVSKY J. (1995). *The Generative Lexicon*. Cambridge MA, USA: MIT Press.

PUSTEJOVSKY J. & BOGURAEV B. (1993). Lexical knowledge representation and natural language processing. *Artificial Intelligence*, **63**, 193–223.

QIAO H. L. & SUSSEX R. (1996). Using the Longman Mini Concordancer on tagged and parsed corpora with special reference to their use as an aid to grammar learning. *System: an international journal of educational technology and applied linguistics*, **24**(1), 41–64.

QUIXAL M., BADIA T., BENAVENT F., BOULLOSA J. R., DOMINGO J., GRAU B., MASSÓ G. & VALENTÍN O. (2008). User-Centred Design of Error Correction Tools. In N. CALZOLARI, K. CHOUKRI, B. MAEGAARD, J. MARIANI, J. ODJIK, S. PIPERIDIS & D. TAPIAS, Eds., *Proceedings of LREC'08*, p. 1985–1989, Marrakech, Morocco: European Language Resources Association (ELRA).

RAMBOW O. & KORELSKY T. (1992). Applied Text Generation. In *Proceedings of ANLP-92*, p. 40–47, Trento, Italy: Association for Computational Linguistics.

RAMÍREZ BUSTAMANTE F. & SÁNCHEZ LEÓN F. (1996). GramCheck: A Grammar and Style Checker. In *Proceedings of COLING-96*, volume 1, p. 175–181, Copenhagen, Denmark: Center for Sprogteknologi.

RAMLUCKUN M. & WEHRLI E. (1993). ITS-2: an interactive personal translation system. In *Proceedings of EACL-93*, p. 476–477,

Utrecht, The Netherlands: Association for Computational Linguistics.

RAUX A. & ESKENAZI M. (2004). Using Task-Oriented Spoken Dialogue Systems for Language Learning: Potential, Practical Applications and Challenges. In *Proceedings of InSTIL/ ICALL 2004*, Venice.

REICHENBACH H. (1947). *Elements of Symbolic Logic*. New-York: Free Press.

RENIÉ D. & CHANIER T. (1996). ÉLÉONORE: quelle place pour la collaboration dans un environnement d'apprentissage du français langue seconde? *Sciences et Techniques Educatives*, **3**(3), 353–380.

REUER V. (1999). Dialogue processing in a CALL-system. In *Proceedings of EACL'99*, p. 253–256, Bergen, Norway: Association for Computational Linguistics.

REVUZ D. (1991). *Dictionnaires et Lexiques, Méthodes et Algorithmes*. PhD thesis, Université Paris VII.

REYNAERT M. (2004). Text Induced Spelling Correction. In *Proceedings of COLING-04*, volume 1, p. 834–840, Geneva, Switzerland: COLING.

RÉZEAU J. (1994). Integrating telematics data into CALL packages. In J. THOMPSON & G. CHESTERS, Eds., *Emancipation through learning technology. Selected papers from the EUROCALL'93 conference, University of Hull, UK, 15-17 September 1993. A special double issue of Computers and Education, Vol 23, No. 1/2, 1994*, p. 159–164, Oxford: EUROCALL Pergamon.

RIMROTT A. (2003). SANTY: A Spell Checking Algorithm for Treating Predictable Verb Inflection Mistakes Made by Non-Native Writers of German. Term Paper for LING 807 Computational Linguistics, Simon Fraser University.

RIMROTT A. & HEIFT T. (2005). Language Learners and Generic Spell Checkers in CALL. *Calico Journal*, **23**(1), 17–48.

RIMROTT A. & HEIFT T. (2008). Evaluating Automatic Detection of Misspellings in German. *Language Learning & Technology*, **12**(3), 73–92.

RISEMAN E. M. & HANSON A. R. (1974). A contextual postprocessing system for error correction using binary n-grams. *IEEE Transactions on Computers*, **C-23**(5), 480–493.

RIZZO P., SHAW E. & JOHNSON W. L. (2002). An Agent That Helps Children to Author Rhetorically-Structured Digital Puppet Presentations. In S. A. CERRI, G. GOUARDÈRES & F. PARAGAÇU, Eds., *Proceedings of ITS 2002*, p. 903–912, Berlin: Springer.

ROBERTSON J. & WIEMER-HASTINGS P. (2002). Feedback on Children's Stories via Multiple Interface Agents. In S. A. CERRI, G. GOUARDÈRES & F. PARAGAÇU, Eds., *Proceedings of ITS 2002*, p. 923–932, Berlin: Springer.

ROUSSARIE L. (1998). Le problème de la structuration et de la représentation du discours vu sous l'angle de la génération automatique. *Traitement automatique des langues*, **39**(2), 35–55.

RÜSCHOFF B. (1998). Evaluating and Testing. In F. BLIN, N. CHÉNIK & J. THOMPSON, Eds., *CALL Courseware Development: a Handbook*, p. 15–24. Hull, UK: Eurocall.

RYPA M. E. & PRICE P. (1999). VILTS: A Tale of Two Technologies. *Calico Journal*, **16**(3), 385–404.

SABAH G. (2000). Sens et traitement automatique des langues. In J.-M. PIERREL, Ed., *Ingéniérie des langues*, p. 77–108. Paris: Hermès Science Publications.

SABAH G. & GRAU B. (2000). Compréhension automatique de textes. In J.-M. PIERREL, Ed., *Ingéniérie des langues*, p. 293–310. Paris: Hermès Science Publications.

SANDERS A. & SANDERS R. (1987). Designing and Implementing a Syntactic Parser. *Calico Journal*, **5**(1), 77–86.

SANZ D. (1992). Grammaire: quatre ténors à l'épreuve. *Science et Vie Micro*, (90), 100–108.

SAXENA A. & BORIN L. (2002). Teaching grammar with a treebank and a parser. In *Eurocall 2002: Preconference workshop: NLP in CALL, No Longer Pertinent or New Light Penetrates? 3rd Eurocall workshop organised by the SIG in Language Processing*, Jyväskylä, Finland.

SCHMID H. (1994). Part-of-speech Tagging with Neural Networks. In *Proceedings of COLING-94*, p. 172–176, Kyoto, Japan.

SCHMIDT H. (1994). Probabilistic Part-of-Speech Tagging Using Decision Trees. In *Proceedings of International Conference on New Methods in Language Processing*, Manchester, UK.

SCHMIDT P., GARNIER S., SHARWOOD M., BADIA T., DÍAZ L., QUIXAL M., RUGGIA A., VALDERRABANOS A. S., CRUZ A. J., TORREJON E., RICO C. & JIMENEZ J. (2004). ALLES: Controlled language tools and information extraction tools for CALL Applications. In *Proceedings of InSTIL/ ICALL2004*, Venice.

SCHNEIDER D. & MCCOY K. F. (1998). Recognizing Syntactic Errors in the Writing of Second Language Learners. In *Proceedings of Coling-ACL '98*, volume 2, p. 1198–1204, Montréal, Canada: Université de Montréal.

SCHRÖDER I., MENZEL W., FOTH K. & SCHULZ M. (2000). Modeling dependency grammar with restricted constraints. *Traitement automatique des langues*, **41**(1), 113–144.

SCHULZE M. (1995). Textana: Text Reproduction In A Hypertext Environment. In A. GIMENO, Ed., *Proceedings of EUROCALL 95*, p. 415–425, Valencia: Universidad Politécnica de Valencia.

SCHULZE M. (2004). WatPAL - Learning Designs, Learning Objects, and Tablet PCs. In *Proceedings of Eurocall 04*, p. 214, Vienna: EUROCALL.

SCHUSTER E. (1986). The Role of Native Grammars in Correcting Errors in Second Language Learning. *Computational Intelligence*, **2**(2), 93–98.

SCHWARTZ L., AIKAWA T. & PAHUD M. (2004). Dynamic Language Learning Tools. In *Proceedings of InSTIL/ ICALL 2004*, Venice.

SCHWIND C. B. (1988). Sensitive Parsing: Error Analysis and Explanation in an Intelligent Language Tutoring System. In *Proceedings of COLING-88*, volume 2, p. 608–613, Budapest: J. von Neumann Society for Computing Science.

SCHWIND C. B. (1995). Error Analysis and Explanation in Knowledge Based Language Tutoring. *Computer Assisted Language Learning (CALL): An International Journal*, **8**(4), 295–324.

SCINICARIELLO S. (2006). Podcasts in the Language Curriculum: Integrating Language, Content and Technology. In *Proceedings of Eurocall 2006*, p. 222, Granada: Eurocall.

SEARLE J. R. (1969). *Speech acts: an essay in the philosophy of language*. Cambridge, London: Cambridge University Press.

SEGOND F. & PARMENTIER T. (2004). NLP serving the cause of language learning. In L. LEMNITZER, D. MEURERS & E. HINRICHS, Eds., *Proceedings of COLING-04. Workshop eLearning for Computational Linguistics and Computational Linguistics for eLearning*, p. 11–17, Geneva, Switzerland: COLING.

SEGOND F., PARMENTIER T., STOCK R., ROSNER R. & USTERAN MUELA M. (2005). Situational language training for hotel receptionists. In *Proceedings of the Second Workshop on Building Educational Applications Using NLP*, p. 85–92, Ann Arbor, Michigan: Association for Computational Linguistics.

SELVA T. & CHANIER T. (2000). Génération automatique d'activités lexicales dans le système ALEXIA. *Sciences et Techniques Educatives (STE)*, **7**(2), 385–412.

SELVA T., VERLINDE S. & BINON J. (2003). Vers une deuxième génération de dictionnaires électroniques. *Traitement automatique des langues*, **44**(2), 177–197.

SENEFF S., WANG C. & YU CHAO C. (2007). Spoken dialogue systems for language learning. In *Proceedings of NAACL-HLT-07*, p. 13–14, Rochester, New York, USA: Association for Computational Linguistics.

SERETAN V. (2008). *Collocation extraction based on syntactic parsing*. PhD thesis, University of Geneva.

SERETAN V. (2009). Extraction de collocations et leurs équivalents de traduction à partir de corpus parallèles. *Traitement automatique des langues*, **50**(1), 305–332.

SERETAN V. & WEHRLI E. (2006). Accurate collocation extraction using a multilingual parser. In *Proceedings COLING/ACL-06*, p. 953–960, Sydney, Australia: Association for Computational Linguistics.

SERETAN V. & WEHRLI E. (2007). Collocation translation based on sentence alignment and parsing. In F. BENAMARA, N. HATHOUT, P. MULLER & S. OZDOWSKA, Eds., *Actes de TALN-RECITAL-07*, volume 1, p. 401–410, Toulouse: Association pour le Traitement Automatique des Langues.

SILBERZTEIN M. & TUTIN A. (2004). NooJ: un outil de TAL de corpus pour l'enseignement des langues et de la linguistique. Une application à l'étude des impersonnels. In *Journée d'étude de l'ATALA "TAL & Apprentissage des langues" (TAL&AL): Actes*, p. 47–56, Grenoble: LIDILEM ATALA - XRCE.

SILBERZTEIN M. D. (1994). INTEX: a Corpus Processing System. In *Proceedings of COLING-94*, p. 579–583, Kyoto, Japan.

SIMARD M. & DESLAURIERS A. (2001). Real-time automatic insertion of accents in French text. *Natural Language Engineering*, **7**(2), 143–165.

SIMON A.-C. (2001). Le rôle de la prosodie dans le repérage des unités textuelles minimales. *Cahiers de Linguistique Française*, **23**, 99–125.

SINGLETON J., KEANE J. & NKWENTI-AZEH B. (1998). CALL meets software engineering: towards a multimedia conceptual dictionary. *ReCALL*, **10**(2), 33–43.

SITBON L., BELLOT P. & BLACHE P. (2007). Traitements phrastiques phonétiques pour la réécriture de phrases dysorthographiées. In F. BENAMARA, N. HATHOUT, P. MULLER & S. OZDOWSKA, Eds., *Actes de TALN-RECITAL-07*, volume 2, p. 263–272, Toulouse: Association pour le Traitement Automatique des Langues.

SKINNER B. F. (1954). The Science of Learning and the Art of Teaching. *Harvard Educational Review*, **24**, 86–97.

SKRELIN P. & VOLSKAJA N. (1998). The application of new technologies in the development of education programs. In S. JAGER, J. NERBONNE & A. VAN ESSEN, Eds., *Language Teaching and Language Technology*, p. 21–24. Lisse, The Netherlands: Swets & Zeitlinger Publishers.

SMRŽ P. (2004). Integrating Natural Language Processing into E-Learning - A Case of Czech. In L. LEMNITZER, D. MEURERS & E. HINRICHS, Eds., *Proceedings of COLING-04. Workshop eLearning for Computational Linguistics and Computational Linguistics for eLearning*, p. 1–10, Geneva, Switzerland: COLING.

SOFTISSIMO (2002). *Correcteur Orthographique Hugo*. Rapport interne, Softissimo, Paris.

SOMERS H. (2003). Machine Translation: latest developments. In R. MITKOV, Ed., *The Oxford handbook of computational linguistics*, p. 512–528. Oxford: Oxford Univ. Press.

SOMERS H. (2004). Does machine translation have a role in language learning? In *Actes d'UNTELE 2004*, Compiègne.

SORIA J. (1997). Expert CALL: data-based versus knowledge-based interaction and feedback. *ReCALL*, **9**(2), 43–50.

SPORTICHE D. (1996). Clitic constructions. In J. ROORYCK & L. ZARING, Eds., *Phrase structure and the lexicon*, Studies in natural language and linguistic theory. Dordrecht: Kluwer.

SUN G., LIU X., CONG G., ZHOU M., XIONG Z., LEE J. & LIN C.-Y. (2007). Detecting erroneous sentences using automatically mined sequential patterns. In *Proceedings of ACL-07*, p. 81–88, Prague, Czech Republic: Association for Computational Linguistics.

SVENCONIS D. J. & KERST S. (1995). Investigating the teaching of second-language vocabulary through semantic mapping in a hypertext environment. *Calico Journal*, **12**(2&3), 33–57.

SWARTZ M. L. & YAZDANI M. (1992). *Intelligent Tutoring Systems for Foreign Language Learning: The Bridge to International Communication*. NATO Advanced Institute Series. Berlin: Springer-Verlag, NATO Scientific Affairs Division.

TANAKA E. & KOJIMA Y. (1987). A High Speed String Correction Method Using a Hierarchical File. *IEEE transactions on pattern analysis and Machine Intelligence*, **9**(6), 806–815. Dépôt biblio SEUP 349.

TASSO C., FUM D. & GIANGRANDI P. (1992). The Use of Explanation-Based Learning for Modelling Student Behavior in Foreign Language Tutoring. In M. L. SWARTZ & M. YAZDANI, Eds., *Intelligent Tutoring Systems for Foreign Language Learning: The Bridge to International Communication*, p. 151–170. Berlin: Springer-Verlag, NATO Scientific Affairs Division.

TELLIER C. (1995). *Eléments de syntaxe du français: méthodes d'analyse en grammaire générative*. Montréal: Presses de l'Université de Montréal.

TEN HACKEN P. & TSCHICHOLD C. (2001). Word Manager and CALL: structured access to the lexicon as a tool for enriching learners' vocabulary. *ReCALL*, **13**(1), 99–109.

TESNIÈRES L. (1959). *Éléments de syntaxe structurale*. Paris: Klincksieck.

THOMAS C., LEVISON M. & LESSARD G. (2004a). Experiments in Prosody for the Generation of Oral French. In *Proceedings of InSTIL/ ICALL 2004*, Venice.

THOMAS P., HALEY D., DEROECK A. & PETRE M. (2004b). E-Assessment using Latent Semantic Analysis in the Computer Science Domain: A Pilot Study. In L. LEMNITZER, D. MEURERS & E. HINRICHS, Eds., *Proceedings of COLING-04. Workshop eLearning for Computational Linguistics and Computational Linguistics for eLearning*, p. 38–44, Geneva, Switzerland: COLING.

THURMAIR G. (1990). Parsing for Grammar and Style Checking. In H. KARLGREN, Ed., *Proceedings of COLING-90*, p. 365–370, Helsinki: Universitas Helsigiensis.

TOMLIN R. S. (1995). Modeling Individual Tutorial Interactions: Theoretical and Empirical Bases of ICALL. In V. M. HOLLAND, J. D. KAPLAN & M. R. SAMS, Eds., *Intelligent Language Tutors: Theory Shaping Technology*, p. 201–220. Mahwah, NJ: Lawrence Erlbaum Associates.

TOOLE J. & HEIFT T. (2002). The Tutor Assistant: An Authoring Tool for an Intelligent Language Tutoring System. *Computer Assisted Language Learning (CALL): An International Journal*, **15**(4), 373–386.

TORLAKOVIC E., MARTIN J. & FERGUSON D. (2004). Teaching grammar using intelligent feedback and a virtually unlimited corpus of authentic examples. In *Proceedings of Eurocall 04*, p. 230, Vienna: EUROCALL.

TSCHICHOLD C. (1999a). Grammar Checking for CALL: Strategies for Improving Foreign Language Grammar Checkers. In K. CAMERON, Ed., *Computer-Assisted Language Learning (CALL): Media, Design and Application*, p. 203–221. Lisse, The Netherlands: Swets & Zeitlinger Publishers.

Bibliographie

TSCHICHOLD C. (1999b). Intelligent grammar checking for CALL. In M. SCHULZE, M.-J. HAMEL & J. THOMPSON, Eds., *Language Processing in CALL*, p. 5–11, CCL UMIST, Manchester and EUROCALL: RECALL.

TSCHICHOLD C. (2003). Lexically Driven Error Detection and Correction. *Calico Journal*, **20**(3), 549–559.

TSCHICHOLD C. (2006). Intelligent CALL: The magnitude of the task. In P. MERTENS, C. FAIRON, A. DISTER & P. WATRIN, Eds., *Actes de TALN-RECITAL 2006*, volume 2, p. 806–814, Leuven: Université Catholique de Louvain UCL Presses.

TSCHICHOLD C. & TEN HACKEN P. (1998). English Phraseology in Word Manager. In *Proceedings of the 3rd International Symposium on Phraseology*, p. 219–225, Stuttgart.

TUFIS D. & MASON O. (1998). Tagging Romanian Texts: a Case Study for QTAG, a Language Independent Probabilistic Tagger. In *Proceedings of LREC 98*, p. 589–596, Granada (Spain).

UMIST CENTRE FOR COMPUTATIONAL LINGUISTICS (2002). *Standards for the evaluation of speech synthesis for CALL : an evaluation of FIPSvox in FreeText*. Rapport interne, UMIST, Manchester.

VAN BERKELT B. & DE SMEDT K. (1988). Triphone Analysis: A Combined Method for the Correction of Orthographical and Typographical Errors. In *Proceedings of ANLP-88*, p. 77–83, Austin, Texas, USA.

VAN EIJCK J. & ALSHAWI H. (1992). Logical Forms. In H. ALSHAWI, Ed., *The Core Language Engine*. Cambridge MA: MIT Press.

VAN MARCKE K. (1987). KRS: An Object Oriented Representation Language. *Revue d'intelligence artificielle*, **1**(4), 43–68.

VANDEVENTER A. (1998). An Automatic System for Error Diagnosis in CALL. In *Actes de TAL + AI 98*, p. 77–83, Moncton, Canada: GRÉTAL: Groupe d'étude sur le traitement automatique des langues.

VANDEVENTER A. (2000). Diagnostic d'erreurs grammaticales par relâchement de contraintes dans le cadre de l'ELAO. In *Actes de TALN-RECITAL 2000*, p. 357–366, Lausanne: ATALA.

VANDEVENTER A. (2001). Creating a grammar checker for CALL by constraint relaxation: a feasibility study? *ReCALL*, **13**(1), 110–120.

VANDEVENTER A. & HAMEL M.-J. (2000). Reusing a syntactic generator for CALL purposes. *ReCALL*, **12**(1), 79–91.

VANDEVENTER A. & NDIAYE M. (2002). A spell checker tailored to language learners. In J. COLPAERT, W. DECOO, M. SIMONS & S. VAN BUEREN, Eds., *Proceedings of CALL 2002*, p. 315–329, Antwerp: University of Antwerp.

VANDEVENTER FALTIN A. (2003). *Syntactic Error Diagnosis in the context of Computer Assisted Language Learning*. PhD thesis, Université de Genève, Faculté des Lettres, Genève.

VANLEHN K., JORDAN P. W., ROSÉ C. P., BHEMBE D., BÖTTNER M., GAYDOS A., MAKTCHEV M., PAPPUSWAMY U., RINGENBERG M., ROQUE A., SILER S. & SRIVASTAVA R. (2002). The Architecture of Why2-Atlas: A Coach for Qualitative Physics Essay Writing. In S. A. CERRI, G. GOUARDÈRES & F. PARAGAÇU, Eds., *Proceedings of ITS 2002*, p. 158–162, Berlin: Springer.

VERLINDE S., SELVA T. & BINON J. (2003). Alfalex: un environnement d'apprentissage du vocabulaire français en ligne, interactif et automatisé. *Romaneske*, **1**.

VÉRONIS J. (1988). Morphosyntactic correction in natural language interfaces. In *Proceedings of COLING-88*, volume 2, p. 708–713, Budapest: J. von Neumann Society for Computing Science.

VÉRONIS J. (2000). Annotation automatique de corpus: panorama et état de la technique. In J.-M. PIERREL, Ed., *Ingéniérie des langues*, p. 111–129. Paris: Hermès Science Publications.

VÉRONIS J. (2004). Inf 111: Langage et informatique 1. cours 10: correction orthographique. Course syllabus on the web.

VÉRONIS J. & GUIMIER DE NEEF E. (2006). Le traitement des nouvelles formes de communication écrite. In G. SABAH, Ed., *Compréhension des langues et interaction*, p. 227–248. Paris: Hermes Science, Lavoisier.

VISSER H. (1999). CALLex: a CALL game to study lexical relationships based on a semantic database. In M. SCHULZE, M.-J. HAMEL & J. THOMPSON, Eds., *Language Processing in CALL*, p. 50–56, CCL UMIST, Manchester and EUROCALL: RECALL.

VITERBI A. (1967). Error bounds for convolutional codes and an asymptotically optimum decoding algorithm. *IEEE Transactions on Information Theory*, p. 260–269.

VOSSE T. (1992). Detecting and Correcting Morpho-syntactic Errors in Real Texts. In *Proceedings of ANLP-92*, p. 111–118, Trento, Italy: Association for Computational Linguistics.

VYGOTSKY L. H. (1962). *Thought and Language*. Cambridge MA: MIT Press.

WACHOWICZ K. A. & SCOTT B. (1999). Software that listens: it's not a question of whether, it's a question of how. *Calico Journal*, **16**(3), 253–276.

WAGNER J. (2004). A false friends exercise with authentic material retrieved from a corpus. In *Proceedings of InSTIL/ ICALL 2004*, Venice.

WAGNER R. A. & FISCHER M. J. (1974). The String-to-String Correction Problem. *Journal of the Association for Computing Machinery*, **21**(1), 168–173.

WALTHER GREEN C. (2002). *The Reference Grammar*. Rapport interne, Université de Genève, Département de Linguisitique, Genève.

WALTHER GREEN C. (2004). FreeText: A CALL system for French featuring NLP tools for a smart treatment of authentic documents and free production exercises. In M. KELLEHER, A. HALDANE & E. KRUIZINGA, Eds., *Researching Technology for Tomorrow's Lear-*

ning: Insights from the European research community. Bilthoven: CIBIT Consultants/Educators.

WANG C. & SENEFF S. (2004). High-quality Speech Translation for Language Learning. In *Proceedings of InSTIL/ ICALL2004*, Venice.

WANG C. & SENEFF S. (2007). Automatic assessment of student translations for foreign language tutoring. In *Proceedimgs of NAACL-HLT-07*, p. 468–475, Rochester, New York: Association for Computational Linguistics.

WARD R. D., FOOT R. & ROSTRON A. B. (1999). Natural language processing in CALL: language with a purpose. In M. SCHULZE, M.-J. HAMEL & J. THOMPSON, Eds., *Language Processing in CALL*, p. 40–49, CCL UMIST, Manchester and EUROCALL: RECALL.

WARE P. & O'DOWD R. (2008). Peer Feedback on Language Form in Telecollaboration. *Language Learning & Technology*, **12**(1), 43–63.

WARGA M. (2007). Interlanguage pragmatics in L2 French. In D. AYOUN, Ed., *French Applied Linguistics*, p. 171–207. Amsterdam, Philadelphia: John Benjamins.

WARSCHAUER M. (1996). Computer-Assisted Language Learning: An Introduction. In S. FOTOS, Ed., *Multimedia Language Teaching*, p. 3–20. Tokyo: Logos International.

WATERS R. C. (1994). *The Audio Interactive Tutor*. Technical Report MERL-TR-94-04, Mitsubishi Electric Research Laboratories, Cambridge, MA.

WATERS R. C. (1995). The Audio Interactive Tutor. *Computer Assisted Language Learning (CALL): An International Journal*, **8**(4), 325–354.

WEBER J.-J. (2001). A concordance- and genre-informed approach to ESP essay writing. *ELT Journal*, **55**(1), 14–20.

WEHRLI E. (1997). *L'analyse syntaxique des langues naturelles: problèmes et méthodes*. Paris: Masson.

WEHRLI E. (1998). Translating Idioms. In *Proceedings of Coling-ACL '98*, volume 2, p. 1388–1392, Montréal, Canada: Université de Montréal.

WEHRLI E. (2000). Parsing and Collocations. In D. N. CHRISTODOULAKIS, Ed., *Proceedings of NLP-2000*, p. 272–282, Berlin: Springer.

WEHRLI E. (2004a). Traduction, traduction de mots, traduction de phrases. In B. BEL & I. MARLIEN, Eds., *Actes de TALN-RECITAL 2004*, p. 483–491, Fès, Maroc: LPL - Université Sidi Mohammed Ben Abdellah - ENS Fès ATALA.

WEHRLI E. (2004b). Un modèle multilingue d'analyse syntaxique. In A. AUCHLIN, M. BURGER, L. FILLIETTAZ, A. GROBET, J. MOESCHLER, L. PERRIN, C. ROSSARI & L. DE SAUSSURE, Eds., *Structures et discours: mélanges offerts à Eddy Roulet*, p. 311–329. Québec: Nota Bene.

WEHRLI E. (2006). TwicPen: Hand-held Scanner and Translation Software for non-Native Readers. In *Proceedings of the COLING/ACL 2006 Interactive Presentation Sessions*, p. 61–64, Sydney, Australia: Association for Computational Linguistics.

WEHRLI E. (2007). Fips, a "Deep" Linguistic Multilingual Parser. In T. BALDWIN, M. DRAS, J. HOCKENMAIER, T. H. KING & G. VAN NOORD, Eds., *Proceedings of the ACL 2007 Workshop on Deep Linguistic Processing*, p. 120–127, Prague: Association for Computational Linguistics.

WEHRLI E. & CLARK R. (1995). Natural Language Processing, Lexicon and Semantics. *Methods of Information in Medicine*, **34**(1/2), 68–74.

WEHRLI E. & NERIMA L. (2009). L'analyseur syntaxique Fips. In E. VILLEMONTE DE LA CLERGERIE & P. PAROUBEK, Eds., *Journée ATALA "Quels analyseurs syntaxiques pour le français?"*, Paris: ATALA.

WEISCHEDEL R. M. & BLACK J. E. (1980). Responding Intelligently to Unparsable Inputs. *American Journal of Computational*

Linguistics, **6**(2), 97–109.

WEISCHEDEL R. M. & SONDHEIMER N. K. (1983). Meta-rules as a Basis for Processing Ill-Formed Input. *American Journal of Computational Linguistics*, **9**(3–4), 161–177.

WEISCHEDEL R. M., VOGE W. M. & JAMES M. (1978). An Artificial Intelligence Approach to Language Instruction. *Artificial Intelligence*, **10**, 225–240.

WEIZENBAUM J. (1966). ELIZA–A Computer Program For the Study of Natural Language Communication Between Man and Machine. *Communications of the ACM*, **9**(1), 36–45.

WENGER E. (1987). *Artificial intelligence and tutoring systems: Computational and Cognitive Approaches to the Communication of Knowledge*. Los Altos, CA: Morgan Kaufmann Publishers.

WHISTLE J. (1999). Concordancing with students 'off-the-Web' corpus. *ReCALL*, **11**(2), 74–80.

WIBLE D., KUO C.-H., CHEN M.-C., TSAO N.-L. & HUNG T.-F. (2006). A Computational Approach to the Discovery and Representation of Lexical Chunks. In P. MERTENS, C. FAIRON, A. DISTER & P. WATRIN, Eds., *Actes de TALN-RECITAL 2006*, volume 2, p. 868–875, Leuven: Université Catholique de Louvain UCL Presses.

WILKS Y. & FARWELL D. (1992). Building an Intelligent Tutoring System from Whatever Bits You Happen to Have Lying Around. In M. L. SWARTZ & M. YAZDANI, Eds., *Intelligent Tutoring Systems for Foreign Language Learning: The Bridge to International Communication*, p. 263–274. Berlin: Springer-Verlag, NATO Scientific Affairs Division.

WILSON E. (1997). The automatic generation of CALL exercises from general corpora. In A. WICHMANN, S. FLIGELSTONE, T. MCENERY & G. KNOWLES, Eds., *Teaching and language corpora*, p. 116–130. London, New York: Longman.

WINIWARTER W. (2004). PETRA - the Personal Embedded Translation and Reading Assistant. In *Proceedings of InSTIL/ ICALL 2004*, Venice.

WINOGRAD T. (1972). *Understanding natural language*. Edinburgh: Edinburgh University Press.

WINOGRAD T. (1983). *Language as a Cognitive Process*. Reading, MA: Addison-Wesley.

WIRTH N. (1987). *Algorithmes et structures de données*. Paris: Eyrolles.

WITT S. & YOUNG S. (1998). Computer-Assisted Pronunciation Teaching Based on Automatic Speech Recognition. In S. JAGER, J. NERBONNE & A. VAN ESSEN, Eds., *Language Teaching and Language Technology*, p. 25–35. Lisse, The Netherlands: Swets & Zeitlinger Publishers.

WOODIN J. (1997). Email tandem learning and the communicative curriculum. *ReCALL*, **9**(1), 22–33.

WOODS W. A. (1980). Cascaded ATN Grammars. *American Journal of Computational Linguistics*, **6**(1), 1–12.

XUEREB A. & CAELEN J. (2004). Un modèle d'interprétation pragmatique en dialogue homme-machine basé sur la SDRT. In *Workshop SDRT TALN-04, Fès, 22 avril 2004*, p. sans pagination, Fès: ATALA.

YANNAKOUDAKIS E. J. & FAWTHROP D. (1983a). An intelligent spelling error corrector. *Information Processing and Management*, **19**(2), 101–108.

YANNAKOUDAKIS E. J. & FAWTHROP D. (1983b). The rules of spelling errors. *Information Processing and Management*, **19**(2), 87–99.

YAROWSKY D. (1994). Decision Lists for Lexical Ambiguity Resolution: Application to Accent Restoration in Spanish and French.

In *Proceedings of ACL-94*, p. 88–95, Las Cruces, New Mexico: New Mexico State University Association for Computational Linguistics.

YASUDA K., SUGAYA F., SUMITA E., TAKEZAWA T., KIKUI G. & YAMAMOTO S. (2004). Automatic Measuring of English Language Proficiency using MT Evaluation Technology. In L. LEMNITZER, D. MEURERS & E. HINRICHS, Eds., *Proceedings of COLING-04. Workshop eLearning for Computational Linguistics and Computational Linguistics for eLearning*, p. 53–60, Geneva, Switzerland: COLING.

YAZDANI M. & UREN J. (1988). Generalising language-tutoring systems: A French/Spanish case study, using LINGER. *Instructional Science*, **17**, 179–188.

YENCKEN L. & BALDWIN T. (2008). Measuring and Predicting Orthographic Associations: Modelling the Similarity of Japanese Kanji. In *Proceedings of Coling 2008*, p. 1041–1048, Manchester, UK: Coling 2008 Organizing Committee.

YI X., GAO J. & DOLAN W. B. (2008). A Web-based English Proofing System for English as a Second Language Users. In *Proceedings of the Third International Joint Conference on Natural Language Processing*, volume 2, p. 619–624, Hyderabad, India: Asian Federation of Natural Language Processing.

YOUNG S., EVERMANN G., GALES M., HAIN T., KERSHAW D., LIU X. A., MOORE G., ODELL J., OLLASON D., POVEYA D., VALTCHEV V. & WOODLAND P. (2006). *The HTK Book (for HTK Version 3.4)*. Cambridge University Engineering Department, Cambridge.

ZAMORANO MANSILLA J. R. (2004). Text generators, error analysis and feedback. In *Proceedings of InSTIL/ ICALL 2004*, Venice.

ZAMPA V. (2004). Utilisation de l'analyse sémantique latente pour tenter d'optimiser l'acquisition d'une langue étrangère de spécialité. In *Journée d'étude de l'ATALA "TAL & Apprentissage des langues" (TAL&AL): Actes*, p. 83–92, Grenoble: LIDILEM ATALA - XRCE.

ZAMPA V. (2005). Utilisation de l'analyse sémantique latente pour tenter d'optimiser l'acquisition par exposition à une langue étrangère de spécialité. *Alsic*, **8**, 135–146.

ZAMPA V. & LEMAIRE B. (2002). Latent Semantic Analysis for User Modeling. *Journal of Intelligent Information Systems*, **18**(1), 15–30.

ZANELLA P. & LIGIER Y. (1989). *Architecture et technologie des ordinateurs*. Paris: Dunod.

ZOCK M. (1992). SWIM or Sink: The Problem of Communicating Thought. In M. L. SWARTZ & M. YAZDANI, Eds., *Intelligent Tutoring Systems for Foreign Language Learning: The Bridge to International Communication*, p. 235–247. Berlin: Springer-Verlag, NATO Scientific Affairs Division.

ZOCK M. (2002). Sorry, but what was your name again, or, how to overcome the tip of the tongue problem with the help of a computer? In *COLING-02: SEMANET: Building and Using Semantic Networks. Proceedings*, Taipei, Taiwan.

ZOCK M. (2006). Capitalisation d'une ressource en or: le dictionnaire. In P. MERTENS, C. FAIRON, A. DISTER & P. WATRIN, Eds., *Actes de TALN-RECITAL 2006*, volume 2, p. 846–855, Leuven: Université Catholique de Louvain UCL Presses.

Liste des tableaux

LISTE DES TABLEAUX

3.1 Grammaires hors contexte : catégories terminales ou lexicales 134
3.2 Grammaires hors contexte : catégories non terminales ou syntagmatiques 134
3.3 TST: quelques fonctions lexicales 181
5.1 Fips – erreurs détectées et techniques en jeu 215
6.1 Opérations pour le calcul de distance entre deux chaînes 252
6.2 Opérations pour le calcul de distance entre deux chaînes avec simple/double consonne 254
6.3 Liste de sous-chaînes pour la méthode *ad hoc* 260
6.4 *FipsOrtho*: valeurs de score par méthode 265
6.5 *FipsOrtho*: valeurs de score par similarité de trait . . . 266
6.6 *FipsOrtho*: liste des propositions pour *travaux (phrase 39) 266
6.7 Typologie des erreurs du corpus d'erreurs orthographiques 273
6.8 Résultats globaux de la liste d'erreurs 276
6.9 Statistiques du corpus 284
6.10 Corpus: résultats par méthode pour les propositions sélectionnées 285
6.11 Corpus: résultats par méthode pour l'ensemble des propositions 285
6.12 Corpus: correspondances entre méthode et type d'erreur 286
6.13 Corpus: correspondances entre méthode et type d'erreur (2) 287

Liste des tableaux

6.14	Corpus: résultat par type d'erreur	306
7.1	*GBGen*: représentation des temps dans les CLS	339
7.2	Constructions traitées par la comparaison de phrase.	357
7.3	Exemples de transformation de phrases	361
B.1	Fips – informations lexicales pour *héritage*	377
B.2	Fips – informations lexicales pour *forte*	378
B.3	Fips – informations lexicales pour *est*	379
C.1	Exemple de matrices des distances	388
C.2	Autres exemples de matrices des distances	389

TABLE DES FIGURES

3.1	Exemple d'oscillogramme	68
3.2	Exemples de spectrogrammes avec marquage des deux premiers formants	69
3.3	Transformation de *intention* à *exécution* pour calculer la distance entre deux chaînes	121
3.4	Représentation arborescente de la phrase (12)	136
3.5	Grammaires d'unification – analyse de la phrase "*le chien court.*"	152
3.6	GB – le schéma X-barre	155
3.7	LFG – Analyse d'une phrase	157
3.8	SDRT – DRSs correspondant aux phrases de l'exemple (22).	164
3.9	QLF – représentation de la phrase (28)	170
4.1	FreeText: fonctionnement des outils de diagnostic	197
4.2	FreeText: exercice à réponse ouverte	200
4.3	FreeText: tutoriel	202
5.1	Schéma X-barre simplifié	211
5.2	Fips – échec d'analyse de la phrase (31)	218
5.3	Fips – analyse de la phrase (31) avec relâchement de contraintes	220
5.4	Extrait de la sortie *XML* pour *le chat*	231
5.5	Extrait de sortie *XML* pour **le chats a dormi*	232

5.6	Grammaire en couleur pour la phrase *le chat que tu as vu hier a bien dormi*.	234
5.7	Diagnostic d'erreurs pour la phrase **Le chats que tu a vues hier ont bien dormi*.	237
5.8	Fenêtre de la sortie d'arbre syntaxique	240
5.9	Arbre syntaxique pour la phrase *Le chat que tu a vu hier a bien dormi*.	241
6.1	Flux des techniques de correction orthographique . . .	247
6.2	Extrait de sortie *XML* pour la phrase (39)	267
6.3	*FipsOrtho* : vue d'ensemble du système, utilisation par l'apprenant	270
6.4	*FipsOrtho* : exemple de l'interface utilisateur	271
6.5	*FipsOrtho* : récolte et consultation du corpus	272
7.1	PSS pour *Jean me donne une pomme rouge*.	340
7.2	PSS pour *La voiture qui a provoqué l'accident était rouge*.	341
7.3	PSS pour *Le fait que les Suisses ont interdit les minarets a provoqué une belle pagaille.* (ex. 59b)	342
7.4	PSS pour *Il semble que Jean dort.* (ex. 60a)	344
7.5	PSS pour *Est-ce qu'Anne abattra Thierry s'il continue ainsi?*	344
7.6	Comparaison sémantique : structures utilisées	348
7.7	Comparaison sémantique : processus	350

TABLE DES MATIÈRES

1	**Introduction**	**1**
1.1	Problématique et enjeux	3
	1.1.1 Apprentissage des langues assisté par ordinateur	4
	1.1.2 Traitement automatique des langues	6
1.2	Structure et objectifs	10
2	**Etat de l'art de l'ALAO**	**13**
2.1	Histoire de l'ALAO	13
	2.1.1 Les débuts	15
	2.1.2 La révolution microinformatique	16
	2.1.3 La révolution du multimédia, de l'hypertexte et de l'*Internet*	17
	2.1.4 Perspectives	18
2.2	Feedback	19
2.3	Méthodes d'évaluation automatique des connaissances	21
	2.3.1 Questionnaires à Choix Multiples	21
	2.3.2 Autres méthodes d'évaluation automatique . .	23
	2.3.3 Discussion	24
2.4	Types d'ALAO et outils	25
	2.4.1 Techniques de bases	26
	2.4.2 Logiciels-auteur	28
	2.4.3 Micromondes	29
	2.4.4 Systèmes intelligents	30
	2.4.4.1 Module expert	31

Table des matières

		2.4.4.2	Module de l'apprenant	33
		2.4.4.3	Module pédagogique	33
		2.4.4.4	Module d'interface	34
		2.4.4.5	Interaction des modules	35
	2.4.5	Internet et ALAO		35
2.5	Discussion			44

3 TAL et ALAO   **47**

3.1 Survol des domaines et application 48
    3.1.1 Outils de base 48
        3.1.1.1 Reconnaissance de patrons ou *pattern matching* 49
        3.1.1.2 Segmenteurs de chaînes et analyseurs lexicaux 52
        3.1.1.3 Détecteurs de langue 53
        3.1.1.4 Analyseurs morphologiques, lemmatiseurs, conjugueurs et déclineurs 54
        3.1.1.5 Phonétiseurs 56
        3.1.1.6 Discussion 57
    3.1.2 Étiqueteurs 58
    3.1.3 Reconnaissance de la parole 62
    3.1.4 Synthèse vocale 72
    3.1.5 Génération syntaxique 77
    3.1.6 Traduction automatique 80
    3.1.7 Concordanciers et autres outils de traitement de corpus 85
    3.1.8 Outils automatiques de résumé et d'évaluation 93
    3.1.9 Dialogue homme-machine 96
3.2 Traitement des erreurs orthographiques ou typographiques 98
    3.2.1 Problématique 98
    3.2.2 Typologies des erreurs d'orthographe 100
    3.2.3 Techniques 104
        3.2.3.1 Correction et détection d'erreurs orthographiques 104
        3.2.3.2 Recherche par codage de chaîne 106
        3.2.3.3 Recherche par n-grammes 109
        3.2.3.4 Recherche de mots par similarité ... 113
        3.2.3.5 Recherche et correction phonétique . 114
        3.2.3.6 Correction par règles 116

Table des matières

		3.2.3.7	Séparation de mots 118
		3.2.3.8	Listes de confusion 118
		3.2.3.9	Correction par méthode stochastique ou par réseaux de neurones 119
		3.2.3.10	Mesures de distance entre chaînes et autre méthodes de filtrage 120
	3.2.4	Logiciels	 123
	3.2.5	Discussion	 125
3.3	Syntaxe et détection d'erreurs 126
	3.3.1	Typologies des erreurs 128
	3.3.2	Règles syntaxiques et traitement des erreurs . . 132
		3.3.2.1	Grammaires formelles ou indépendantes du contexte 133
		3.3.2.2	Contraintes et relâchement 137
	3.3.3	Autres techniques de traitement des erreurs . . 142
		3.3.3.1	Approche par règles 142
		3.3.3.2	Réinterprétation phonologique 144
		3.3.3.3	Méthodes stochastiques 146
	3.3.4	Algorithmes et techniques d'analyse 150
		3.3.4.1	Automates, reconnaisseurs et transducteurs 150
		3.3.4.2	Grammaires d'unification et Definite-Clause Grammars 151
		3.3.4.3	Analyse par morceaux ou analyse superficielle 153
	3.3.5	Formalismes	 154
	3.3.6	Discussion	 158
3.4	Formalismes sémantiques 162
	3.4.1	SDRT 162
	3.4.2	Lexical Conceptual Structures (LCS) 166
	3.4.3	Quasi-Logical Forms (QLF) 169
	3.4.4	Autres formalismes 171
	3.4.5	Discussion 174
3.5	Formalismes lexicaux 174
	3.5.1	Le Lexique Génératif 176
	3.5.2	Théorie Sens-Texte 179
	3.5.3	WordNet 182
	3.5.4	Autres outils lexicaux 185

                3.5.5 Discussion 186
        3.6 Conclusion 187

4 **Le projet FreeText**   **191**
    4.1 Présentation générale 192
    4.2 Un tutoriel intelligent 196
        4.2.1 Module expert 196
        4.2.2 Module de l'apprenant 198
        4.2.3 Module pédagogique 199
        4.2.4 Module d'interface 201
    4.3 Bilan et discussion 203

5 **L'analyseur *Fips* et son application à l'ALAO**   **209**
    5.1 Description de l'analyseur 210
    5.2 Détection d'erreurs syntaxiques 214
        5.2.1 Relâchement de contraintes 217
        5.2.2 Réinterprétation phonologique 223
        5.2.3 Combinaison des techniques 225
        5.2.4 Classement et sélection des résultats 226
    5.3 Rétroaction 229
        5.3.1 Sortie XML 230
        5.3.2 Grammaire en couleurs 234
        5.3.3 Diagnostic d'erreurs 236
        5.3.4 Arbre syntaxique 239
    5.4 Discussion 241

6 **FipsOrtho : correcteur orthographique**   **245**
    6.1 Techniques de correction 246
        6.1.1 Analyse syntaxique et lexicale 247
        6.1.2 Recherche par alpha-code 249
                6.1.2.1 Distance lexicographique 251
        6.1.3 Réinterprétation phonétique 256
        6.1.4 Méthode *ad hoc* 258
        6.1.5 Apostrophe manquante 261
        6.1.6 Séparation de mots 263
        6.1.7 Insertion de majuscule 263
        6.1.8 Ordre des propositions 264
    6.2 Sortie XML 267
    6.3 Description du système 269

	6.3.1 Architecture générale	269
	6.3.2 Typologie d'anotation du corpus	273
6.4	Evaluation	276
	6.4.1 Test sur liste de mots	276
	6.4.2 Corpus	282
	6.4.2.1 Résultats par méthodes	283
	6.4.2.1.1 Alpha-code	288
	6.4.2.1.2 Alpha-code restreint	290
	6.4.2.1.3 Alpha-code élargi	292
	6.4.2.1.4 Méthode phonétique	293
	6.4.2.1.5 Méthode *ad hoc*	297
	6.4.2.1.6 Apostrophe manquante	297
	6.4.2.1.7 Séparation de mots	298
	6.4.2.1.8 Majuscule	299
	6.4.2.2 Erreurs problématiques	300
	6.4.2.2.1 Non-erreurs	300
	6.4.2.2.2 Correction manuelle	301
	6.4.2.2.3 Erreurs non détectées	303
	6.4.2.3 Types d'erreurs	305
	6.4.2.3.1 Erreurs typographiques	305
	6.4.2.3.2 Erreurs lexicales	308
	6.4.2.3.3 Erreurs phonétiques	310
	6.4.2.3.4 Erreurs morphologiques	312
	6.4.2.3.5 Erreurs d'accord	313
	6.4.2.3.6 Erreurs de complémentation	314
	6.4.2.3.7 Erreurs verbales	316
	6.4.2.3.8 Erreurs de mots	318
	6.4.2.3.9 Erreurs de signe	320
	6.4.2.3.10 Erreurs d'ordre des mots	322
	6.4.2.3.11 Fausses erreurs ou bruit	322
	6.4.3 Remarques finales sur les évaluations du correcteur	323
6.5	Discussion	324
	6.5.1 Méthodes et ordre des propositions	324
	6.5.2 Interfaces	328
	6.5.3 Corpus	331
7	**Outils "sémantiques"**	**333**
7.1	Les structures pseudo-sémantiques (PSS)	336

Table des matières

    7.2   Comparaison "sémantique" de phrases 347
    7.3   Reformulation de phrases 359
    7.4   Discussion 364

8 Conclusion 367
    8.1   Contributions au domaine 369
    8.2   Perspectives de recherche 370
    8.3   Remarques finales 371

A Principales abréviations 375

B *Fips*: informations lexicales 377
    B.1   Informations lexicales pour *héritage* 377
    B.2   Informations lexicales pour *forte* 378
    B.3   Informations lexicales pour *est* 378

C Distance lexicographique 387
    C.1   Algorithmes 387
    C.2   Matrices des distances 387

Bibliographie 391

Liste des tableaux 457

Table des figures 459

i want morebooks!

Buy your books fast and straightforward online - at one of world's fastest growing online book stores! Environmentally sound due to Print-on-Demand technologies.

Buy your books online at
www.get-morebooks.com

Achetez vos livres en ligne, vite et bien, sur l'une des librairies en ligne les plus performantes au monde!
En protégeant nos ressources et notre environnement grâce à l'impression à la demande.

La librairie en ligne pour acheter plus vite
www.morebooks.fr

VDM Verlagsservicegesellschaft mbH
Heinrich-Böcking-Str. 6-8   Telefon: +49 681 3720 174   info@vdm-vsg.de
D - 66121 Saarbrücken   Telefax: +49 681 3720 1749   www.vdm-vsg.de

Printed by Books on Demand GmbH, Norderstedt / Germany